개정판

글로벌 마케팅

김희철 저

Global Marketing

도서출판 두남

개정판 머리말

21세기에 진입하면서 상품, 사람, 정보, 화폐 등은 필요에 따라 국경선을 초월하여 이동하게 됨으로써 경제적 의미의 국경선은 사라지고 있다. 교통 및 통신 수단의 발달, 특히 인터넷의 발달은 미래의 시장을 더욱 확대시키고 있다. 이러한 시장의 글로벌화 진전은 기업의 글로벌화, 즉 경영활동의 글로벌화로 이어지고 있다. 특정 기업이 국내·외 경쟁을 극복하고 지속적으로 성장하기 위해서는 적극적인 해외 진출을 통한 글로벌경영을 하지 않을 수 없는 실정이다. 기업의 글로벌화를 위해서 무엇보다 필요한 것은 바로 글로벌마케팅이다.

이처럼 급변하는 글로벌 경영환경 하에서 마케팅활동을 전개하는 글로벌기업의 마케팅에 대한 기본 학습서인 본 '글로벌마케팅'이 세상에 나온 지 벌써 4년째에 접어들고 있다. 그동안 졸저임에도 불구하고 교재로 채택해주신 여러 교수님들, 그리고 애독해주신 수많은 독자들께 진심으로 감사를 드린다. 글로벌마케팅 입문서로서 본연의 역할에 더욱 충실하고, 독자 여러분들의 기대에 부응하고자 개정판을 출간하게 되었다.

이번 개정판에서는 기존의 틀을 유지하면서, 그동안 다루지 않았던 내용들을 일부 추가하고, 최근 글로벌 마케팅환경과 마케팅믹스의 변화 추세를 반영하고, 표현상의 문제점들을 수정·보완하였다. 개정판에 추가·수정·보완된 주요 내용을 살펴보면, PART 1: 글로벌 마케팅의 개관에서는 글로벌화의 개념과 성격, 마케팅의 개념과 마케팅이념의 변천, 글로벌마케팅의 개념과 발전단계, 전개방향 순으로 내용을 변경하였으며, 또한 글로벌화의 발전단계와 글로벌마케팅의 이점을 추가하였다. PART 2: 글로벌마케팅의 환경에서는 문화적 환경, 정치적 환경, 법률적 환경과 글로벌마케팅의 관계에 초점을 두고 각 환경의 구성요소가 글로벌마케팅에 미치는 영향을 설명하였으며, 특히 현지국 경제적 환경의 구성요소들에 대하여 상세히 서술하였다. PART 3: 글로벌마케팅 진출전략에서는 자료 분석방법의 일부 내용을 삭제하고, 글로벌 마케팅조사 시의 유의사항과 글로벌 소비자의 제품평가와 원산지효과를 추가하였다. PART 4: 글로벌 마케팅믹스관리에서는 글로벌 이전가격 결정의 고려요인과 제약요인, 글로벌 광고예산의 결정방법을 삭제하고, 덤핑의 문제점과 대응전략, 글로벌 회색시장관리, 글로벌 판매촉진의 평가 및 글로벌 PR의 평가를 추가하였다.

보다 좋은 책의 출간을 위해 최선을 다했지만, 저자의 능력부족 때문에 미흡하고, 부끄러운 점이 한두 가지가 아니다. 앞으로도 독자 여러분들의 아낌없는 지적과 조언을 기대하며, 본서의 내용 중 미진하거나 잘못된 부분은 앞으로 계속 수정·보완해 나갈 것을 약속드린다.

이 개정판의 출판을 기꺼이 허락해주신 도서출판 두남의 전두표 사장님과 이승구 상무님, 그리고 편집부 관계자분들에게도 깊은 감사를 드린다.

2019년 3월 몽촌토성에서

저 자

머리말 PREFACE

세계경제 전반에서 중요한 변화가 나타나고 있다. 우리는 이제 국가 간 무역이나 투자장벽, 물리적 거리, 시차, 언어, 그리고 국가별 규제와 문화, 비즈니스 시스템의 차이 등의 이유로 각 나라에서 생산된 재화를 국내시장에서만 소비하는 고립된 형태의 경제에서 벗어나고 있다. 그 대신 국가 간 무역 및 투자장벽이 낮아지고 있으며, 교통, 통신기술의 발달로 국가 간의 체감거리도 줄어들고 있다. 또한, 소비문화도 세계적으로 비슷해지면서 점차 서로 영향을 주고받는 하나의 경제권으로 바뀌어 가고 있다.

이제 경제적 의미의 국경선은 사라지고 국가경제의 영역이 광역화되고 있다. 무국적 상품이 속출하고 사람, 정보, 화폐들이 필요에 따라 국경선을 마음대로 넘나들고 있다. 또한 각국의 기업들은 동일한 상품을 가장 저렴하게 생산할 수 있는 나라로 생산기지를 이전하면서 치열한 경제전쟁에 대처해 나가고 있다.

미래의 글로벌 시장은 한층 개방되고, 글로벌 경쟁은 더욱 치열해질 것이다. 이제 시장과 경쟁의 글로벌화는 필연적으로 우리 기업들에게도 글로벌화를 요구하고 있다. 앞으로 기업의 글로벌화는 더 이상 선택의 문제가 아니다. 이러한 글로벌 시장 환경 하에서 우리 기업들이 생존과 성장, 그리고 발전을 위해서는 무엇보다도 글로벌마케팅 능력을 제고시키는 것이 필요하다고 하겠다. 글로벌마케팅 능력은 그 중요성이 앞으로 더욱 커질 것이며, 선택의 문제가 아니라 기업생존을 위한 필수조건이 될 것이다. 이러한 글로벌화는 세계시장을 하나의 통합된 관점에서 고찰하며, 무엇보다도 세계시장에서의 소비자 기호의 동질성 또는 유사성을 중요하게 고려한다.

이 책은 글로벌 시장을 목표시장으로 마케팅 활동을 전개하는 글로벌 기업의 마케팅에 관한 기본학습서이다. 글로벌마케팅을 수행하는 데 있어서 필요한 글로벌마케팅의 기본개념과 글로벌마케팅의 환경, 글로벌마케팅 진출전략 및 글로벌 마케팅믹스관리 등을 소개함으로써 글로벌시대에 부응하는 마케팅맨의 자질 함양과 글로벌 시야를 배양할 수 있도록 내용이 구성되고 있다.

이 책은 총 4부 14장으로, 그 주요 내용은 다음과 같다. 제Ⅰ부 글로벌마케팅 개관에서는 본서의 도입부문으로서 글로벌마케팅의 이해(제1장)에 대하여 체계적으로 설명하였다. 제Ⅱ부 글로벌마케팅의 환경에서는 경제적 환경(제2장), 문화적 환경(제3장), 정치적 환경(제4장), 법률적 환경(제5장) 등의 내용으로 구성하였다. 제Ⅲ부 글로벌마케팅 진출전략에서는 글로벌마케팅 정보시스템과 글로벌 마케팅조사(제6장), 글로벌 소비자 구매행동분석(제7장), 글로벌 시장 세분화와 글로벌 표적시장의 선정(제8장), 글로벌 마케팅전략(제9장) 등에 대하여 설명하였다. 제Ⅳ부 글로벌 마케팅믹스관리에서는 글로벌 제품관리(제10장), 글로벌 가격관리(제11장), 글로벌 유통관리(제12장), 글로벌 촉진관리(제13장), 그리고 글로벌마케팅의 조직과 통제(제14장)에 대하여 설명하였다.

이 책은 글로벌마케팅을 처음 접하는 초심자들이나, 어느 정도 이해는 하지만 이를 체계화할 필요성이 있는 사람들을 대상으로 글로벌마케팅 전반에 걸친 폭넓은 이해를 할 수 있도록 다음과 같은 점에 주안점을 두고 집필되었다.

첫째, 글로벌마케팅의 기본개념을 중심으로 가능한 한 독자들이 이해하기 쉽도록 핵심적인 내용만을 설명하려고 노력하였다.

둘째, 글로벌마케팅의 어느 한 분야에만 치우치지 않고, 전반에 걸쳐 새로운 흐름이 골고루 설명되도록 노력하였다.

셋째, 글로벌시대라는 환경의 변화, 즉 각국의 시장개방에 따른 시장과 경쟁의 글로벌화 현상에 맞추어 서술하려고 노력하였다.

보다 좋은 책을 출간하기 위해 최선을 다했지만, 저자의 능력부족 때문에 미흡한 점이 한두 가지가 아니다. 앞으로 독자 여러분들의 아낌없는 지적과 조언을 기대하며, 미진한 부분은 계속하여 수정·보완해 나갈 것을 약속드린다.

이 책은 여러 선배와 동료 학자들의 노력의 결실을 참고로 저자가 나름대로 정리한 결과이므로 이들에게 먼저 깊이 감사드리며, 또한 이 책의 출판을 흔쾌히 승낙해주신 도서출판 두남의 전두표 사장님에게도 감사드린다. 끝으로 연구활동을 간접적으로 지원해주고 있는 사랑하는 아내 영임과 자연, 희영, 동영에게도 고마움을 전한다.

2015년 3월 가락골에서

저 자

차 례 CONTENTS

PART 3 글로벌마케팅 진출전략

PART 4 글로벌 마케팅믹스관리

PART 1
글로벌마케팅 개관

Global Marketing Global Marketing Global Marketing Global Marketing

■ 제1장 글로벌마케팅의 이해

제1장 글로벌마케팅의 이해

- 글로벌화의 개념과 성격
- 마케팅의 개념과 마케팅이념의 변천
- 글로벌마케팅의 개념과 발전단계

1 글로벌화의 개념과 성격

1.1 글로벌화의 개념과 발전단계

(1) 글로벌화의 개념

세계경제 전반에서 중요한 변화가 발생하고 있다. 우리는 이제 국가 간 무역이나 투자 장벽, 물리적 거리, 시차, 언어, 그리고 국가별 규제와 문화, 비즈니스 시스템의 차이 등의 이유로 각 나라에서 생산된 재화를 국내시장에서만 소비하는 고립된 형태의 경제에서 벗어나고 있다. 대신에, 국가 간 무역 및 투자 장벽이 낮아지고 있으며, 교통수단 및 통신 기술의 발달로 국가 간의 체감 거리도 줄어들고 있다. 또한, 소비문화도 세계적으로 비슷해지면서 점차 서로 영향을 주고받는 하나의 경제권으로 바뀌어 가고 있다. 이러한 현상을 글로벌화(globalization)라고 한다.

글로벌화란 국제화된 경제활동 위에 기능적 통합요소를 가미함으로써 세계시장이 단일화 되어가는 현상 즉, 국가 간의 자원이동에 있어서 장벽은 점차 낮아지고, 반면에 국가 간의 상호의존도는 점차 높아져서 종국적으로는 국경없는 세계가 등장함을 의미하는, 말 그대로 지구 전체를 하나로 통합하는 과정이다. 이러한 글로벌화 현상은 1960년대 이후 세계경제 및 경영환경을 변화시킨 요인들 중에서 가장 중요한 요인이다.

예를 들어, 한 미국인이 독일에서 디자인되고 멕시코에서 조립되었으며, 한국산 철강과 말레이시아산 고무로 만들어진 미국과 일본산 부품을 사용하는 Ford 자동차를 타고 출근한다고 하자. 그녀는 영국의 다국적기업 BP 주유소에서 차량에 휘발유를 넣는다. 또한 이 휘발유는 아프리카 인근 해안에서 프랑스회사가 뽑아낸 다음, 그리스 선박회사가 미국으로 운송해온 것이다. 운전 중에 그녀는 텍사스 인스트루먼트사의 인도인 엔지니어가 설계한 대만산 칩셋이 장착된 노키아 휴대폰으로 증권 중개인에게 전화를 걸고 있을 수도 있다. 그 휴대폰은 텍사스에서 조립된 제품이다. 그녀는 전화을 통해서 독일 국영기업이었다가 이스라엘 출신인 CEO에 의해 글로벌 정보통신회사로 탈바꿈한 이동통신회사 Deutsche Telekom의 주식을 사달라고 부탁하고 있을지도 모른다. 그녀는 운전을 하면서 말레이시아에서 조립된 일본회사의 라디오를 틀어 스웨덴인이 작곡하고 덴마크인이 부르는 영어 가사의 힙합 음악을 들을지도 모른다. 그 덴마크인 가수는 미국에 음반을 홍보하기 위하여 프랑스 음반회사와 계약을 맺은 사람이다. 여전히 운전 중인 그녀는 잠시 한국인이 운영하는 drive-through 커피숍에 들러 “톨(tall)사이즈 무(無)지방 라떼 하나”와 초코렛으로 덮인 비스코티를 주문할지도 모른다. 그 커피 원두는 브라질에서, 초코렛은 칠레에서 생산된 것이고, 초코렛으로 덮인 비스코티는 이탈리아 레시피에 따라 미국에서 만들어진 것이다. 노래가 끝나고, 뉴스 아나운서가 스위스 다보스에서 열리는 세계경제포럼에서 반세계화 시위자들이 폭력적으로 변했다는 소식을 전한다. 시위대 중 한 명이 사망하였다는 소식을 들을 수 있다. 아나운서는 다음 소식으로 넘어가, 미국 금리상승 공포가 어떻게 일본 닛케이지수를 급락시켰는지에 대한 이야기를 전한다.

이것이 우리가 사는 세계이다. 국경을 넘나드는 제품, 서비스, 투자의 양은 50년 넘게 꾸준히, 그리고 빠르게 증가해 왔다. 현재 하루 3조 달러 규모의 외환거래가 이루어지고 있으며, 12조 달러의 제품과 3조 달러의 서비스가 국경을 넘나들고 있다. 또한 WTO와 같은 국제기구나 세계 각국의 지도자간 모임을 통해 국제무역과 투자에 대한 장벽이 더욱 낮아져 가고 있다. 또한 제품 브랜드나 대중문화도 점차 글로벌화 되고 있다. 이제 모든 제품은 세계 각지에서 생산된 부품으로 만들어진다.

이러한 글로벌화는 기업들에게 많은 기회를 제공한다. 기업들은 전 세계에 제품을 판매하여 매출을 늘리고, 노동력을 비롯한 주요 원자재 비용이 낮은 곳에서 생산하여 수익을 확대할 수 있다. 이러한 글로벌 확장은 글로벌화에 우호적인 정치 ·경제 분위기에 더욱 촉진되었다. 1980년대 말 공산주의의 몰락 후, 공산주의를 따랐던 국가들이 공공정책은 자유시장 경제체제로 그 노선을 변화시켜 왔다. 해외에서의 사업을 막는 각종 규제 및 관리 또한 줄어들었다. 이와 함께 국영기업의 민영화, 시장 규제 철폐, 경쟁 촉진, 그리고 해외투자 유치 등을 통해 자국의 경제를 변화시키고자 노력해 왔다. 이러한 변화 덕분에 국제수준에 관계없이, 크고 작은 기업 모두 글로벌시장으로 나아갈 수 있게 되었다.

(2) 글로벌화의 발전단계

글로벌화는 20세기에 들어서 나타난 새로운 현상이 아니라, 인류가 국가를 구성하고 경제활동을 하면서 동시에 시작된 현상이며, 형식적으로 보면 세계경제질서의 규율 형성이나 질서의 집행에서 세계의 모든 국가들이 이해당사자가 되어 참여하는 형태이다.

역사적으로 볼 때, 이러한 글로벌화의 발전단계는 [표 1-1]에서 보는 것처럼 4단계로 구분할 수 있으며, 각 단계별 주요 특징을 살펴보면 다음과 같다.

글로벌화 1단계(1830-1800년대 말)

철도의 발전, 효율적인 해상운송, 대규모 제조기업과 무역회사의 등장, 전신 및 전화의 발명 등으로 인하여 국제기업이 널리 확산되기 시작하였다.

글로벌화 2단계(1900-1930년대)

전기 및 철강 생산이 증대되기 시작하였으며, 미국 및 유럽 등지에서 초기 단계의 다국적기업(예를 들면 BASF, British Petroleum, Nestle, Shell, Siemens, Fiat 등)이 설립되었다.

글로벌화 3단계(1948-1970년대)

제2차 세계대전의 종전 이후 GATT가 출범하였으며, 유럽의 경제가 재건되었다. 그리고 선진국 기업들의 주도 하에 세계무역과 해외직접투자가 증대되기 시작하였다.

글로벌화 4단계(1980년대-현재)

정보통신 및 생산기술의 발전에 힘입어 세계무역과 해외직접투자가 급속도로 증대되기 시작하였으며, 신흥공업국의 괄목할만한 경제성장이 이루어지고 있다.

▌표 1-1▐ 글로벌화의 발전단계

단계	기 간	형 성 요 인	주 요 특 징
1단계	1830-1800년대 말 (1880년 정점)	철도와 해상운송 도입	제조업의 성장 : 주로 무역회사에 의한 국가 간의 상품무역
2단계	1900-1930년대	전기, 철강 생산 증대	제조업, 채굴업 및 농업분야에서의 초기 다국적기업의 출현(주로 유럽 및 미국 기업)과 우월적 지위
3단계	1948-1970년대	GATT의 설립, 제2차 세계대전의 종전, 유럽 재건을 위한 마샬플랜 출범	무역장벽의 점진적 완화를 위한 선진국들의 공동 노력, 일본계 다국적기업의 성장, 유명제품의 국가 간 무역, 글로벌 자본시장의 발전에 따른 국가 간 자금이동
4단계	1980년대-현재	정보통신기술의 비약적 발전, 동구권 국영기업 민영화, 신흥시장의 급격한 경제적 성장	제품, 서비스 및 자본에 대한 국가 간 거래의 급증, 많은 국가의 중소기업 및 대기업의 국제경영 참여, 수출, 해외직접투자 및 자원조달을 위한 신흥시장으로의 집중

자료 : S. T. Cavusgil, *International Business—Strategy, Management and New Realities*, Upper Saddle River, New Jersey, 2008, p.32.

1.2 글로벌화의 촉진요인과 제약요인

(1) 글로벌화의 촉진요인

지구촌을 하나의 단위로 만들어 나가는 글로벌화의 촉진요인을 살펴보면 다음과 같다.

단일 세계체제의 구축

2차 대전 이후 지구촌을 갈라놓았던 동서 양 진영의 이념과 체제경쟁이 구소련의 붕괴와 독일통일로 마감되면서, 이제는 복수의 세계체제가 아니라 하나의 세계체제가 형성되고 있다. 국가와 체제사이에 견고하게 존재했던 이념적 벽은 이제 허물어졌다. 국가의 수는 이전보다 훨씬 많아졌지만 이 국가들의 관계는 훨씬 밀접해지고 있다.

<u>정보통신혁명과 교통수단의 발달</u>

정보통신혁명과 교통수단의 발전으로 세계가 하나의 생활단위가 되고 있다. 과거 지구촌사람들이 경험했던 시간적 격차와 공간적 거리는 급속도로 압축되고 있으며, 사람과 물건의 이동, 생활과 문화의 전파속도도 엄청나게 빨라지고 있다. 이른바 지구촌이 하나의 공동체가 되어 가고 있는 것이다.

<u>시장경제체제의 확산</u>

시장경제체제의 확산은 전 세계를 가난과 궁핍으로부터 벗어날 수 있게 하고, 또한 동시에 전 세계를 무한경쟁의 무대로 만들고 있다. 이 과정에서 자본·기술·상품·서비스가 국경을 넘어 자유롭게 이동하고 또 치열하게 경쟁하고 있다. 이 가운데 세계경제의 상호의존성 역시 깊어지고 있다.

<u>소비자기호의 동질화 현상</u>

소비자기호의 동질화는 글로벌기업으로 하여금 표준화된 마케팅전략을 수행할 수 있는 기본적인 조건을 충족시키고 있다. 이러한 소비자기호는 정보통신혁명에 따른 국경을 초월하는 커뮤니케이션의 활성화, 경제개발에 따른 소득수준의 향상, 그리고 글로벌기업의 푸쉬전략(밀기전략, push strategy) 등을 통하여 국가 또는 지역을 초월하여 더욱 동질화되고 있다.

<u>무역장벽과 외환규제의 완화</u>

무역장벽과 외환규제의 완화는 세계경제 속에서 개별 국가 간의 상호의존성을 높이고 있다. 이제 무역장벽은 세계적으로 상당히 낮아졌으며, 우루과이라운드협상은 서비스와 투자, 그리고 지적소유권과 같이 광범위한 범위에까지 자유화의 물결을 일으키고 있다.

<u>기술혁신의 가속화</u>

기술혁신의 가속화는 제품수명주기를 더욱 단축시키기 때문에 막대한 연구개발비용을 요구한다. 정보통신, 화학, 제약 및 항공기 산업 등과 첨단산업은 총매출에서 연구

개발비가 차지하는 비중이 다른 산업에 비해 상대적으로 높으며, 내수시장보다는 세계시장에 중점을 두게 된다. 이처럼 기술혁신을 통하여 생산된 신제품들은 세계시장을 목표로 판매가 이루어지는 경향이 있다.

다국적기업들의 사업전략 변화

세계적인 네트워크를 가지고 있는 다국적기업들의 사업형태 자체가 세계경제의 상호의존도 증가를 유도하고 있다. 우선 다국적기업들은 신제품개발에 있어서 처음부터 세계시장을 염두에 두고 있으며, 제품의 소개도 주요 시장에서 동시에 하고 있다. 또한 생산에 있어서는 특정한 생산요소를 가장 유리하게 얻기 위해서 부가가치 창출활동을 여러 나라에 나누어서 실시하면서, 그 결과로서 이들 여러 나라간의 상호의존도를 증가시키고 있다. 또한 산업의 세계화로 인해서 경쟁양상이 국경을 초월해서 전개됨에 따라, 하나의 국가시장은 다국적기업간의 경쟁에서 이제는 세분시장으로 그 의미가 격하되게 되었다.

(2) 글로벌화의 제약요인

글로벌화를 제약하는 주요 요인으로는 다음을 들 수 있다.

문화적 다양성

다양한 국가 또는 지역에 존재하는 특유한 고유의 문화는 글로벌화를 제약하는 요인으로 작용할 수 있다. 한 나라의 국가문화는 그 국가 국민의 가치관, 태도, 관습, 신념 및 커뮤니케이션 등에 강력한 영향을 미치기 때문에, 획일적인 글로벌화는 현지인의 반발을 초래하기도 한다. 다시 말해, 현지의 문화를 고려하지 않은 글로벌화는 현지 국가 또는 지역에서 활동하는 글로벌기업과 현지인 사이에 문화적 충돌이 야기될 수도 있다.

현지국 정부의 규제

WTO체제의 출범으로 인하여 국간 간 무역 및 투자 장벽이 완화되고 있음에도 불구하고, 현지국 정부는 자국 기업의 보호를 위하여 정치적 및 법적 규제를 하고 있다. 이러한 현상은 선진국보다는 개발도상국에서 많이 찾아볼 수 있다. 특히, 현지국에서 활동하는 글로벌기업들은 여러 가지 규제적 법률에 노출되어 있다. 이러한 규제적 법률환경은 글로벌기업의 활동에 심각한 타격 또는 손실을 초래할 수 있다. 예를 들면, 기업의 소유지분을 규제하는 법률, 현지종업원의 고용과 관련된 법률, 투자 지분 및 투자 원금의 회수와 본국 송금과 관련된 법률 등은 글로벌기업의 활동에 부정적인 영향을 미칠 수 있다.

반글로벌 운동

반글로벌 운동은 글로벌화에 반대하는 노동조합, 시민단체, 대학생 및 지식인 등에 의해 전개되고 있다. 이들은 글로벌화의 부정적 효과로서 개발도상국의 실업과 환경오염, 대중문화의 미국화 등을 지적하고 있다. 이러한 저항은 글로벌화와 관련된 국제적인 행사를 방해하는 시위를 하기도 하고, 특정 글로벌기업의 상품에 대하여 불매운동을 전개하거나, 때때로 폭력적으로 변하여 현지점포의 영업을 방해하거나 또는 파괴하기도 한다. 예를 들면, 맥도널드(McDonald's)와 스타박스(Starbucks)와 같은 미국계 글로벌기업의 해외점포는 반글로벌 운동가들의 시위에 의해 가끔 파괴되기도 하였다.

보호무역주의로의 회귀

2017년 미국의 제45대 대통령으로 취임한 트럼프는 자국의 수출증대와 이를 통한 무역불균형을 해소하기 위하여, 세계의 여러 국가와 체결한 자유무역협정(FTA)을 개정하기 시작하였다. 이러한 시도는 보호무역주의로의 회귀가능성을 증대시킬 뿐만 아니라, 자유무역을 통한 글로벌화의 장점들을 무력화시키고 있는 것이다. 보호무역주의의 위험성은 무엇보다도 유력 정치인들이 그들의 유권자들을 만족시키려는 포퓰리즘적인 요소에 기인한다. 그러나 보호무역주의가 점점 강화된다 하더라도 글로벌기업이 경쟁력을 지속적으로 유지하면서 차별화를 통한 제품수출을 추진한다면 보호무역주의가 그 효력을 발휘하기는 힘들 수 있다. 그 이유는 글로벌기업의 수출 또는 해외생산은 어떤 보호무역정책에 의해 영향을 받기 보다는 오히려 현지 소비자 또는 고객에 의해 더 많은 영향을 받는 경향이 있기 때문이다.

1.3 글로벌화의 유형

국경을 넘는 제품, 서비스, 투자의 양은 50년 넘게 꾸준히, 그리고 빠르게 증가해 왔다. 현재 하루에 3조 달러 규모의 외환거래가 이루어지고 있으며, 12조 달러의 제품과 3조 달러 서비스가 국경을 넘나들고 있다. 또한 WTO와 같은 국제기구나 세계 각국의 지도자간 모임을 통해 국제무역과 투자에 대한 장벽이 더욱 낮아져가고 있다. 아울러 제품 브랜드와 대중문화가 점차 세계화되고 있다.

글로벌화란 이처럼 더욱 더 통합되고 상호의존적인 세계 경제로의 변화를 뜻한다. 이러한 세계화는 여러 가지 측면으로 나누어 볼 수 있는데 시장의 글로벌화, 생산의 글로벌화 등이 그 예이다.

(1) 시장의 글로벌화

시장의 글로벌화는 역사적으로 분리되어 있던 국가별 시장들이 하나의 거대한 시장으로 재편되는 것을 의미한다. 다른 국가에 있는 소비자들의 기호와 취향이 글로벌기준에 부합하는 현상이 글로벌시장의 형성을 부추기고 있다. 전통적으로 상이한 욕구와 소비패턴을 보이던 각국의 소비자 기호가 해외여행의 증가 및 매스미디어의 확대, 국내시장의 개방 등으로 세계적으로 동질화되어 가고 있다. 또한 국가 간 무역장벽이 무너짐에 따라 이러한 변화는 더욱 쉽게 진행될 수 있었다. 시티그룹의 신용카드, 코카콜라의 음료수, 소니의 플레이스테이션, 맥도날드의 햄버거, 스타벅스의 커피, IKEA의 가구 등과 같은 소비재들은 이러한 글로벌화 경향을 보여주는 대표적인 상품이다. 글로벌화된 기업들은 단순히 글로벌시장을 이용하는 것에서 더 나아가 글로벌화를 촉진하고 있기도 하다. 전 세계에 기본적으로 동일한 제품을 판매함으로써 하나의 글로벌시장을 만드는데 기여하고 있는 것이다. 이러한 시장의 글로벌화는 더욱 확산되는 추세이다.

그러나 이와 같이 시장의 글로벌화가 진행되고 있으나, 각 국가별 시장 간에는 여전히 소비자 기호와 취향, 유통채널, 문화적 가치체계, 비즈니스시스템, 법적 규제까지 다양한 측면에서 큰 차이를 보이고 있다. 이러한 간극 때문에 기업들은 종종 특정 국가의 시장상황에 가장 적합하도록 해당 국가의 소비자에 맞춰 마케팅전략을 수립하고 제품의 특성을 변화시켜 사업을 전개해야 하는 등 국가별 시장에 맞는 차별화를 전개해야 한다.

(2) 생산의 글로벌화

생산의 글로벌화는 국가마다 생산요소의 비용과 품질 수준이 다른 점을 활용하여 세계 여러 나라들로부터 제품과 서비스를 생산 조달하는 것을 말한다. 이를 통해 기업들은 전체 비용구조를 낮추거나 제품의 품질과 기능성을 향상시켜 더욱 효율적으로 경쟁할 수 있다.

민항기 제조업체 보잉(Boeing)의 777기를 예를 들어 보면, 8개의 일본기업들이 기체와 문, 날개를 만들고, 싱가포르의 한 업체는 기체 앞부분 래딩기어의 문을 만든다. 또한 이탈리아 3개 업체가 보조날개를 만들고 그 외에도 많은 해외 업체들이 참여하고 있다. 전체적으로 777기 부품의 30%는 해외 기업들이 만든다. 보잉의 최신 항공기 787에서는 이러한 경향이 더욱 확대되어 항공기 부품의 65%를 해외 제조업체에 아웃소싱하였다. 이 중 35%는 일본 업체들이 맡았다. 보잉이 이처럼 아웃소싱하는 이유는 생산에 참여하는 해외 업체들이 각 분야에서 최고이기 때문이라고 말한다. 즉, 다양한 해외 공급업체들의 협력망은 최종 제품의 품질을 높이고, 이를 통해 경쟁업체인 에어버스(Airbus)보다 더 높은 실적을 얻을 수 있는 기회를 가질 수 있기 때문이다. 또한 보잉은 현지 항공사들로부터 더욱 많은 주문을 받기 위해 해당 기업에 아웃소싱을 맡기기도 한다.

이와 같이 기업활동에 있어서 국경선의 개념이 점점 사라지고, 자본의 이동이 용이해짐에 따라 기업의 가치사슬(value chain)은 그 범위가 점점 글로벌화되고 있다. 즉, 생산과정이 세계화됨으로써 기업은 한 상품을 한 국가 내에서만 생산하지 않고 그에 필요한 각 공정을 분리하여 세계 각처에서 생산된 부품을 조립하여 완제품을 만들어 세계 도처의 시장에 판매하고 있다.

2 마케팅의 개념과 마케팅이념의 변천

2.1 마케팅이란 무엇인가?

대중소비수준의 성숙과 함께, 마케팅(marketing)이란 용어가 여러 분야에서 사용됨에 따라 일반인들도 이 용어에 친숙해져 있으나, 정확한 의미로 사용하는 예는 흔치 않다. 일반적으로 마케팅이란 용어는 기업을 위하여 고객을 탐색, 창출하는 행위라는 의미로 사용되고 있으며, 기업의 유통 또는 판매활동에 국한되어 사용되기도 하고, 더욱 좁은 의미로는 단지 광고활동의 의미로 사용되고 있다. 물론 전혀 틀린 것은 아니나, 이러한 의미들은 마케팅의 아주 작은 부분에 해당된다.

마케팅에 대한 견해는 시대의 변천과 사회 및 기업의 발전에 따라 크게 변해 왔다. 물론, 어느 시기에서도 마케팅을 보는 관점에 따라서 사람마다 다소의 차이는 있었지만, 시대를 달리할 때마다 관점의 차이가 더욱 두드러짐을 볼 수 있다. 그 이유는 마케팅이 그만큼 역동적으로 발전하고 있는 학문이며, 오늘날의 사회에서 중요한 역할을 담당하고 있기 때문이다.

지금까지 여러 학자들에 의해 마케팅에 대한 다양한 정의가 내려졌지만, 특히 1985년 미국 마케팅학회(AMA)가 규정한 정의가 가장 광범위한 영역을 포함하고 있다는 점에서 주목할 만하다. 이에 따르면 "마케팅이란 개인과 조직의 목적을 충족시키는 교환을 창조하기 위하여 아이디어, 재화 그리고 서비스의 개발, 가격결정, 촉진과 유통을 계획하고 수행하는 과정(Marketing is the process of planning and executing the conception, pricing, promotion, and distribution of ideas, goods, and services to create exchanges that satisfy individual and organizational objectives)"으로 정의하고 있다.

이 정의는 그 동안 이론적·실무적으로 변천해 온 마케팅이념을 대부분 포괄하고 있음을 알 수 있다. 이 정의에 나타난 중요한 특징을 보면 다음과 같다.

첫째, 마케팅은 개인과 조직의 욕구를 동시에 충족시킨다. 다시 말해 마케팅은 소비자의 욕구를 충족시킬 수 있는 제품, 아이디어 및 서비스를 개발하고 이를 구매·사용하도록 함으로써 소비자의 욕구충족과 조직의 목표(매출액, 시장점유율, 이익 등)를 달성할 수 있다.

둘째, 마케팅은 교환을 창조하기 위한 노력이 있다. 다시 말해 소비자의 욕구와 조직의 목표를 충족시키기 위해 양자 간에 활발한 교환을 성립시킨다.

셋째, 마케팅은 교환을 창조하며 개인과 조직의 목표를 달성하기 위하여 마케팅믹스라는 구체적인 수단으로 나타난다. 다시 말해 제품, 아이디어 및 서비스에 대한 이념정립, 가격결정, 촉진 및 유통에 대한 계획을 수립하고, 이를 수행하는 것이다. 이것이 마케팅믹스(marketing mix)이다.

2.2 마케팅이념의 변천

마케팅관리가 표적시장을 상대로 교환을 통해서 바람직스러운 결과를 달성하려는 의식적인 활동이라고 한다면, 이러한 마케팅활동의 지침이 되는 이념 내지 철학은 무엇인가 하는 문제가 제기된다. 기업과 고객, 그리고 사회 전체의 이익을 도모하고, 이해관계를 조정하기 위해서 마케팅이념 내지 철학을 명확히 규정해야 한다. 분명히 마케팅활동은 효율적이며, 책임있고 존경받는 마케팅이념과 철학 하에서 수행되어야만 한다.

마케팅이념(marketing concept)은 지난 30여 년 동안 커다란 변화를 겪어왔다. 산업화 초기단계에서는 생산이 곧 판매를 의미하였으므로, 마케팅이념은 분명히 존재하지 않았으나 시장상황의 변화에 따라 생산중심 이념, 제품중심 이념, 판매중심 이념, 마케팅중심 이념, 사회적 마케팅이념으로 발전해 왔다.

(1) 생산중심 이념(production-oriented concept)

생산중심 이념은 판매자들을 이끌어온 가장 오래된 이념들 중의 하나이다. 이러한 생산중심 이념은 소비자들이 주어진 제품을 이용할 수 있고, 또한 가격이 저렴한 제품을 선호한다고 주장하는 이념이다. 그러므로 생산지향적인 기업의 경영자들은 생산효율성을 높이고 유통범위를 광범위하게 하는데 노력을 집중한다. 소비자들은 기본적으로 제품의 이용가능성과 저가격에 관심을 갖는다는 가정은 두 가지 상황에 적용할 수 있다. 첫째는 제품의 수요가 공급을 초과하는 경우이며, 둘째는 제품원가가 현재 높아 제품의 수요가 적으므로 생산성을 증가시켜 시장을 확대함으로써 제품원가를 낮출 수 있는 경우이다.

(2) 제품중심 이념(product-oriented concept)

제품중심 이념은 소비자들이 최고의 품질, 성능 또는 혁신적인 특성을 갖는 제품을 선호할 것이라는 이념이다. 이러한 제품지향적인 기업의 경영자는 어떤 다른 것보다도 좋은 제품을 생산하고 지속적으로 이를 개선하는데 노력을 집중한다.

제품지향적인 경영자들은 소비자들이 잘 만들어진 제품에 대해서 경탄하여 품질과 성능을 칭찬할 것이라고 가정한다. 또한 그들 제품에 도취되어 시장이 거의 변하지 않으며, 다른 방향으로 향할 수도 있다는 것을 예상하지 못한다. 그리고 대개 사람들이 새로이 개량된 제품에 대한 지식을 자동적으로 얻게 되지 않으며, 사실상 그 제품이 우수하여 그만한 제품의 가격을 지불할 의사가 있는지를 알 수 없다.

이러한 제품중심 이념은 자칫하면 소비자의 본원적인 욕구가 무엇인가 보다는 구체화된 욕구와 관련된 제품 그 자체에 잘못 집중하는 '마케팅근시(近視)(marke- ting myopia)'을 초래하기 쉬운 결점을 가지고 있다.

'마케팅근시'란 Theodore Levitt에 의해 주창된 이념으로, 기업이 자사가 참여하는 제품시장의 영역을 너무 협소하게 규정함으로써 경쟁자의 범위를 잘 파악하지 못하는 우를 범하는 것을 말한다. 즉, 회사의 사업영역을 너무 좁게 규정, 제품 자체의 품질향상만이 전부라 생각하고 여기에 안주하다 나날이 변하는 소비자들의 기호, 기술수준에 부응하지 못하고 서서히 몰락해가는 현상을 지적하는 용어다. 철도만이 대중 운송수단이라고 생각, 자신들의 사업을 운송업이 아닌 철도업에만 국한시켜 결국 버스·항공 운송을 남들에게 다 빼앗기고 몰락한 영국의 철도회사들, 원료업이라는 생각없이 석유만을 고집하다 천연가스의 등장으로 위축 돼버린 미국의 석유회사들이 마케팅근시에 빠졌던 예다. 이처럼 마케팅근시에 빠진 기업들은 소비자의 본원적 욕구와 구체적 욕구 중 본원적 욕구를 정확히 파악하지 못한 기업이라 할 수 있다.

(3) 판매중심 이념(selling-oriented concept)

판매중심 이념은 소비자들을 그대로 두면 자사제품을 구입하지 않기 때문에, 기업이 적극적으로 판매활동 및 판촉활동을 추진해야 한다는 것이다. 이는 기업이 이용가능한 모든 효과적인 판매촉진활동과 촉진노력을 기울이는 등 제품에 대한 관심을 불러일으키려는 노력없이는 소비자들이 제품을 구입하지 않으며, 구매를 한다 하더라도 충분한 양을 구매하지 않을 것이라 가정하는 이념이다. 예를 들어, 식당에서 종업원들이 손님이 먹고 싶어하는 음식을 주문받기보다는 값비싼, 즉 매상을 높일 수 있는 음식을 권하는 것이 이러한 판매중심 차원의 이념이다.

판매중심 이념의 문제점은 기업이 판매할 수 있는 제품을 만드는 것이 아니라, 만든 제품을 판매하는 데 있으며, 마케팅활동의 초점을 "일방적일지라도 강력한 인적판매와 광고를 동원하여 구매를 자극"하는 데 두게 된다는 점이다. 이러한 소비자 중심이라기보다는 판매자 중심의 시장이념에 따라 활동하는 기업은 "제품은 판매원에 의해 팔리는 것이지, 소비자에 의해 구매되는 것이 아니다"라는 슬로건에 잘 나타나 있듯이, 잠재고객의 욕구나 의지보다도 기업의 일방적인 노력만을 강조함으로써 고객의 구매후 만족여부에는 관심이 소홀하기 쉽다.

이러한 판매중심 이념은 소비자가가 정상적으로 구매하지 않을 것이라고 여겨지는 보험, 백과사전, 묘지 등의 비탐색제품에 가장 적극적으로 적용될 수 있다. 또한 승용차와 같은 탐색제품에도 적용된다. 이러한 산업들은 잠재고객을 탐색하기 위한 여러 가지 판매기법을 개발하여 그들에게 그 제품의 이점으로 강매(强賣 : 적극적 판매)를 한다. 또한 판매중심 이념은 기금모금단체, 대학 입학관련부서, 정당 등 비영리부문에도 적용된다. 정당은 자기당의 입후보자를 그 직무에 가장 적합한 사람으로 유권자들에게 적극적으로 판매한다. 입후보자는 이른 새벽부터 저녁 늦게까지 선거구지역을 순회하면서 악수를 하며, 사람을 만나서 활기 넘치는 연설도 한다. 또한 라디오나 TV광고, 포스터, 우편물 발송 등에 많은 돈을 쓴다. 선거운동원들은 판매(득표)가 목적이고 구매 후 투표자들이 만족을 걱정하지 않으므로 입후보자의 어떠한 약점도 대중들에게 노출되지 않도록 숨긴다. 당선된 후에도 유권자에게 당선자는 구매지향적인 견해인 판매중심 이념의 입장을 취하기 쉽다. 즉, 대중이 원하는 것에 대해서는 조사하지 않고 정당이나 정치가들이 원하는 정책을 일반 대중들로 하여금 수용하도록 판매활동을 전개한다.

사실상 강매에 바탕을 둔 마케팅은 위험을 초래한다. 그 제품을 구입하도록 권유받은 고객들은 그것을 좋아할 것이라고 가정한 것이다. 그러나 그들이 좋아하지 않는다면, 그들은 친구들에게 그것에 대해 악담을 하거나 소비자단체에 불평을 토로한다. 그들은 그러한 실망스러운 것들을 잊어버리고 또다시 구입할 수도 있겠지만, 이러한 것들은 단지 가정에 지나지 않는다. 한 연구결과는 불만족한 고객들은 10명 이상의 친구들에게 그 제품에 대해 악담한다는 사실을 밝히고 있다. 이러한 악담은 빠르게 전파된다.

오늘날까지 판매라는 활동이 나쁜 이미지를 갖게 된 것은 소비자의 욕구충족보다는 일방적인 매출극대화를 위해 강매를 촉구하는 판매중심 이념에 기인한 것이다.

(4) 마케팅중심 이념(marketing-oriented concept)

마케팅중심 이념은 기업이 목적을 달성하기 위해서는 과거의 생산중심이나 판매중심의 경영 사고에 변화를 가져오지 않을 수 없었고, 새로운 경영철학의 확립이 요구됨에 따라 나타난 기업철학으로서, 1950년대 중반에 그 중심적인 주의가 구체화되었다. 마케팅중심 이념은 기업조직의 목표를 성취하는 열쇠는 표적시장의 기본적인 욕구(본원적 욕구)와 2차적 욕구를 결정하고 경쟁자보다 효과적이고 효율적인 방식으로 바람직하게 만족을 전달해 주는 것이라는 이념이다. 이는 제품을 일방적으로 생산한 후, 그것을 처분하기 위한 방법을 강구하는 것이 아니라, 먼저 잠재고객이 원하는 바를 발견하고 그들이 원하는 제품을 생산·공급하여 고객의 만족을 창출함으로써 기업조직의 목표를 달성하고자 하는 접근방법이다.

이러한 마케팅중심 이념은 다음과 같은 다양한 방식으로 표현된다.

「소비자의 욕구를 충족시켜라. 욕구의 발견과 충족. 제품이 아니라 고객을 사랑하라. 원하는 것을 드십시요(Burger King). 당신이 주인이십니다(United Airlines). 고객이 지불하는 돈 가치만큼 가치, 품질, 만족을 위해서 최선을 다하는 것(J.C. Penny)」

Theodore Levitt는 판매는 판매자의 욕구에 초점을 두나, 마케팅은 구매자의 욕구에 초점을 두며, 또한 판매는 제품을 현금으로 전환하는 판매자의 욕구에 초점을 두는 것인데 반해, 마케팅은 제품 그리고 제품의 생산, 전달 및 최종적인 소비자와 관련된 전반적인 과업을 통해서 고객의 욕구를 만족시키는데 초점을 두는 것이라는 측면에서 판매와 마케팅 이념의 차이를 명확하게 제시하였다.

이러한 마케팅은 [표 1-2]에 제시된 바와 같이 4가지의 중요한 축, 즉 표적시장, 고객욕구, 통합적 마케팅, 수익성에 근거하고 있어 판매와는 대조적이다.

표 1-2 판매와 마케팅의 차이

	시 점	초 점	수 단	목 적
판매	공장	제품	판매 및 촉진	판매량을 통한 이익
마케팅	표적시장	고객욕구	통합적 마케팅	고객만족을 통한 이익

일반적으로 마케팅이념의 응용은 산업재 생산기업보다는 소비재 생산기업, 중소기업보다는 대기업에서 더 많이 이용되고 있다.

(5) 사회적 마케팅이념(societal marketing concept)

최근 들어 환경오염, 자원부족, 인구의 폭발적 증가, 세계적인 기아와 빈곤문제 등이 사회적인 중요 이슈로 등장하고 있는데, 이러한 시대적 상황 하에서 종래의 마케팅이념이 과연 기업철학이나 마케팅이념으로서 적절한 것인지에 대한 의문이 제기되고 있다. 즉, 기업이 고객의 욕구를 발견하여 이를 충족시켜 주는 것이 장기적인 측면에서 볼 때 고객은 물론 사회 전체의 이해와 반드시 일치하지 않는 경우도 발생하고 있으며, 환경오염을 고려하지 않는 기업의 이윤추구활동의 결과로 사회 전반의 피해로 나타나고 있다. 예를 들면, 의류용 세척제산업의 경우 하얀 옷을 바라는 소비자의 욕구를 만족시켰으나 강과 하천을 오염시키고 물고기를 죽게 하는 등 환경을 오염시킨다거나,

청량음료산업의 경우 1회용 용기의 사용을 증가시킴으로써 편의성을 바라는 소비자의 욕구를 충족시켰으나 엄청난 자원의 낭비와 쉽게 썩지 않음으로써 환경오염을 초래하는 경우를 들 수 있다.

이러한 여러 가지 이유로 인하여 지금까지 실현하지 못한 사회의 장기적 복지 실현을 위해 사회적 비용까지 부담해야 한다는 사회지향적 마케팅이념이 등장하게 되었다.

사회지향적 마케팅이념은 기업조직의 과업이 표적시장의 욕구와 관심사를 결정하고, 또한 소비자의 복지와 사회의 복지를 보존 또는 향상시키는데 있어서 경쟁자보다 효율적이고, 효과적으로, 바람직하게 충족하도록 하는 것이어야 한다는 이념이다. 이러한 사회지향적 마케팅이념은 경영자로 하여금 마케팅정책을 수립하는데 있어서 기업의 이익, 소비자의 욕구충족, 그리고 대중의 이익과 복지 등 3가지 요소가 균형되도록 요구한다. 자연환경을 고려하여 공해를 줄이는 제품생산과 기업의 공해방지시설의 설치를 강조하는 그린마케팅(green marketing)이나 환경마케팅(environmental marketing)도 이러한 사회적 마케팅의 한 예라고 할 수 있다.

지금까지 설명한 마케팅이념의 변천과정을 시대별로 정리하면 [표 1-3]과 같이 나타낼 수 있다.

표 1-3 마케팅이념의 변천과정

연대	1750	1930	1950	1980	2000
시대적 특성	생산지향단계	판매지향단계	고객지향단계	사회적 책임 지향단계	사회동화 지향단계
마케팅 이념	• 생산중심이념 • 제품중심이념	• 판매중심이념	• 마케팅중심이념	• 사회지향적 마케팅이념	?
초점	• 생산중심이념(대량생산을 통한 생산비 절감) • 제품중심이념(제품의 품질 향상과 성능의 고급화 및 다양화)	• 소비자의 구매욕구를 자극하는 적극적인 마케팅활동	• 고객의 만족을 위한 고객지향적 통합마케팅	• 소비자와 사회의 복지 등 사회적 책임 • 환경마케팅 • 녹색마케팅	?

2.3 마케팅관리

마케팅관리(marketing management)는 고객의 목적과 조직의 목적을 충족시키는 표적집단과 교환을 촉진하기 위해서 아이디어, 재화 및 서비스들의 가격결정, 유통경로 및 촉진을 계획하고 실천하는 과정, 즉 마케팅이념(marketing concept)을 전략적 차원에서 실현하기 위한 목적 하에 계획·조직·지휘·조정·통제하는 것을 말한다.

이러한 마케팅관리는 다음과 같은 특징을 가지고 있다.

첫째, 마케팅관리는 마케팅이념을 실천하는 것이다. 소비자 지향적이고 소비자욕구의 충족을 통해 기업의 이윤을 달성하며, 기업의 모든 기능이 마케팅에 통합되어 실행될 수 있도록 실행하는 것이다.

둘째, 마케팅관리는 4Ps, 즉 제품(product), 가격(price), 유통경로(place), 촉진(promotion)을 주요 수단으로 활용한다.

셋째, 마케팅관리는 사회·문화적 요인, 정치·법률적 요인, 경제적 요인, 기술적 요인 등 마케팅활동을 제약하는 마케팅환경요인들을 해결하는 것이다.

넷째, 마케팅관리는 마케팅환경에 적합한 4Ps를 개발하고, 이를 적절히 조합하여 환경이 4Ps를 거부하지 않고 항상 수용할 수 있도록 계획·조직·지휘·통제하는 일련의 전략적 활동이다.

이러한 마케팅관리의 과정은 시장기회를 분석, 표적시장을 조사하여 선정하고, 마케팅전략을 수립, 마케팅프로그램을 계획 및 마케팅활동을 조직, 시행 및 통제하는 것으로 구성된다. 이러한 마케팅관리의 과정을 나타내면 [그림 1-1]과 같다.

이러한 마케팅은 다양한 활동의 상호작용 결과를 종합적이고도 능동적으로 수렴하는데 있는 것이며, 여기서 마케팅믹스라는 이념이 창출된다. 마케팅믹스(marketing mix)란 기업의 마케팅부서 또는 마케팅관리자가 회사의 마케팅관리를 수행함에 있어 제품, 가격, 유통, 촉진 등 마케팅 4대 요소를 중심으로 한 각종 활동을 보다 체계적이고도 효율성있게 관리하기 위하여 가용자원을 각 요소별로 적정 배분하여 운용하는 것을 말한다.

시장기회의 분석

- 마케팅환경
- 소비재시장/산업재시장/서비스시장/특수재시장

↓

STP분석

- 시장세분화, 표적화, 포지셔닝

↓

마케팅믹스의 개발

- 제품기획, 가격결정
- 유통결정, 촉진결정

↓

마케팅활동의 관리

- 경쟁적 마케팅전략의 수립
- 마케팅프로그램의 계획화
- 마케팅활동의 조직, 실천, 통제

[그림 1-1] 마케팅관리의 과정

3 글로벌마케팅의 개념과 발전단계

3.1 글로벌마케팅의 개념과 특성

(1) 글로벌마케팅의 개념

각국의 소비자 기호가 동질화되고, 국가 간의 무역장벽이 철폐되어 시장개방이 가속화되면서 세계시장이 거대한 단일시장처럼 되는 시장의 글로벌시대에 우리는 살고 있다. 이러한 시장의 변화추세에 맞춰 기업의 마케팅활동도 다양한 형태로 발전되어 왔다.

글로벌마케팅에 관해서는 많은 학자들이 다양한 정의를 내리고 있으나, 이 책에서는 글로벌마케팅(global marketing)을 "글로벌 고객의 욕구를 충족시키기 위하여 수행되는 국경을 초월한 교환활동"으로 정의한다. 이러한 정의에 포함되어 있는 용어를 구체적으로 살펴보면 다음과 같다.

① **글로벌 고객**(global customer)이란 제품 또는 서비스를 최종적으로 소비하는 전 세계의 사용자 또는 소비자로서 개인, 기업, 국가, 기관 및 비영리단체 등을 포괄한다.

② **욕구**(need and wants)란 제품 또는 서비스를 획득하기 원하는 잠재적 또는 실제적인 고객의 심리상태를 의미한다.

③ **충족**(satisfaction)이란 글로벌 고객이 원하는 제품이나 서비스를 구매함으로서 느끼는 심리적 만족감을 말한다.

④ **국경을 초월한 교환활동**(exchanges across national boundaries)이란 제품 또는 서비스를 글로벌 고객에게 판매하고, 그 가격만큼 다른 제품이나 서비스를 얻거나(예를 들면, 물물교환) 또는 화폐(예를 들면, 외화획득)를 얻는 활동을 뜻한다.

(2) 글로벌마케팅의 특성

기업이 둘 또는 그 이상의 국가시장에서 마케팅을 수행할 때 국내 마케팅(dome- stic marketing)과 글로벌마케팅 간에 어떠한 차이점이 있는가 하는 질문이 제기된다. 이 두 개념 간에는 중요한 차이점이 존재하는가 하면, 동시에 기본적인 유사점도 존재한다. 첫째, 마케팅의 기초개념, 활동과 프로세스는 국내 마케팅에서나 글로벌마케팅에서나 전적으로 유사하게 적용된다. 둘째, 국내 마케팅과 글로벌마케팅 간의 차이점은 글로벌마케팅이 수행되는 국가 환경의 차이와 상이한 국가시장에서 동시에 운영되는 기업의 조직과 프로그램 등 전략대안 차이에서 비롯된다.

1) 마케팅환경의 차이

국내마케팅 과정과 글로벌마케팅 과정은 기본적으로 동일하다 할 수 있다. 그러나 마케팅활동 시 직면하는 환경은 매우 다르다. 즉, 국내 마케팅은 단일 시장환경을 대상으로 수행되지만, 글로벌마케팅은 복수의 서로 다른 시장환경을 대상으로 전개된다. 해외시장은 국내시장과는 정치적, 경제적, 법률적, 문화적 환경이 다르고, 또한 해외시장 간에도 국가에 따라 매우 차이가 크다.

기업이 해외시장으로 그들의 사업활동을 확장해 나갈 때, 마케팅의 근본적인 방법론들이 보편적으로 적용될 수 있도록 개발되고 있으므로, 글로벌시장과 굳이 차별화할 필요는 없으나, 이러한 마케팅환경의 차이로 인하여 현지 시장환경에 알맞는 마케팅전략을 수립하여야 하며, 목표시장의 특성에 맞는 마케팅프로그램을 개발하고 실천해야 하는 것이다.

2) 전략대안의 차이

글로벌마케팅은 다수국에서 마케팅활동을 수행하는 것이므로, 국내마케팅에서 볼 수 없는 새로운 사업전략이나 이를 수행하기 위한 조직이 생겨나게 된다. 즉, 해외시장에 진출하면서 수출입, 해외직접투자, 계약방식의 진출 등 사업전략대안의 범위가 확대되며, 이에 적절한 기업조직이 형성된다. 기업의 자원, 능력, 조직, 문화 등 내부적인 환경요인과 현지국 및 국제적 외부환경요인을 고려하여 적절한 사업대안이 선택된다.

또한, 마케팅환경의 차이로 인하여 글로벌 제품, 글로벌 가격, 글로벌 유통, 글로벌 촉진 등 글로벌마케팅믹스의 의사결정이 더욱 복잡하고 다양해진다. 글로벌시장에 적용 가능한 마케팅믹스전략을 수립한다는 것은 국내마케팅방법들 중 보전할 요소와 수정할 요소 및 포기할 요소를 선별하는 과정이다. 그러므로 글로벌마케팅의 성격은 마케팅의 기본요소들 즉, 마케팅조사방법, 제품, 가격, 유통, 촉진활동 등을 어떻게 글로벌시장에 맞게 적응시키느냐에 따라 결정된다.

3.2 글로벌마케팅의 이점

글로벌마케팅 이점 중의 하나는 복수의 국가시장에서 마케팅을 수행함으로써 얻게 되는 레버리지 효과(leverage effect)이다. 이러한 레버리지 효과는 특정 기업이 여러 국가에서 기업활동을 동시에 수행함으로써 획득되는 이점을 말한다. 글로벌마케팅을 전개하는 기업은 특정 국가에서 터득한 마케팅 경험이나 노하우를 다른 국가시장에서 활용하고 자원과 글로벌전략을 전 세계에 걸쳐 활용하여 규모의 경제를 달성함으로써 시간, 노력, 비용 등의 절감효과를 얻을 수 있다. 또한 특정 국가에서 실제로 검증된 마케팅전략, 제품, 광고, 영업, 판촉 프로그램을 비슷한 환경을 보유한 다른 국가시장에 이전하여 적용함으로써 마케팅비용을 줄일 수도 있다. 물론, 이전된 전략이 해당국시장에 적절하지 않다면 이전효과는 얻을 수 없을 것이다.

이러한 레버리지 효과는 구체적으로 경험의 이전, 규모의 경제 달성, 효과적인 자원의 활용, 글로벌전략의 수립 등 네 가지 형태로 나타난다.

(1) 경험의 이전

글로벌기업은 자사의 경험을 세계의 모든 시장에서 활용할 수 있다. 이러한 기업들은 한 국가나 지역에서 검증된 경영활동, 전략, 제품, 광고, 판매촉진 아이디어 등을 다른 유사시장에 적용할 수 있다.

(2) 규모의 경제 달성

글로벌기업은 보다 많은 제품의 생산을 통해 규모의 경제(economies of scale) 이점을 달성할 수 있다. 즉, 글로벌기업은 전 세계에 걸쳐 네트워크를 구축함으로써 이러한 규모의 경제 이점을 향유한다. 이러한 규모의 경제에서 발생하는 레버리지 효과는 단지 생산에 국한된 것이 아니라 마케팅, 구매, 재무, 연구개발 측면에서도 발생한다. 또한 복수의 제품 또는 해외시장에 대해서 마케팅서비스를 제공함으로써 얻게 되는 범위의 경제(economies of scope) 이점도 글로벌기업의 이점이다.

(3) 효과적인 자원의 활용

글로벌기업의 주요한 강점은 전 세계에 걸쳐 필요한 인재, 자금, 원재료 등을 찾아서 세계시장에서 효과적으로 경쟁할 수 있도록 이들을 활용할 수 있는 능력이다. 예를 들면, 세계에는 다양한 통화가 존재하므로, 글로벌기업은 가능한 최적의 조건으로 이들 재무자원을 구하여 전 세계적으로 활용한다.

(4) 글로벌 전략의 수립

글로벌기업의 또 다른 이점 중의 하나는 글로벌전략을 전개할 수 있다는 점이다. 글로벌전략은 글로벌환경의 변화에 따른 사업기회, 위협요인, 자원을 찾기 위해서 전 세계 비즈니스환경을 조사하는 정보시스템을 기반으로 구축된다. 사업기회가 확인되면, 글로벌기업은 자사가 보유한 기술을 활용하고, 자원을 집중 투자하여 고객에게 최상의 가치를 창출하기 위한 경쟁우위를 달성한다. 이러한 글로벌전략은 경쟁우위를 세계적 규모로 창출하기 위한 계획이며, 높은 절제와 창조성, 그리고 지속적인 노력을 필요로 한다.

3.3 글로벌마케팅의 전개방향과 발전단계

(1) 글로벌마케팅의 전개방향

오늘날의 기업은 국내시장만을 대상으로 하는 것이 아니라, 전 세계의 지역이나 국가시장을 대상으로 하여 글로벌마케팅을 전개하고 있다. 그러면 글로벌마케팅은 어떠한 관리이념 하에 전략적으로 전개해야만 할 것인가? 시장지향성, 즉 소비자지향성과 경쟁지향성을 전제로 하는 전개방향은 마땅히 글로벌시장에도 그대로 적용되어야 한다.

그러면 글로벌마케팅 이념의 전개는 어떤 방향으로 전개되어 왔는가? 글로벌마케팅은 기업이 성장함에 따라 본국 지향형, 현지국 지향형, 지역 지향형, 글로벌 지향형 등의 단계를 거쳐 진화·발전되어 왔다. 기업의 특성이나 최고경영자의 경영철학에 따라서 글로벌마케팅의 방향성은 처음부터 본국 중심에 머물기도 하고, 곧바로 글로벌 중심으로 나가기도 한다.

1) 본국 지향형(home country orientation)

본국 지향형은 본국중심주의 단계(ethnocentric stage)에서 형성·적용되었던 것으로서, 글로벌마케팅이 본국을 중심으로 이루어져야 한다는 사고이다. 여기서는 해외에서의 마케팅을 국내마케팅에 부수하는 2차적인 것으로 보고, 모든 해외시장에서의 마케팅활동은 본사에서 계획하고 해외시장에서는 단지 집행만 한다. 또한 마케팅 담당자도 주로 자국민이다. 마케팅 성과의 평가 및 통제도 본사 기준으로 이루어지며, 본사의 이익극대화에 글로벌시장이 얼마나 기여했는가에 의해 평가가 이루어진다. 마케팅믹스도 국내의 그것을 그대로 따르며, 해외에 판매되는 제품에 아무런 변화도 가하지 않는다. 유통 및 촉진전략도 국내의 그것과 같다. 처음으로 글로벌마케팅을 시작하는 소규모의 기업이나 외국에 대한 판매가 그다지 중요하지 않은 대규모 기업의 경우에는 이러한 지향형을 띤다.

이 단계에서 전개되는 마케팅방식은 기본적으로 자국의 국내시장을 중심으로 하며, 해외시장은 어디까지나 잉여제품을 처분하는 시장이므로 한계시장으로서의 성격을 가지는 것으로 본다. 따라서 해외 현지시장의 요구나 특성과는 관련없이 국내에서 팔리는 제품을 그대로 판매하게 되는데, 전형적으로 수출마케팅이 이에 해당한다. 이러한 방식은 해외에 대한 직접투자나 합작사업보다 비용이나 위험은 상대적으로 적다. 따라서 초기의 글로벌마케팅의 방식으로는 적절한 경우도 있으나 현지시장의 요구가 다양화되고 경쟁이 격화되면 이에 대응하기는 어렵게 된다.

2) 현지국 지향형(host country orientation)

현지국 지향형은 복수국중심주의 단계(polycentric stage)에서 형성·적용되는 것으로서, 현지시장에 대해서는 현지인이 가장 잘 알고 있다는 사고를 기본으로 하고 있다. 해외시장에서의 마케팅활동에 관한 의사결정은 현지관리자에 의해 이루어지며, 평가 및 통제도 현지국 기준에 의해서 결정되며, 현지관리자 및 필요인력도 현지인에 의해 충원되고 본사파견인력은 최소한으로 국한된다. 따라서 각국에 대한 마케팅계획과 조사는 각각 별도로 수행되며, 제품은 현지의 요구에 맞도록 변경된다. 또한 가격설정과 촉진도 별도로 수행되나, 유통은 현지의 유통경로를 통해 현지인의 판매인력에 의해서 수행된다.

이 단계에서 전개되는 마케팅방식은 비교마케팅방식이라 할 수 있는데, 이는 자국과 현지시장은 경제나 문화 등 환경면에서 차이가 있으므로 현지의 사정이나 논리를 따르는 방식이다. 따라서 현지의 경영방식이나 환경을 전제로 현지인을 중심으로 하는 현지방식을 취한다. 그러므로 구체적으로는 현지인과 합작기업을 설립하고 현지중심형의 마케팅을 하게 된다.

그러나 이러한 현지국중심주의(polycentrism)는 여러 나라에서 전개되는 마케팅활동을 조정·통제하는데 있어서 여러 가지 문제가 생길 수 있다.

3) 지역 지향형(regional orientation)

지역 지향형은 지역중심주의 단계(regiocentric stages)에서 형성·적용되는 것으로서, 지역시장을 하나의 시장으로 간주하고 통합된 마케팅전략을 수립하려는 사고이다. 이 때에는 국경은 고려하지 않고 일정한 지역을 단일의 시장으로 보며, 마케팅계획도 지역을 전제로 수립한다. 그리고 마케팅인력은 어떤 곳에서건 충원되며, 표준화제품이 전 지역에서 판매된다. 유통과 촉진은 균일적인 기업 및 제품이미지를 심기 위해 지역단위별로 수행된다. 이 단계에서의 마케팅방식은 현지지향 단계에서 전개되는 방식인 비교마케팅방식과 같으나 지역범위가 더 넓다.

4) 글로벌 지향형(global orientation)

글로벌 지향형은 지구중심주의 단계(geocentric stages)에 이른 기업이 설정·적용하는 것으로서, 전 세계를 하나의 단일시장으로 보는 사고이다. 이 단계는 실질적으로 지역중심주의 단계가 확대된 형태이다. 이 단계에서는 다국제 마케팅방식이 전개되는데, 이는 세계시장을 전제로 마케팅활동에 대한 계획을 조정·통합하여 경제효율성과 현지 요구의 충족을 위한 글로벌 마케팅전략을 전개하는 것이다.

자국의 국내시장을 포함하는 글로벌시장을 대상으로 세계 인류의 욕구 충족이라는 사명을 다할 수 있으려면 마땅히 마케팅관리자는 글로벌 경영감각과 아울러 글로벌 지향성이라는 경영이념을 확립할 필요가 있다. 따라서 전 세계시장을 대상으로 통합된 마케팅활동을 수행하는 글로벌마케팅에서는 글로벌 지향형이 보다 적합한 전개방향이다.

(3) 글로벌마케팅의 발전단계

일반적으로 기업의 형태는 국내기업, 수출기업, 다국적기업, 글로벌기업 등 네 가지 유형으로 나누어 볼 수 있는 데, 이러한 기업들의 전략과 마케팅, 운영스타일은 나름대로의 특성을 갖게 된다. 국내시장중심 마케팅에서 글로벌마케팅으로 전환되는 과정 역시 국내기업, 수출기업, 다국적기업, 글로벌기업으로 성장함에 따라 단계적으로 이루어지는 것이다.

국경을 넘어 이루어지는 글로벌마케팅은 대개 국내마케팅에서 수출마케팅으로 시작하여 다국적마케팅을 거쳐 글로벌마케팅으로 발전하는 것으로 설명된다. 따라서 이러한 마케팅개념과 용어들은 제각기 별개로 존재하는 것이 아니라, 기업의 글로벌화에 따라 연속선상에서 발전적으로 변화해 나가는 현상을 편의상 구분한 것이라 할 수 있다. 또한 이러한 발전단계는 모든 기업에 일률적으로 적용되는 것은 아니다. 최근 시장의 글로벌화 현상에 따라 내수시장에서 처음부터 글로벌마케팅으로 시작하는 기업도 있다. 구체적인 글로벌마케팅의 각 유형별 특성을 살펴보면 다음과 같다.

1) 수출마케팅

글로벌마케팅의 시작 단계는 수출마케팅(export marketing)에서 비롯된다. 수출마케팅은 기업이 최초로 본국 이외의 해외시장에서 마케팅기회를 추구하는 단계로서, 기업이 국내시장 이외의 지역에 제품을 판매하고 하나의 시장(국가)에서 다른 시장(국가)으로 제품을 선적하는 것과 관련된 모든 마케팅활동을 포함하는 것이다. 마케팅조사를 통하여 적정 국가나 시장을 선정하고 수출시장의 수요충족을 위하여 적절하게 제품을 변경하며, 제품의 마케팅이 가능한 적정 글로벌시장을 대상으로 한 수출경로를 개발하는 등의 활동이 필요하다.

수출마케팅은 기본적으로 본국이 중심이 되어 글로벌시장을 향하여 마케팅활동을 전개하는 것으로서, 본국에서 생산된 제품을 글로벌시장에 공급하는 것이 주 목적이다. 이 단계에서의 마케팅활동의 초점은 주로 국내에서의 마케팅활동 경험과 제품을 해외시장에 얼마나 잘 활용하느냐에 달려 있다. 특히 가격경쟁력, 품질관리, 납기일 준수 등이 핵심 성공요인으로 작용한다. 수출마케팅전략은 가장 전통적이며, 해외시장 개입 수준이 가장 낮은 글로벌마케팅의 유형이지만, 대다수 기업에 있어서 중요한 역할을 담당한다.

2) 다국적마케팅

다국적마케팅(multinational marketing)은 여러 국가에 생산이나 판매기지를 설치하여 전체적인 기업목표를 달성하도록 관리하는 다국적기업의 마케팅활동을 말한다. 이러한 다국적마케팅은 보다 많은 해외시장 개입과 막대한 투자를 행하며, 현지 소비자의 특성에 보다 많이 적응하는 특성을 가지고 있다.

따라서 다국적기업 마케팅관리자들이 직면하는 주요 관심사는 마케팅전략을 개별 국가시장에 맞게 어떻게 적응시키느냐 하는 것이다. 이를 통해 현지화를 극대화 할 수 있고, 마케팅전략을 다양화 할 수 있다. 이와 같은 현지화 노력은 때로는 마케팅비용이 증대하고 해외시장 간에 마케팅프로그램이 중복되는 등 기업자원의 효율성을 떨어뜨리는 결과를 초래하기도 하지만, 반면에 현지시장의 특성과 요구에 맞는 차별화된 마케팅전략을 채택함으로써 현지 소비자로부터 좋은 반응을 이끌어낼 수 있으며, 매출증대도 기대할 수 있는 장점도 있다.

3) 글로벌마케팅

다국적기업이 글로벌시장에 진입할 기회라 판단되면 그 다음의 전개단계인 글로벌기업으로 이행하게 된다. 다국적기업은 특정국가의 현지시장조건에 대한 적응과 그에 따른 비교적 높은 비용을 인정하지만, 글로벌기업은 기본적으로 전 세계의 다수국에 나타나는 동일한 시장에 진입을 추구한다. 글로벌기업의 초점은 글로벌시장 소비자들의 욕구를 충족시켜 줄 수 있는 제품이나 서비스를 글로벌시장 관점에서 공급하며, 지구촌 차원에서 글로벌전략들을 개발한다.

최근 각국의 소비자 기호가 유사해지고 시장개방이 가속화되면서 시장의 글로벌화가 급속히 진행되고 있다. 또한 기술 및 물류 또는 기타 주요 경영기능에 대한 대규모 투자로 인하여 기업이 시장지배 범위를 확대하지 않을 수 없는 상황이 제기되고 있다. 이러한 촉진요인들에 따라 해외에서의 마케팅은 글로벌마케팅으로 급속히 변해가고 있다.

글로벌마케팅(global marketing)이란 기본적으로 전 세계를 하나의 단일시장으로 간주하여 마케팅활동을 전개하는 글로벌기업의 마케팅활동이다. 이처럼 전 세계를 하나의 시장으로 보고 전 세계적으로 적용할 수 있는 하나의 통일된 마케팅 원형을 개발한 다음, 이 원형을 각 해외시장 특성에 맞게 약간씩 수정하여 적용하는 것이다. 이러한 글로벌마케팅은 기업의 자원과 마케팅경험 및 제품을 전 세계적으로 활용하기 위한 것이 기본목적이며, 각국의 독특한 시장환경에 적응하면서 통일된 마케팅활동을 전개해 나가는데 초점이 주어진다.

글로벌마케팅은 다음과 같은 세 가지 측면을 강조한다.

첫째, 표준화 노력이다. 글로벌시장에서 마케팅활동의 표준화, 예를 들면 글로벌마케팅 4P믹스의 표준화를 통하여 생산과 마케팅에서 규모의 경제성과 범위의 경제성을 추구한다.

둘째, 각 시장국에 걸친 조정을 강조한다. 현지 국가 또는 지역에서 활동하는 해외자회사들 간의 마케팅활동 조정을 통하여 비용의 비효율성과 중복적 노력을 감소시킨다.

셋째, 글로벌 통합을 추구한다. 글로벌 관점에서 경쟁전략의 통합을 통하여 글로벌 경쟁우위를 확보한다.

이러한 글로벌마케팅의 장점은 첫째, 전 세계적으로 자사제품에 대한 통일된 이미지를 소비자들에게 심어줄 수 있으며, 둘째, 글로벌 원형을 개발하여 이를 해외시장의 특성에 맞춰 약간씩 수정하는 전략을 활용함으로써 마케팅비용을 대폭 줄일 수 있다. 셋째, 해외시장간의 조정 및 통합이 강조되면서 전 세계적 관점에서 자원의 효율적 이용이 가능하다는 점이다.

반면에, 단점으로서는 현지 소비자기호 및 시장특성에 부응하는 차별화된 마케팅활동을 수행하지 못함으로써 현지 소비자들로부터 부정적인 반응을 받을 수 있다는 점을 들 수 있다.

일반적으로 글로벌마케팅은 위의 수출마케팅, 다국적마케팅, 글로벌마케팅 단계로 발전해왔는데, 이러한 마케팅들은 [표 1-4]에서 보는 것처럼 기업의 글로벌화 단계에 대한 관점의 차이를 반영하며, 마케팅활동에 대한 강조점이 달라지는 것을 의미한다.

▌표 1-4▌ 글로벌마케팅의 각 단계별 특성

특성/단계	국내마케팅	수출마케팅	다국적마케팅	글로벌마케팅
경영자 사고	국내시장 중심	본국 지향	현지시장 지향	세계시장 지향
마케팅전략	국내마케팅전략	수출마케팅/표준화	다국적 마케팅전략/차별화	글로벌 마케팅전략 /통합
세계관	국내시장	국내시장 연장	현지시장	글로벌시장
주요 자산	본국 위치	핵심능력 집중	분권화/현지화	전 세계적 배치
경영우위	-	가격경쟁력/납기준수/안정적 품질	현지시장에 대한 유연성/적응능력	세계적 통합/조정능력

제1장 주요 학습 용어

마케팅, 마케팅이념, 마케팅근시
사회적 마케팅, 그린마케팅, 마케팅관리
마케팅믹스, 국제화, 글로벌화
생산의 글로벌화, 시장의 글로벌화, 글로벌마케팅
국내마케팅, 수출마케팅, 다국적마케팅
글로벌마케팅의 이점, 글로벌마케팅의 전개방향

참고문헌

김희철, 글로벌시대의 국제경영, 두남, 2016.

김희철, 글로벌시대의 국제마케팅, 두남, 2007.

박주홍, 글로벌마케팅, 유원북스, 2018.

박철순 외 역(Charles W. L. Hill 저), 글로벌시대의 국제경영, 6th eddition, McGraw-Hill Korea, 2009.

이 철, 글로벌마케팅, 학현사, 2016.

정헌배·김희철, 지구촌마케팅, 법문사, 2000.

Buell, V.P., *Marketing Management : A Strategic Planning Approach*, McGraw-Hall, 1984.

Cavusgil, S. T., *International Business—Strategy, Management and New Realities,* Upper Saddle River, New Jersey, 2008.

Houston, Franklin S., "The Marketing Concept : What It Is and What It Is Not", *Journal of Marketing*, April 1986.

Keith, Robert J., "The Marketing Revolution," *Journal of Marketing,* January 1960.

Kotler, Philip, *Marketing Management : Analysis, Planning, Implementation and Control*, 11th ed., Prentice-Hall, 2003.

Keegan, Warren J., *Global Marketing Management*, 8th ed., New-Jersey; Pearson, 2014.

Keegan, Warren J. & Mark C. Green, *Global Marketing*, 8th ed., Prentice-Hall Inc., 2013.

Levitt, Theodore, "Marketing Myopia", *Harvard Business Review*, July-August 1960.

Global Marketing Global Marketing Global Marketing

PART 2
글로벌마케팅의 환경

- 제 2 장 글로벌마케팅의 경제적 환경
- 제 3 장 글로벌마케팅의 문화적 환경
- 제 4 장 글로벌마케팅의 정치적 환경
- 제 5 장 글로벌마케팅의 법률적 환경

제2장 글로벌마케팅의 경제적 환경

- 국제경제환경
- 현지국의 경제환경

기업이 글로벌마케팅을 수행하는 기본적인 목적은 국내기업과 마찬가지로 이윤추구에 있다고 할 수 있다. 그러므로 기업이 해외시장에 진출하여 이윤을 획득하기 위해서는 기본적으로 진출대상국인 현지국의 경제환경에 대해서 정확하게 파악해야 한다. 또한 국제간의 상품이동과 관련된 WTO·신국제무역규범·신보호무역주의 등의 국제무역환경, 그리고 지역경제통합 등 국제경제환경의 변화가 기업의 글로벌 마케팅활동에 지대한 영향을 미치므로, 이에 대한 정확한 분석과, 이를 바탕으로 한 적절한 대응책 마련이 필요하다.

1 국제경제환경

1.1 국제무역환경의 변화

(1) WTO

1) GATT

제2차 세계대전이 끝난 후 연합국 정상들은 1930년대의 각국의 무역장벽 강화와 국제통화제도의 불안정에 따른 무역마찰이 제2차 세계대전을 발발시킨 한 원인이 되었다는 점을 반성하고, 1944년 브레튼우즈회담(Bretton Woods Conference)에서 국제통화질서 회복차원에서 국제통화기금(IMF)과 전후 복구를 위한 세계부흥개발은행(IBRD)을 창설하고, 세계무역체제의 질서 확립을 위해서는 국제무역기구(International Trade Organization : ITO)를 설립한다는 데에 합의하였다.

그러나 국제무역기구 설립협상의 주도적 역할을 하던 미국이 자국의 의회에서 승인을 받지 못하게 되어 ITO의 설립은 실패로 돌아가고, 1946년 ITO헌장의 초안 중 일부인 관세 및 무역에 관한 규정을 발췌하여 23국이 서명함으로써 '관세 및 무역에 관한 일반협정'(General Agreement on Tariffs and Trade : GATT)이 출범하게 되었다. 결국 불완전한 기구가 되기는 했으나, GATT는 자유무역을 통해서 세계교역 증대와 인류의 공존·공영과 후생을 증진시킨다는 취지하에 1948년 1월 1일 그 협정문이 발효되었다.

범세계주의 차원에서 출발한 GATT는 자유무역주의, 무차별주의, 다자주의 등의 일반적인 원칙하에 관세장벽의 대폭적 경감, 비관세장벽에 대한 규범 마련, 개도국 우대조치의 합법화 등을 통해 자유공정무역과 세계무역의 획기적 확대에 기여하였다. 또한 체약국을 1942년의 22개국에서 1993년의 117개국으로 확대시키고 세계무역량의 91%를 점유하는 등 세계무역을 대부분 GATT체제로 편입시키는 등 많은 업적을 남겼다. 8차례에 걸친 GATT의 다자간 무역협상이 성공적으로 추진된 결과, 관세는 이제 더 이상 무역제한수단으로서의 역할을 상실하게 될 정도로 크게 인하되었다.

이러한 업적에도 불구하고 GATT는 ITO의 설립 실패로 출범 당시 본래의 목적에 따라 설립되지 못하고, 임시적인 사무국 성격을 가지고 출범하였기 때문에 많은 한계를 지니고 있었다.

(2) UR

GATT체제의 약화는 세계경제의 구조적 변화라는 외생적인 요인과 아울러, GATT 체제 자체의 내부적인 결함에도 크게 기인하였다. GATT는 명실 공히 세계적인 기구로서의 단일체적인 역할과 기능을 수행하지 못함으로써 여타의 국제기구와는 달리 의사결정권한이 극히 제약되어 있었고, 결정사항에 관한 집행력도 크게 결여되었으며, 가입국의 의무불이행에 따른 분쟁이 발생하여도 효과적인 대응능력을 보유하지 못하고 있는 실정이었다. 또한 GATT는 첨단기술제품과 서비스 등 새로운 무역이 계속 대두되고 있음에도 이에 대한 적절한 규범을 제시해주고 있지 못한 실정이었다.

이상과 같은 내·외적 요인으로 GATT를 중심으로 한 다자간 교역체제가 크게 약화되자, GATT는 1990년대 및 2000년대의 국제교역질서를 강화하기 위하여 1986년 9월 우루과이라운드(UR)를 공식 출범시켰다.

1986년 9월 우루과이의 푼타델에스테(Punta Del Este)에서 협상을 개시하여 7년 반 동안 끌어온 우루과이협상은 1994년 4월 12 ~ 15일 모로코의 마라카시(Marrakesh)에서 개최된 UR 각료회의를 끝으로 협상이 타결되었다. 전 세계 총 협상참가국 125개국[GATT 가입국 123개국, 비회원국인 알제리, 중국 포함(2개국 서명)]의 대표들은 GATT의 한계를 극복하고, 향후 국제무역질서를 더욱 효과적으로 규율하기 위하여 WTO(World Trade Organization : 세계무역기구)를 신설하는데 합의하게 되었다. 이에 따라 1947년 10월 제정되어 그간 47년여 동안 세계교역을 관할해 온 GATT체제는 신GATT체제라 할 수 있는 WTO체제가 출범함으로써 그 막을 내리게 되었다.

3) WTO

UR협정에 따른 가장 커다란 국제무역체제의 변화는 세계무역기구의 설립이다. WTO는 모든 교역분야에서 자유무역의 질서를 확대·강화하고 제도화하기 위한 목적으로 출발한 국제법인격이 부여된 국제기구이다. WTO체제하에서는 GATT체제와는 달리, 회원국의 협약불이행에 대해 분쟁해결절차를 통해 강력한 제재를 가할 수 있게 되었다. 즉 과거의 GATT가 무역에 관한 단순한 국제협정이어서 구속력이 약했는데, WTO는 무역에 있어서의 UN이라고 할 정도로 회원국에 대한 강력한 구속력을 갖고 있다. 또한 GATT체제에서는 없었던 서비스교역, 지적재산권분야 및 농업, 섬유분야를 포함한 거의 모든 무역분야를 다루고 있으며, 무역정책검토기구를 산하에 두어 각국의 무역정책, 무역관행을 주기적으로 감시할 기능을 부여하고 있다. 그리고 개발도상국들의 광범위한 참여를 유도하기 위해 저개발국 및 개발도상국에 대한 협약시행 유예기간을 부여하고 있다.

이러한 세계무역기구(WTO) 운영의 4대 기본원칙은 다음과 같다.

① **최혜국대우의 원칙** : 회원국은 한 국가에 부여한 대우보다 불리하지 않은 대우를 다른 회원국에게 무조건적으로 부여하여야 한다.
② **내국민대우의 원칙** : 회원국은 내국민에게 부여한 대우와 동일한 대우를 회원국의 외국인에게도 부여하여야 한다.
③ **시장접근보호의 원칙** : 회원국은 외국인이 국내에 재화나 서비스를 공급함에 있어서 관세나 조세를 제외한 일체의 제한을 두어서는 안된다.
④ **투명성의 원칙** : 무역에 관하여 시행되는 국가기관의 법규나 행정조치는 합리적이고 예측 가능해야 하며, 이유가 고지되어야 하고, 이에 기초가 되는 자료가 공개되어야 한다.

이상의 운영원칙 하에서 의사결정방식은 과거 GATT체제에서와 같이 합의제를 원칙으로 하고 있으나, 합의가 이루어지지 않을 경우에는 다수결 투표로 의사결정을 함으로써 신속성을 확보할 수 있게 되었다. 이러한 합의제에서는 의사결정시에 공식적으로 반대의사를 표명하지 않을 경우에 합의를 한 것으로 간주한다.

(2) 신국제무역규범

WTO의 출범으로 각국의 시장문호가 대폭 개방될 뿐만 아니라, 지금까지 각국이 자의적으로 운용해온 무역규범의 투명성 강화로 공정무역질서가 확립됨으로써 국제무역질서는 커다란 전환의 계기를 맞게 되었다. 그러나 WTO의 출범과 함께 국가 간 통상마찰의 소지가 완전히 해소되지는 않는다. 국제무역환경의 변화와 통상장벽에 대한 인식의 변화에 따라 새로운 협상의제들인 뉴라운드(new round)가 신국제무역규범으로 계속 대두되고 있기 때문이다.

선진국들은 특히 국제간 국내경제정책상의 상이점들이 철폐 또는 완화되어야 실효성 있는 시장접근이 가능해진다고 주장하고 있다. 선진국들은 뉴라운드협상을 통해 종국적으로는 무역관련 국내정책들을 국제적으로 표준화시키는 것을 목표로 하고 있다. 따라서 환경, 노동, 경쟁, 기술 등의 새로운 통상이슈들은 무역자유화의 완성과 아울러, 공정무역의 확립을 목표로 삼고 있는 WTO체제의 주요 추진과제로 부각될 것이다.

한편, 개발도상국들은 새로운 협상분야들이 선진국들의 새로운 무역장벽수단으로 활용되는 것을 우려하고 있으며, 이들 분야에 대한 다자규범화에 원칙적으로 반대하고 있는 입장에 있다.

뉴라운드란 1994년 4월 15일 모로코의 휴양도시 마라카시에서 UR 다자간 무역협상의 결과를 구체화하는 최종서명을 위해 참가한 각국의 각료들이 UR 이후의 새로운 의제로서 논의한 환경, 노동, 기술, 경쟁정책을 무역에 연계시킨 소위 “4R”인 GR(그린라운드/환경), BR(블루라운드/노동), TR(기술라운드/기술), CR(경쟁라운드/경쟁정책)등이다. 즉 4개의 뉴라운드는 노동환경과 무역을 연계시키는 블루라운드(BR : blue round), 각국의 시장구조와 기업경영 관행의 차이를 없애 경쟁조건을 평준화하자는 경쟁라운드(CR : competition round), 기술개발정책에 대한 세계적인 규칙을 정하자는 기술라운드(TR : technology round), 그리고 환경문제를 다룰 그린라운드(GR : green round) 등이다.

표 2-1 뉴라운드의 내용 및 영향

라운드	주 요 내 용	영 향
GR	• 수출입 제한 또는 금지 • 제품규격, 공정 및 생산방식 규제 • 포장재 규제 및 환경 라벨링제도 도입 • 환경상계관세 부과	• 수출품 생산비 증가 • 재활용 원자재 수급 차질 • 철강, 금속, 석유화학업종 타격
BR	• 급속한 경제개발을 이뤘으나 초보적인 사회보장제도만 유지하는 국가에 대한 대응 • 아동노동과 강제노동 금지 등 ILO규범 적용 • 노동관련법을 제정하고도 적용치 않는 국가에 대한 대책 • 저임금	• 아시아 후발개도국과 중남미 현지투자업체에 악영향
TR	• 국가 간 과학기술정책 조화를 위한 규범 제정 • 과학기술인력의 자유로운 이동 및 거주를 제한하는 국내규제 정비를 위한 규범 제정 • 산업기술 및 전략산업의 정부지원에 대한 규범 제정 • 국제기술 표준화 등 국제협력관련 7개 규범 제정	• OECD 가입시 신국제기술 규범 제정에 따른 직접적인 영향
CR	• 수평협정(카르텔) • 수직협정 • 유통체제에 영향 미치는 정부 규제 • 독점지배력 남용 등	• 외국상품 및 기업의 국내시장 접근 용이

(3) 신보호무역주의

제2차 세계대전 이후 미국을 중심으로 한 자유무역체제가 성립된 이래, 세계경제는 고도성장을 지속하였다. 이러한 고도성장과 함께, 무역은 더욱 확대되고 경제성장의 원동력 역할을 수행하게 되었다.

그러나 1970년대 들어 미국의 경제력 쇠퇴, 국제통화체제의 동요와 석유파동 이후의 세계경제불황 등으로 순조롭게 추진되던 자유무역분위기가 퇴조하기 시작하고 새로운 보호주의, 즉 신보호무역주의(new-protectionism)의 경향이 대두되었다. 1970년대 중반부터 나타나기 시작한 이러한 신보호무역주의는 제2차 석유파동에 수반된 1980년대 초의 세계적인 경기침체기에 더욱 확산되었다.

고전적인 보호무역주의는 개발도상국에 의해 재정수입확보, 유치산업보호 그리고 교역조건개선 등을 위하여 19세기말 이래 실시되어 왔다. 그러나 신보호무역주의는 사양산업보호 등의 목적으로 선진국에 의해 실시되고 있으므로, 다음 몇 가지의 관점에서 종래의 고전적 보호무역주의와는 그 성격을 달리한다.

첫째, 과거에는 개도국들이 공업화하는 과정에서 유치산업(infant-industry)의 보호와 육성을 위하여 보호무역을 실시하였다. 그러나 오늘날 선진국들은 경쟁력을 상실한 자국의 사양산업을 보호하기 위하여 보호무역을 실시하고 있다. 이러한 선진국의 신보호무역주의는 사양산업인 노동집약적 산업을 보호함으로써 자국의 고용을 유지하는 데 목적이 있다.

둘째, 고전적 보호무역주의는 주로 관세라는 수단에 의해 유치산업을 보호해 왔는데, 신보호무역주의에서는 비관세장벽(NTB)이 주로 이용되고 있다. 그 이유는 전후 GATT를 중심으로 선진국의 평균관세는 이미 한 자리수로 낮아졌으므로, 더 이상 유효한 보호수단이 되지 못하기 때문이다.

셋째, 고전적 보호무역주의에서는 주로 무차별적으로 관세를 적용하였으며, GATT에서도 다자간 무차별주의를 적용하였다. 그러나 신보호무역주의는 미국 등 선진국에 의해 상호주의가 주로 채택되고 있다. 이러한 상호주의는 차별적 성격이 강해 GATT에 의한 다자간 무차별주의와는 달리, 무역을 제한하는 성격이 강하다. 최근 미국이 우리나라 시장에 대해 행하고 있는 개방 압력은 신보호무역주의의 한 가지 형태로 간주된다.

넷째, 신보호무역주의에서는 상품을 그 주된 보호대상으로 하던 고전적 보호무역주의와는 달리 금융, 보험, 지적재산권 등 서비스산업에까지 그 대상을 확대하고 있다.

이러한 추세는 미국 등 선진국이 이 산업분야에서 국제적인 비교우위를 가지고 있는 것과 밀접한 관련이 있는 것으로 생각된다.

신보호무역주의의 강화추세는 미국, EC 등 선진국들로부터 많은 개도국에 이르기까지 전 세계적으로 확산되고 있으며, 대상품목도 공산품은 물론 서비스산업에 이르기까지 그 대상이 점차 확대되었다.

1.2 지역경제통합

(1) 지역경제통합의 개념

최근 들어 지역경제통합이 세계적으로 급속히 확산되면서 이에 대한 체계적인 이론과 경험적인 분석이 여러 학자들에 의해 제시되어 왔지만, 아직까지 통일된 정의는 없는 실정이다. 그러나 대체적으로 지역경제통합이란 경제적으로 상호의존성이 높은 국가들이 협정을 체결하고, 역외국에 대해서는 기존의 관세 및 비관세장벽을 그대로 유지하면서 협정국 상호간에는 재화 및 생산요소의 자유이동을 도모하는 경제협력체라고 정의할 수 있다.

지역경제통합은 지리적으로 인접해 있고 이해관계가 비슷한 소수 국가 간에 자유무역을 지향하는 것이므로, 다자간 자유무역협정에 비해 실현가능성이 크다. 그리고 이러한 소수 국가 간의 지역별 자유무역협정이 인근 국가로 파급될 경우, 이는 궁극적으로 전 세계적인 자유무역을 달성하는 데에도 기여할 것이다.

현재 세계경제는 지리적으로 인접한 국가들끼리 하나의 경제권을 형성하는 지역경제통합현상이 가속화되고 있다. 이러한 경제통합은 역내국가의 입장에서는 경제교류의 증대 등 경제적 힘을 결집함으로써 역외국가에 대한 대외교섭력을 향상시킬 수 있으나, 역외국가의 입장에서는 경쟁조건의 악화를 가져오는 지역통합체제들 간의 새로운 보호무역주의 움직임으로 볼 수 있다.

(2) 지역경제통합의 형태

지역경제통합의 경우 대부분 초기에는 역내국간의 경제협력 강화 및 관세를 철폐하는 단순한 형태로 시작하나 점차 결합의 정도를 강화해 나가고 있으며, 통합의 정도와 진행과정에 따라서 다음과 같이 4단계로 구분하고 있다.

1) 자유무역지역(free trade area)

자유무역지역이란 통합에 참가한 각 가맹국 상호간에는 상품이동에 대한 일체의 무역제한조치를 철폐하여 역내에서는 자유무역을 보장하는 한편, 역외의 비가맹국에 대해서는 각국이 독자적인 관세정책 및 무역제한조치를 취하는 형태의 경제통합이다. 자유무역지역에서는 역외의 상품이 역내 저관세국을 통하여 수입되어 역내 다른 국가로 수출될 가능성이 있어, 각 가맹국의 무역정책에 혼란을 가져올 수 있다. 이를 방지하기 위해 수입물품의 원산지규정과 같은 국가 간 협력적인 무역정책이 채택되고 있다. 북미자유무역협정(NAFTA : North America Free Trade Agreement), 라틴아메리카통합연합(LAIA : Latin American Integration Association) 등이 이의 예이다.

2) 관세동맹(customs union)

관세동맹은 자유무역지역에서 한 걸음 더 나아가 역외공동관세를 부과하는 형태의 경제통합이다. 즉 가맹국 상호간에는 상품의 자유이동이 보장될 뿐만 아니라, 역외 비가맹국으로부터의 수입에 대해서는 공통의 수입관세를 부과한다. 그러므로 이것은 관세에 관한 한 단일 경제단위가 되어 있는 상태이며, 간접수입의 가능성은 배제된다. 베네룩스관세동맹(Benelux Customs Union), 중앙아메리카공동시장(CACM : Central American Common Market), 카리브공동시장(CARICOM : Caribbean Community and Common Market) 등이 이에 속한다.

3) 공동시장(common market)

공동시장은 관세동맹이 더 발전하여 역내 국가간 생산요소의 자유이동이 보장되고 있는 형태의 경제통합이다. 즉 가맹국 상호간에는 재화뿐만 아니라 노동, 자본과 같은 생산요소의 자유이동이 보장되며, 역외 비가맹국에 대해서는 각국이 공동의 관세제도를 채택한다. 이의 예로서는 유럽공동시장(EC : European Community)을 들 수 있다.

4) 경제동맹(economic union)

경제동맹에서는 역내 국가들 간에 상품과 생산요소의 자유로운 이동뿐만 아니라 금융, 재정, 운수, 통신, 사회복지 등의 여러 분야에 걸쳐 통합을 이루게 된다. 결국 이 단계에서는 어느 정도의 정치적인 통합을 필요로 하게 된다. 벨기에-룩셈부르크 경제동맹이 이에 해당된다. 유럽연합(EU)도 이에 근접해가는 형태를 보이고 있다. 최근 EU의 주된 논의가 유럽중앙은행(European Central Bank)과 단일통화의 설립에 초점을 두고 있다는 사실에서도 알 수 있듯이, EU는 완전한 경제통합을 목적으로 하고 있다. 완전한 경제통합이 이루어진다면 다음으로는 정치적 통합까지도 생각할 수 있을 것이다.

(3) 주요 지역경제통합

2차 세계대전 이후 형성되기 시작한 지역경제통합은 지역별, 통합체별로 다양한 목표 하에서 다양한 형태로 그 동안 급속히 증가하여, 현재 그 수가 30여 개에, 가맹국수는 120여 개국에 달하고 있다. 현재 시장기반과 경제력을 갖춘 지역그룹은 유럽연합(EU), 북미자유무역협정(NAFTA), ASEAN, AFTA, CEFTA, CACM 등 10여개 정도이고, APEC과 아시아·유럽정상회의(ASEM)는 지역그룹의 확대가 수천 km 떨어진 타대륙 간의 협의로서 논의가 진행 중이다.

2 현지국의 경제적 환경

글로벌기업의 경영활동은 기본적으로 국가 간 경제적 환경의 차이에 의해 발생된다고 해도 지나치지 않다. 국경선을 초월한 글로벌마케팅을 전개하는 기업에 있어서 진출하고자 하는 현지국 경제적 환경의 파악은 글로벌마케팅 업무의 기본이 된다.

그러나 특정국가의 경제적 환경을 종합적이면서도 체계적으로 분석하는 것은 용이하지 않다. 글로벌경영의 유형에 따라 파악해야 할 경제적 환경의 중점대상이 상이하기 때문이다. 예를 들면, 수출의 경우 주된 관심사항은 현지국의 구매능력을 가진 잠재고객, 현지에 단순조립공장을 설립하고자 하는 경우에는 노동력의 질, 인건비 등이 주된 관심이 될 것이다. 그러므로 현지국의 경제적 여건을 제대로 분석하기 위해서는 경제전반을 총체적이면서 체계적으로 이해할 수 있는 분석의 틀이 필요하다.

어떤 국가의 경제적 환경은 그 국가에 진출하였거나, 또는 진출하려는 글로벌기업의 시장 잠재력과 성장가능성을 예측하는 데 있어서 매우 중요한 역할을 한다. 다시 말해, 글로벌기업이 해외시장에 진출하여 마케팅활동을 전개함에 있어서 고려하여야 하는 가장 중요한 요인 중의 하나는 경제적 환경이며, 이러한 환경은 시장과 관련된 다양한 변수들을 포함한다.

현지국의 경제적 환경은 경제체제, 거시경제 관련 요인(경제성장률, 인플레이션, 이자율, 환율, 국제수지 및 외채규모 등), 시장규모 관련 요인(국민총생산, 1인당 국민소득, 소득수준과 소득분포 등) 등으로 구성된다. 현지국의 거시경제 관련 요인은 그 국가의 금융 및 재정상황을 파악하는데 도움이 된다. 그리고 국민총생산은 특정제품의 시장규모를 나타내는 일반적인 지표가 되며, 소득분포는 특정제품에 대한 세분시장의 시장규모를 파악하게 하는 좋은 변수가 된다.

2.1 경제체제

경제체제를 구분하는 중요한 기준은 자원의 배분방식과 자원의 소유형태인데, 이를 기준으로 각국의 경제체제는 크게 자본주의 경제체제, 사회주의 경제체제, 그리고 혼합 경제체제로 분류할 수 있다.

(1) 자본주의 경제체제

자본주의 경제체제는 일명 시장경제체제라고도 한다. 이는 무엇을 생산할 것인가, 혹은 생산된 생산물을 어떻게 배분할 것인가의 결정이 시장에서의 수요와 공급에 의해 결정되는 시스템이다. 그러므로 시장의 가격에 따라 생산이 결정되고, 분배가 이루어지는 구조이며, 생산된 생산물의 사적 소유가 인정되는 경제시스템이다.

(2) 사회주의 경제체제

사회주의 경제체제는 시장의 가격기구에 의해 각국의 생산물이나 분배가 결정되는 것이 아니라, 정부 또는 국가의 계획에 따라 생산물과 분배가 결정되는 시스템이다. 그러므로 시장의 가격기구가 작동되지 않으며, 생산물의 사적 소유나 개인의 이윤동기가 인정되지 않는 경제시스템이다.

(3) 혼합 경제체제

혼합 경제체제는 자본주의 시장경제체제와 정부의 계획경제체제가 혼합되어 있는 시스템으로, 자원개발과 생산에 관한 주요 의사결정을 순수하게 시장에만 맡겨놓지 않고, 그렇다고 전적으로 정부의 계획에만 의존하지 않는 경제시스템이다. 예를 들어, 개인의 사적 소유가 인정되는 자본주의 경제체제 하에서 정부의 계획적인 자원배분방식이 적용되는 계획경제의 비중이 높거나, 계획경제체제 하에서 시장에 의해서 결정되는 부분이 클 때, 이를 혼합 경제체제라고 한다. 특히, 중국의 혼합 경제체제를 일명 사회주의 시장경제체제라고 하는데, 이는 정부가 대부분의 자원을 소유하나, 자원배분은 시장에 의해 이루어지는 시스템을 말한다.

2.2 거시경제 관련 요인

거시경제와 관련된 요인들은 특정 국가의 금융 및 재정 정책에 따라 직·간접으로 영향을 받게 된다. 이러한 거시경제와 관련된 요인들은 국가 차원의 경제상황을 판단할 수 있는 중요한 기준으로 활용된다.

(1) 경제성장률

경제성장률은 국민총생산과 1인당 국민소득 등과 같은 국민경제의 기본적인 경제지표가 상승하는 것을 의미한다. 이는 특정 국가의 전반적인 경제발전의 경향을 나타내는 지표로서, 시장규모와 잠재성의 변화를 예측하는 기준으로 이용되기도 한다.

(2) 인플레이션

인플레이션(inflation)은 물가가 급격히 상승하는 것을 의미한다. 현지국의 높은 인플레이션은 소비자들의 구매력에 영향을 미치고, 글로벌 마케팅관리자의 마케팅전략 수립을 불확실하게 만든다. 왜냐하면, 급격한 인플레이션은 글로벌기업의 매출과 제품가격에 직접적으로 영향을 미칠 수 있기 때문이다.

(3) 이자율

이자는 사전적인 의미로 빌려준 돈이나 예금 등에 붙는 부가적인 수익을 의미하며, 이를 금리라고도 한다. 특정 국가의 이자율은 현지국에서 활동하는 글로벌기업의 수익에 영향을 미치기 때문에, 적정한 부채비율을 유지하는 것이 중요하다. 그러므로 글로벌기업은 본사국과 현지국의 이자율 변동 추이를 예의주시하고, 이를 주기적으로 검토하여야 한다.

(4) 환율

환율은 특정국 외환시장에서 외환에 대한 수요와 공급에 의해 결정되는 특정 통화의 교환비율을 말한다. 환율의 변동은 글로벌기업의 자본적 가치, 주가, 제품가격 및 원자재 조달가격에 직접적인 영향을 미치기 때문에, 글로벌기업은 급격한 환율변동에 대하여 신속하게 대처하여야 한다. 특히, 환율이 특정 국가의 국제수지에 큰 영향을 미치기 때문에, 국가 차원의 관심이 집중되고 있는 것이다.

(5) 국제수지

국제수지는 한 국가가 다른 국가 사이에 수행한 모든 경제적 거래를 체계적으로 분류한 것을 말한다. 현지국의 국제수지 상황은 해당 국가의 환율과 무역정책에 영향을 미치므로, 이를 항상 주의 깊게 살펴보아야 한다. 다른 경제적 여건이 동일하다면, 글로벌기업은 국제수지 흑자국에서 활동하는 것이 상대적으로 유리하다. 그 이유는 이러한 국가에서는 대체로 물가 및 환율이 안정되어 있을 뿐만 아니라, 이자율도 안정적으로 유지되고 있기 때문이다.

(6) 외채규모

외채는 특정 국가의 정부, 금융기관 및 기업 등이 외국의 공공은행 혹은 민간은행 등에 대하여 가지고 있는 채무를 의미한다. 이것은 1년 내에 상환해야 하는 단기외채와 1년 이후에 상환해도 되는 장기외채로 구분된다. 특히, 단기외채의 급증과 경상수지의 악화가 예상되는 나라에서는 채무의 이행을 연장하는 지불유예(moratorium) 또는 외환위기가 나타날 가능성이 매우 높으므로, 글로벌기업의 경영활동에 심각한 영향을 초래할 수도 있다.

2.3 시장규모 관련 요인

(1) 국민총생산

국민총생산(GNP; Gross National Products)은 특정 국가의 국내 및 해외소유 생산요소들에 의해 최종 생산된 제품과 서비스의 총 시장가치를 화폐단위로 나타낸 것을 말하며, 국민총소득(GNI; Gross National Income)이라고도 한다. 이것은 특정 국가의 경제활동수준을 파악하는데 가장 널리 활용되는 지표로서, 대개 1년 단위로 집계된다.

(2) 1인당 국민소득

1인당 국민소득은 국민총소득(GNI)을 인구수로 나눈 값을 말한다. 세계은행(World Bank)은 1인당 국민소득(GNI: Gross National Income) 지표를 이용하여 전 세계 국가를 저소득 국가군, 하위 중소득 국가군, 상위 중소득 국가군, 고소득 국가군 등 4개의 국가군으로 나누고 있다.

1) 저소득 국가(low-income country)

저소득 국가는 1인당 국민소득이 1,045달러 이하(2014년 기준)로, 아직 산업화가 진행되지 않은 나라들이다. 이들 국가들은 1차산업 중심의 특징을 가지고 있으며, 높은 출산율과 낮은 교육수준, 그리고 정치적으로 불안정하여 외국 원조에 많은 부분을 의존하고 있다.

2) 하위 중소득 국가(lower-middle-income country)

하위 중소득 국가는 1인당 국민소득이 1,045달러에서 4,125달러(2014년 기준) 사이에 있는 나라들로서, 종종 저개발국가라고 불리기도 한다. 이들 국가들은 산업화의 초기단계에 있으며, 제조업이 활발하게 일어나고, 특히 제조업 중에서도 기술 위주보다는 노동집약적인 산업에서 경쟁우위를 갖추고 수출활동이 활발하게 제기되는 단계라고 볼 수 있다. 그리고 소득수준이 높아짐에 따라 국내소비시장도 빠르게 성장하고 있다.

3) 상위 중소득 국가(upper-middle-income country)

상위 중소득 국가는 1인당 국민소득이 4,126달러에서 12,735달러(2014년 기준) 사이에 있는 나라들로서, 일명 신흥공업국이라 알려져 있다. 이들 국가들은 낮은 문맹률과 높은 교육수준, 급격한 도시화가 진행되고 있다. 제조업이 급격히 확장되면서 한정된 국내수요로는 늘어난 제조업의 공급수준을 충족시키지 못하는 경우가 많으므로, 대부분 수출 위주의 경제발전전략을 채택한다.

4) 고소득 국가(high-incone country)

고소득 국가는 1인당 국민소득이 12,736달러 이상(2014년 기준)으로, 일명 후기산업사회라고 하는 국가들이다. 이들 국가의 특징은 제조업 중심에서 서비스산업 중심으로 옮겨가는 점이다. 또한, 이들 국가에서는 자본이나 생산시설보다 정보와 지식, 즉 지적 재산이 더 중요한 경쟁우위로 작용한다.

(3) 소득수준

해외시장 진출을 위한 글로벌 마케팅전략을 수립할 때 대부분의 경우, 현지국의 소득수준이 그 국가의 시장잠재력을 나타내는 가장 중요한 단일의 경제지표이다. 많은 기업들은 특정국가의 소득수준을 파악하기 위해, 1인당 국민소득을 평가기준으로 주로 활용한다.

각국의 소득수준을 나타내는 1인당 국민소득(GNI)은 보통 그 나라의 평균적인 소득을 말하지만, 실제 구매력과 차이가 있다는 것을 알 필요가 있다. 달러로 표시된 각국의 1인당 국민소득은 실제 그 국가의 구매력을 충분히 반영하지 못한다. 그 이유는 다음과 같다. 첫째, 국민소득은 현지통화가 아닌 달러로 표시하기 때문에 환율에 크게 영향을 받기 때문이다. 둘째, 시중에 발표되는 국민소득은 지하경제의 기여분을 반영하지 못하기 때문이다. 셋째, 저소득 국가라 하더라도 일부의 부유층은 있기 마련이기 때문이다.

또한, 소득수준 못지않게 글로벌 마케팅활동에 영향을 미치는 중요한 요인은 소득분배의 형평성 문제이다. 그리고 유의할 점 중의 하나는 1인당 국민소득은 전체 국민의 평균소득을 의미하는 것이므로, 외국기업이 주로 목표시장으로 설정하는 고객들의 소득수준은 이보다 훨씬 더 높다는 것이다.

그러므로 글로벌기업들이 현지에서 마케팅활동을 전개할 때는 첫째, 실제 구매력이 얼마인지를 생각하고 둘째, 1인당 국민소득은 전체 국민소득의 평균소득이라는 점을 감안하여 자사 목표고객의 소득수준과 실제 구매력을 분석하여야만 한다.

(4) 소득분포

소득분포는 특정 국가의 국민들이 벌어들이는 소득이 어떻게 분포되어 있는가를 나타내는 지표이다. 세계은행에서 매년 간행되는 World Development Indicators에서는 특정 국가의 소득분포를 하위 20%, 20-40%, 40-60%, 60-80%, 상위 20%, 상위 10%로 분류하여 측정하고 있다. 여기에서 하위 20%에서 상위 20%까지 5개 분류기준의 합은 100%이며, 상위 10%의 수치는 부가적으로 제시된 것이다. 대체적으로 선진국일수록 소득은 균등하게 분포되어 있으며, 후진국일수록 불균등하게 분포되어 있다.

글로벌기업은 이러한 소득분포를 토대로 현지국에서의 특정제품의 시장규모와 잠재성을 예측할 수 있으며, 보다 구체적인 시장세분화전략의 기준으로도 활용할 수 있다.

제2장 주요 학습 용어

GATT	UR	WTO
New Round	그린라운드	블루라운드
기술라운드	경쟁라운드	신보호무역주의
지역경제통합	자유무역협정	관세동맹
공동시장	경제통맹	경제체제
환율	국제수지	GNI

참고문헌

김주헌, 글로벌마케팅, 문영사, 2016.

김희철, 글로벌시대의 국제경영, 두남, 2016.

김희철, 글로벌시대의 국제마케팅, 두남, 2007.

박주홍, 글로벌마케팅, 유원북스, 2013.

이장로 외, 국제마케팅, 무역경영사, 2018.

이철, 글로벌마케팅, 학현사, 2016.

Cateora, Philip R., *International Marketing*, 8th ed., Richard D. Irwin, Inc., 1993.

Czinkota, Michael R., and Ilkka A. Ronkainen, *Global Marketing,* 4th ed., The Dry Press, 1996.

Keegan, Warren J., *Global Marketing Management,* 8th ed., New Jersey; Pearson, 2014.

Keegan, Warren J. & Mark C. Green, *Global Marketing,* 8th ed., Prentic-Hill, Inc., 2013.

Terpstra, Vern, and K. David, *The Cultural Environment of International Business,* 2nd ed., South-Western Publishing Co., 1985.

제3장 글로벌마케팅의 문화적 환경

- 문화적 환경과 글로벌마케팅
- 문화적 환경의 성격
- 문화적 환경의 분석
- 문화적 환경의 관리

국가마다 상이한 풍속, 관습, 규범, 금기사항 등 각기 나름대로의 고유문화를 가지고 있다. 문화적 환경은 기업의 마케팅활동뿐만 아니라 경영스타일, 노사관계, 작업방식, 인사관리방식, 리더십 스타일 등에 커다란 영향을 미친다. 또한 문화가 달라지면, 소비자들의 구매패턴이 달라지고, 소비자들의 선호도, 라이프 스타일이 달라진다. 이는 인간행동의 근간을 이루는 가치관이나 기본적인 의식이 문화에 따라 달라지기 때문이다. 그러므로 한 국가의 문화적 특성은 소비자의 제품선택, 소비방식, 제품 구매의사결정 등에 막대한 영향을 미친다고 할 수 있다. 이러한 이질문화에 효과적으로 대응하지 못할 경우 글로벌경쟁에서의 승리뿐만 아니라, 경쟁우위를 획득하고 유지할 수도 없다.

따라서 글로벌마케팅을 전개하는 기업들은 현지국의 문화를 철저히 분석하고, 이에 효율적으로 대처할 수 있는 방안을 모색하는 것이 무엇보다 중요하다. 비록 각국의 문화 간에는 이질적인 요소가 많고, 문화적 차이도 아주 크지만, 이러한 문화적 차이를 결코 이해할 수 없는 것은 아니다.

1 문화적 환경과 글로벌마케팅

국경을 초월한 글로벌마케팅의 전개과정에서 국가 간의 문화적 환경차이는 마케팅활동의 여러 측면에 광범위한 영향을 미친다. 오늘날 기업의 마케팅활동은 그 초점이 소비자에게 두고 있는데, 이들 소비자들의 소비형태나 사고방식, 습관, 기호 등에 영향을 주는 것이 바로 그 지역의 문화적 환경이다. 이처럼 각국의 서로 다른 문화적 환경이 각 해외시장의 소비자행동에 영향을 미치기 때문에, 글로벌마케팅에서 문화적 환경이 중요시 되고 있는 것이다. 이러한 국가 간 문화적 환경의 차이가 소비자행동의 유사점과 상이점을 초래하기 때문이다. 소비자행동은 일반적으로 소비자의 특성과 일명 블랙박스(black box)라고 불리는 소비자 의사결정과정에 의해서 결정된다. 문화적 환경은 이와 같은 특성을 가진 소비자라 하더라도 주어진 문화적 환경에 따라 마케팅 자극에 대한 반응, 즉, 소비자행동이 다르게 나타나는 경우를 자주 볼 수 있다.

이처럼 문화적 차이는 해외표적시장과 제품의 선택, 마케팅믹스 및 현지 마케팅프로그램의 개발, 제품의 현지적응결정 등 글로벌마케팅 수행에 걸쳐 지대한 영향을 미친다.

해외시장에서 글로벌마케팅이 실패하는 경우는 대부분 현지국의 문화적 환경을 제대로 이해하지 못하고, 자기에게 익숙한 관리시스템을 도입하거나, 현지문화의 특성을 반영하지 못하는 전략을 전개하기 때문이다. 세계적인 유통업체인 월마트가 한국에 진출하여 미국식 유통전략만을 고집하다가 결국 철수한 것도 한국의 문화적 환경 및 국내 소비자들을 제대로 이해하지 못한 결과라고 평가되고 있다. 반면에, 현지의 문화적 환경과 현지국 소비자들의 구매패턴과 가치관 등을 잘 이해하고, 이를 반영한 전략을 구사하여 성공한 사례도 많다. 예를 들어, 오리온 초코파이는 중국시장에 진출할 때, 제품의 색상과 포장을 모두 중국인들이 선호하는 붉은 색으로 만들었으며, 상자안의 초코파이 개수도 중국인들이 좋아하는 8자를 고려하여 8개씩로 함으로써, 중국 소비자들에게 좋은 반응을 얻어 큰 성공을 거두었다.

기업이 글로벌마케팅을 전개하는 과정에서 직면하게 되는 수많은 어려움 중 상당수가 현지국의 문화적 요소를 제대로 파악하지 못하고, 또 이해하지 못함으로써 발생하며, 때로는 자기 나라의 문화가 다른 민족의 문화보다 훨씬 우월하다고 생각하는 경향 때문에 발생하기도 한다.

한편, 정보통신기술과 교통수단의 발달은 이미 전 세계를 글로벌화하여, 서로의 문화를 이해하고 배우고 수용하는 문화적인 학습과정을 용이하게 함으로써 문화적인 동질화를 가속화시켰다.

세계 곳곳의 젊은이들은 세계적으로 유행하는 팝 아티스트의 음악을 들으며, 코카콜라를 마시고, 청바지를 입고 햄버거와 피자를 즐긴다. 보다 많은 사람들이 TV를 통해 동일한 프로그램을 보고, 세계 각처의 뉴스를 동시에 접하고 판단하고 있다. 이러한 문화적인 동질화는 인터넷, 위성방송과 같은 새로운 매체의 등장을 통해 예전보다 훨씬 더 빠른 속도로 이루어지고 있다.

글로벌마케팅에 있어서 문화적 환경은, 한편으로는 문화에 대한 이해가 증진되고 동질화가 되어가면서, 다른 한편으로는 동질화되어 가는 문화적 추세 속에서 독특함이나 고유함을 찾으려는 노력이 동시에 진행되고 있다고 볼 수 있다.

글로벌기업의 마케팅활동은 필연적으로 서로 다른 문화적 환경을 가진 사람이나 조직체와 상호 관련하여 수행되므로, 글로벌마케팅을 성공적으로 수행하기 위해서는 각 해외시장의 문화적 환경의 유사점과 차이점을 발견하고, 이것이 현지소비자의 행동에 미치는 영향을 분석하여 적절한 마케팅믹스를 개발하여 적용해야 할 것이다.

2 문화적 환경의 성격

2.1 문화의 개념과 특성

인간은 항상 문화 속에 살면서도 그의 존재를 별로 느끼지 못한다. 인간의 행위는 문화의 영향을 받지 않는 것이 별로 없다. 이러한 문화(culture)를 탭스트라(V.Terpstra)와 데이비드(K.David)는 "사회구성원들의 특성을 나타내는 학습되고, 공유되고, 강제되는 상호 관련된 일련의 상징으로서, 구성원들의 생존문제에 해결책을 제공해주는 것이다. 그러므로 그 해결책을 실현하는 영리단체인 기업의 존속과 성장에 상당한 영향을 미친다" 고 주장하면서, 문화의 특성을 기업과 연관시켜 경영학적인 측면에서의 해석을 내리고 있다.

이러한 문화는 다음과 같은 특성을 가지고 있어서, 실제적으로 기업의 마케팅활동에 막대한 영향을 미친다.

첫째, 문화는 학습된다는 점이다. 인간이 동물과 구별되는 것은 동물이 생리적 현상에 의해 행동함에 비해, 인간은 문화적 학습에 의해 익혀진 행동을 한다는 것이다.

둘째, 문화는 공유된다는 점이다. 인간 사이에 협조적인 행동이 일어나기 위해서는 서로 공감하는 부분이 있어야 하는 것이다. 즉, 현실에 대한 개인적인 관계가 다른 사람들과 일치하는 경우에 다른 사람과의 의사소통이 가능하다는 것이다.

셋째, 문화는 강요된다는 점이다. 인간의 사회행동은 그들이 따라 하도록 규정하고 있는 규범에 따르도록 강제된다. 만일 인간의 행동에 관한 사회적 규범이 존재하고 공유된다고 하더라도 강제되는 것이 아니라면, 심각한 사회적 문제가 발생할 수 있는 것이다.

넷째, 문화적 상징과 의미는 서로 연결되어 있다는 점이다. 이러한 연결은 기계부품과 같은 기계적인 연결을 의미하는 것이 아니라, 사회에서 사람들이 서로 다름을 보여주는 차이점 또는 비교의 대상으로서의 연결을 의미한다.

이러한 문화는 한 집단이 공유하는 특수한 삶의 양식으로서, 집단을 살아있는 공동체로 묶어주는 역할을 한다. 여기에서 가장 중요한 개념은 문화가 선천적인 것이 아니라, 후천적으로 학습된 행위(learned behavior)라는 점이다. 만일 문화가 선천적인 것이라면, 글로벌 마케팅활동을 수행하면서 직면하는 문화적 환경의 차이를 해결할 수 없을 것이다.

그렇지만 문화가 후천적으로 학습된 행위이기 때문에, 글로벌기업은 학습을 통해 다른 나라의 문화를 배울 수 있고, 나아가 문화적 차이를 극복하고 용이하게 타문화에 적응하게 된다.

우리는 흔히 문화를 국가단위로 생각하기 쉬우나, 한 국가 내에서도 여러 지역의 문화가 각기 다르며, 한 지역이라도 마을마다 상이한 문화를 가지고 있다. 또한 기업들마다 창업자의 성장과정의 차이로 인해 서로 다른 문화를 보유하고 있다. 그러므로 우리는 한 조직에서 다른 조직으로 이직할 경우 새로운 문화에 적응하는데 상당한 시간이 소요된다. 그러나 비록 문화가 서로 다르더라도 문화는 결코 고정 불변한 것은 아니고, 다른 문화와 계속적인 접촉을 하면서 동화·갈등·배제를 통해 끊임없이 변화하는 성격을 갖고 있다. 이와 같이 글로벌 마케팅활동에서 문화적 차이를 고려하는 이유는 우리가 서로 다른 문화들을 동시에 접하며, 그에 따라 적절한 행동을 해야 할 필요성이 있기 때문이다.

2.2 문화적 환경의 구성요소와 영향

여기에서는 글로벌 마케팅활동에 중요한 영향을 미치는 문화적 환경의 구성요소에는 어떤 것이 있는지? 그리고 문화적 환경의 구성요소별 차이가 글로벌 마케팅활동에 어떤 영향을 미치는지에 대해서 살펴보기로 하자.

(1) 언어의 차이와 영향

언어(language)는 인간의 사고와 의사를 전달할 수 있는 가장 효율적인 수단으로서, 동물과 인간을 구별시켜 주는 기준이 된다. 이러한 언어는 문화권을 구분하는 기준으로 쓰이기도 한다. 이는 언어가 다를 경우, 가치전달체계와 사고방식이 달라지기 때문에 그 사회의 문화도 달라진다. 따라서 다른 문화를 이해하려면 언어에 대한 이해가 반드시 선행되어야 한다. 일반적으로 언어에는 말로서 표현되는 음성언어와 손짓, 몸짓, 신호 등의 비음성언어가 있다.

일반적으로 언어는 음성언어를 말하는데, 현재 지구상에는 약 3,000여 종의 언어가 있으며, 사투리를 포함할 경우 약 10,000여 종에 달하는 것으로 추정되고 있다. 1개국에서 하나의 언어가 사용되는 것이 보통이지만, 국가에 따라서는 2가지 이상의 언어가 동시에 사용되기도 한다. 알제리, 미얀마, 중앙아프리카공화국, 스위스, 핀란드, 인도 등 약 62개국이 여기에 속한다.

1개국에서 2개의 언어가 사용될 경우 2개의 별개의 문화(벨기에)가 있으며, 4개의 언어가 있을 경우 4개의 문화(스위스)가 있게 된다. 캐나다의 영어사용지역과 불어사용지역 간의 명확한 구분도 언어와 문화와의 관계를 말해주는 예이다. 이러한 일반원칙에 대해 사용언어가 같다고 해서 반드시 동일한 문화가 아닌 예외적인 경우도 있다. 예컨대, 종전의 영국·프랑스·스페인 식민지에서는 주된 언어로서 이들의 언어가 사용되는 지역이 많지만, 이들 지역의 언어가 동일하다고 말할 수 없다.

세계 각국의 복잡하고 다양한 언어구조는 글로벌 마케팅활동의 수행을 어렵게 만드는 제약요인이 되고 있다. 언어는 현지 경영자 및 종업원과의 의사소통, 해외 소비자와의 의사소통, 현지정부 관리들과의 의사소통 등의 수단이기 때문에, 언어의 다양성이 글로벌 마케팅활동에 많은 혼란을 야기시키며, 제약요인으로 작용하기도 한다. 또한,

이러한 다양하고 복잡한 언어구조는 현지인을 대상으로 하는 설문조사 및 인터뷰 등의 글로벌 마케팅조사 또는 전반적인 광고전략과 제품의 상표결정에 큰 영향을 미친다. 오늘날 기업들은 상표가 모든 주요 언어에 중립적이고 긍정적인 의미를 지니고 있는지를 미리 확인하고 조심스럽게 선택하는 경향이 있으며, 상표가 현지인들에 의해 쉽게 발음될 수 있는가에 대해서도 많은 관심을 가지고 있다.

상표를 잘못 사용함으로써 글로벌 마케팅활동에 많은 지장을 받은 예가 많은데, 그 중 몇 가지만 들어보기로 한다. GM자동차의 'Nova'를 스페인어권의 나라들에 출시하였을 때 예상했던 만큼의 판매가 이루어지지 않아 GM관계자들은 의아해 했다. 그러나 곧 Nova가 스페인어로 번역하면 "it doesn't go"가 된다는 사실을 알고 상표명을 바꿔야 했다. 포드자동차는 제3세계용으로 내놓은 트럭의 이름을 'Fiera'라고 하였다. 그런데 이 말은 스페인어로 "추하고 늙은 여자"라는 의미였기 때문에 큰 어려움을 겪었다.

광고의 경우 글로벌기업은 글로벌 광고대행사나 현지 광고대행사를 이용할 수 있다. 이런 방법을 취함으로써 언어를 잘못 선택하거나, 현지소비자들의 감정을 건드리는 광고를 회피할 수 있다. Pepsi-Cola사의 광고주제 "Catch that Pepsi Spirit"는 스페인어로는 "Catch that Pepso Ghost"로 번역되기 때문에, 스페인어시장에는 "Diga Si a Pepsi" (Say Yes to Pepsi)로 변경되었다. 또한 펩시콜라사는 다이제스트의 대만판에 "펩시와 함께 삶을"이라는 광고슬로건을 사용한 바 있는데, 그 발음이 중국어로 표기하면 그것은 "조상을 죽음에서 소생시키다"라는 의미로 해석되었다. 때문에 마케팅이 불가능하다고 판단하여 이 계획을 포기하였다.

따라서 현지에 파견되는 글로벌 마케팅관리자는 언어능력이 풍부한 사람이어야 하며, 나아가 그 언어의 내면에 갈려있는 고유한 사고방식까지 이해할 수가 있어야 하고, 심지어는 현지인들 간에 통용되는 손짓, 몸짓 등에 대해서도 알 필요가 있다. 특히 어느 정도의 의사소통을 할 수 있는 언어실력이 있다면, 그 다음으로 중요시되는 것이 육체적 언어(body language)이다.

(2) 종교의 차이와 영향

각 국가에는 다양한 형태의 지배적인 종교가 있으며, 이러한 종교의 형태는 글로벌 마케팅활동에 많은 영향을 미친다. 종교(religion)는 민족정서의 근간을 형성하는 중요한 요소이다. 종교가 경제성장에 미치는 영향은 바로 기업성장에도 유사한 영향을 미친다. 특히, 종교에 따라 생활태도, 제품의 선택 및 구매방법 등이 크게 다를 수 있기 때문에 글로벌 마케팅활동에 많은 영향을 미치게 된다. 각 종교는 추구하는 목표나 대상에 있어서 각기 다른 특징을 보유하고 있다. 예를 들면, 가톨릭에서는 교회와 신부가 신과 인간과의 중개역할을 하는 것으로 보고 있으며, 교회를 떠나서는 구원이 없다고 보며, 신교에서는 신앙 그 자체를 중시하고 근검과 절약을 강조한다. 불교와 힌두교는 정신적 가치를 중시하고 물질적인 측면을 경시하는 특성을, 이슬람교는 금주 계율을 가지고 있다.

따라서 글로벌 마케팅관리자는 각국의 민족종교 등이 지니는 고유성과 이질성 정도, 종교지도자나 종교단체의 사회적·정치적 변화유도 가능성을 사전에 파악해야 하며, 국내에서와 마찬가지로 해외에서도 마케팅활동에 영향을 미치는 종교적 관행과 신념에 대해서도 사전적인 정보를 수집해야 한다. 예를 들면, 종교마다 신성시하는 기념일이 다르고, 기념행사의 내용 역시 다르기 때문에 종교적 행사로 인하여 생산 혹은 판매계획에 차질이 초래될 수도 있다. 예를 들면, 러시아에서는 1년 동안 단지 6일을 종교휴일로 정하고 있는 데 반해, 스리랑카에서는 불교, 기독교, 힌두교, 이슬람교의 경축일을 모두 포함하여 27일을 종교휴일로 하고 있다.

종교적 행사는 생산에도 영향을 미칠 뿐만 아니라, 소비형태에도 영향을 미친다. 예를 들어, 동일직장 내에서 여러 종교의 근로자가 근무를 한다면 작업계획에 차질을 빚을 수 있다. 이슬람교의 라마단 금식기간 중에는 생산성이 급격히 떨어지지만, 반면에 소비는 엄청나게 늘어남으로써 긍정적 효과와 부정적 효과가 동시에 발생하기도 한다. 기독교국가에서 크리스마스 시즌은 연중 판매가 최고조에 달하는 시기이기도 하다. 또한 힌두교에서는 쇠고기를, 이슬람교와 유대교에서는 돼지고기를 각각 먹지 못하도록 규정하고 있다. 이러한 이유로 인하여 글로벌 마케팅관리자는 명시적인 금지상품 이외에도 사용이 배제될 가능성이 있는 것들에 대해 사전에 예측하고 준비해야 한다.

그러므로 글로벌기업은 현지국 시장에서 종교적 휴일이나 기념일에 대한 기간, 특성, 축제여부 등을 이해하고, 이를 글로벌 마케팅활동의 기회로 적극 활용한다면 글로벌마케팅 목표를 달성하는데 매우 유용할 것이다.

(3) 가치체계의 차이와 영향

가치체계(value structure)란 태도, 가치관 등을 포괄하는 개념으로 성취도와 일에 대한 태도 그리고 직업관 등을 포함한다. 이러한 가치체계는 교육, 종교 등과 같이 인간의 사회화과정을 통하여 학습된 것이다. 상이한 가치관의 예를 들면, 불교도국가에서의 경건함, 인도 중산층 사이의 가족책임, 중남미 남자들 사이의 남성적임, 그리고 북미인들 사이의 개인적인 성취감에 관한 중시를 들 수 있다.

이러한 가치관의 차이는 소비자들의 구매행동에 영향을 미치며, 결과적으로 국가 간의 소비자행동의 차이로 나타나므로, 글로벌 마케팅관리자들은 이러한 측면을 고려하여 글로벌 마케팅전략을 수립해야 한다.

기업의 마케팅활동에 영향을 미치는 가치관으로는 부에 대한 태도, 변화에 대한 태도, 시간에 대한 수용성, 직무에 대한 태도 등이 있다. 예를 들면 미국과 같은 사회는 풍요한 사회, 성취욕구가 강한 사회, 구매지향적 사회 등으로 표현되는 것으로 미루어 볼 때, 부(富)가 사회적 가치척도의 기준이 된다. 그러나 불교와 힌두교사회에서는 무념이 사회적 이상으로 인식되고 있기 때문에 생산과 소비의 동기가 불확실하다. 따라서 글로벌 마케팅관리자는 이러한 가치체계의 차이를 확실하게 이해하고 있어야 한다.

변화에 대한 태도 역시 경제적 성과에 영향을 미치는 중요한 변수이다. 왜냐하면 새로운 제품이나 새로운 방법을 수용한다는 것은 변화를 의미하며, 이러한 변화는 인간의 태도에 우선순위가 바뀌었다는 것을 의미한다. 사회마다 심지어 동일사회 내에서도 변화에 대한 태도에 차이가 있기 때문에 새로운 혁신이나 변화를 소개한다는 것이 무척 힘든 일이 되기도 한다. 따라서 혁신제품을 현지에 소개할 때는 우선 변화의 장애요인을 확인하고, 이 가운데 변화가능요인을 파악하고, 새로운 제품을 현지국의 관점에서 실험하고 평가해야 하며, 신제품의 효과를 증명할 수 있는 방안들을 찾아내야 한다.

시간은 그 자체가 중립적이며 모든 사회에 유용하다. 그러나 각각의 사회 또는 문화는 시간에 대한 태도에 다소 차이가 있다. 이들 차이는 중요한 경제적 결과를 야기시킨다. 일반적으로 시간에 관한 전통적인 태도는 개도국에서 볼 수 있는데, 시간을 자연적 현상, 즉 파종기, 수확, 출생, 성숙, 죽음 등 시간의 긴박감이나 압박감을 느끼지 못하는 반면, 시간에 대한 현대적 태도는 선진국에서 볼 수 있는 것으로 순환적·자연적 현상으로서 시간의 긴박감, 시간의 강박관념을 가지는 것을 특징으로 규정지을 수 있다.

구미인들은 시간관념이 철저하다. 그러나 그렇지 못한 문화권도 많다. 예컨대 중남미에서 온 외국인들이 직면하는 문제 중의 하나는 중남미인들의 manana태도이다. manana는 글자 그대로 '내일'이라고 해석되지만, 실제로는 '다음 며칠 이내'라고 그들은 해석하며 느긋한 태도를 취한다. 중동인들도 대개 약속시간을 정확히 지키지 않는다. 일본인들은 외국인들과의 협상에서 외국인이 출국 전 몇 시간 전까지 고의적으로 협상을 종결시키지 않는다. 그 이유는 외국인들이 출국시간에 쫓겨 특별양보를 하도록 하기 위한 것이다.

오늘날 대부분의 경제학자들은 직무에 관련된 태도가 성과에 영향을 미치는 어떤 변수보다도 더 중요하다고 인정하고 있다. 이는 어떤 시기의 높은 수준의 성취지향적 태도가 다음 시기의 높은 수준의 성과를 야기한다는 것을 의미한다. 그러나 경제에 있어서 성취욕구의 중요성을 적용하는 데는 실질적이고 어려운 문제가 있다. 이는 산업화에 필요한 기구와 설비, 또는 재정자원이 부족한 사회는 이들 필요한 자원을 수입할 수 있으며, 또한 관리기술까지도 수입가능하나, 사회에서의 낮은 성취욕구가 문제라면 이에 대한 대처방안은 훨씬 더 복잡하고 장기간을 필요로 하기 때문이다.

(4) 사회제도의 차이와 영향

사회제도(social institution)란 한 인간이 다른 동료와 관계를 맺는 하나의 수단으로서 사회적 행동이 규정지어지는 단위와 구조를 말한다. 이 제도는 공식적이기도 하고, 때로는 비공식적이기도 하다. 그리고 그 구성원은 때로 다소 제한되기도 한다. 이러한 사회제도의 구성원과 그 구성원의 행동은 한편으로는 일반적인 목표의 성취를 위하여, 또 한편으로는 그 제도의 존속을 위해 유도된다. 인간은 어디에서나 사회적인 창조물이지만, 인간이 동료들과 어떠한 방식으로 관계를 맺는가 하는 것은 국가와 사회에 따라서 다르다. 이러한 사회제도의 구성내용에는 사회조직(social organization), 정치구조(political structure) 및 교육(education)수준이 포함된다.

사회조직은 가장 기본적인 사회집단이라 할 수 있는 가족에서부터 지역집단, 특수이익집단, 여성단체, 연령집단, 종교단체 등으로 분류할 수 있다. 이러한 사회조직의 구성내용은 시장세분화를 결정하는 가장 기초적인 기준이 된다. 사회조직의 구성내용에 따라 시장세분화의 정도가 다를 수 있으며, 제품의 소비대상도 다르게 결정될 수 있다.

한편, 정치구조는 글로벌기업의 운영과 의사결정에 매우 중요한 영향을 미치는 요소로서, 경제활동에 대한 정부의 역할 및 형태, 경제 및 정치이념, 다른 국가와의 외교관계, 기업과 정부의 관계 등이 이에 속한다.

한 나라의 교육수준은 글로벌 마케팅활동에 막대한 영향을 미친다. 교육수준은 정규교육기관 및 특수산업훈련 전문기관 등을 포괄하는 각종의 교육제도, 문맹률, 학생의 수, 여성에 대한 교육여부 등을 말하는 것으로서, 제품의 복잡성 정도와 광고 등에 큰 영향을 미치는 것으로 알려지고 있다.

교육수준은 국가에 따라 큰 차이가 있을 뿐만 아니라, GNP수준이나 경제발전수준과 밀접한 상관관계를 가지고 있다. 일반적으로 경제발전수준이 높은 국가일수록 GNP수준은 높고 문맹률은 낮은 것으로 파악되고 있다. 스웨덴에서는 식자율(literacy rate: 읽고 쓸 수 있는 인구비율)이 실제로 100%이고, 교육제도는 읽기와 쓰기를 가르치는데 주력하고 있어, 이러한 교육제도는 스웨덴 문화의 변화를 불러일으키는 주요 요인이 되고 있다. 왜냐하면, 스웨덴의 모든 소비자는 광고와 공고판을 읽고 이해할 수 있기 때문이다. 반대로 식자율이 겨우 18% 수준밖에 안되는 아프리카의 챠드(Chad)족에게 문화의 전래는 가족이나 친족에 의해 이루어지므로, 이 지역에서 인쇄물에 의한 변화의 시도는 비효율적이라고 할 수 있겠다.

일반적으로 교육수준이 높고 문맹률이 낮은 국가에서의 글로벌 마케팅활동은 문자를 중심으로 정보를 전달하는 방법이 유리하며, 제품 사용설명서와 같은 것도 상세하게 작성하는 것이 유리하다. 반대로 교육수준이 낮은 국가에서는 그림이나 이미지 혹은 음성언어로 정보를 전달하는 것이 효과적이다.

(5) 물질문명의 차이와 영향

산과 들에서 자라고 있는 나무와 풀 그 자체로는 물질문명이라고 할 수 없지만, 풀과 나무를 연료로 이용하거나 집을 짓기 위한 재료로 사용한다면 이를 물질문명(material culture)이라 한다. 이처럼 물질문명은 인간에 의해 변형되거나 창조된 모든 물질과 그 물질의 변형 내지는 창조활동에 이용된 모든 기술을 의미한다. 그러므로 물질문명은 한 사회가 경제활동을 영위하여 가는 방법과 밀접한 관련이 있으며, 그 관련정도가 특정사회의 발전수준을 판단하는 기준이 되기도 한다. 이러한 물질문명의 형태는 산업화 단계에 다른 시장세분화의 기준으로 사용되어 산업재마케팅의 출발점으로 작용한다. 물질문명에 대한 기업적 측면의 연구는 인간이 물건을 어떻게 만들며(기술), 그리고 누가 무엇을 왜 만드는가(경제현상)에 관한 것이다. 물질문명은 인간의 생활방식에 영향을 주며, 인간생활의 성격은 물질문명을 결정한다. 이러한 물질문명은 수요의 정도, 제품의 형태와 질, 제품의 기능, 제품의 생산방법 및 유통방법 등 글로벌 마케팅활동 전반에 영향을 미친다.

(6) 미적 감각의 차이와 영향

미적 감각(미학 : aesthetics)이란 특정 문화가 지니는 음악, 회화, 조각, 연극, 무용 및 민속 등으로 표현되는 미에 대한 감각과 사물에 대한 선호경향에 대한 생각을 의미한다. 미적 감각은 색상과 형상에 대한 음미와 관련성이 크며, 국제적인 차이가 크지만 국가적인 것보다는 지역적인 경향이 있다.

이러한 미적 감각을 통해서도 기업과 현지 사회구성원들 간의 커뮤니케이션이 이루어질 수 있기 때문에, 기업의 제품생산이나 광고 등의 활동에 있어서 해당시장의 주류를 이루고 있는 미적 가치관에 관한 정확한 해석없이는 마케팅활동이 성공하기 어렵다. 미학적 가치관을 고려하지 않는 마케팅활동은 광고 및 포장디자인 부문에서 실패할 수 있을 뿐만 아니라, 더 나아가 고객의 감정을 손상시키고 제품과 기업이미지에 대한 부정적인 인상을 심어주게 된다.

국가별, 지역별로 미적 선호도의 차이는 글로벌 마케팅활동에 많은 영향을 미치므로, 글로벌 마케팅관리자는 현지국의 미적 감각에 관심을 가지고 이해하여야 하며, 마케팅 프로그램을 수립할 때도 현지국의 미적 감각을 고려하여야 한다.

상표명(brand name)의 선정은 미학적 요소에 의해 영향을 받는다. 현지국에서 활동하는데 가장 바람직한 상표명은 해당국가의 언어를 사용하고 미학적 측면에서 현지의 소비자에게 호감을 주는 현지화된 것일 수도 있다. 그러나 수많은 국가에서 서로 다른 상표를 부착하여 판매하게 될 때 그로 인해 발생하는 문제점은 헤아릴 수없이 많을 것이다. 특히 많은 상표를 개발하고, 이를 알리는데 소요되는 막대한 비용이 가장 큰 문제일 것이다. 그러므로 코닥(Kodak), 소니(Sony) 등과 같이 특별한 의미는 없다 하더라도 모든 곳에서 쉽게 발음할 수 있는 상표를 창조하여 세계적인 것으로 사용하는 것이 바람직하다.

한편, 각 문화권별로 색상에 대한 느낌이 다르며, 이러한 색상에 대한 느낌은 기업의 글로벌 마케팅활동에 영향을 미친다. 일반적으로 세계시장에서 흰색, 회색, 금색 등은 고급스러운 색으로 생각하고 있다. 그러나 문화권에 따라서는 여러 색상에 대한 음미, 기호, 뜻과 더불어 감정적인 반응도 서로 다르다. 동양에서는 흰색, 반면에 서양에서는 검정색이 죽음(상 : 喪)을 뜻하는 것과 같이 문화에 따라 색상에 대한 의미와 감정적 반응이 다른 것은 종교, 미적 감각, 애국심의 영향 때문이다. 글로벌기업들은 이러한 색상이 각 문화권별로 주는 의미를 제대로 파악하여 제품, 포장, 광고 등의 활동을 전개해야 한다.

디자인도 글로벌 마케팅활동에 영향을 미치는 중요한 요인 중의 하나이다. 글로벌 마케팅관리자들은 현지국의 문화환경에 적합하고, 현지인의 마음에 들도록 디자인하여야 하며, 이러한 디자인활동은 글로벌 마케팅목표를 달성하는 과정에 많은 영향을 미치게 된다.

3 문화적 환경의 분석

글로벌기업이 본국과 상이한 문화적 환경을 가진 해외에 진출하여 마케팅활동을 수행할 때, 비록 현지의 이질적인 문화요소 모두를 분석·평가할 수는 없다 하더라도 최소한 글로벌기업이 수행하고자 하는 마케팅활동에 직접적으로 영향을 미칠 수 있는 주요 문화요소는 분석·평가해야 한다. 이는 문화적 환경이 지역별·국가별로 많은 차이가 있고, 글로벌 마케팅활동에 큰 영향을 미치기 때문이다.

그러나 문화적 환경을 정확히 분석·평가하는 것은 표본의 적합성여부, 문화 자체의 변화, 조사자의 문화에 대한 개인적인 편견 등의 장애요인으로 인하여 그리 쉽지 않다. 그렇지만 글로벌기업이 마케팅활동을 수행하기 위해서는 제한적이나마 현지의 문화적 환경을 분석·평가할 필요가 있다. 이와 같은 국가 간의 문화적 차이를 평가하는 방법은 여러 가지가 있을 수 있겠으나, 비교경영학의 관점에서는 부분적 분석과 종합적 분석방법으로 분류해 볼 수 있다.

3.1 문화적 환경의 부분적 분석

부분적 분석방법은 기업의 의사결정에 중요하게 영향을 미칠 것으로 생각되는 특정한 문화적 측면에 연구를 한정시키는 연구방법론을 의미한다. 즉, 앞에서 언급한 문화적 환경의 구성요소 중 특정요소를 중심으로 분석하는 것을 말한다. 이러한 문화의 부분적 분석방법에서 중요하게 고려하는 몇 가지의 문화적 요소에 대해 살펴보면 일과 성취감에 대한 태도, 시간과 미래에 대한 태도, 의사결정패턴, 권력과 권한에 대한 태도, 반대의사의 표시방법, 가족제도 및 사회구조 등이다. 이러한 문화적 요소들은 이미 설명한 것처럼 여러 측면에서 글로벌 마케팅활동에 많은 영향을 미친다. 이밖에도 기업이 해외에서 마케팅활동을 수행하면서 고려해야 할 문화적 요소들은 수없이 많다.

부분적 분석은 종합적 분석보다는 강력하지 못하나, 각 문화권 사이에 존재하는 많은 차이점들을 미시적으로 살펴볼 수 있다. 그러나 많은 문화적 차이를 개별적으로 파악하고 대응하는 데에는 한계가 있기 때문에, 여러 가지의 문화적 요소들을 종합적으로 파악하고자 하는 노력의 결과, 바로 종합적 분석방법이 나타난 것이다.

3.2 문화적 환경의 종합적 분석

글로벌 마케팅관리자는 구체적인 문화적 요소를 분석하고 평가해야 할 필요성 못지 않게 자체적으로 문화를 분석하고 평가하는 방법도 알아야 한다. 문화적 환경의 종합적인 평가를 통해서 글로벌마케팅의 주요 의사결정을 내리는데 중요한 문화적 요소들에 대한 전체적인 이해를 할 수 있기 때문이다.

종합적 분석은 문화적 환경의 전체적인 측면을 평가하고, 이를 몇 가지 범주로 분류하여 문화적 차이를 찾아내는 방법이므로, 문화적 환경의 체계적인 분석의 틀을 마련하여 거시적인 문화적 환경요소들의 상이점들을 체계적으로 분류하는 도구로 이용할 수 있으며, 문화들 간의 서로 다른 수많은 요인들을 고려해 볼 때 부분적 접근방법이 초래하는 시간 및 비용상의 부담을 덜 수 있는 장점도 있다. 이러한 대표적인 종합분석 방법으로는 클러크혼과 스트로드벡(F. Kluckhohe & F. Strodbeck)의 모형, 홀(E. T Hall)의 모형 그리고 홉스테드(G. Hofstede)의 모형이 있다.

(1) 클러크혼과 스트로드벡의 모형

클러크혼과 스트로드벡은 한 문화권내에 있는 사회구성원들의 공통적 가치관과 사고방식을 찾아내고, 이를 문화권별로 비교함으로써 각 국가 간의 문화적 차이를 알 수 있다고 주장하였다.

또한 그들은 문화의 이질성을 분별하기 위하여 문화 지향성(cultural orientation) 또는 가치 지향성(value orientation)이라는 관점에서 아래와 같은 인간이 지니는 다섯 가지의 기본명제에 대한 질문을 제시하고, 이 질문에 대해 사회의 주류가 어떻게 답변하느냐 하는 답변의 방향을 기준으로 그 사회의 문화를 분류하고 있다.

첫째, 인간의 본성은 기본적으로 선한가 또는 악한가?
둘째, 인간과 자연과의 관계는 어떤가?
셋째, 인간의 행동방식이 정적인가, 또는 동적인가?
넷째, 인간관계가 개인주의적인가, 집단주의적인가 또는 권위주의적인가?
다섯째, 삶에 대한 태도가 과거 지향적인가, 현재 지향적인가 또는 미래 지향적인가?

이와 같은 다섯 가지의 기본명제에 대해 각각의 문화는 이질적인 사고를 행하며, 이러한 사고를 토대로 행위의 유형도 달라지게 되는 것이다.

서로 다른 문화지향성이 기업경영에게 주는 시사점을 살펴보기 위하여, 서구식 문화의 대명사로 인식이 되는 미국식 문화지향성(서양적 문화)과 이에 상응하는 대비적 문화지향성(동양적 문화)은 각각 어떻게 다른가를 앞서 언급한 5가지의 차원을 중심으로 비교해 보면 [표 3-1]과 같다.

문화의 차이에 관한 클러크혼과 스트로드벡의 모형은 문화권간의 차이를 쉽고 간단하게 비교할 수 있고, 또 이를 통해 피상적이나마 외국문화를 이해할 수 있으며, 각 명제에 대한 문화비교를 통해 이들 문화의 차이가 글로벌경영 전반에 어떠한 영향을 미치는지에 관해 상세하게 분류하여 설명해주고 있다.

그러나 이 모형은 문화의 여러 측면 중 일부 항목만 비교한 것에 지나지 않으며, 문화 전체를 완전히 이해할 수 없다는 단점을 가지고 있다. 그러므로 각국의 문화적 환경

표 3-1 문화지향성이 기업경영에 주는 시사점

항 목	미국식 문화지향성(서양)	대비적 문화지향성(동양)
인간의 본성	• 인간본성은 선과 악의 혼합 • 인간의 본성은 변화함 • 교육과 훈련을 통해 인간의 본성이 변화가능함	• 인간의 본성은 본래 선하거나 악함 • 인간본성은 불변함 • 교육훈련으로는 인간성이 변하지만, 초기에 적절한 사람을 선발함
인간과 자연의 관계	• 인간이 자연을 지배함 • 인간의 편리를 위해서 댐, 도로, 항만 등과 같은 지역조건을 변화시킴	• 인간과 자연은 조화로운 관계임 • 인간의 욕구를 충족시키면서 자연을 유지·보전함
인간의 행동방식	• 동적 • 종업원은 자기만족과 목표달성을 위해 업무를 수행(업무의 극대화 추구)	• 정적 • 종업원들은 단지 자신에게 주어진 일만을 수행함(일의 극소화 추구)
인간관계	• 개인주의적 • 의사결정의 주체는 개인 • 전문경영제의 도입 • 능력위주의 인사채용	• 집단주의적 • 의사결정의 주체는 집단임 • 족벌 및 친족위주 경영제의 도입 • 친족위주의 인사채용
시간 지향성	• 미래중심적 • 단기적 기업정책 추구 • 정책목표는 10, 20년 장기계획적이지만, 실제로는 단기적 목표달성을 위해 기업정책의 확산과 탄력성을 강조함 • 단기적인 인사정책	• 과거중심적 • 장기적 기업정책 추구 • 과거에 수행하였던 기업정책을 토대로 기업의 미래 계획을 수립하며, 기업정책의 변화를 별로 원하지 않음 • 장기적 인사정책

자료 : N. J. Adler, *International Dimentions of Organizational Behavior*, Boston : Mass., Kent Publising Company, 1986, pp.14 ~ 15.

의 차이점 및 유사점을 통일적으로 분석한 모델을 제공함으로써 글로벌 마케팅관리자는 글로벌 마케팅전략에 대한 주요 의사결정을 내리는데 많은 도움을 받을 수 있다.

(2) 홀의 모형

홀은 각 국가의 문화적 차이를 비교문화적인 차원에서 고배경문화(high context culture)와 저배경문화(low context culture)로 분류하여 설명하고 있다. 이들 두 집단 간의 차이점은 한마디로 커뮤니케이션 과정이 다르다는 것이다, 여기서 배경(context)이란 인간이 의사소통을 행하기 위해 이용하는 언어, 얼굴표정, 몸짓, 문서 등 여러 가지 상징적 표현들을 의미하며, 일과 생각을 받아들이고 느끼는 방법의 하나로 각 국가의 문화를 분석·평가하는데 중요한 역할을 한다.

1) 고배경문화

고배경문화란 사회구성원들의 의사소통에 필요한 정보가 사회적 관계, 경력, 가치관, 유머감각, 개인과 개인과의 관계 등과 같은 의사소통과정상의 배경에 내부화되어 있는 문화, 즉 삶의 정황이 보다 중요한 역할을 수행하는 문화를 의미한다. 그러므로 의사소통이 명백한 부호와 문장으로 표시하지는 않으나, 책임과 신뢰가 중요한 가치로서 강조되기 때문에 개인의 말이 법률적인 서류보다 더욱 확실한 보증서 역할을 하게 된다.

이러한 문화적 환경 하에서 사회 전체적으로 영향력있는 개인의 책임과 명예가 법률적인 서류보다 큰 의미를 가지게 되며, 책임의 소재는 하위조직보다는 고위층에 있으며, 집단지향적인 경향이 강하다. 고배경문화을 가진 국가들로서는 중국, 한국, 일본, 인도네시아, 사우디아라비아, 이집트 등을 들 수 있다.

2) 저배경문화

저배경문화란 구체적이고 분명한 대화를 통해 정보의 교환이 이루어지고, 상황적인 요인보다도 구체적으로 표시된 문서와 문장의 표현 그 자체가 중요한 의미를 가지는 문화를 의미한다. 따라서 의사전달은 문서나 언어의 형태로 전달되며, 표현된 그 이상의 의미를 가지지 않는다. 저배경문화의 경우 전달되는 정보의 양이 제한적이며, 명백한 문장으로 기술된 법률적인 서류가 보증서의 역할을 하게 되며, 책임은 대체로 최하위층에게 전가되는 게 특징이다. 이와 같은 저배경문화를 가진 국가로서는 독일, 미국, 캐나다, 스칸디나비아국가들을 들 수 있다. 이러한 고배경문화와 저배경문화의 구체적인 차이점을 [표 3-2]와 같이 요약할 수 있다.

이러한 고배경문화와 저배경문화에 대한 글로벌 경영활동 전반에 다음과 같은 시사점을 제공하고 있다.

① 고배경문화는 장기적인 관계에 가치를 두며, 신뢰를 협상진행을 위한 기본으로 여긴다.
② 일본과 같은 고배경문화에서의 광고는 정서지향적이만, 독일과 같은 저배경문화에서의 광고는 사실지향적이다.
③ 저배경문화에서는 합의와 거래의 구체적인 조건에 중요성이 부여되는 반면에, 고배경문화에서는 협상을 위하여 신뢰를 구축하는 것이 매우 중요하다.
④ 고배경문화에서는 정서적이고 사회적 환경조건이 의사결정에 도움이 되지만, 저배경문화에서의 의사결정은 비개인적이며, 이해당사자와의 갈등은 무조건 피해야 한다.

표 3-2 고배경문화와 저배경문화의 비교

요소 및 차원	고배경문화	저배경문화
법, 변호사	덜 중요함	아주 중요함
개인의 말	개인에 대한 보증임	서면으로 남기는 경우만 신뢰함
공 간	같이 공유함	개인공간은 서로 침해하지 않음
시 간	인생의 모든 일은 시간이 해결함 (polychronic)	시간은 돈이며, 협상자체의 목적이외의 목적은 없음
협 상	시간이 걸리며, 협상과정을 통해 서로를 이해함	신속하게 해결되며, 협상자체의 목적이외의 목적은 없음
책임 소재	조직의 최고책임자	업무담당자 또는 최하급자
경쟁 입찰	빈번하지 않음	아주 흔함

자료 : W. J. Keegan, *Multinational Marketing Management*, 4th ed., Englewood Cliffs NJ: Prentice-Hall, Inc., 1989, p.110.

이 모형은 글로벌경영의 관점에서 각 국가의 문화적 차이를 이해하는데 클러크혼의 모형보다 유용성이 높다 할 수 있는데, 특히 비교문화적인 훈련에 생소한 해외진출기업들이 그들의 해외파견사원을 위한 현지문화 적응훈련모형의 설계에 도움을 줄 수 있다. 그러나 각 국가의 문화를 몇 가지 요소를 기준으로 문화인류학적인 연구의 구조 하에 분석하였으나, 그 모형이 지나치게 기술적이고 주관적이며, 고배경문화와 저배경문화의 구분경계가 불명확하다는 단점을 가지고 있다.

(3) 홉스테드의 모형

홉스테드는 각국의 문화차이로부터 기업구성원의 행동양식이 달라진다는 점에 착안하여 문화차이가 기업구성원의 행동양식에 어떤 영향을 미치며, 이것이 기업활동에 어떤 영향을 미치는가를 파악하였다. 특히 기업의 경영과 관련된 종업원의 태도와 행위가 각국의 문화차이에서 발생함을 밝히고자 50개국과 3개 지역(아랍지역, 동부아프리카 및 서부아프리카)을 대상으로, 각국의 종업원과 경영자사이에 나타나는 중요한 차이점을 요인분석과 이론적인 추론을 통해 얻은 개인주의 대 집단주의, 권력간격, 불확실성의 회피성향, 남성다움 대 여성다움이라는 4가지 차원(dimension)에서 분류·설명하고 있다.

1) 개인주의 대 집단주의

개인주의(individualism)란 가족이나 부족, 국가집단에 대한 의무의 수용정도와 비교한 개인적인 자유의 요구정도로서, 인간이 자신과 직계가족들에게만 관심을 가지는 사회조직구조를 의미한다. 이러한 개인주의는 주로 미국, 영국, 캐나다, 네덜란드 등 서구국가들의 경우 강한 것으로 나타나고 있다. 반면에 집단주의(collectivism)는 자기가 속한 집단과 그 외의 집단을 엄격히 구분하는 사회조직구조를 의미한다. 집단주의사회에서는 친척이나 정치정당, 개인조직 등 내부집단을 외부집단과 엄격히 구별하여 절대적인 신뢰와 충성을 강요하는 성향으로 우리 나라, 대만, 파키스탄과 같은 국가들이 이에 속한다. 그리고 중간적 성격을 띠는 국가들로서 일본, 스페인, 인도, 아르헨티나 등을 들 수 있다.

2) 권력간격

권력간격(power distance)은 한 사회가 특정기관이나 조직에 권력이 불균등하게 분산되어 있다는 사실을 수용하는 정도를 의미한다. 글로벌경영에 있어서 권력간격에 대해 관심을 두는 이유는 외국인 투자기업이 지니는 권력간격과 현지국민들이 생각하는 권력간격 사이의 괴리로 인하여 생산성이나 직무의 만족도가 다르게 나타날 수 있기 때문이다.

이러한 권력간격이 큰 국가로는 말레이시아, 멕시코, 필리핀, 베네수엘라, 인도 등 중앙통제가 심한 권위주의적 국가들이다. 그리고 오스트리아, 이스라엘, 뉴질랜드, 덴마크 등은 권력간격이 작은 평등주의 국가들로서 개인주의적 성향이 강한 국가들이다. 우리나라, 일본, 스페인, 이탈리아 등은 중간수준의 권력간격을 가지는 국가로 분류되고 있다.

3) 불확실성의 회피성향

불확실성의 회피(uncertainty avoidance)란 불확실성을 어떻게 인지하며, 과연 불확실성에 의해 초래되는 위험을 어떤 방법으로 해결하려고 하는가 하는 정도이다. 불확실성이 강한 사회에서는 초조·불안 등이 뚜렷하게 나타나며, 이에 따라 각종 법적·규범적 제도장치를 통해 위험을 줄이고 안정을 기하기 위해 모든 노력을 기울인다. 반면에 불확실성의 회피성향이 낮은 국가에서는 미래에 대해 별로 위협을 느끼지 않으며, 따라서 그렇게 열심히 일을 하지 않게 되고, 다른 사람의 의견이 자신의 의견과 다르더라도 별로 신경을 쓰지 않는다.

글로벌경영의 관점에서 불확실성의 회피성향이 강한 국가로 진출하는 경우에는 모든 계약을 '서면계약'으로 하며, 분쟁발생에 대해 미리 서면약정을 마련해 두는 것이 필요하다. 조직의 관리나 경영자의 의사결정 등에 대해서도 이를 감안해야만 한다.

불확실성의 회피성향이 강한 국가로는 라틴국가(라틴유럽과 라틴아메리카), 지중해연안국가들, 일본, 한국 등이며, 반대로 불확실성에 대한 회피성향이 낮은 국가로는 덴마크, 스웨덴, 아일랜드, 영국 등을 들 수 있다.

4) 남성다움 대 여성다움

남성다움(masculinity) 대 여성다움(feminity)은 그 사회에서 지배적인 가치가 어느 정도로 남성다운가 또는 여성다운가를 나타내는 척도이다. 즉 남·녀 성별간의 역할을 구분하는 사회를 남성중심사회, 그리고 양자 간의 역할을 별로 구분하지 않는 국가를 여성중심사회로 분류하는 것이다.

남성중심사회의 문화구조 하에서는 상사에게 인정받는다든가, 진급·도전과 같은 기회를 추구하는 직무기회가 주어져야 하는 반면, 여성중심사회의 문화구조 하에서는 협조나 좋은 작업환경 등을 강조하게 된다.

일반적으로 가장 강력한 남성중심사회는 일본으로 조사되었으며, 주로 독일어를 언어로 사용하는 오스트리아, 스위스, 독일 등이 남성중심사회이며 스웨덴, 덴마크, 노르웨이, 네덜란드 등이 여성중심사회이다. 우리나라는 여성다운 성향이 상당한 수준으로 나타나고 있다.

이상에서 살펴본 홉스테드의 모형은 다음과 같은 관점에서 글로벌기업의 경영활동 전반에 시사점을 제공하고 있다.

① 개인주의가 강한 국가에서의 성과평가시스템은 집단보다는 개인에 대한 보상에 중점을 두는 것이 바람직하다.
② 집단주의가 강한 국가에서는 집단중심적인 보상시스템이 보다 적합하다.
③ 권력간격이 큰 국가에서는 의사결정이 중앙집권화되고, 조직 내의 이동성이 낮고, 조직의 계층구조가 길며, 상사의 명령에 복종하는 경향이 강하다.
④ 권력간격이 작은 국가에서는 조직구조가 단순하고, 의사결정이 참여적이며, 조직 내의 이동성이 높은 경향을 보인다.
⑤ 불확실성 회피성향이 강한 국가에서는 장기계획이 강조되어야 한다.
⑥ 불확실성 회피 성향이 낮은 국가에서는 단기계획과 융통성이 중요하다.
⑦ 남성중심 국가에서는 조직의 목표가 시장점유율 및 수익성의 증대이며, 조직구성원은 상위계층에 지배당하며, 과업성취가 중요하다.
⑧ 여성중심 국가에서는 지장에서의 삶의 질, 환경보호, 공평성과 공정성, 기업의 사회적 책임 등이 중요하다.

이 홉스테드의 모형은 방법론 측면에서 계량적인 분석방법을 도입했기 때문에 객관성이 높다고 인정받고 있으며, 또한 글로벌기업이 경영활동을 수행하면서 직면하게 되는 이질문화가 리더쉽, 조직설계, 동기유발 등의 문제에 보다 효과적으로 대응하는 방안을 모색하는데 도움을 줄 수 있다. 그러나 이 모형의 이용에 있어서 일반성, 특히 한 국가의 문화가 과연 그 국가내의 문화를 모두 포함할 수 있는가와 동질성을 가지고 있는가 하는 문제가 제기될 수 있는 문제가 있다.

여기서, 우리나라의 경우를 권력간격과 개인주의-집단주의, 권력간격과 불확실성에 대한 회피성, 그리고 남성다움-여성다움과 불확실성에 대한 회피성 등 서로 독립적인 두 개의 차원을 결합하여 살펴보면, 한국은 큰 권력간격과 낮은 개인주의, 큰 권력간격과 강한 불확실성 회피, 강한 불확실성 회피와 여성다움에 속하는 국가로 분류되고 있다. 그리고 우리나라의 문화적 차원을 몇몇 대표적인 국가들과 비교하여 살펴보면 [표 3-3]과 같다.

표 3-3 주요국의 문화적 차원

네가지 문화적 차원	문화적 차원의 수준					
	높음/강함 X ←			─ 중간 X ─		→ 낮음/약함 X
개인주의	미국			일본	한국	과테말라
권력간격	말레지아	한국	일본	미국		오스트리아
불확실성 회피	그리스	일본	한국	미국		싱가포르
남성다움	일본		미국		한국	스웨덴

자료 : G. Hofstede, "National Cultures in Four Dimensions: A Research-Based Theory of Cultural Differences Among Nations," *International Studies of Management and Organization*, Spring/Summer 1983, p.52

지금까지 각 국가의 문화적 차이를 이해하기 위해서 비교문화적인 분석방법들인 클러크혼과 스트로드벡의 모형, 홀의 모형, 홉스테드의 모형에 대해 살펴보았는데, 이러한 문화비교모형들을 이용할 때는 다음 두 가지 사실을 기억할 필요가 있다.

하나는 문화 간에는 차이점이 있는 만큼 유사점도 많다는 점이고, 또 하나는 같은 문화권내에도 개인이나 집단에 따라 매우 큰 차이가 있다는 점이다. 특히 경영자는 특정 외국인과 접촉하게 될 때, 그 외국인의 배경이나 경험여하에 따라서는 전혀 비전형적인 사람일 수도 있으므로, 그 사람을 표준으로 그 외국문화 전체를 평가하는 것은 곤란하다. 어느 사회에서나 외국의 문물에 많이 접해 본 코스모폴리턴(cosmopolitan)한 집단이 있는 반면에, 자기문화 이외에는 전혀 접해보지 못한 자기민족 중심적(ethnocentric) 내지 폐쇄적인 집단이 있기 마련이다. 그러므로 글로벌 마케팅관리자가 어떤 유형의 사람들과 접촉하느냐에 따라 사고방식이나 행동방식에서 상당한 차이를 경험하게 된다. 따라서 글로벌 마케팅관리자는 자기가 주로 접하게 되는 집단의 사고 및 행동유형을 이해할 뿐만 아니라, 그 집단내의 개인 간의 차이점을 고려해야 한다.

4 문화적 환경의 관리

4.1 새로운 문화적 환경에의 적응

(1) 이문화의 충격

외국의 지사나 현지법인에서 장기근무를 하게 되는 글로벌경영인은 좋든 싫든 이문화를 이해하고, 거기에 적응해야 하는 당위성에 직면하게 된다. 외국에 몇 개월 이상 비교적 장기적으로 처음 나가 있게 되는 경우, 대개 사람들은 심리적으로 불안정해지게 되는데 이러한 현상을 '이문화의 충격'(culture shock)이라고 한다.

이문화의 증상은 불안감, 신경질, 반항감, 심한 향수증, 우울증 등으로 나타나고, 심한 경우에는 신체적인 병이 유발되는 수도 있다고 한다. 이처럼 개인의 심리적인 변화는 가족이나 부부관계를 어렵게 하고, 때로는 과도한 음주를 유발하기도 하며, 결국에는 맡은 일을 제대로 수행할 수 없는 결과를 가져오게 된다. 또한 많은 사람들의 이문화충격에 대한 반응은 외국 내에서 자기 나라 사람하고만 접촉해서 업무상 필요한 경우를 제외하고는 현지인을 가급적 피하려는 경향을 보이는데, 이와 같은 행위는 외국에 나가 있는 한국인, 일본인이나 미국인 등에서 공통적으로 나타나는 현상으로서 충격의 영향이 장기화되는 바람직하지 못한 상태로 진행되기도 한다.

그러면 이문화의 충격현상이 일어나는 이유는 무엇인가? 첫째는, 사람이 자기문화 내에서 익숙해져 있는 작은 일들, 그러니까 인사하는 방식이라든가, 팁을 주는 일이라든가, 손님을 초대하는 일과 같이 일상적인 일에서부터 익숙하지 않아서 단절감을 느끼기 시작하며, 다음으로는 행동이나 말의 의미가 애매한 상황에 접하게 되는 데서부터 심리적 불편함이 생기게 된다. 다음으로는 자신의 가치관 - 즉 지금까지는 절대적이라고 생각했던 여러 믿음들이 흔들리면서 충격은 더 심해진다. 예를 들어, 한국인 같으면 서구사회에 가서 한국적 가치관과 상치되는 남녀의 사회적 위치, 여자를 대하는 법, 가족제도의 차이 등의 가치관에 접하게 될 때 상당히 심한 갈등을 느끼게 된다. 이처럼 불안정한 상황 아래서 업무를 수행해야 되고 실적을 올려야 될 때, 마침내 충격으로 인한 증상이 노출되게 된다.

물론 정도에 따라서는 이러한 심리적 변화가 나타나지 않는 사람도 있겠지만, 대부분의 사람들은 정도의 차이는 있지만 대체로 이문화의 충격을 경험하게 된다. 이러한 경험을 하게 되면 우선 그러한 반응이 자연적으로 발생하는 것이라는 점을 인식하는 것만으로도 도움이 되며, 더 나아가서 그러한 충격은 감정적 내지는 심리적인 것이기 때문에 반드시 합리적으로 해결할 수만은 없다는 것을 인식해야 할 것이다. 이러한 이 현상에 대해서 알고만 있어도 충격을 이겨나가는 데 크게 도움이 된다.

(2) 이문화충격의 축소방안

새로운 문화적 충격이 어느 정도까지는 누구에게나 불가피하다. 그렇다면 그 충격을 줄이는 방법은 없을까? 문화적응에서 가장 중요한 것은 자기중심적 기준(self-reference criterion : SRC)을 버리는 일일 것이다. 여기서 자기중심적 기준이란 글로벌 마케팅관리자가 이질적 환경을 분석·평가하여 어떤 의사결정을 내림에 있어서 무의식적으로 자기 자신이 속해 있는 문화의 기준에 따라 판단하는 것을 의미한다. 이런 경우 그 판단에는 편의(bias)가 발생하게 되어 글로벌마케팅에 여러 가지 문제를 유발시키게 된다. 자기중심적 기준을 버린다는 것은 곧 자기문화는 '옳고' 외국문화는 '그르다'는 생각을 버려야 한다는 뜻이다.

이는 문화란 각 사회집단이 주어진 환경 아래 그들의 의·식·주 문제를 해결하는 데 있어서 습관적으로, 경험적으로 축적해 온 사고와 행위인 만큼, 언뜻 보기에 우스꽝스럽고 불합리해 보이는 습관이라도 다 나름대로의 이유가 있게 마련이기 때문이다. 예를 들면 인도의 전통파 회교도들은 식사할 때 나이프나 수저 등의 도구를 사용하는 것이 '더럽다'고 믿고 손을 직접 사용한다고 하는데, 거기에는 나름대로의 이유가 있을 것이다.

자기문화 중심적 기준으로는 불합리하다고 해도 일단 그와 같은 행위를 낳게 한 이유를 논리적으로 생각해 보면 이해할 수 있게 되고, 그렇게 하면 외국문화를 무조건 야만시하거나 외국인을 피하려는 반응도 줄일 수 있을 것이다. 이러한 자기중심적 기준의 영향을 최소화하기 위해서는 비교문화분석(cross-cultural analysis)이 필요한데, 비교문화분석은 다음과 같은 과정을 거치게 된다.

제1단계 : 문제나 목표를 자국의 문화적 특성, 관습, 규범에 따라 정의한다.
제2단계 : 문제나 목표를 외국의 문화적 특성, 관습, 규범에 따라 정의한다.
제3단계 : 자기중심적 기준이 당해 문제에 미치는 영향을 분리시키고, 이것이 문제를 어떻게 복잡하게 만드는가를 세심하게 검토한다.

제4단계 : 자기중심적 기준의 영향을 제거한 상태에서 당해 문제를 재정의하고, 그 문제를 해외시장의 여건에 맞게 해결한다.

4.2 문화적 환경의 관리전략

앞에서 본 바와 같이 각국의 문화적 환경의 차이는 기업이 글로벌 마케팅활동을 수행하는 데에 상당한 영향을 미친다. 예를 들어, 의식주에 대한 관습의 차이는 독특한 소비패턴과 구매행동을 초래하고, 종교와 교육에 의한 사회화과정에 따라 가치체계가 달라지며, 이러한 서로 다른 가치체계는 조직의 구성이나 관리의 측면에 보다 많은 관심과 적응 노력을 필요로 한다.

따라서 글로벌 마케팅관리자가 마케팅활동을 원활히 수행하기 위해서는 진출하고자 하는 대상국가의 문화와 자국문화의 비교분석이 선행되어야 하는 것이다. 그러나 문제는 이질적인 문화를 서로 비교분석하는 과정에서 문화적인 편견문제가 필연적으로 뒤따른다는 것이다. 다시 말해, 사람들은 자신의 문화환경을 기준으로 타문화를 평가하게 되며, 이러한 과정상에서 자신도 모르는 사이에 편견도 자리잡게 된다.

이와 같은 문화적 편견을 제거하기 위해서는 본국과 진출대상국의 문화에 대하여 잘 알고 있는 제3자로 하여금 문화의 차이를 분석하도록 하거나, 기업내부에 이를 전담하는 조직을 별도로 두어 보다 객관적인 문화의 비교분석을 시행하여야 한다. 결국, 이러한 객관적인 방법을 동원하는 목적은 바로 문화의 비교연구 결과의 타당성을 높이기 위한 것이다.

글로벌기업이 문화적 환경의 차이를 극복하고 마케팅활동을 효과적으로 수행하기 위한 문화적 환경의 관리전략은 [표 3-4]에서 보는 것처럼, 문화차이의 무시, 최소화, 이용 등 3가지 방향에서 수립될 수 있다.

(1) 문화차이의 무시

문화의 차이를 무시하는 것은 바로 '비즈니스는 비즈니스'라는 관점으로 접근하는 경우이다. 즉, 전 세계의 관리자, 엔지니어 또는 은행원 등 어떠한 직종에 있건 모든 사람들은 같은 직종에 있으면 같은 행동과 기준을 적용해야 한다는 관점이다.

이러한 관점에 있는 기업들은 본국에서 개발된 정책과 관행이 당연히 외국에서도 적용될 수 있을 것으로 생각하고 이를 강행하는 경향이 있다. 이러한 기업의 전략은 제품의 질을 유지하고 고객서비스를 향상시키기 위해서는 전 세계의 종업원들 사이에 똑같은 행동과 사고방식이 필요하다는데 초점을 맞추고 있다.

따라서 기업은 자체 훈련센터 등을 세워 필요한 경영관행과 행태, 핵심신념과 가치관을 심어주려고 노력하게 된다. 미국기업 중 맥도날드, 디즈니 및 IBM과 우리나라의 삼성과 같은 기업들이 이러한 전략을 채택하고 있는 것으로 볼 수 있다.

(2) 문화차이의 최소화

이러한 접근법은 문화차이의 중요성을 인정하며, 이러한 차이가 문제를 야기하거나 기업의 효율적 운영을 저해하는 것으로 본다. 여기서 문화적 차이를 최소화한다는 것은 문화차이에서 오는 갈등을 줄이기 위하여 문화차이를 균일화하는 방법을 찾고, 동질성을 창조하거나 문화차이를 분리해 내는 것을 의미한다. 문화차이를 최소화하는 구체적인 전략으로서 기업들은 ① 글로벌 기업문화의 창출 ② 문화의 분리, ③ 완충장치의 창출 등과 같은 세부적인 전술을 채택할 수도 있다.

1) 글로벌 기업문화의 창출

대다수 일본기업들이 채택하는 전략으로서, 본사와 일본인 해외주재원과의 접촉은 물론, 현지인을 위한 강력한 사회화를 통해 현지문화의 차이에서 오는 영향을 최소화하는 노력을 한다. 따라서 일본기업의 현지자회사 최고책임자는 자주 본사를 방문함으로써 긴밀한 관계를 형성한다. 현지인의 채용에 있어서도 모기업의 가치관과 행동기준에 맞는 사람을 위주로 하며, 현지국의 근로자들은 업무기술뿐만 아니라, 경영철학에 관한 집중적인 훈련을 받고, 일본에 파견되어 일본식 업무처리방식을 관찰하고 경험하도록 한다.

2) 문화의 분리

문화의 분리란 서로 다른 문화적인 요소를 분리함으로써 미연에 마찰을 피하는 것이다. 현지국의 문화적 차이를 인정하여 전사적인 전략개발은 모기업에서 하지만, 운영에 관한 의사결정은 현지기업에게 이양함으로써 자율성을 보장하는 것이다. 이 경우 현지기업은 자율성을 갖게 되어 문화다원주의를 정착시키는 계기가 되지만, 기업의 전략실행에 비용이 많이 들고, 지역의 통합과 합리화가 곤란할 수 있다.

3) 완충장치의 창출

현지문화의 차이에 민감하게 대응하면서 국제통합의 필요성 때문에 많은 다국적기업들이 지역본부를 두고 있다. 이와 같은 지역본부는 현지국과의 관계조정기능을 수행하고, 이들 간의 상승효과를 찾아낸다. 지역본부는 또한 현지국과 본국간의 글로벌전략을 조정·통합하는 기능을 수행하기도 한다. 따라서 지역본부가 본국과 현지국의 기업문화 차이의 완충지대로서의 역할을 수행하는 것이다.

(3) 문화적 차이의 이용

문화적 차이를 이용하기 위해서는 먼저 현지국내에서의 문화적 욕구와 모기업의 기업문화와 통제조치에 대한 현지국의 반응사이에서 균형을 찾아야만 한다. 이러한 점은 오늘날 대부분의 다국적기업이 경험하는 딜레마 가운데 하나이다. 전통적으로 유럽의 다국적기업들은 현지국내에서의 문화적 욕구에 민감한 반응을 보임으로써 글로벌화를 달성한 것으로 보고되고 있다.

표 3-4 문화적 환경의 관리전략

항목 / 전략	무 시	최소화	이 용
기본가정	• 기업정책은 각국의 문화와 무관함	• 문화는 기업정책에 문제 및 위협요소	• 문화의 이질성은 기회·경쟁우위의 원천
본·지사관계	• 자민족중심주의	• 복수/지역중심주의	• 국제중심주의
기대효과	• 표준화 • 지구적 통합	• 현지화 반응	• 개혁과 학습
이행기준	• 효율성	• 적응성	• 상승효과
의사전달	• 상의하달(top down)	• 하의상달(bottomup)	• 모든 채널을 이용
주요 도전	• 용인획득	• 응집력	• 차이의 극복
우려요인	• 융통성의 부재 • 기회의 상실	• 분열 • 이중노력의 투입 • 시너지 상실	• 혼란 • 불화

제3장 주요 학습 용어

문화	문화적 환경	홀의 문화분석모형
홉스테드의 문화분석모형	저배경문화	고배경문화
이문화의 충격	자기중심적 기준	글로벌 기업문화
권력간격	불확실성의 회피	미적감각
가치체계	남성중심사회	
클러크혼과 스트로드백의 문화분석모형		

참고문헌

김희철, 글로벌시대의 국제경영, 두남, 2016.

김희철, 글로벌시대의 국제마케팅, 두남, 2007.

박주홍, 글로벌마케팅, 유원북스, 2013.

이철, 글로벌마케팅, 학현사, 2016.

정헌배·김희철, 지구촌마케팅, 법문사, 2000.

Cateora, Philip R., *International Marketing*, 8th ed., Richard D. Irwin, Inc., 1993.

Hall, E.T., *Beyond Culture*, Garden City, New York, Anchor Books, 1977.

Hall, E.T., "How Cultures Collide", *Psychology Today*, July 1976.

Hofstede, G., "The Cultural Relativity of Organizational Practices and Theories," Journal of *International Business Studies*, Fall 1983.

Jain, Subhash C., *International Marketing Management*, 3rd ed., PWS-Kent Publishing Company, Boston, 1990.

Kluckhohn, F. and F. Strodbeck, *Variations in Value Orientations,* Evanston, III., Row, Peterson & co., 1961.

Neuland. E. and Hough. J., *Global Business Environments and Strategies, Managing for Global Competitiveness Advantage*, 3rd Eddition, Oxford University Press, Southern Africa, Caper Town, 2007.

Terpstra, Vern, and K. David, *The Cultural Environment of International Business*, 2nd ed., South-Western Publishing Co., 1985.

제4장 글로벌마케팅의 정치적 환경

- 정치적 환경과 글로벌마케팅
- 정치적 위험의 성격
- 정치적 위험의 분석
- 정치적 위험의 관리

글로벌 마케팅활동은 외국의 정부 조직, 정당 및 권력이 행사되는 정치적 조직 등으로 구성되는 정치적 환경 하에서 수행된다. 각 국가는 독특한 정치적 환경을 가지고 있다. 외견상으로는 고소득국가라 하더라도 정치적 환경이 불안정하면, 글로벌기업의 해당국 시장진출 매력은 떨어지기 마련이다. 그러므로 특정국에 진출하여 마케팅활동을 전개하려는 글로벌기업은 국제정치환경의 변화와 함께, 진출 대상국의 정치적 환경을 주의깊게 관찰하고, 정치적 환경에서 발생하는 중요한 정치적 리스크에 대한 분석을 철저히 하여, 이에 대한 적절한 대응책을 마련해야만 한다.

1 정치적 환경과 글로벌마케팅

2차 세계대전 후 전화, 컴퓨터, 제트여객기 등의 수송·통신수단이 비약적으로 발달함에 따라 사람(人), 물자(物), 자금(金), 정보(情報)의 국가간 교류가 대단히 활발해졌다. 그 결과 국가 간의 거리가 시간적으로나 공간적으로도 현저히 축소되어 지구는 점차 협소해지고 있다. 이 때문에 현재 세계경쟁의 상호의존관계의 심화, 세계 사람들의 욕구의 동질화와 글로벌시장(global market)의 탄생, 국가 간의 정치·경제마찰의 격화 등 예전에는 볼 수 없었던 현상이 출현하고 있다. 또한 이러한 현상을 반영하여 세계적으로 기업의 글로벌경영도 매년 활발해지고 있다.

정치적 환경은 기업활동에 매우 중대한 영향을 미치는 외부환경이다. 특히 전쟁, 혁명을 통한 정권의 교체, 내란 등과 같은 급격한 정치적 환경의 변화는 기업활동의 계속성과 안정성을 위협하고 기업에게 중대한 손실을 유발할 위험이 있기 때문에, 각별히 유의해야 할 외부환경이다.

한 국가의 정치적 환경은 불변의 상태로 머물지 않는다. 그러므로 기업이 그 해외시장에 진출하여 자리를 잡고난 후에 정치적 혼란과 변화가 일어나는 경우도 있다. 정치적 위험은 여러 형태로 구체화되어 현지국 또는 글로벌시장에서의 글로벌 마케팅활동에 많은 영향을 미친다. 실제로 글로벌 마케팅활동을 전개하고 있는 기업들을 해외시장에의 진출여부를 결정할 당시에 가장 고려하는 환경요인이 바로 정치적 환경이다. 이는 정치적 위험이 존재할 경우 이로 인해 기업이 직면하게 되는 손실이 가장 치명적이기 때문이다.

최근 몇 년간 국제정치환경은 크게 변화되었다. 1993년 NAFTA 체결, EU 탄생, 러시아의 개방과 혼란, 남아공의 정치구조 변화 등은 기업의 글로벌 마케팅활동에 매우 큰 영향을 미치는 많은 정치적 사건 중에 일부에 지나지 않는다.

그러나 국제정치환경과 더불어, 각국의 정치적 환경이 어느 시기에, 어떻게 변화되어 글로벌 마케팅활동에 영향을 끼칠 것인가는 어느 누구도 모르는 일이다. 따라서 글로벌기업들은 세계적인 정치적 환경의 흐름 및 진출 대상국의 정치적 환경의 변화가 자사의 글로벌 마케팅활동에 미칠 영향과 이에 대해 대응할 수 있는 기업 내·외부적 관리전략을 수립해 두고 있어야 한다.

2 정치적 위험의 성격

오늘날의 글로벌기업은 피투자국의 정치환경 변화에 따라 막대한 손해를 입고 있기 때문에 정치적 위험의 평가를 행할 필요가 있다. 기업이 글로벌 마케팅활동을 수행하는데 있어서 정치적 환경에 대해서 중요한 요소로 고려하게 되는 시기는 미국이 세계

경제에서 헤게모니를 상실하기 시작한 1960년대 말 이후라고 할 수 있다. 그러나 현실적으로는 미국의 글로벌기업만 보더라도 정치적 위험에 관해서 체계적으로 평가를 행하고 있는 기업은 많지 않다고 할 수 있다. 물론 일본기업이나 한국기업의 경우에도 동일한 양상을 띠고 있다.

2.1 정치적 위험의 개념

정치적 위험이란 용어는 글로벌경영에 있어서 아주 오래 전부터 사용되고 인식되어 왔지만, 아직도 그의 정의나 평가, 예측방법 등에 있어서 이론상 커다란 발전을 보지 못하고 있다. 그러나 정치적 위험을 정의함에 있어서 가장 중요한 세 가지의 요건은 글로벌기업 환경의 급격한 변화(discontinuity)가 발생하고, 이러한 변화가 예측불가능(uncertainty)하며, 이러한 변화가 바로 정치적인 변화(political change)로부터 발생한다는 것이다.

여기서 먼저 글로벌기업 환경이 급격하게 변화한다거나, 예측 불가능하다는 말의 의미는 글로벌기업이 전혀 대응하기 힘들다는 뜻이다. 즉, 정치적 변화가 점진적으로 변화해 간다면, 또 현지국 정부가 정책을 미리 예고하고 나서 시행한다면, 글로벌기업은 이에 대응할 수 있고, 또한 이러한 것은 일반적인 환경으로 간주하게 되는 것이며 정치적 위험으로는 볼 수 없다.

또한 정치적 변화라는 의미는 한 나라의 법으로 통제할 수 없는 비정상적인 정치활동이나, 그러한 상태가 지속되는 정치적 불안정(political instability)과는 다른 개념으로서, 기업의 경영활동에 실질적인 영향력을 행사하는 변화라는 의미이다. 그러므로 정치적 불안정은 정치적 위험을 발생시키는 중대한 요인은 되지만, 정치적 위험 그 자체는 아니다. 특정국내의 정치적 불안정은 직접적으로 외국인 투자기업의 경영에 영향을 미치지는 않는다. 다만, 이러한 정치적 불안정이 현지국 정부의 외국인 투자기업에 대한 정책상의 변화를 유도함으로써, 간접적으로 기업활동에 영향을 미칠 수 있다. 따라서 단순히 일국의 국가 정치가 불안정하다거나, 정치적 변화가 발생한다고 해서 반드시 위험의 대상이 되는 것은 아니며, 기업 또는 특정산업과 관련되어 수익성이나 영업활동에 영향을 끼쳐야 한다는 점이다.

다음으로, 정치적 변화에 관한 문제이다. 특정국이 외국기업의 과실송금을 억제할 때, 그 조치는 단순히 국제수지의 개선을 위한 경제적인 동기에서 취해질 수도 있고, 때로는 외국인투자에 대한 이념적 반대에서 취해지는 정치적인 변화일 수도 있다. 그

래서 세상의 현상은 여러 요인들이 얽혀 있기 때문에, 한 현상을 놓고 한마디로 정치적이다 또는 경제적이다 라고 말하기 어려운 경우가 많다.

많은 학자들이 정치적 위험에 대하여 다양한 정의를 부여하고 있는데, 이들의 정의를 종합해 보면 다음과 같이 요약할 수 있다. 정치적 위험이란 "전혀 예상하지 못했던 정치적 변화로 말미암아, 기업의 경영활동이 직접·간접적으로 영향을 받게 되거나, 재산상 또는 수익상의 손실이 발생할 수 있는 가능성"이다.

2.2 정치적 위험의 유형

앞에서 본 것처럼 정치적 위험이 발생할 경우 글로벌 마케팅활동을 수행하는 기업이 치명적인 손실을 입게 되는데, 이러한 정치적 위험의 유형은 다양하다.

정치적 위험은 정치적 변화로 인한 영향이 미치는 범위에 따라, 외국인기업 전체에 영향을 미치느냐 아니면, 특정산업이나 기업 또는 프로젝트에만 영향을 미치느냐에 따라서 거시적 위험과 미시적 위험으로 구분할 수 있다.

(1) 거시적 정치위험

거시적 위험이란 외국기업 전체에 영향을 미치는 정치적 변화로서, 이는 정치적 이념의 전환으로 인해서나 또는 외교적인 관계의 결과로 인해서 발생하게 된다. 거시적 위험의 영향은 매우 강력하며 직접적이며, 전면적이나 그리 자주 발생하지는 않는다. 또한 돌발적이고 단발적이며, 개별 외국기업으로서는 거의 통제할 수 없는 성격의 위험이다.

이러한 거시적 위험은 주로 2차 세계대전 직후 동구와 중국 등의 사회주의국가에서 동서냉전의 심화에 따라 발생하였으나, 1970년대 이후에는 자원민족주의의 대두와 함께 중동지역이나 아프리카, 중남미 국가에서 종종 일어났다. 예를 들면 전자의 경우로는 1960년 쿠바의 카스트로가 모든 사유재산을 국유화한 예, 1979년 이란이 기업과 산업을 국유화한 예, 1981년 이후 프랑스 미테랑 대통령이 몇몇 기업과 개인은행을 국유화한 경우 등이 모두 여기에 속한다.

(2) 미시적 정치위험

미시적 정치위험은 거시적 정치위험보다는 덜 극적이지만, 어느 면에서는 오히려 더 널리, 그리고 자주 글로벌기업의 경영활동에 영향을 준다. 이러한 미시적 위험은 어떤 국가에 진출해 있는 외국기업 중에서 일부의 특정기업 또는 특정산업만이 받게 되는 위험이며, 기업의 성격 또는 전략에 따라서 어느 정도 통제·조절할 수 있는 성격의 위험이다. 미시적 정치위험은 외국정부가 정치적인 이유로 특정산업이나 기업 또는 프로젝트에 대한 제한적인 정책을 채택할 때 발생하게 된다. 산업별로 보면 자원채취산업과 금융, 통신, 수송, 방위산업 등의 기간산업이 일반제조업보다 미시적 위험이 큰 것으로 알려지고 있다.

2.3 정치적 위험의 원천

글로벌기업의 경영활동에 직·간접적으로 영향을 미치는 정치적 위험을 발생시키는 요인, 다시 말해 정치적 위험의 원천은 무엇이며, 이러한 정치적 위험이 어떠한 집단으로부터 발생하는가, 그리고 이러한 정치적 위험이 글로벌기업에게 어떠한 영향을 가져다주는 가를 요약하면 [표 4-1]과 같다. 이 표를 통해서 우리는 정치적 위험의 원천이 매우 다양할 뿐만 아니라, 그것이 글로벌경영에 미치는 영향 또한 대단히 광범위하고 다양함을 알 수 있다.

▌표 4-1▌ 정치적 위험과 주체, 영향

정치적 위험의 원천	정치적 위험 발생 집단	글로벌경영활동에 미치는 영향
1. 현지국의 정치적 위험 ① 사회적 불안과 무질서 ② 현지기업인 또는 외국기업인의 이해관계 ③ 전쟁, 내란, 테러행위	• 의회 내의 세력집단 • 의회 이외의 반대집단(국내외의 폭력혁명가 또는 테러주의자의 활동) • 외국정부 또는 UN, EU와 같은 정부간의 연합기관	• 재산수용 : 보상은 있으나 영업활동 금지 • 운용상의 규제 : 시장점유율, 제품 특성, 고용정책, 현재 소유권 등 • 계약의 일방적 파기나 수정, 세금, 강제하청 등의 차별성
2. 국제정치관계의 변화 ① 상반되는 정치적 이념(민족주의, 사회주의, 공산주의) ② 정치적 독립과 주권선언 ③ 새로운 외교관계의 형성	• 집권정부와 그 기관 • 비조직적 일반대중 이익집단(학생, 노동자, 농민, 소수자 집단) • 전쟁에 개입 또는 내란을 지원하려는 외국정부	• 재산몰수 : 보상이 없는 자산 손실 • 이전자유상실 : 금융(배당금, 이자지불 등), 제품, 인력 또는 소유권 등 • 폭동, 모반, 혁명, 전쟁, 테러행위 등에 의한 재산상·인명상의 피해

자료 : Robock Stefan H. and Kenneth Simmonds, *International Business and Multinational Enterprise,* 4th ed., Homewood Ill.: Richard D. Irwin, 1989, p.383을 중심으로 재정리한 것임.

이러한 정치적 위험의 원천을 살펴보면 다음과 같다. 이러한 정치적 위험을 크게 현지국의 고유한 정치적 변화와 현지국과 본국, 현지국과 제3국, 그리고 본국과 제3국간의 국제정치관계의 변화에 관한 요인으로 분류할 수 있다.

현지국의 상반된 정치이념

여기서 상반된 정치이념이란 민족주의(nationalism), 사회주의(socialism), 공산주의(communism) 등을 의미하고 있다. 1960년 카스트로가 대통령으로 당선된 후 쿠바의 모든 사유재산을 국유함으로써 쿠바에 진출해 있던 모든 외국인기업들이 심각한 정치적 위험에 직면했던 경우가 바로 이에 해당된다.

사회적 불안과 무질서

사회적 불안과 무질서는 정치적 불안정을 초래하기도 하지만, 근로자들의 근로의욕을 저하시키고, 사회 전반에 걸쳐 보신주의를 만연하게 한다. 1980년 중앙아메리카에서 발생하였던 사회적 불안이나 무질서, 그리고 1991년 자이르에서 발생한 사회적 무질서, 1996년 인도네시아 수카르노 정권이 야당을 탄압함으로써 발생했던 사회적 무질서 등도 이러한 정치적 위험의 원천이 된다.

현지기업인과 외국기업인의 이해관계 충돌

현지기업인과 외국기업인들이 특정사업 분야에 깊은 이해관계가 충돌하고 있을 경우, 외국인투자 때문에 현지기업들이 불이익을 받게 되는 경우, 뇌물이나 기타의 스캔들을 폭로시킴으로써 정치적 공세를 펼 수도 있다.

정치적 독립과 주권선언

오늘날 식민지국가로 남아 있는 국가는 극히 적지만, 대개 식민지국가가 정치적으로 독립을 하는 경우에는 국민적 반감과 피해의식 때문에 종주국에 대한 적대적 행위를 취하는 경우가 많다.

전쟁이나 내란, 테러의 발생

이스라엘과 아랍국간의 오랜 전쟁, 그리고 1990년대 중반에 볼 수 있던 체첸공화국의 독립요구나 보스니아의 내전 등도 심각한 정치적 위험이 된다.

새로운 외교관계의 형성

새로운 외교관계의 형성이 외국인 투자기업에 미친 영향으로는 1960년대 중반의 인도네시아의 경우를 그 예로 들 수 있다. 수카르노 대통령의 집권 하에 공산권국가와 새로운 외교관계를 수립한 인도네시아는 그로부터 상당기간 글로벌기업에 대해서 매우 제한적인 규제정책을 채택하였다. 그것은 이념적 변화에 기인할 뿐만 아니라, 동구권 국가로부터의 새로운 자금 및 기술원이 생김으로써 서방측기업에 의존하지 않아도 된다는 심리적 이유도 있었을 것으로 보인다. 또한 국가 간에 자유무역지역이나 관세동맹 등 경제통합체의 체결 시에도 외국인 투자기업에 영향을 미치게 된다. 그 대표적인 예가 안데스공동시장의 결성이었다. 즉 남미의 5개국(볼리비아, 콜롬비아, 에콰도르, 페루, 칠레)은 1971년 공동시장을 결성하면서 동맹국들의 합의사항으로서, 모든 외국인 투자기업은 소유지분을 15년 이내에 49% 이하로 낮추도록 결정한 바 있다.

한편, 이러한 정치적 위험의 원천이 되는 집단으로는 ① 집권정부와 행정부서 ② 의회 내의 세력집단으로서, 특히 반대집단 ③ 의회 밖의 세력집단, 주로 반정부단체 ④ 조직화되지 않은 일반대중(학생, 노동자, 소수민족 등) ⑤ 자국에 영향력을 행사할 수 있는 외국정부나 UN이나 EU 등 국제기구나 단체 ⑥ 전쟁 상대국과 내란 또는 반군세력을 지원하는 외국정부 등으로 구분할 수 있다.

3 정치적 위험의 분석

3.1 정치적 위험의 영향

글로벌기업은 정치적 위험으로 인하여 현지에서의 마케팅활동 등에 차별적 조치의 영향을 받게 되는데, 그 대표적인 유형으로는 다음과 같다.

(1) 국유화

국유화(nationalization)란 내국인만이 특정한 경제활동을 하도록 하는 일련의 조치로서, 그 집행은 재산몰수와 재산수용, 강제매각 등에 의한다.

1) 재산몰수

재산몰수(confiscation)란 아무런 보상이 없는 재산권의 박탈로서 전쟁, 정치적 격동기, 혁명으로 인한 정권의 교체 등으로 인하여 현지국이 외국기업의 투자자산을 국유화하면서 아무런 대가를 지불하지 않고 국가에 귀속시키는 것을 말한다. 이러한 정치적 위험은 현지국 정부의 정치체제가 변하는 경우에 주로 발생한다. 예를 들면 공산화되거나 또는 민족주의적 경향이 강하게 나타날 때 발생하는 경향이 높다.

2) 수용

수용(expropriation)은 대개 명목상의 보상을 제공하고, 현지국이 특정자산의 소유권을 강제로 징수하여 처분하는 행위이다. 수용이란 일정한 보상이 따르는 재산권의 박탈로서 일정한 보상이 따른다는 측면에서 몰수와 다르나, 실제적으로는 재산권의 강제적인 박탈이라는 측면에서 몰수와 동등한 의미를 가진다고 할 수 있다. 기업들이 실제로 두려워하는 것은 몰수보다는 오히려 수용이다. 즉 몰수는 국가의 이미지 및 대외공신력의 추락때문에 거의 실행하지 않으나, 수용은 가끔 사용된 예가 있기 때문이다.

(2) 운영상의 규제조치

운영상의 규제조치(operational restriction)이란 글로벌기업의 경영, 영업상의 여러가지 활동에 대한 규제를 가하는 것을 의미한다. 그 중에서 가장 중요한 것은 소유권이나 해외자회사의 관리·통제측면에 관해서 현지국 정부가 각종 규제를 가하는 것이다. 또한 외국기업에 대한 시장점유율 제한, 제품특성, 고용정책 또는 주식지분율 등에 대한 제한 등 규칙을 정해 놓고, 이를 준수하도록 요구하는 것이다. 이러한 규제가 있는 경우 글로벌 마케팅활동은 직접적으로 상당한 제약을 받게 되며, 통일적인 관리전략의 수행이 곤란해지게 된다.

(3) 이전자유의 제한

글로벌기업은 본질적으로 그 특성상 자본, 인력, 기술, 원료 등 중간 투입물과 함께 완성재인 제품을 내부적으로 이전하는 기업내부거래(intra-firm trade)를 전개하고 있다. 글로벌기업은 이러한 내부이전거래를 통해 추가적인 이윤, 즉 내부화의 이익을 추구할 수가 있게 되며, 현지국에서는 이를 통해 추가이윤을 봉쇄하는 수단으로 활용한다. 그러나 이러한 이전자유의 제한(loss of transfer freedom)은 글로벌기업의 내부화

유인을 감소시키는 정치적 위험의 한 형태가 된다. 자유로운 이전의 금지 및 제한은 주로 후진국형 경제에서 자주 일어나는 현상으로 경제상황이 어려워 외환의 부족이 예상되면, 후진국 정부는 외환에 대한 전면적인 통제를 하게 된다. 예전에 우리나라도 외화 보유가 부족했던 시기에는 이러한 제재조치를 채택하기도 하였다.

(4) 계약의 일방적인 파기나 변경

계약의 일방적 파기 또는 변경(breaches or unilateral revisions in contracts)이란 현지국 정부가 민간기업들 간에 사적으로 맺은 계약에 대해 개입하여 이를 일방적으로 규제하는 조치를 의미한다. 통상 정부가 자국의 기간산업이나 유치산업의 보호 또는 불요불급한 사업의 억제 등의 정책목적을 달성하기 위해 시행하기도 하지만, 합작투자의 경우 현지국 파트너기업의 협상력을 강화시켜 주는 수단으로 사용하기도 한다.

(5) 차별대우

현지국의 차별대우(discrimination)으로서는 현지국 정부가 외국투자기업에 대해 조세상의 차별과세를 한다거나, 대형프로젝트에 특정업체만 참여시킨다거나, 혹은 강제적으로 정부공사를 수주하도록 강요하는 것을 의미한다. 조세, 하청 등의 면에서 외국인과 내국인에 서로 다른 기준을 적용하는 등의 차별대우는 대부분의 국가에서 시행하고 있는 정책이다.

(6) 재산 또는 인명피해

재산 또는 인명상의 피해(damage to property or personnel)란 주로 폭동이나 내란, 전쟁으로 인한 피해를 의미한다. 예를 들어, 1992년 미국 LA에서 발생한 흑인폭동의 주요 희생자는 한국사람과 기업들로서 다른 국가나 일반 미국인에 비하여 엄청난 피해를 입은 바 있다.

3.2 정치적 위험의 평가방법

정치적 위험의 중요성이 커짐에 따라 현지국의 정치적 위험을 정확하게 측정하는 것이 글로벌 마케팅활동에 있어서 중요한 문제로 대두되고 있다.

지금까지 알려진 정치적 위험의 평가방법 대부분은 주로 혁명, 쿠데타, 내란 등 특정

국가내의 불연속적인 정치적 변화의 예측을 목적으로 하고 있다. 그러므로 이러한 정치적 위험의 평가방법들은 특정기업에 특수한 정치적 위험(주로 미시적 위험)을 예측한다기보다는 특정 정치제도의 안정성 정도 내지 현존 정치체제의 변혁 가능성(주로 거시적 위험)에 치중하는 모형들이라고 할 수 있다. 오늘날 가장 많이 활용되고 있는 평가방법으로는 현장방문조사법, 전문가자문법, 델파이법, 계량적 평가법, 통합적 평가법 등이 있다.

(1) 현장방문조사법(grand tours)

이는 글로벌기업이 진입하고자 하는 현지국에 대한 정보를 사전에 입수한 후, 정치적 위험의 정도에 대한 조사·평가를 하는 방법이다. 현지국에 파견되는 조사단은 현지의 영향력 있는 지도자와 정치가, 기업인들과의 면담 또는 회합을 갖으며, 며칠 또는 길게는 몇 주 동안 정치상황을 조사한 후 돌아와서 조사내용을 경영층에 보고한다.

이 방법은 현지의 정치적 사정을 직접 확인·조사하게 되므로, 현장감 있고 정확한 상황을 수집할 수 있으며, 최고경영층의 그릇된 인식전환에 효과적이라는 장점은 있다. 그러나 단기간에 걸친 조사기간 동안 소수의 현지 면담자를 통해 정보를 수집하므로, 제한적이고 부분적인 정보만을 수집할 수밖에 없어, 자칫하면 조사단이 방문한 현지국이 정치·경제사정을 잘못 평가하게 될 위험성이 있으며, 또한 현지방문조사단이 주관적 선입관과 견해에 지나치게 의존하게 되는 단점이 있다.

(2) 전문가자문법(old hands)

이는 정치적 위험을 평가하기 위해 글로벌기업이 진입하고자 하는 국가나 지역에 대해 전문적인 지식을 가지고 있는 기업외부의 전문가, 즉 교수, 외교관, 언론인, 기업가들로부터 전문적인 자문을 구하는 방법이다. 글로벌기업에서는 이들 전문가를 고문 또는 상담역으로 채용하고 있다. 예를 들면 모빌오일(Mobil Oil)사는 전 미국대사인 허터(Christion. A. Herter, Jr.), 시티은행(Citibank)는 IMF요직을 두루거친 프리드먼(Irving S. Friedman)을 주로 활용하고 있다. 이들 전문가들은 평가대상국 현 정치지도자의 정치노선과 개인적 성격, 경쟁 정치집단의 강·약점, 새로운 입법 가능성에 대해 평가하는 업무를 담당하고 있다. 이 제도의 성패는 초빙된 이들 전문가들의 능력과 경험에 좌우된다.

이 방법은 전문가의 의견을 활용함으로써 시간절약이 가능하고, 전문가의 높은 예측력과 함께 거시적인 흐름이나 유형을 파악할 수 있는 장점이 있다. 그러나 미시적 위험보다는 거시적 위험에 초점을 두고 있고, 너무 제한된 정보에 기초한 나머지 글로벌기업의 운명이 기업외부인, 즉 전문가의 판단에 따라 크게 좌우될 수 있는 단점이 있다.

(3) 델파이법(delphi methods)

이는 전문가자문법과 유사하게 전문가들의 의견을 바탕으로 반복적인 설문조사를 통해 사람들의 의견을 종합하여 조사하는 방법이다. 구체적으로 이 방법은 현지국 군대의 구성과 규모, 정치적 납치 등 평가대상국의 정치적 위험에 영향을 미칠 수 있는 요인들을 결정한 후, 여러 분야의 전문가들로 하여금 평가대상국에서 이들 요인들의 중요도에 따라 가중치나 서열을 부여하고, 점검표(checklist)를 작성한 다음, 점검표상의 서열이 매겨진 각 요인들을 종합하여 전체적인 평가를 하거나 각국의 정치적 위험지수를 작성하는 것이다.

이 방법의 장점은 체계적이고 시간변화에 따른 위험수준 편차를 일관성있게 측정가능하며, 주관적인 요인에 의해 좌우되지 않고 객관적인 결과를 도출할 수 있는 점이다. 반면 단점은 주로 거시적 정치위험에 중점을 두고 있으며, 공동지표의 선정이나 가중치 부여시 주관성 개입이 불가피하고, 각국의 독특한 사정이나 주요 사항이 간과될 수도 있다는 점이다.

현재 가장 잘 알려진 정치적 위험에 대한 델파이법으로는 ① 매년 약 45개 국가를 대상으로 구성원이 100명이 넘는 전문가 심사회(Panel)를 구성, 각 심사위원으로 하여금 미리 준비된 특정국가의 정치적 변수들에 대해 몇 차례의 반복적인 주관적 평정과정을 거친 후, 특정국가의 정치적 위험정도에 대한 최종 평점을 내리도록 하는 사업환경위험지수(BERI : Business Environment Risk Index) ② BERI와 유사한 절차에 따라 정치적 위험정도가 평가되는 BI(Business International Corporation's Country Assessment) ③ 일명 프린스 모형(Prince model)이라 불리는 것으로, 우선 해당 경제정책의 수립에 관련된 정치적 인물이나 단체들을 선정, 이들의 경제정책에 대한 견해, 이들 견해의 강도, 정책결정과정에서의 영향력 및 정책결과에 대한 경제정책이 그 국가에서 실제로 채택될 확률을 계산하는 방식인 WPRF(Frost & Sullivan's World Political Risk Forecast) 등이 있다.

(4) 계량적 방법(quantitative methods)

이 방법은 과거 자료를 이용한 다변량 통계기법을 통해 각종 위험의 변수가 되는 요인을 찾아내고, 이러한 요인들이 장래에 어떻게 될 것인가를 예측하는 것이다. 즉 계량경제학자들이 경제현상을 예측할 때 이용하는 정교한 계량적 방법을 활용하여 정치적 위험을 예측하는 방법이다. 이는 최근 급속히 발전하는 계량경제학적 모형을 이용하여 정치적 및 경제적 위험도를 분석하고 평가대상국의 외채상환능력 등을 측정하는데 널리 이용하고 있다.

이 방법은 정치적 위험요인을 각 요인이나 하부요인들로 세분한다는 점에서 델파이법과 유사하나, 델파이법에서처럼 각 요인에 대한 순위를 전문가위원회가 결정하는 것이 아니라, 각 요인에 대해 그 요인을 측정할 수 있는 변수를 선택한다는 점에서 다르다.

이 계량적 방법은 전술한 어떤 방법보다도 더 체계적이고 거시적 위험과 미시적 위험을 모두 살필 수 있으며, 주관적 요인에 의해 좌우되지 않고 객관적인 결과를 도출할 수 있다는 점에 장점이 있다. 그러나 모델설정에 많은 비용이 소요되고, 후진국의 경우 필요한 자료의 입수가 곤란하며, 자료가 입수된다 하더라도 자료의 신빙성이 문제가 될 수 있으며, 과거의 관계가 미래에 연속적인 영향을 준다는 추론은 이 방법의 논리적 결함이다. 또한 계량화할 수 없는 요인이 있는 경우 이를 어떻게 반영시킬 것인가의 문제들이 약점이라 할 수 있다.

이러한 계량적 평가방법 중 대표적인 것은 PSSI(Political System Stability Index)이다. 이는 65개 개도국을 대상으로 자원소비량, 1인당 국민소득, 데모 빈도수, 쿠데타 등의 15개 독립변수를 활용하는 시계열분석을 통해 정치적 불안정의 인과관계 및 오차의 범위를 제시하고 있다.

이외에 여러 가지 계량적 접근을 시도한 연구가 있는데, 크누드센(H. Knudsen)은 국민의 복지수준과 국민의 기대차이를 생태학적 접근(ecological approach)으로 분석하고, 그 차이가 크고 이에 영향을 많이 주는 사업일수록 국유화의 위험이 크다고 주장하고 있다.

(5) 통합적 방법(integrated methods)

통합적 방법은 질적인 자료에 대한 전문가의 주관적 판단력과 양적인 자료에 대한 객관적인 계량적 방법을 병행시킴으로써 정치적 위험을 좀더 정확하게 평가하고자 하는데 그 의의가 있다. 정치적 위험에 내재된 불확실성에 대처하기 위해 대표적인 통합적 평가방법으로서 시나리오법(scenario methods)이 적극적으로 활용되고 있다. 세계 400대 기업에 대한 조사 중 약 ⅓이 전략적 의사결정과 투자기회 평가시 이 시나리오법을 이용하고 있는 것으로 나타났다.

이 시나리오법은 객관적인 자료에 근거하여 정치적 위험에 대해 몇 가지의 가상적인 시나리오를 작성하여 어느 시나리오가 가장 적절한가를 경영자의 주관적 판단에 맡기는 것이다. 즉 융통성 있는 의사결정을 위해 인과관계를 설명하는 일련의 가상적 사건을 전제로 하고, 이에 대한 상황전개를 예측·평가함으로써 사건의 불확실성에 대처하는 기법이다. 시나리오법에 의해 경영자는 경영환경의 미래예측과 관련된 불확실성을 어느 정도 회피할 수 있으며, 거시적 변수와 미시적 변수를 모두 고려할 수 있다는 점이 장점이다.

4 정치적 위험의 관리

글로벌마케팅을 전개하는 과정에 직면하게 되는 정치적 위험을 효과적으로 관리하기 위해서, 글로벌 마케팅관리자가 활용할 수 있는 관리전략은 크게 투자전의 관리전략, 투자후의 관리전략, 위험발생 이후의 관리전략으로 분류된다.

4.1 투자전 관리전략

정치적 위험을 관리하는 가장 바람직한 전략은 현지국에 투자를 행하기 이전에 진출대상국의 정치적 위험정도를 정확히 평가하여, 이에 대응하는 것이다. 진출대상국에 대한 부정확한 환경분석과 사전정보의 미흡으로 인하여 현지국에 진출했다가는 전혀 예기치 못한 사건이 발생한다거나, 현지국 투자환경의 변화가 글로벌기업의 마케팅활동에 직접적이고 중대한 영향을 미치는 경우 글로벌기업은 막대한 시설과 자금의 손실을 입을 수 있다. 글로벌기업이 마케팅활동을 수행하기 이전에 행할 수 있는 투자여부와 투자방법, 위험의 분산 또는 전가 등에 관한 구체적인 관리전략을 수립해야 하는데, 이를 기업 내부적 관리전략과 기업 외부적 관리전략으로 분류할 수 있다.

(1) 기업 내부적 관리전략

글로벌기업은 글로벌마케팅을 전개하기에 앞서 기본적으로 투자에 따르는 비용과 수익을 비교함으로써 기대수익률을 비교 분석해야 한다. 기대수익률의 분석, 즉 비용·편익분석을 통해 기업 내부적으로 해외투자가 확정되었다면, 투자전의 시점에서 어떻게 하면 발생 가능한 진출위험을 최소화하면서 투자효율을 높일 수 있는가에 대한 구체적인 전략수립이 이루어져야 한다.

1) 진출회피

진출회피란 글로벌기업이 현지국의 진출에 따른 위험수준이 매우 높은 것으로 평가되었을 경우 진출을 포기하는 것을 말한다. 진출대안의 기대수익률이 비용에 훨씬 못 미치거나, 위험수준이 현저하게 높거나, 기업에 치명적인 경우에는 이러한 대안은 기각되고, 결국 진출을 포기해야 하는 입장에 놓이게 된다. 때로는 현지국의 정치적 위험도가 높은 경우 현지국으로의 진출을 포기하고, 정치적 위험도가 낮은 다른 해외시장을 찾아 진출하여 마케팅활동을 전개할 수도 있다.

이러한 진출회피전략은 위험관리수단 중 가장 단순한 것으로서 불확실성을 사전에 예방한다는 장점은 있으나, 새로운 사업기회를 잃게 될 가능성 또한 배제할 수 없기 때문에 반드시 좋은 전략이라고 할 수 없다. 위험이 크다는 것은 그만큼 위험을 감수함으로써 얻을 수 있는 이익이 클 가능성이 많다는 것을 의미한다고 할 수 있다. 위험회피전략을 시행하는 당시에는 기업의 안정성은 도모할 수 있을지 몰라도 장래에 현지국의 위험이 없어지거나 감소될 경우 위험을 적극적으로 수용한 기업에게 현지국에서의 시장기회를 빼앗길 위험에 처하게 된다. 이 경우 위험회피기업은 위험을 회피함으로써 파생되는 또 다른 위험에 처하게 되는 것이다.

2) 위험수준의 조절

진출에 따른 위험수준이 조절 가능하다고 판단되는 경우, 글로벌기업은 투자 전에 현지국 정부나 기업과 협상을 진행하게 된다. 일반적으로 배당금이나 로얄티, 특허사용료 등 각종 자금의 송금, 이전가격, 제3국으로의 제품 및 기술수출, 사회간접자본의 설치와 이용, 조세, 현지국의 금융 및 자본시장의 이용, 현지국 시장 내에서의 가격 및 기타의 영업조건, 원자재 조달원, 소유권과 통제권, 고용정책, 현지국과 투자기업간의 중재,

일명 칼보(Calvo)조항이라고 불리우는 본사국 정부의 개입금지조항 등 광범위한 주제들이 협상대상이 된다. 협상을 통해 진출에 따른 위험수준이 적절히 조정된다면 글로벌기업의 마케팅활동을 위한 투자가 이루어지게 된다.

3) 현지소유지분의 최소화

진출에 따른 위험수준이 적절하거나 통제 가능한 수준이며, 또한 기대수익률도 높게 나타나는 경우는 현재의 투자를 수행하되 만일에 발생할지도 모르는 정치적 위험에 대비하여 현지지분을 최소화함으로써 불의에 사태에 대비할 수 있다.

이처럼 현지소유지분을 최소화하는 목적은 국유화조치, 특히 보상을 수반하지 않는 재산몰수와 같은 정치위험이 발생하는 경우에 재산상의 손실을 적게 하고, 현지의 자금을 최대한 이용함으로써 전체사업의 규모를 크게 확대할 수도 있는 이점이 있다. 그러나 현지국내에서 경영통제권을 마음대로 행사할 수 없다거나, 합작투자의 경우 기술의 유출 등 부정적인 측면도 발생할 수 있다.

이러한 현지지분을 최소화하기 위한 구체적인 관리전략으로서는 ① 현지차입의 확대를 들 수 있다. ② 현지국민의 자본참여를 유도하거나, 현지에서 합작투자의 형태로 진출함으로써 현지지분을 감소시킨다. ③ 경영관리계약이나 기술지원계약처럼 현지국에 지분투자를 하지 않는 방법, 즉 현지국에 자본의 투자없이 경영관리 서비스만을 제공함으로써 서비스 제공에 대한 대가지급이 보증된다면 정치적 위험을 완전히 제거할 수가 있다.

4) 국제적 통합전략

국제적인 통합전략이란 글로벌기업이 전 세계적으로 사업단위를 분배하여 이들을 유기적으로 조직·관리하는 전략을 의미한다. 이 경우 특정국에 존재하는 개별기업은 전세계적 차원에서 수직적·수평적 계열화의 일부분에 지나지 않기 때문에, 현지국의 정치적 위험에 대응할 수 있는 것이다. 예를 들면 과거 산유국들이 유전을 국유화하는 조치를 시행하였음에도 불구하고, 결국은 석유산업의 메이저그룹에 굴복할 수밖에 없었던 것은 석유메이저그룹이 정유시설과 제품판매경로를 완전히 장악하고 있어서, 이들을 통하지 않고는 석유를 판매할 수 없었기 때문이다.

또한 현지자회사가 해외에서 조달하는 원료·부품·기술·기계·기타 생산요소에 의존하고 있는 경우, 현지국 정부가 정치적 위험을 수반하는 국유화정책의 수행에 신중을 기하게 된다. 실제로 1972년 페루의 벨라스코 정권이 외국기업을 인수하는 대대적인 정책을 수행할 때에도 크라이슬러사는 그 대상에서 제외되었다. 페루의 크라이슬러사는 크라이슬러 제품의 50%만 생산하고, 나머지 부품 50%는 미국, 브라질, 아르헨티나의 공장에서 수입하고 있었기 때문이다.

또한, 국제적 통합전략의 일환으로서 경쟁기업이나 현지국의 기업과 상호보완적 입장에서 협력계약을 하거나 카르텔 등의 협조체제를 갖춤으로써 정치적 위험의 취약성을 감소시킬 수도 있다.

(2) 기업 외부적 관리전략

기업 외부적 관리전략은 글로벌기업이 정치적 위험을 회피하기 위하여, 이를 보험기관이나 본사국 정부 또는 현지국 정부 등 외부기관에 이전시키는 방법을 말한다.

1) 정부 또는 민간보험의 가입

이는 정치적 위험으로부터 발생하는 자사 손해의 일부를 타사에 전가시킴으로써 보상받는 방법으로서, 안정적인 해외투자를 촉진하는 정책이 되고 있다. 그 내용은 전쟁, 혁명, 폭동에 의한 손해보상, 외국정부에 의한 재산몰수나 수용에 의한 손해보상이다. 각국 정부는 자국기업의 정치적 위험을 보호하기 위하여 여러 가지 보험제도를 개발하여 운영하고 있다. 1948년 미국정부에 의해 채택된 이래, 일본정부, 독일정부 등에서 차례로 채용되어 현재는 많은 국가에서 채용하고 있다. 미국의 해외민간투자공사(Overseas Private Investment Corporation)의 보험제도가 유명하다. 우리나라에서는 수출보험공사가 수용위험, 전쟁위험, 송금위험에 대해 수출보험, 해외건설공사보험, 해외투자보험제도를 운영하고 있다.

한편, 일반 민간보험사에서는 정치적 위험을 보상하기 위해 다양한 금융상품이 개발되고 있는데, 민간보험으로서는 로이드(Lloyd of London)사가 특정한 종류의 정치적 위험에 대해 보험서비스를 제공하는 것을 대표적으로 들 수 있다.

2) 현지국 정부의 투자보증

현지국에 진출하는 글로벌기업이 현지국의 경제에 막대한 영향력을 행사하는 경우이거나, 현지국 정부가 외국인투자를 적극적으로 유치하고자 하는 경우 등 글로벌기업의 협상력이 우세한 경우 자사의 협상력을 바탕으로 현지국 정부로부터 투자금액이나 투자보호, 조세양허, 재산수용의 보상규정 등에 대해 현지국 정부와 일정한 투자보증을 요구·확보할 수가 있다. 이러한 보증은 외국투자기업이 현지국의 경제발전에 크게 기여할 것으로 평가받거나, 높은 수준의 기술을 보유하고 있거나, 현지기업과 합작투자를 하고자 하거나, 유명 브랜드를 보유하고 있는 경우에 가능하다. 이러한 보증이 있는 경우라도 일방적으로 보증을 파기하고 국유화를 강행하는 경우가 발생할 수 있지만, 일반적으로 보증을 행한 경우에 현지국 정부는 일방적인 협정파기로 인한 국제적 신뢰도의 상실과 국제적인 고립을 피하기 위해서라도 될 수 있는 한 협정준수를 위해 노력하게 되고 협정파기에 신중을 기하게 된다. 우리나라가 중국, 구소련과 정상적인 외교관계를 수립하기 이전에도 우리나라 기업들이 현지국에 진출 가능했던 것은 바로 현지국의 이러한 투자보증이 있었기 때문이다.

현지국에 투자를 행하여 마케팅활동을 전개하고자 하는 글로벌기업이 본사국 정부에 영향력을 행사하여 본사국 정부로 하여금 현지국 정부와의 협정을 체결하도록 요청함으로써 정치적 위험을 극복할 수도 있다. 정부 간에는 해외투자를 보호하기 위해 최혜국(MFN : most favored nation)대우의 보장, 국유화 및 수용의 금지, 전쟁, 폭동 등 긴급사태로 인한 손실의 보상, 자유로운 투자원금 및 과실의 송금보장, 투자분쟁 발생시의 해결절차 등을 주요 내용으로 하는 투자보장협정[1]을 체결하거나, 국가간 조세처리의 단순화와 해외투자기업의 조세부담 경감을 위한 이중과세방지협정[2]을 맺고 있다. 따라서 본국과 투자대상국간에 이러한 협정이 체결되어 있는지의 여부와 그에 관한 구체적인 내용을 사전에 파악하는 것이 매우 중요하다.

위의 두 가지로 세분된 전략 이외에도 기업들은 현지국정부나 본국정부에 대한 로비, 각국의 유명인사에 대한 로비, 정치자금의 제공 등 기업 외부인사나 기관의 힘을 빌어 위험에 대처하려고 노력하고 있다.

4.2 투자후의 관리전략

글로벌기업이 일단 현지국에 자원을 투입하면 할수록 현지국의 환경변화에 따른 기업의 위험은 확대된다. 글로벌기업이 현지국에 진출하여 마케팅활동을 수행하는 과정에 직면하게 되는 일반적인 현상은 기술상의 우위의 쇠퇴와 현지국정부의 간섭강화로

1) 투자보장협정의 내용으로는 해외직접투자를 보호하기 위해 최혜국대우의 보장, 국유화 및 수용의 금지, 전쟁, 폭동 등 긴급사태로 인한 손실의 보상, 자유로운 투자원금 및 과실의 송금보장, 투자분쟁의 발생시 해결절차 등이 있다.

2) 이중과세방지협정은 국가간 조세처리의 단순화와 해외직접투자기업의 조세부담 경감을 주요 내용으로 하고 있다.

인하여 기업의 경영능력이 낮아지게 되고, 시간이 경과되고 자원투입이 많아질수록 협상력은 하락하고, 따라서 정치적 위험은 더욱 확대된다.

글로벌기업이 현지국에 진출하여 마케팅활동을 전개하는 과정에 발생하는 정치적 위험을 관리하는 방법도 기업 내부적 관리전략과 기업 외부적 관리전략으로 분류할 수 있다.

(1) 기업 내부적 관리전략

1) 경영전략의 활용

해외진출 결정 후 현지에서 마케팅활동을 수행하는 과정에서 직면할지 모르는 정치적 위험에 대한 대응책으로서 생산과 로지스틱스, 마케팅, 재무, 조직, 정치활동 등의 각 기능적 영역에서 다음과 같은 각종 경영전략이 전개될 수 있다.

① **생산과 로지스틱스** : 원재료나 기타의 부품을 가능한 한 현지 공급업자로부터 조달하거나 자원채취산업의 경우에는 정제소, 가공공장, 수송시설 등을 정치적 위험이 낮은 지역에 배치한다.

② **마케팅** : 진출상대국 이외의 해외시장을 지배하고, 국제적으로 유명한 국제상표를 소유, 지배한다.

③ **재무** : 주식자본을 가능한 적게 하고 현지의 타인자본을 많게 하거나, 국제금융기관을 주로 이용하도록 한다.

④ **조직** : 합작투자나 라이선싱, 경영계약을 통한 현지사업경영 등을 통해 진출한다.

⑤ **인사** : 현지자회사의 스탭으로 현지인을 주로 채용한다.

⑥ **정치활동** : 기업이 직접적인 정치활동을 행하는 것도 경우에 따라서는 정치적 위험을 경감시키게 된다. 특정정당, 정치가, 압력단체에 재정적인 지원을 행하여 정치적인 지원을 얻거나 유력 정치가나 그의 관계자를 이사진으로 임명하여 현지정부의 장래행동을 미리 예측한다.

이와 같은 기업 자체의 정치적 위험대응책에도 여러 가지 방법이 있다. 물론 이 중 어떠한 대응책은 채용하는가는 기업에 따라서 다르지만, 오늘날의 글로벌기업으로서는 가능한 한 많은 방법을 구사하여 현지국에서 발생하는 정치적 위험에 신속히 대응해 나갈 필요가 있다. 그것이 예측할 수 없는 불확실성이 가득찬 현재 및 장래의 글로벌환경 속에서 글로벌기업이 존속과 발전을 수행해 나가기 위한 최저의 조건이다.

2) 선량한 기업시민 이미지의 부각

글로벌기업이 현지국에서 선량한 기업시민(good corporate citizen)이라는 이미지를 심어주는 것이다. 현지국에서 원만한 지역사회관계를 형성·유지함으로써 거시적 정치위험의 회피는 어렵다 하더라도 미시적 정치위험은 회피할 수 있다. 글로벌기업이 현지국에서 선량한 기업이미지를 형성하기 위해서는 다음과 같은 노력이 필요하다 하겠다.

① **현지국 정부정책에의 적극적 호응** : 글로벌기업이 현지국 정부가 수행하는 부품의 국산화, 장애자의 고용촉진, 제품안전도의 강화, 최저임금제, 대기업·중소기업의 계열화 등과 같은 여러 가지 정책들에 대해 적극적으로 이에 호응함으로써 현지국 정부의 반감을 사지 않도록 현지국 정부와 우호적인 관계를 유지할 수 있도록 한다.

② **현지국 국가목표에의 공헌** : 현지국정부가 달성하고자 하는 수출증대, 무역적자의 해소, 기술고도화와 기술자립 등과 같은 특정한 국가목표가 달성 가능하도록 글로벌기업의 이익이 희생되지 않는 범위 내에서 도움을 주도록 한다.

③ **국민복지에의 공헌** : 글로벌기업이 본연의 수익사업 이외에도 이익의 사회적 환원이라는 차원에서 교육, 의료, 문화사업 등 국민복지를 증진시키는 역할을 수행한다. 즉 글로벌기업이 현지국에서 교육기관, 병원, 육아시설, 요양원 등 사회복리시설의 설립을 통해 사회발전에 기여하고 후원함으로써 현지국민들에게 좋은 기업이미지 형성과 홍보효과를 달성할 수 있다. 예를 들면 인도네시아에 진출하여 조미료 시장의 30% 이상을 차지하고 있는 대상(구. 미원)그룹은 이익의 현지사회환원에 적극적인 기업 중의 하나인데, 중·고등학교와 이슬람사원을 지어 기증하였고, 또한 공장인근지역의 상수도 건설, 도로포장사업, 불우이웃돕기 등의 사업을 통해 현지인들에게 좋은 기업이미지를 심어주었다.

④ **기업이미지의 제고** : 선량한 기업시민으로서의 바람직한 기업이미지를 제고시킨다. 외국인 투자기업이 매판자본을 활용하여 이윤을 착취하는 수전노와 같은 기업이 아니라, 양질의 제품을 적정한 가격으로 공급함으로써 소비문화를 선도하고, 생활의 질을 향상시켜 주는 기능을 담당하고 있다는 인식을 심어주는 것이다.

3) 현지기술발전에의 공헌

글로벌기업이 제공하는 기술이 현지국의 기술수준 향상에 지속적으로 공헌하도록 하는 것이다. 노동, 자본, 토지에 이어, 제4의 생산요소로 부각된 기술은 그 어떤 생산요소보다도 중요하기 때문에, 특히 개도국에서는 '기술입국', '기술자립' 등을 목표로 기술개발에 지대한 관심과 노력을 행하고 있다. 그러므로 글로벌기업의 입장에서 자사의 핵심기술이 노출되지 않는 범위 내에서 현지국이 필요로 하는 기술을 적극적으로 이전해줌으로써 정치적 위험을 회피할 수도 있다. 일반적으로 정치적 위험이 높은 개도국에 있어서 기술적 우위를 보유하고 있다는 사실은 현지국과의 협상에서 유리한 위치를 점유할 수 있다.

4) 현지국 관련산업의 육성

이는 글로벌기업이 현지국에서 관련산업을 육성시키는 것이다. 관련산업의 육성이란 예를 들면 중간재나 원자재 등 현지에서 조달 가능한 요소들을 현지에서 주로 조달함으로써 현지구매비율을 높이고, 이를 통해 현지생산의 수직적 계열화를 이루는 것을 의미한다. 이러한 글로벌기업의 관련산업에 대한 육성은 현지국내에서 일관된 생산체계를 형성하는 관계로 국유화의 가능성을 높이는 것처럼 보일 수 있으나, 최근에 단순조립형 투자(screw-driver investment)에 대하여 현지부품조달비율(local content)을 높이도록 요구하는 국가들이 늘어나고 있는 추세임을 감안할 때 바람직한 전략이 될 수도 있다. 물론 이 경우에도 핵심부품의 생산입지는 본국이나 기타의 국가로 정하는 것이 바람직하다.

(2) 기업 외부적 전략

현지국에 진출하여 마케팅활동을 전개하는 과정에 발생하는 정치적 위험에 대한 글로벌기업의 관리전략은 투자 이전의 관리전략과 마찬가지로, 정부나 민간보험에 부보를 하거나, 현지국 정부로부터의 투자보증과 본국정부를 통한 정부간 협정의 체결 등을 들 수 있다.

4.3 위험발생 이후의 관리전략

글로벌기업의 손익에 영향을 미치는 정치적 위험이 발생하였거나, 발생할 가능성이 매우 높은 경우에 기업들이 채용할 수 있는 정치적 위험발생 이전의 관리전략들은 어떻게 하면 위험발생 가능성을 최대한 줄이고, 기업의 마케팅활동을 안정적으로 전개해 나갈 수 있는가가 글로벌기업전략의 핵심과제라고 한다면, 위험발생 이후의 관리전략들은 정치적 위험의 발생을 전제로 하여 발생한 위험에 어떠한 방식으로 글로벌기업이 대처해 나갈 것인가가 전략의 핵심과제라 할 수 있다.

호스킨스(W. Hoskins)는 해외진출위험의 발생으로 인하여 글로벌기업이 해외자회사가 접수 또는 국유화되는 등 손실을 입게 될 경우 그에 대한 보상을 어떻게 받을 것인가라는 점에 대해 외국인 투자기업과 현지국 정부 간의 관계를 중심으로, 글로벌기업이 강구할 수 있는 조치로서 다음과 같은 사후보상전략을 제시하고 있다. 이를 요약하면 [표 4-2]와 같이 단계별로 나누어 볼 수 있다.

▮표 4-2▮ 사후보상전략의 단계

단계	시행전략	전략의 내용
제1단계	피투자국과의 합리적인 협상	• 경제적 기여도 강조 • 투자철수의 경우 발생할 수 있는 부정적 효과 강조 • 기업이 보유한 기술, 자본의 제공 • 현지국 경제에 도움을 줄 수 있는 장기적 기업계획 제시
제2단계	반강제적인 협상	• 본국정부에 개입요청 • 타 외국기업과의 연대 • 관계개선을 위한 이익의 포기
제3단계	법적 구제조치의 강구	• 현지국법원에 제소 • 본국법원에 제소 • 국제사법재판소에 제소
제4단계	경영권 포기 및 잔존재산 회수	• 기업의 공개매각 • 기업자산의 재평가 및 회수가능 자산의 측정

자료 : W. R. Hoskins, "How to Encounter Expropriation?", Harvard Business Review, Sept./Oct. 1970, p.102.

(1) 제1단계 : 합리적 협상

글로벌기업이 해외진출위험의 발생으로 인한 사후보상전략으로 가장 먼저 취할 수 있는 방법이 바로 합리적인 협상이다. 글로벌기업은 현지국 정부에 대해 합리적인 설득과 회유를 병행하여 위험의 발생에 따른 손실부분에 대한 보상이나 위험요인의 제거를 요구할 수 있다. 이러한 협상 시에 있어서 제시될 수 있는 협상전략의 내용은 ① 투자기업이 현지국 경제에 대한 과거, 현재, 장래의 공헌을 적극적으로 강조 ② 접수나 철수가 행해질 경우 실업문제와 관련 산업의 피해가능성 등 부정적인 악영향의 강조 ③ 협상이 원만히 이루어져 문제가 해결될 경우 글로벌기업이 보유한 기술을 최대한 이전하고 투자를 확대하겠다는 약속 ④ 현지국 경제에 많은 기여를 하겠다는 장기적 사업계획 제시 등이다.

(2) 제2단계 : 반강제적인 협상

합리적인 협상단계에서 원만하게 해결되지 못할 경우, 외부압력기관을 이용한 반강제적인 협상을 시도하게 된다. 이러한 전략은 보통 ① 현지국 정부정책의 지지 또는 글로벌기업의 기존 권익 포기의 제의 ② 현지국의 야당이나 인접 우방국의 정치적 지지 요청 ③ 본사국 정부의 비공식적 개입 추구 등의 방법으로 이루어진다. 반강제적 협상방법은 외부기관의 압력을 통해 사태를 해결하려는 것이기 때문에 때로는 현지국 정부의 강한 반발을 일으키게 하는 등 부정적인 결과가 초래되는 수가 많다. 그러므로 이 전략을 수행할 때는 반드시 시기와 방법, 정도를 적절히 조절하지 않으면 큰 효과가 나타나지 않을 수도 있다.

(3) 제3단계 : 법적 구제조치의 강구

위의 1, 2 단계에서 문제가 해결되지 않을 경우에는 다음 단계로 법원에의 소송이나 국제분쟁해결기관에의 조정의뢰 등 법적인 구제조치를 강구하게 된다. 이러한 법적인 구제조치는 현지국 법원에 제소하는 방법, 본국 법원에 제소하는 방법, 국제사법재판소에 제소하는 방법 등이 있다. 이중 가장 이상적인 법적 구제방식은 현지국 법원에 제소하여 승소하는 것이다. 그러나 현지국 법원이 법의 적용에 있어 형평성을 상실할 경우 승소할 가능성이 적기 때문에 자주 그렇게 자주 쓰이는 방법은 아니다. 두 번째 방법은 본국 법원에 제소할 경우인데, 시간과 비용이 적게 들고 소송에서 이길 확률이 높지만 법의 역외적용이라는 문제에 봉착하게 된다. 즉 특정국가가 자기 영토 내에서 행한 조치는 다른 국가에 의해 문제시 될 수 없다는 원칙 때문에 상징적인 효과는 있으나, 실효성은 없다. 마지막으로 국제사법재판소에 제소하는 경우인데, 비용과 시간이 많이 들 뿐만 아니라, 현지국 정부가 국제사법재판소의 판결을 불신하고 이를 받아들이지 않을 경우 해결의 방법이 없다는 난점이 있어 활용도는 극히 낮은 편이다.

(4) 제4단계 : 경영권 포기 및 잔존자산의 회수

법적인 구제조치의 사용에도 불구하고 문제가 해결되지 않을 경우 글로벌기업이 경영권을 포기하고 가능한 한 피해를 줄여 잔존자산을 조금이라도 더 확보하는 것이 필요하다. 이러한 잔존자산의 회수를 위해서는 먼저 기업자산에 대한 재평가 및 회수가능자산에 대한 측정이 필요하다. 또 한 가지 잔존자산을 회수하는 방법으로는 기업을 공개적으로 매각하여 가능한 한 많은 보상을 받는 방법이다. 이 경우를 위해서도 자사의 자산에 대한 정확한 재평가가 필요하다.

제4장 주요 학습 용어

정치적 위험	재산몰수	재산수용
운영상의 규제조치	이전자유의 제한	현장방문조사법
전문가조사법	델파이법	계량적 방법
통합적 방법	국제적 통합전략	투자보증협정
이중과세방지협정	선량한 기업시민	차별대우

참고문헌

김희철, 글로벌시대의 국제경영, 두남, 2016.

김희철, 글로벌시대의 국제마케팅, 두남, 2007.

Hoskins, W.R., "How to Encounter Expropriation?", *Harvard Business Review*, Sept./Oct. 1970.

Jain, Subhash C., *International Marketing Management*, 3rd ed., PWS-Kent Publishing Company, Boston, 1990.

Onkvivit, Sak and John J. Shaw, *International Marketing ; Analysis and Strategy*, Merrill Publishing Company, 1989.

Robock, S.H. and K. Simmonds, *International Business and Multinational Enterprise,* 4th ed., Homewood, lll : Richard D. Irwin, 1989.

제5장 글로벌마케팅의 법률적 환경

- 법률적 환경과 글로벌마케팅
- 법률적 환경의 성격
- 글로벌마케팅과 관련된 법적 문제들
- 법률적 환경의 관리

1 법률적 환경과 글로벌마케팅

법률적 환경은 한 사회의 제반 관계를 규정하는 규범으로서, 그 사회주체들의 활동을 규율하고 규제한다. 기업활동이 국제적으로 확대되고 고도화됨에 따라, 기업은 국제적인 법률환경에 노출되며, 이러한 글로벌기업의 법률적 환경은 기업환경을 직접적으로 통제할 수 있는 근거가 된다.

각국에는 고유한 법률과 관습이 존재하며, 이러한 법률적 환경의 차이는 글로벌 마케팅관리자들의 시장개척 노력에 영향을 미친다. 예를 들어, 재화·사람·자본 그리고 기술 등의 생산요소가 국경선을 넘어 이동하는 경우, 이에 적용되는 법률 규정은 각 국가마다 존재한다. 아울러 포장, 광고 또는 판매촉진에 대한 규제, 그리고 제품의 건강과 안전 등에 대한 기준을 국가마다 가지고 있다. 따라서 글로벌 마케팅관리자들은 국제적 차원 및 개별 시장국 차원의 법률적 환경을 파악하여 마케팅활동에 활용하여야 한다.

2 법률적 환경의 성격

2.1 법률적 환경의 개념

법률적 환경은 정부나 기업활동을 통제할 권한을 가진 세계적 조직에 의해 기업이 지켜야 할 규범으로 제정한 것을 총칭한다. 그러므로 법률적 환경은 기업활동의 범위와 내용을 구체화시켜 주는 역할을 하게 된다. 이와 같은 법률적 환경은 당연히 각국에 따라 상이하게 마련인데, 이는 법률적 환경과 상호 작용하는 다른 외부환경이 각국마다 다르기 때문이다.

전 세계적으로 글로벌기업의 경영활동을 총괄적으로 규율하는 공통적이고 일원화된 국제법[3]은 아직 존재하지 않는다. 따라서 글로벌기업이 글로벌마케팅을 전개할 때, 본국과 현지국의 법률적 환경에 따라 마케팅활동을 영위해야 하므로, 본국과 현지국의 상이한 법률적 환경에 대한 명확한 분석과 이해를 바탕으로 본국과 현지국의 법률적 환경에 대처할 대응전략을 수립해야 한다.

[그림 5-1]에서 제시한 바와 같이, 기업이 글로벌마케팅을 전개하면서 당면하게 되는 법률적 환경은 복잡하다. 이는 크게 ① 특정 국가의 고유한 제도 및 법률 ② 무역, 투자, 조세 등 현지국과 본국 등 국가간 국제거래를 원활하게 하기 위해 체결된 국제쌍무협정·협약 그리고 제도화된 다자간 국제협약 ③ 국제거래와 관련하여 개별거래의 신뢰성을 제고하기 위한 국제거래 및 분쟁에 관한 법률부문 등으로 구분할 수 있다. 이는 다시 현지국의 법률적 환경과 국제적 법률환경으로 구분할 수 있다.

3) 국제법의 의미는 시대에 따라 다르다. 오늘날 국제법에 대한 가장 일반적인 정의로는 "국제사회의 법" 또는 "국제관계를 규율하는 규정의 전체"라고 할 수 있으며, 보다 좁은 의미에서 "국가와 그 밖의 단체 내지 개인의 관계, 나아가 국가와 글로벌기업 또는 국제기구 상호간의 관계를 규율하는 법규범의 전체"라고도 정의할 수 있다.

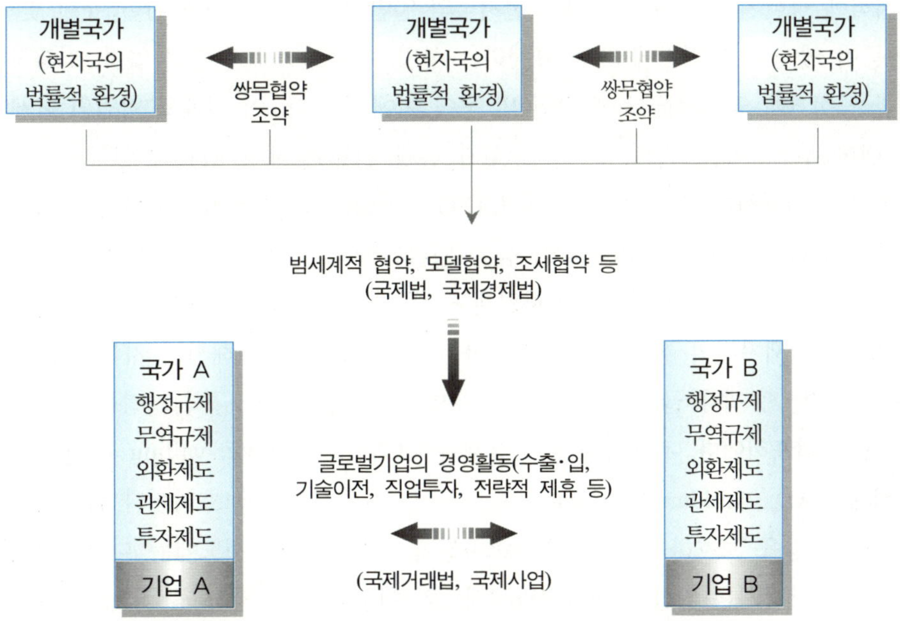

[그림 5-1] 글로벌마케팅의 법률적 환경

1.2 글로벌마케팅의 법률환경 구성체계

국제거래는 상이한 국가에 소재하고 있는 거래 당사자 간에 이루어지므로, 이러한 국제거래에 적용될 법률의 결정은 글로벌기업에 있어서 매우 중요한 과제가 된다. 국제거래의 전개에 수반되는 법률적 특성은 현지국에 국한된 것과 국제거래에 일반적인 것으로 양분되는데, 현지국에 국한된 제도라 하더라도 전체적인 구조는 국제적인 틀을 유지하면서, 그 내용과 제도운영에 있어서 국가 간에 이질적인 특성을 반영한 특성을 갖는다.

(1) 현지국의 법률환경

글로벌기업이 진출하고자 하는 모든 국가는 서로 다른 법체계를 가지고 있다. 그러므로 해외 현지에서의 기업활동은 현지국의 법률에 따라 직접적인 규제를 받게 되기 때문에, 현지에서의 마케팅활동을 성공적으로 수행하기 위해서는 무엇보다도 먼저 현지의 법률적 환경을 면밀히 분석하고 이해해야 한다.

현지국에 국한된 법률적 환경에는 현지국의 일반적인 기업활동에 관한 규제 및 법적 체계 등이 있다. 기업일반에 대해 규정하는 상법, 특정사업에 관한 사업법, 경쟁정책과 관련한 공정거래 및 독점금지에 관한 법 등이 이에 속한다. 이 외에도 기업의 국제거래와 관련한 무역, 외환, 관세 및 조세, 투자 등과 관련된 제반 법규가 있다.

무역과 관련해서는 잠정긴급수입제한(TSG : Transitional Safequard)이나 특별긴급수입제한(SSG : Special Safequard) 등 수입금지품목을 설정하여 운영한다든지, 또는 특정산업의 수출을 장려하기 위한 지원제도 등 현지국의 무역정책이 반영된 대외거래법이 있다. 국제거래의 실물부문을 지원하는 외환제도와 관련해서는 자본조달이나 과실송금에 대한 규제나 글로벌기업의 자금운영에 관한 조건과 규칙을 명문화한 외환관리법 등이 대표적이다. 관세제도에는 상계관세(CVD : Counter-vailing Duty)나 반덤핑관세제도(AD: Antidumping Duty) 등 자국의 유치산업을 보호하거나 불공정거래로부터 자국시장을 보호하기 위한 법적조치들이 있으며, 조세제도에는 다국적기업들의 이전가격 조작방지를 위한 이전가격과세제도와 이중과세방지제도 등이 있다. 투자제도와 관련해서는 외국인투자에 대한 사업별 제한 또는 지분제한, 외자유치제도 등이 대표적이다.

각국의 이러한 법률체제는 거래성사 여부에서부터 포장에 이르기까지 다양하게 존재하며, 글로벌 마케팅활동에 많은 영향을 미친다. “로마에 가면 로마법을 따르라”라는 말이 있듯이, 각국마다 기업활동과 관련하여 적용되는 법률이 상이하므로, 글로벌 마케팅활동을 수행하는데 있어서 현지국의 법률에 대한 이해는 무엇보다도 필수적이다.

글로벌 마케팅활동을 수행하는 기업들이 현지국에서 고려해야 할 마케팅관련 규제사항은 [표 5-1]과 같다.

표 5-1 현지국의 마케팅관련 법률규제사항

- 유통계약 및 판매계약과 그 해약에 관한 규정
- 소매가격 규제
- 기업간의 담합 내지 결탁, 구매자에 관한 차별대우, 촉진방법, 유통경로, 차등가격, 시장의 분할과 특약판매, 덤핑행위 등 경쟁에 관한 규정
- 제품의 품질, 규격 및 안정에 관한 규정
- 제품의 포장 및 표찰에 관한 규정
- 보증 및 사후보장제도에 관한 규정
- 가격이나 이익마진의 통제에 관한 규정
- 특허, 상표 및 저작권에 관한 규정

이러한 현지국의 마케팅활동 규제법규 뿐만 아니라 상관습, 독점금지법규, 부정경쟁 방지에 관한 제반 규제법규, 재판매가격 유지계약의 유무, 광고에 대한 규제법규 등에 관한 사전지식의 파악이 필요하다. 이 때 그러한 제반법규에 관한 단순한 내용뿐만 아니라 그러한 법규의 실제 운용방법이나 운용상 실적의 분석도 요구된다.

(2) 국제법률환경

글로벌기업이 경영활동과 관련하여 발생할 수 있는 여러 가지 법률적인 문제를 일정한 권한을 가지고 해결해 줄 수 있는 국제적인 기관이나 국제법이 존재해야 하나, 앞에서 언급한 것처럼 아직까지 이러한 자격을 갖추고 있는 국제적인 기관이나 국제법은 존재하고 있지 않다. 그러므로 이러한 글로벌마케팅을 전개하는 과정에서 관련 당사자들 간에 법률적인 문제가 발생하는 경우, 그것을 해결하는데 여러 가지 어려움을 겪게 된다.

글로벌마케팅의 과정에서 발생하는 법률적인 문제의 해결과 관련한 일반화된 법률환경에는 국제상사거래법, 국제경제법, 국제사법 등이 적용된다. 국제상사거래법은 국제거래의 형식과 방법을 결정해주는 법으로 국제거래가 국제상사거래법에 제시한 형태로 이루어질 때 국제거래로 인정받고 그 실행을 보장받을 수 있다. 생산이 종료된 시점에서 재화를 국경선을 넘어 이동시키는 과정에서 발생되는 운송, 해상보험, 관세와 관련된 법과 결제 등과 관련된 방법과 형식을 결정하는 국제계약법과 국제결제, 보증법이 대표적인 국제거래법이다.

국제사법은 국제거래가 당사자 간에 원만히 이루어지지 않는 경우, 국가간의 분쟁해결 방안을 다루는 법이다. 국제분쟁이 발생할 경우 준거법을 무엇으로 하는가, 소송 및 중재과정을 어떻게 하는 가 등이 이와 관련된 주요 법률환경이라 할 수 있다. 국제사법은 국제거래과정에서 분쟁이 발생하는 경우, 그 문제를 해결하는 방법 또는 그러한 발생상황에 대비하기 위해 사전에 어떠한 제도적 장치들을 갖추어야 하는가에 대한 지침을 마련해 준다고도 할 수 있다. 통상법이라 불리는 국제경제법은 자유롭고 공정한 국제교역조건을 형성하고 감시하기 위한 국제기구와 관련된 법, 각국 정부당국의 제도운영의 기준을 제시하는 다양한 형태의 협약 등을 일컫는다.

3 글로벌마케팅과 관련된 법적 문제들

국제법률환경은 역동적일 뿐만 아니라, 매우 복잡하다. 해외에서 법률문제가 발생할 경우 가장 좋은 방법은 법률전문가의 도움을 받는 것이겠지만, 법률적 환경의 복잡성을 이해함으로써 갈등이 발생할 수 있는 상황을 회피할 수도 있을 것이다. 글로벌 마케팅활동을 전개하는 과정에서 자주 발생하는 법률문제들을 살펴보면 다음과 같다.

3.1 법적 관할권문제

기업이 한 국가 내에서 마케팅활동을 전개할 경우 모든 부문에 있어서 동일한 법이 적용되므로, 법의 관할권(jurisdiction)문제는 발생하지 않는다. 그러나 기업활동의 범위가 해외로 확대되어 글로벌 마케팅활동을 수행하는 과정에서 양 당사자 간에 분쟁이 발생하는 경우 어느 나라의 법률에 따라 해결해야 할 것인가 하는 매우 복잡한 문제에 직면하게 된다. 각 당사자들은 자국의 법적 관할권 하에서 문제를 해결하는 것이 유리하기 때문에, 문제를 자국의 법적 관할권 하에서 해결하려 한다.

일반적으로 글로벌기업이 현지국에서 수행하는 기업행위에 대한 법적 관할권은 기본적으로는 현지국의 법률체계에 귀속된다. 그러나 글로벌기업이 현지국 정부와 계약 시에 법적 관할권을 본국으로 지정하였을 경우, 법적 관할권에 아무런 규정이 없는 경우, 법적 관할권에 대한 규정이 복잡하고 내용의 해석에 모호한 점이 많은 경우, 법적 관할권이 지정되어 있지만 현지국 정부나 기업에 의해 거부되는 경우 등에 있어서는 법적 관할권으로 인한 마찰이 예상될 수 있다.

이처럼 본국과 현지국의 법률이 충돌할 경우 발생할 수 있는 분쟁의 유형은 ① 각국 정부간 ② 글로벌기업과 현지국 정부간 ③ 글로벌기업과 현지국 기업간의 분쟁으로 대별할 수 있다. 여기서 각국 정부 간의 법적 분쟁은 국제사법재판소와 같은 국제기구를 통해 조정될 수 있으나, 나머지 두 가지의 상업상의 법적 문제를 다루기 위한 국제사법기구는 존재하지 않는다. 그러므로 상업상의 분쟁이 발생하는 경우 양당사자 중 한 당사자 국가의 법정이나 제 3자의 중재나 조정을 통해 문제를 해결하지 않으면 안된다.

일반적으로 국제적인 법률분쟁에 대한 법적 관할권은 다음과 같은 기준에 따라 결정되는 것이 보통이다.

(1) 계약서에 명시된 명문조항

이는 법적 관할권을 결정하는 가장 확실하면서도 마찰의 소지가 가장 적은 방법이다. 법적 관할권은 계약당사자간의 합의에 의해 본국, 현지국, 제3국 등으로 정할 수 있는데, 특히 제3국을 법적 관할권으로 정하는 경우 법 적용의 공정성을 보장받을 수 있다는 장점이 있다.

(2) 계약이 체결된 국가

법적 관할권 조항이 명시되어 있지 않거나, 또는 그러한 조항이 효력을 상실한 경우, 법적 관할권의 적용을 계약이 체결된 장소에 근거하여 결정되는 경우도 있다. 이 때는 일반적으로 계약이 체결된 장소의 국가 법률을 적용한다.

(3) 계약조항이 실제로 이행된 국가

법적 관할권 이외의 기타 계약사항이 실제로 어느 장소에서 이행되었는가에 따라 법적 관할권이 적용되기도 한다. 즉 계약사항이 실제로 이행된 국가의 법률에 따라서 분쟁을 해결하는 것이다. 그러나 법적 관할권이 명시되어 있음에도 불구하고, 경우에 따라서는 법적 관할권이 변경되는 경우가 있다. 법적 관할권이 계약상에 명시되어 있다고 하더라도 계약사항이 제대로 이행되지 않은 경우라든지, 계약행위 자체가 양국의 실정법을 벗어난 경우가 있을 수 있다. 이 경우에는 계약서에 명시된 법적 관할권에도 불구하고 소송의뢰를 맡은 법원에서 나름대로의 법리원칙을 적용할 수도 있다.

이상에서 법적 관할권을 결정하는 일반적인 기준을 제시하였으나, 계약서상에 법적 관할권에 대한 규정을 명시하더라도 소송을 통하여, 이를 해결하고자 하는 경우 상호간의 신뢰에 부정적인 영향을 미치게 되며, 기업이 현지국에서 경영활동을 계속할 수 있는 안정성을 보장받지 못할 가능성이 많다. 따라서 현지국 정부나 기업과의 마찰을 해결하려 하는 경우 소송은 최후의 수단으로 고려하는 것이 좋다.

3.2 법의 역외적용문제

(1) 역외적용의 문제

일국의 법을 다른 나라에 그대로 적용시키다면, 주권의 문제를 발생시킨다. 일국의 법을 그 국가의 법적 관할권 범위 내에서 행하여지는 경우에는 당연히 그 국가의 법에 의하여 규제를 받게 된다. 그러나 외국에서 기업 간의 불공정관행에 대해 자국의 법을 확장하여 적용하는 경우에는 역외적용의 문제(extraterritoriality)가 발생하게 된다. 그러므로 외국과의 심각한 마찰을 유발할 가능성이 존재하므로, 어떠한 기준으로 이를 인정하고, 또 상대국과의 충돌문제는 어떻게 조정할 것인가 하는 점에 대해 신중히 고려해야 한다.

(2) 역외적용의 기준

법의 역외적용에 관한 최근의 동향은 일정한 범위 내에서는 역외적용을 인정하는 방향으로 나아가고 있다. 특히 기업의 국제화 진전으로 한 기업의 활동이 여러 국가에 걸쳐 수행되기 때문에, 일국의 법률만으로 일정지역에서의 기업활동을 통제하는 것은 무의미해졌다. 그러므로 일정범위 내에서는 법의 역외적용이 필요해지게 되었으며, 미국이나 EU와 같은 국가들도 이를 인정하고 있다.

법의 역외적용은 자칫하면 자국의 이익만을 보호하기 위해 행사될 소지가 많다. 이러한 결함을 보완하기 위하여 법을 역외로 적용시킬 것인가, 적용하지 않을 것인가를 결정하는 기준으로는 ① 그 행위가 자국의 대외통상문제에 상당한 영향을 미쳤는지의 여부 ② 그 영향의 중요도와 경쟁을 저해하는 행위의 유형 ③ 예양분석(禮讓分析 : comity analysis)에 의한 자국과 상대국 이익의 비교 등 세 가지 요인을 고려해야 한다.

(3) 역외적용과 관련된 주요 법률

법의 역외적용은 마찰을 유발할 소지가 많음에도 불구하고, 그 시도는 계속적으로 이루어지고 있다. 역외적용의 주요 대상이 되는 법률로는 독점금지법(Antitrust Act), 수출관리법(Export Administration Act), 해외부패방지법(Foreign Corrupt Practices Act), 경쟁제한관행(restricted bussiness practies: RBP)의 규제 등이 있다.

1) 독점금지법

독점금지법은 미국, EU 등의 선진국을 비롯하여 거의 대부분의 나라들이 경쟁제한 관행을 규제하기 위해 사용하는 대표적인 법이다. 이러한 독점금지법은 독점, 거래제한 그리고 공모에 의한 경쟁제한을 금지하는 법률로서 독점이 시장의 불완전성을 조장하고, 소비자의 희생을 강요하며, 일개 기업에 의해 해당 제품시장이 좌우됨으로써 경제체제가 교란되는 것을 막고 자유로운 기업활동과 소비자의 이익을 보장하기 위하여 제정된 법률이다.

독점금지법의 역외적용에 가장 적극적인 나라는 미국인데, 미국은 독점금지법을 자국 내에서는 물론이고 이를 확장하여 해외사업활동에까지 적용하고 있다. 또한 외국기업도 미국기업과 계약을 체결하거나 미국시장에서 영업활동을 하고 있는 경우 독점금지법의 규제를 받게 되며, 외국인의 경우에도 미국 내에 자산을 보유하고 있거나, 사업활동을 하고 있는 경우 그리고 회사직원이 상주하고 있는 경우에는 독점금지법의 규제를 받게 된다. 한편 EU도 로마조약(Treaty of rome)에서 독점규제를 명시하고 있다. 로마조약은 가격 및 거래조건의 담합, 생산 및 투자제한, 시장 및 공급원 분할, 상이한 조건의 제시를 통한 경쟁제한 등의 독점규제를 명시하고 있다. 또 독점적 지위의 남용을 규제하기 위하여 회원국 간의 부당한 매매가격 또는 거래조건의 강요, 국가 간의 가격차별, 소비자의 손실로 생산·매상 또는 기술발전을 제한하는 행위 등을 담고 있다.

2) 수출관리법

구소련의 붕괴로 인하여 이제는 의미가 많이 축소되었지만, GATT 제21조에 의한 대표적인 금수조치제도로 인정되고 있었던 것이 대공산권수출통제조정위원회(Coordinating Committee for Export to Communist Area : COCOM)였다. 미국 및 그 우방들은 이를 통하여 공산권에 대한 전략적인 제품과 기술의 수출에 적용하는 각종의 통제를 조정하기 위한 협력체제로서, 오랜 기간 동안 영향력있는 무역통제체제로 지속되어 왔다.

전후 45년 동안 유지해온 동서냉전의 상징이었던 구COCOM을 완전히 해체하고, 이를 대체하는 새로운 수출관리기구(Post COCOM)가 일본·미국 등 COCOM 7개 회원국과 24개 협력국(한국·러시아 등) 등 30여개 회원국이 참여하여 1994년 10월 새 출범하였다. 이 신COCOM은 북한, 리비아, 이란, 이라크, 쿠바, 시리아 등 예측 불가능한 국가에 대해 무기로 전용될 수 있는 고도 민감품목(컴퓨터, 반도체 등)과 첨단기술의 수출통제를 목적으로 한 재래식무기와 이중용도물자에 관한 기술통제체제이다.

한편 미국은 자체적으로 국가안보, 외교정책 등을 이유로 수출을 통제할 수 있는 수출관리법으로 무역을 규제하고 있으며, 더 나아가 미국기업의 해외자회사나 미국기업과의 라이선스협정에 따라 생산하고 있는 외국기업의 수출에 대해서도 규제를 가하고 있다. 이 경우 과연 외국기업에 대한 미국의 규제조치가 법의 역외적용으로서 받아들여질 수 있는 것인가가 논란의 여지로 남는다. 수출관리법의 역외적용은 외국의 주권과 상충되는 것으로서 국제법상 인용될 수 없다고 보는 것이 온당하다고 할 것이다.

3) 해외부패방지법

기업은 가격, 품질, 기업의 경영능력, 마케팅능력 등을 기반으로 공정한 경쟁을 통해 이윤을 획득해야 함에도 불구하고, 이를 위반하여 금품의 살포, 압력집단의 동원, 기업간의 담합 등 경쟁 회피적이거나, 제한적인 방법을 동원하여 기업활동을 한다면 시장의 건전함과 효율성이 위협받게 되고 시장질서의 교란이 제기된다.

1977년에 제정된 해외부패방지법은 외국정부의 관리에게 뇌물(bribe)이나 리베이트(rebate)를 제공하거나, 중간상에게 과도한 수수료를 제공하는 행위는 미국과의 외교관계는 물론, 외국정부의 국익에도 좋지 못한 영향을 미치게 된다는 뜻에서 입법화되었다. 이 법은 금품수혜자가 금품을 제공한 기업에게 자기의 지위를 이용하여 사업을 획득하고, 유지하고, 보유할 수 있도록 도와줄 수 있는 상황 하에서 미국기업들이 외국의 정당이나 후보자 또는 자의적인 권한을 가지고 있는 정부 관리에게 금품을 제공하거나, 금품제공을 제의하는 것까지를 금지하고 있다.

뇌물은 선진국과 후진국에 공히 존재하고 있다. 일본과 이태리의 건설업계와 관련된 뇌물제공 스캔들은 널리 알려져 있으며, 그들 국가의 정치판도 변화에 지대한 영향을 미쳤다. 최근에는 해외부패방지에 대한 필요성이 확산되어서 GATT 협상의제로까지 대두되었다. OECD에서도 부패방지를 위한 논의가 전개되어 1996년 12월 국제뇌물방지협약이 제정되었다.

이러한 뇌물방지에 대한 세계적인 움직임으로 볼 때, 앞으로 글로벌 마케팅관리자는 해외시장에서 활동할 때 현지국 정부 관리나 유력 인사에게 뇌물을 제공하는 관행에 대해서 보다 세심한 주의를 기울여야 한다. 왜냐 하면 특정 해외시장에서의 뇌물공여 사실이 밝혀지면, 그 기업의 전 세계적인 해외활동에 커다란 장애를 가져다 줄 것이기 때문이다.

아울러, 부패방지는 법률적인 제재조치와 같은 강제적인 방법보다는 기업 자체적으로 부패행위를 거부하는 기업문화를 창조함으로써 부패방지에 앞장서는 것이 바람직하다. 이러한 행동의 결과로 오히려 기업이미지를 제고할 수 있고 이윤도 늘릴 수 있다.

4) 경쟁제한관행의 규제

국제거래에서 기업의 불공정거래를, 특히 경쟁제한관행(RBP)이라고 하는데 국제적으로 이를 최초로 규범화한 것은 하바나 헌장이다. 이 하바나 헌장에서는 기업의 경쟁제한관행을 다음과 같이 여섯 가지로 규범화하고 있다.

① 물품의 구매, 판매, 대여를 위하여 타인과 거래시 가격, 계약조건을 고정하는 행위
② 시장과 사업분야를 막론하고, 이들 시장에서 다른 기업을 배제시키거나 시장을 분할하는 행위, 구매자를 할당하는 행위, 판매량 또는 구매량을 고정하는 행위
③ 특정기업을 차별하는 행위
④ 생산을 제한하거나 생산량을 고정하는 행위
⑤ 특허소지 유무에 관계없이 협정에 의하여 기술개발이나 기술응용을 제한하는 행위
⑥ 일국에서 승인된 특허권, 상표권 또는 복사권의 행사를 승인된 범위를 벗어난 분야나 제품, 생산조건으로 확정하는 행위 등이다.

3.3 조세문제

글로벌기업은 실제 소득이 창출된 국가에 세금을 내고 본국에서는 해외에서 지불된 세금에 대하여 감면을 받는다. 그러나 본국의 세금감면 규모는 총 이익에 대한 해외발생의 비율에 따라 결정되는 최고액이 존재한다. 국가 간에 서로 다른 세율 때문에 글로벌기업은 되도록 많은 이익이 해외에서 과세되도록 하는 것이 유리한 경우도 있다. 글로벌기업은 세계의 다양한 국가 또는 지역에서 활동을 하기 때문에 세금문제에 있어서 특별한 관심을 요구하게 된다. 각국은 과세를 통하여 재정수입을 확대하기 위한 자국의 고유한 권리를 계속 유지하려고 한다. 반면에, 글로벌기업들은 동일한 재무적 성과에 대하여 복수의 국가들로부터 과중한 세금이 부과되는 것을 원치 않는다.

국경을 초월하여 기업활동을 전개하는 글로벌기업들의 과세문제를 규정짓는 세계적으로 통용되는 국제법은 아직 없다. 조세시스템은 국가에 따라 큰 차이를 나타내며, 두 개 이상의 복수국가들이 조세권할권을 주장하고, 거기에 따라 세금을 부과하는 것이

보통이다. 많은 국가들이 이러한 기업에 공정한 처우를 보장하기 위하여 쌍무적 이중과세방지협약을 체결하여 해외에서 지불된 세금에 대하여 감면혜택을 주고 있다. 일반적으로 현지국 정부는 글로벌기업들에게 본국 정부에서 세금을 부과하는 정도로 과세함으로서 글로벌기업의 총 과세부담을 늘리지 않고 있다.

3.4 소유지분율 및 통제권의 제한문제

외국기업의 소유지분을 제한하는 법률들은 결코 글로벌기업의 경영자들로부터 환영받지 못한다. 소유지분 제한에 대한 지속적인 위협은 글로벌기업으로 하여금 현지국에 합작투자 도는 전략적 제휴의 형태로 진출하게 만든다. 이러한 글로벌 전략적 제휴 형태의 조직체를 결성했을 때는 차후의 해산 및 동업관계에서 발생한 특허권, 상표권 및 기술의 처분 등에 관한 조항이 반드시 계약서에 포함되어야 한다.

현지국 정부의 가장 중요한 목표는 자국 내에서 이루어지는 기업활동에 대하여 주권국의 권리를 확보하는 것이다. 현지국 정부는 이러한 목적 하에 자국 내에서 활동하는 외국기업들의 소유권을 통제하려고 시도한다. 반면에, 글로벌기업들은 현지국 내에 법적으로 인정되는 법인을 설립함으로써 현지국의 기업활동에 기인한 의무 및 책임으로부터 본사를 보호하려 한다.

3.5 지적재산권 보호문제

기업의 지적자산에 대한 관심이 높아지면서 기업의 특허와 상표권에 대한 보호가 글로벌 마케팅관리자들의 주요 관심사가 되고 있다. 국제특허는 존재하지 않으므로 한 국가에서 보호되는 특허 및 상표권이 다른 국가에서 반드시 보장되지는 않는다. 그러므로 글로벌 마케팅관리자들은 거래관계에 있는 모든 국가에서 자사의 모든 지적 자산들을 반드시 등록시켜야 한다.

지적재산권의 침해는 위조, 모조품, 저작권 침해 등 다양한 형태로 나타날 수 있다. 위조는 제품의 불법적인 복제와 생산을 의미한다. 위조의 형태 중 하나로, 모조품은 잘 알려진 제품의 상표명을 약간만 바꿔 소비자들이 정품과 혼동하게 만드는 것이다. 저작권 침해(piracy)는 저작권이 있는 상품을 승인받지 않고 출판 또는 재생산하는 행위를 뜻한다. 영화산업, 음반산업, 컴퓨터소프트웨어산업, 출판산업 등은 복제되기 쉬운 상품의 특성 때문에, 이러한 위험에 많이 노출되어 있어 이들 산업에서 저작권 침해는 특히 중요한 이슈이다.

또한, 상표와 특허에 대한 침해는 글로벌마케팅에 있어서 중요한 문제이다. 대부분의 선진국에서는 이러한 특허와 상표권에 대한 보호가 효과적으로 이루어지고 있다. 특히, 미국의 특허와 상표권 보호는 매우 잘 되어 있다.

지적재산권 보호와 관련된 또 다른 중요한 이슈로 소프트웨어의 전 세계적 특허권 보호를 들 수 있다. 저작권법이 컴퓨터 코드를 보호하고 있지만 소프트웨어에 구체화된 아이디어에는 이러한 법이 적용되지 못하였다. 그러나 미국 특허/상표권 관련 기관은 1981년부터 소프트웨어에도 특허권 보호를 적용하였다. EU에서도 1997년부터 특허권의 보호 범위를 소프트웨어까지 확대하여 적용하고 있다.

지적재산권 보호에 대한 국제적 관심은 두 가지의 중요한 협정을 이끌어 냈는데, 그 중 하나는 유명한 '지적재산보호에 관한 국제협약'(International Convention for the Protection of Industrial Property) 일명 파리조약(Paris Union 또는 Paris Convention)이다. 이 조약은 1883년에 최초로 결성되어 현재 거의 100여개 국가가 가입하고 있다. 이 조약에 따르면, 최초 신청한 날로부터 1년 이내에 타가입국에 신청하면, 가입국 내에서는 최초 신청일로부터 보호를 받게 된다. 또한 1886년에는 저작권 보호에 관한 획기적인 조약인 베른조약((Berne Coonvention)이 맺어졌다. 이 외에도 지적재산권 보호를 위한 국제조약이 있는데, 그 중 하나가 특허협조조약(PCT: Patent Cooperation Treaty)이다. 이 조약은 현재 우리나라를 포함하여 호주, 브라질, 프랑스, 독일, 일본, 북한, 러시아 등 100개국 이상이 가입하고 있다. 이들 국가들은 발명품을 보호하기 위하여 등록, 탐색 그리고 신청서의 조사 등에 있어서 상호협력하고 있다.

4 법률적 환경의 관리

4.1 법률분쟁 해결방법

글로벌마케팅을 수행하는 과정에서 글로벌기업과 현지국간에 분쟁이 발생하는 경우, 그의 해결방법으로는 ① 타협과 협상 ② 중재 ③ 소송 등 다양한 해결방법이 있다.

(1) 화해와 타협

글로벌기업들은 일차적으로 분쟁이 발생하지 않도록 노력하는 것이 가장 중요하지만, 만일 예기치 못한 사태로 인하여 현지국의 정부나 기업과 분쟁이 발생한 경우 가장 먼저 수행해야 할 분쟁해결방법이 바로 화해와 타협이다. 이는 분쟁당사자들이 비공식적으로 또는 자발적으로, 평화적으로 직접적인 교섭을 통해 합의하여 해결하도록 하는 방법이다.

(2) 중재

화해와 타협을 통해 분쟁이 해결되지 않을 경우 그 차선책으로서 합의에 의해 법원 이외의 제3자(중재인)에게 그 분쟁의 해결을 위임하고, 그 판정에 복종함으로써 분쟁을 최종적으로 해결하려는 방법이다. 중재와 소송의 근본적인 차이점은 소송이 「법에 의한 판단」을 하는 것임에 반해, 중재는 「인격과 상정(上程)에 의한 판단」을 중시한다는 점이다.

중재는 소송의 단점을 극복할 수 있어, 오늘날 대부분의 국제분쟁이 이에 의해 해결되고 있는데, 그 구체적인 이유는 다음과 같다.

① 국제상사분쟁이 외국의 법률이나 법원에 의한 분쟁해결을 촉구하는 경우는 법적 관할권에 관한 다툼을 야기시켜 분쟁이 더 확대될 소지가 있다

② 현지국 법원이 민족주의적 입장에서 형평성을 잃고, 자국민에게 유리한 판결을 할 우려도 있고, 또한 외국기업에 대해 편견을 가지는 경우는 외국기업이 불리한 상황에 처하게 된다.

③ 대부분의 국가에서는 외국에서 내려진 판결에 대해 자국 내에서 실행되는 것을 용인하지 않고 있기 때문에, 이를 타국의 영역 내에서 실행하기 위해서는 넘어야 할 또 다른 문제가 있다.

④ 소송에 의한 분쟁해결은 일반적으로 많은 시간이 소요되고, 비용이 많이 든다.

⑤ 소송은 소송기간 동안 현지국내에서 지나치게 노출됨으로써 현지국 정부, 기업, 소비자들에게 나쁜 기업이미지를 형성하고 기업의 신뢰도를 저하시킨다.

(3) 소송

글로벌기업과 현지국의 정부나 기업 간에 분쟁이 발생할 경우, 가장 최후의 수단으로 이용할 수 있는 수단이 바로 소송(litigation)이다. 그러나 이러한 소송은 중재에서 언급했듯이, 여러 가지 단점을 가지고 있으므로, 가능한 한 활용치 않는 것이 좋다. 다른 모든 해결방법들이 실패했을 때, 마지막으로 사용할 수 있는 방법이다. 다음의 [표 5-2]는 소송과 상사중재를 요약하여 비교한 것이다.

▌표 5-2▐ 소송과 상사중재의 비교

	소 송	상 사 중 재
대 상	민사·형사·행정·선거 등 모든 법률분쟁	사법상의 모든 분쟁
요 건	당해 법원이 관할권을 가진다.	당사자 간에 서면에 의한 중재합의가 있어야 한다.
효 력	구속력(불가철회성) 및 집행력이 있다.	법원의 확정판결과 동일한 효력이 있다. 단, 구속력은 집행판결로서 생긴다.
신속성	복잡한 소송절차와 3심제도 때문에 시일이 오래 걸린다.	절차가 간단하고 단심제이다. 단, 한 번의 중재판정으로 분쟁이 종료되기 때문에 매우 신속하다.
경 비	변호사 보수·인지대 등 때문에 비용이 많이 든다.	단심제이기 때문에 한 번의 중재비용지출로 족하다. 따라서 소송에 비해 경비가 훨씬 저렴하고, 변호사를 선임하지 안 해도 되므로 비용이 절감된다.
심판관	법관은 법이론과 실무에 대하여는 밝지만, 전문적인 상거래의 실무와 관습에 대하여는 잘 알지 못는 수도 있다.	각 분쟁사안에 정통한 전문가(중재인)가 판정하므로, 개개 분쟁의 실정에 맞는 합리적 해결을 기대할 수 있다.
공개성	소송은 공개주의가 원칙이므로, 영업상의 비밀이나 사안의 비밀이 공개된다.	엄격한 비공개주의에 따라 사안의 비밀이 보장된다.

4.2 법률적 환경의 관리전략

법률환경은 글로벌기업이 가장 직접적으로 접촉하게 되는 환경으로서, 이 환경에 대한 파악이 잘못되면 글로벌기업의 마케팅활동이 직접적인 영향을 받게 된다. 그러므로 글로벌기업들은 현지국에 진출하기 이전에 현지국의 법률적 환경에 대해 충분한 조사와 분석을 통하여 기업 본사의 차원에서나 파견되는 마케팅관리자 차원에서 이에 대한 명확한 지식을 체득하고 있어야 한다.

글로벌기업이 법률환경에 대해 대응할 수 있는 관리전략으로는 법률전문가의 기업내 채용, 현지국 정부에 대한 로비, 법률환경에 대한 체계적 학습, 계약 시 전문가의 참여 등이 있다.

(1) 법률전문가의 기업내 채용

기업의 활동은 법률이 허용한 테두리 내에서 이루어져야 하는데, 기업 내부적으로 법률적 지식에 정통한 전문가를 확보함으로써 기업의 외부환경인 법률적 환경에 대처해 나갈 수 있다. 기업이 본국과는 법률환경이 상이한 외국에서의 경영활동을 계획하고 있다면, 외국의 법률환경에 정통한 인력을 확보하여 외국의 법률환경에 대처하기 위한 기업전략을 수립하는데 참여시켜야 한다. 기업활동 상의 모든 법률적 문제에 대한 자문을 구하기 위해 법률전문가를 기업내부에 채용하는 데는 많은 비용이 들게 된다. 대기업의 경우에는 투자단위나 규모가 크기 때문에, 사업단위별로 법률전문가를 고용할 수 있으나, 중소기업의 경우 법률전문가를 이용하기 위한 자금부담 때문에 기업 자체적으로 법률전문가를 고용하기 힘든 형편이다. 이에 대한 전략적 대안으로서 현지에 진출한 여러 중소기업들이 연합하여 일정 수의 법률전문가를 고용하든지, 거래관계가 있는 대기업과 연계함으로써 법률전문가를 이용할 수 있을 것이다.

(2) 현지국 정부에 대한 로비

글로벌기업의 법률분쟁을 해결하기 위한 또 다른 한 방법으로서, 글로벌기업이 현지국 정부에 대해 로비활동을 함으로써 법률적 분쟁의 발생을 미연에 방지하는 방법이다. 로비력이 큰 기업의 경우 여러 압력단체를 조정하여 기업의 목적에 부합하는 방향으로, 현지국 정부나 기업에 대해 압력을 가하게 함으로써 기업목적을 달성하는데 긍정적인 효과를 얻을 수 있다. 뿐만 아니라 이러한 기업의 이미지가 현지국에 알려지게 되면 현지국 정부뿐만 아니라 기업들까지도 이 기업에 대해 섣부른 분쟁의 제기를 할 수 없게 된다.

(3) 법률적 환경에 대한 체계적인 학습

기업이 법률전문가를 기업 자체적으로 고용한다고 하더라도, 이들 전문가를 기업활동의 세세한 부분에까지 활용할 수는 없다. 그러므로 기업들은 본국과 현지국의 법률적 환경뿐만 아니라, 여러 가지 국제협약에 관한 체계적인 지식을 그 구성원들에게 학습시킬 필요가 있다. 현지국 법률이 요구하는 글로벌기업이 갖추어야 할 조건은 무엇인가, 본국과 비교하여 현지국 법률이 어떠한 특이점을 가지고 있는가, 본국법과 현지국 법률과는 상충되는 내용은 없는가, 기업이 현지국에서 규정한 법률적 요구사항을 감당할 능력이 있는가 등에 관하여 명확히, 그리고 세밀한 이해와 분석이 필요하다.

(4) 계약시 관련 전문가의 참여

국제적 법률위험을 회피할 수 있는 하나의 방안으로는 국제계약 시에 관련 전문가들을 참여시켜 계약상의 오해가 발생할 소지를 없애는 것이다. 이러한 관련 전문가로는 법률전문가, 마케팅전문가, 본국 및 현지국 언어에 능통한 사람, 현지국의 상관습을 잘 파악하고 있는 사람 등이 해당될 수 있을 것이다. 특히 법률문제에 있어서는 계약에 관계되는 각 당사자의 책임을 명시해야 하며, 분쟁 시의 재판관할권을 명시해야 하는데, 재판관할권 조항에는 사건재판에 사용될 법원체제와 적용될 국가의 법률을 기재해야 한다. 이외에도 계약서 작성 시에 필요한 언어의 적절한 선택과 현지국의 상관습을 고려한 계약의 체결도 분쟁을 미연에 방지할 수 있는 기업전략의 하나라고 할 수 있다.

제5장 주요 학습 용어

법률환경	글로벌 법률환경	법적 관할권
법의 역외적용	독점금지법	수출관리법
해외부패방지법	경쟁제한관행	지적재산권
조세문제	신COCOM	국제뇌물방지협약
파리조약	중재	소송

참고문헌

김희철, 글로벌시대의 국제경영, 두남, 2016.

김희철, 글로벌시대의 국제마케팅, 두남, 2007.

이 철, 글로벌마케팅, 학현사, 2016.

Behrman, J.N., *National Interests and the Multinational Enterprise*, Prentice-Hall, 1970.

Cateora, Philip R., *International Marketing*, 8th ed., Richard D. Irwin, Inc., 1993.

Jackson, John H. and Davey, William J., *Legal Problems of International Economic Relations*, West Publishing Co., 1986.

Wilson, D.T., *International Business Transactions*, St.Paul., Minn., West Publishing Co., 1981.

Global Marketing Global Marketing Global Marketing

PART 3
글로벌마케팅 진출전략

제6장 글로벌 마케팅정보시스템과 글로벌 마케팅조사

- 글로벌 마케팅정보시스템
- 글로벌 마케팅조사

1 글로벌 마케팅정보시스템

1.1 글로벌 마케팅정보시스템의 개념과 구성

(1) 글로벌 마케팅정보시스템의 개념

기업의 글로벌 마케팅관리자는 모든 경제문제와 마찬가지로, 마케팅문제와 관련하여 여러 가지 대안들 중에서 선택을 위한 끊임없는 의사결정상황에 직면하게 되는데, 효과적인 마케팅계획의 실시 및 통제를 위해서는 의사결정상의 각 대안에 관한 충분한 정보가 수집될 수 있어야 한다. 기업의 시장규모가 작을 때에는 마케팅담당자가 소비자들의 태도나 욕구를 확인하는 것이 그리 어려운 일이 아니었으나, 오늘날과 같이 시장규모가 국제적으로까지 확대하고 소비자의 욕구가 다양해져가는 상황 하에서는 소비자들의 태도나 시장상황 등 마케팅과 관련된 정보를 상황에 맞게 적절히 입수하는 것이 결코 용이한 일이 아니다.

글로벌 마케팅관리자는 글로벌마케팅 문제와 관련하여 여러 가지 대안들 중에서 선택을 위한 끊임없는 의사결정상황에 직면하게 된다. 이 때 효과적인 글로벌마케팅 계획의 실시 및 통제를 위해서는 의사결정대안에 대한 충분한 정보가 수집되어야 한다.

오늘날 많은 글로벌기업들은 이를 위해 글로벌 마케팅관리자에 대한 체계적이고 규칙적인 정보제공의 필요성을 강하게 인식하게 되었으며, 이에 보다 체계적인 글로벌 마케팅정보시스템의 구축을 통해 글로벌 마케팅활동의 합리적인 계획, 실천 및 통제를 도모하고 있다.

이러한 글로벌 마케팅정보시스템은 글로벌마케팅관리의 책임분야에 있어서 특정 마케팅의사결정에 활용하기 위해 글로벌기업 내·외로부터 필요정보를 체계적으로 수집·분류·분석·저장하는 사람, 기계, 절차의 통합정보망으로 구성된 지속적인 마케팅정보시스템을 의미한다. 그러므로 글로벌 마케팅정보시스템은 글로벌 경영기회를 확산시켜주고, 잠재적인 문제점을 인식하게 해주며, 글로벌마케팅 계획의 수립을 지원해준다.

(2) 글로벌 마케팅정보시스템의 특징

글로벌 마케팅정보시스템은 국내 마케팅정보시스템과 비교할 때 다음과 같은 차이점이 있다.

첫째, 취급하는 정보의 범위가 일국 이상이라는 점에서 차이가 있다. 그 이유는 글로벌마케팅이 글로벌시장을 대상으로 마케팅활동을 전개하기 때문에, 글로벌 마케팅정보시스템에서는 외국시장에 대한 다양한 정보들을 취급한다는 점이다.

둘째는 취급하는 정보의 수준이 개별국가뿐만 아니라 범세계적으로 통합·운영된다는 점이다. 글로벌 마케팅정보시스템 내에는 여러 개의 국가별 또는 지역시장별 마케팅정보시스템이 구축되어 있어 각기 해당국가 내지 해당지역의 시장정보를 수집·분석한다. 따라서 글로벌마케팅 계획을 효과적으로 수립하여 집행하기 위해서는 글로벌 마케팅정보시스템이 효율적으로 구축되어야 하며, 그러한 정보시스템의 효율적인 구축 여부는 글로벌 마케팅조사의 효율적인 집행에 좌우된다. 또한 글로벌 마케팅정보시스템이 효율적으로 운영되기 위해서는 개별국가 내지 지역시장별로 수집된 정보를 기업 전체적 차원에서 활용할 수 있도록 통합·운영되어야 한다.

글로벌 마케팅조사는 엄밀히 따지자면, 글로벌 마케팅정보시스템의 한 구성요소이다. 글로벌 정보시스템과 글로벌 마케팅조사를 비교하면 [표 6-1]과 같다.

표 6-1 글로벌 마케팅정보시스템과 글로벌 마케팅조사의 비교

글로벌 마케팅정보시스템	글로벌 마케팅조사
1. 내부 및 외부자료 중심	1. 주로 외부정보 중심
2. 문제해결 및 문제예방 중심	2. 문제해결 중심
3. 계속적인 시스템으로서의 운영	3. 단속적인 프로젝트 베이스 운영
4. 미래지향적인 경향	4. 과거 정보에 의존 경향
5. 컴퓨터 베이스의 정보체계	5. 컴퓨터의 이용 거의 없음
6. 마케팅조사 및 기타 경영관련 정보제공	6. 마케팅정보시스템의 하위 구성요소

(3) 글로벌 마케팅정보시스템의 구성

글로벌 마케팅정보시스템은 정보사용자에서 시작하여 정보사용자에서 끝나게 되어 있다. 사각형의 오른편은 글로벌 마케팅관리자가 항상 감시해야 하는 마케팅환경을 나타내어 주며, 마케팅환경의 추세에 관한 정보는 기업에 의해 수집되어 사각형 안에 있는 네 개의 하부시스템을 통해 분석·처리된다. 분석·처리된 정보는 글로벌 마케팅관리자에게 제공되어 마케팅계획과 실행, 통제에 도움을 주게 되며, 글로벌 마케팅관리자의 의사결정은 다시 시장환경으로 환류(feedback)되는 것이다.

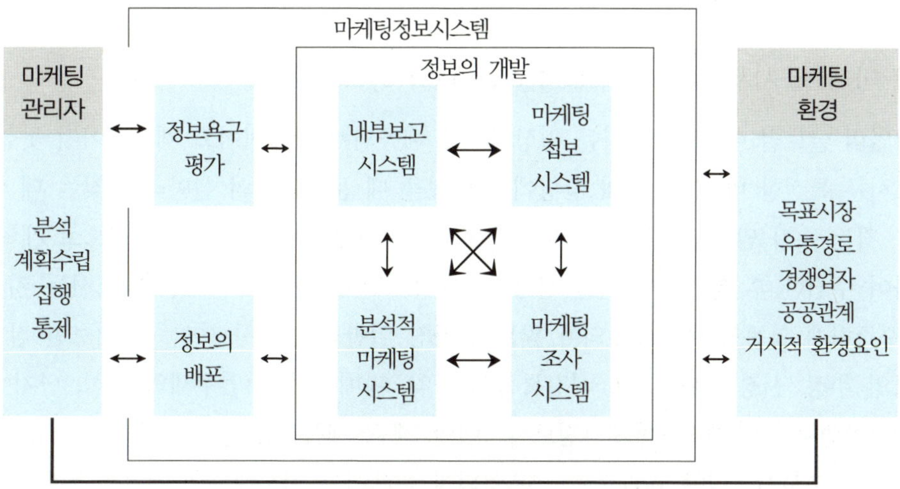

[그림 6-1] 글로벌 마케팅정보시스템의 구성요소

이와 같은 마케팅정보시스템의 구성에 있어 사각형 안의 네 가지 하부시스템은 서로 유기적으로 상호작용을 하고 있는데, 이들의 내용을 개별적으로 살펴보면 다음과 같다.

1) 내부보고시스템(internal reports system)

이 시스템은 기업 내에서 일어나는 모든 일을 기간별로 작성하여 글로벌 마케팅관리자에게 보고하는 시스템으로 가장 대표적인 것으로 주문량, 매출, 재고수준, 외상매출금, 외상매입금 등을 보고하는 내부회계시스템을 들 수가 있다. 이러한 마케팅보고시스템을 효과적으로 활용하기 위해서는 글로벌 마케팅관리자의 탁월한 판단능력이 전제가 된다.

2) 마케팅첩보시스템(marketing intelligence system)

마케팅첩보시스템은 체계적인 자료의 정리와 분석에 의한 결과를 제시하는 다른 하위시스템과는 달리 일상적으로 우연히 발생하는 일련의 자료를 수시로 제공하는 시스템이다. 즉 마케팅 첩보시스템이란 새로운 법률, 사회추세, 기술혁신, 인구통계적 변화와 같은 중요한 환경적 사건에 관한 일상정보를 관리자들이 마케팅계획을 수립하고 조정하는데 도움이 되도록 제공하는 시스템인 것이다. 일반적으로 이용 가능한 일상정보는 매우 많으므로, 첩보시스템은 이러한 환경을 체계적으로 조사하여 관련성 있고 이용 가능한 정보를 분류한 후 관리자들이 용이하게 정보들을 평가하여 사용할 수 있도록 도와 줄 수 있어야 한다.

3) 마케팅조사시스템(marketing research system)

기업의 글로벌 마케팅관리자는 일상적으로 제공되는 단편적이고 체계적이지 못한 자료로서는 특정한 마케팅문제의 상황에 부딪혔을 때 문제해결의 실마리를 찾는 데 어려움을 겪는 수가 많다. 마케팅조사시스템이란 관련자료의 사실들을 체계적으로 계획·설계하여 수집한 후 분석하여 이를 상급자에게 보고하는 체제이다. 마케팅조사는 지금까지 꾸준하게 활동영역이 확대되어 왔는데 가장 일반적인 조사분야를 들어보면 잠재적 수요의 추정, 시장점유율분석, 시장특성의 파악, 판매분석, 기업추세의 분석, 단기예측, 경쟁상품연구, 장기예측, 마케팅정보시스템의 연구, 제품검증 등을 들 수가 있다. 기업의 마케팅조사시스템이 효과적으로 운영되기 위해서는 회사내부의 가용기술과 자원의 고려 하에 기업내부인력으로 직접 실행할 것인가, 아니면 외부의 전문조사 용역기관에 맡길 것인가에 대한 적절한 의사결정이 이루어져야 한다. 뿐만 아니라 무엇보다도 중요한 것은 정보를 사용하는 글로벌 마케팅관리자와 실제로 조사를 행하는 조사자간에 원활한 의사소통이 이루어져야 한다는 점이다.

4) 분석적 마케팅시스템(analytical marketing system)

분석적 마케팅시스템은 마케팅첩보시스템이나 마케팅조사시스템에 의해 제공된 정보를 보다 실제적으로 관리자가 의사결정에 이용할 수 있도록 고도의 통계적 분석이나 모형의 적용에 의하여 처리된 정보를 제공하는 시스템이다. 이러한 분석적 마케팅시스템은 일반적으로 모아진 자료들 간의 관계나 통계적인 신뢰성에 관해 정보를 제공하는 통계은행과 가격설정모형, 최적 광고믹스의 모형 등과 같은 일련의 의사결정모형을 모아놓은 모형은행으로 구성된다. 이와 같은 분석적 마케팅시스템을 효과적으로 운영하기 위해서는 풍부한 통계분석기법 및 모형의 축적과 이의 관리자 의사결정에의 적절한 적용이 필요하다고 하겠다.

1.2 글로벌 마케팅정보시스템의 체계

기업의 글로벌 마케팅관리자는 성공적인 글로벌 마케팅전략의 계획 및 실천, 통제를 위해서는 목표시장규모나 구매자들의 욕구, 각국에서의 구매패턴, 경쟁의 정도, 여러 가지 환경적 요소의 영향 등에 관한 정보를 필요로 하게 된다. 더구나 동적인 글로벌시장 여건 하에서는 정보에 대한 요구가 점점 증가하게 되는데, 각국의 지리적 격차나 문화적 이질성은 시기적절한 마케팅정보 공급의 필요성을 더욱 증가시키게 된다. 그러나 현실적으로 볼 때 대부분의 다국적기업이나 수출회사들은 불행히도 체계적인 글로벌 마케팅정보시스템의 수립을 통한 정확한 정보를 원활하게 제공받지 못하고 있는 것이 사실이다.

구체적으로 글로벌 마케팅정보시스템의 설치 및 운용을 꾀하는 사람에게 있어서는 글로벌 마케팅정보시스템의 체계에 관한 보다 세밀하면서도 단계적인 지식이 필요하게 되는데, 이러한 관점에서 글로벌 마케팅정보시스템의 체계를 단계별로 살펴보면 다음과 같다.

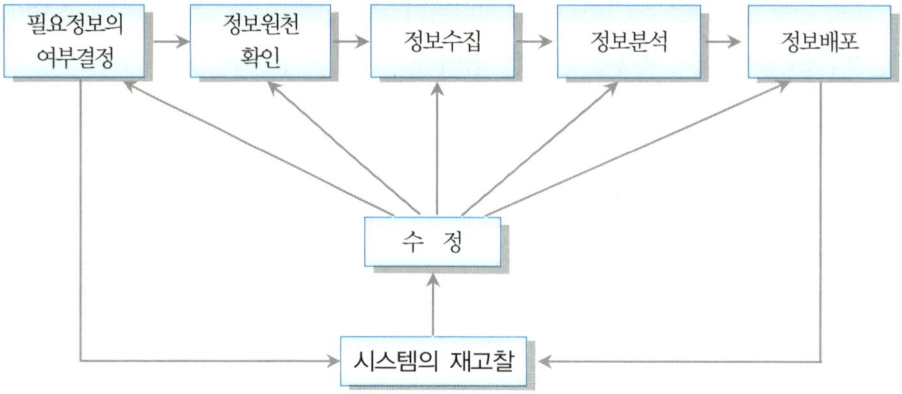

[그림 6-2] 글로벌 마케팅정보시스템의 체계

위의 [그림 6-2]는 글로벌 마케팅정보시스템의 개발 및 유지를 위해 기본적으로 고려해야 할 요소들을 단계적으로 나타내고 있는데, 그림에서 볼 수 있듯이 5단계가 고려되어야 한다.

첫 번째 단계로서 정보의 필요여부결정은 조직상 여러 차원에서 고려될 수 있는데, 예를 들면 회사수뇌부의 관점에서 고려되어져야 하느냐, 아니면 지사의 관점에서 고려되어야 하느냐의 결정이 있을 수 있으며, 또한 전략목적을 위해 결정해야 하느냐, 아니면 전술적 목적을 위해 결정되어져야 하느냐 등에 관한 고려를 들 수 있다. 일반적으로 모든 기업에 대해 필요한 정보를 분류하는 틀(framework)을 제시하는 것은 힘든 일이므로, 기업들은 각기 특정정보의 범주(categories)를 만들어야 하는데, 어떤 종류의 정보범주를 만들 것인가는 회사의 마케팅정보에 대한 요구와 최고경영자의 태도에 따라 달라진다.

두 번째 정보원천의 확인에 있어서는 회사내부와 외부로 나누어 볼 수 있고, 국내시장과 국외시장으로 나누어 볼 수도 있으며, 가장 일반적인 방법으로는 1차자료 원천(primary data source)과 2차자료 원천(secondary data source)으로 나누어 볼 수 있다.

세 번째 자료의 수집은 구조화된 양식형태로 수집하거나 양식에 구애받지 않고 자유로운 형태로 수집할 수가 있다. 자료수집수단의 사용에 있어서도 종전에 주로 사용되어왔던 전화, 우편, 전보 이외에 전체회사의 전산화를 통하여 단말기로 서로 정보를 교환할 수도 있다.

이렇게 여러 곳으로부터 수집된 정보는 네 번째 단계인 분석단계에서 사용하기에 편리한 형태로 분석이 행해지고, 분석된 결과는 다섯 번째 단계인 배포단계에서 각각의 글로벌마케팅 정보필요자들에게 배포된다. 정보의 배포대상은 정보산출의 목적에 따라 기업전체의 관리자들에게 배포될 수도 있고, 특정의 상위 관리자들에게만 배포될 수도 있다.

정보필요 여부의 결정단계에서부터 정보배포의 단계까지는 기업이 영업을 계속 행하는 한 계속 반복되게 되는데, 여기서 주의할 점은 그림에 나타나 있듯이 기업의 글로벌 마케팅관리자는 고안된 시스템이 시간이 흐르는 중에 기업의 글로벌마케팅 정보요구에 항시 적합한가를 파악해야 하며, 또한 전체시스템의 비용/효용 면에서의 효율성을 항상 감안해야 한다. 만일 글로벌 마케팅정보시스템의 설치운영 중 시스템 전체나 일부를 수정해야 할 필요가 생기면 즉시, 그리고 신중히 그림에서 볼 수 있듯이 수정이 이루어져야 한다.

1.3 글로벌 마케팅정보시스템의 운용

(1) 필요정보의 확정

기업은 그 나름대로의 기업특성에 따라 각기 특유한 정보의 범주를 가지고 있으므로, 모든 기업에게 공통적으로 유용한 필요정보를 확정한다는 것은 어려운 일일 뿐 아니라, 실제로 실현가능성도 없다. 그렇지만 각 기업에게 사용가능한 모든 정보요소를 제시해 준다는 점에서 일반적으로 글로벌 마케팅정보시스템에서 사용될 수 있는 일반적인 정보요소들을 제시해 보면 아래와 같다.

1) 거시경제적 자료

기업의 입장에서 볼 때 시장의 구매력은 매우 중요한 관심사이므로, 글로벌 마케팅관리자의 관점에서는 세계 각국의 소득, 저축, 채무수준 등은 중요한 정보요소가 된다. 거시경제적 자료란 바로 글로벌 마케팅관리자의 의사결정에 도움을 줄 수 있는 국가별 경제, 재무, 사회경향, 추세 등에 관한 자료로 구체적으로 예를 들면 특정국가의 실업인구지표, 파업빈도수지표 등을 들 수 있다. 거시경제적 자료의 사용 및 저장에 있어서 유의해야 할 사항은 보다 일반적인 환경지표와 보다 회사의 경영목적과 관련된 자료 간에 적절한 균형 및 조화가 이루어져야 한다는 점이다.

2) 시장규모와 구조

시장규모와 구조에 관한 자료은행은 주로 기업의 특정제품 사람단위와 원재료 공급원천과 관련된 시장규모, 구조에 관한 자료로 구성된다. 제품시장의 경우에는 현재 시장에서의 주요 경쟁대상자들의 생산, 판매활동 및 소비자들의 구매행동 등에 관한 자료가 유용하다. 특정 제품라인에서 세분화된 판매자료도 매우 유용할 수가 있는데, 예를 들면 화장품류는 비누, 샴푸, 로션 등으로 나누어 자료를 수집할 수가 있고 같은 비누 내에서도 향기와 가격 등에 따라 더 세분화한 자료를 얻을 수가 있다. 공급원천의 경우에 주요 관심을 끄는 자료로는 다양한 원자재와 노동의 취득가능성 및 각 요소의 가격, 가격변동 등에 관한 자료이다. 시장에 있어 경쟁구조에 관한 자료도 기업의 장기마케팅전략의 관점에서 볼 때 매우 중용할 수가 있는데, 시장에서의 경쟁기업체의 수, 회사별 시장점유율, 각 상표에 대한 충실도 등에 관한 자료가 유용할 수 있다.

3) 경영실적과 제품별 실적자료

기업 내의 자료도 글로벌 마케팅정보시스템의 중요한 구성요소가 되는데, 이 경우 국내 마케팅정보시스템에 있어서와 마찬가지로 비슷한 유형의 정보가 요구되어지나 글로벌 마케팅정보시스템의 경우에는 국가 간의 지리적, 정치적, 문화적 격차를 전제로 하고 있으므로 약간 상이한 형태로 나타나게 된다. 예를 들면, 정보가 지녀야 할 형태가 국내마케팅정보시스템에 비해 상당히 상이할 수가 있는데, 가령 한국의 다국적기업이 미국에 진출해 있을 경우 한국과 미국의 회계보고시스템의 차이점으로 인해 지사의 경영성과에 관한 보고형태가 국내계열회사의 경영성과 보고형태와 상당히 차이가 날 수 있는 것이다.

회사 간의 차이에도 불구하고 특정자료들은 모든 기업에 공통적으로 중요하게 요구될 수가 있는데, 예를 들면 투자수익률, 전체 산업매출액에서 차지하는 시장점유비율, 시장점유율의 추세, 판매액에 대한 마케팅비용 등을 들 수가 있다. 다른 유형의 자료와 대비해 이 자료는 해당기업이 이미 개입된 특정국가나 제품시장과의 관련 하에서만 유용할 것이며 어떤 상황 하에서는 수요예측에 있어 선행-후행분석(lead-lag analysis)[4]과 같이 어떤 나라에서의 경영활동의 업적평가기준이 다른 나라에서도 확장 해석될 수 있을 것이다.

---

4) lead-lag analysis : 글로벌마케팅의 진입의사결정에 있어 수요예측의 한 방법으로, 선행국(leading country)의 수요패턴이 후행국(lagging country)에도 유사하게 나타날 것이라고 보는 것이다.

4) 기타 정보원천

앞에서 설명한 자료은행에 쉽게 집적할 수 있는 문서형태의 정보원천 외에 비문서적 형태를 띠는 정보원천으로서 사람을 통한 정보획득과 물리적 자극의 관찰을 통한 정보 획득을 들 수가 있다. 사람을 통한 정보 수집은 대화나 회의, 전화통화, 판매관리자의 보고서 등 대인적이고 구어적인 상호 의사소통에 의해 정보를 획득하는 경우를 말하는데, 이와 같은 접촉은 회사 내의 노사관계와 같이 내적 문제일 수도 있고 관리자, 정부 교역담당자, 광고대행사 등의 관계와 같이 외적 문제일 수도 있다. 이와 같은 정보원천을 가장 잘 이용하는 국민으로 일본인을 들 수가 있는데, 일본의 경우는 통산성이 이러한 정보를 수집하여 체계적으로 분석한 결과를 각 기업들에 나누어 주고 있다.

(2) 자료수집시스템

일단 글로벌 마케팅정보시스템 내에 포함될 자료의 특정 유형이 결정되고 나면, 다음 단계는 글로벌마케팅 의사결정을 위해 적합하고 설득력있는 근거를 제공하기 위하여 자료의 수집을 위한 절차를 확립하는 것이다.

마케팅정보시스템의 능률은 수집된 자료의 비교가능성에 달려 있다. 그러므로 자료의 비교가능성을 높이기 위해서는 구체적으로 다음과 같은 노력이 필요하다.

첫째, 국가 간의 자료비교 가능성을 높이기 위해서는 자료를 변형시키는 기본규칙에 있어 문맥 간에 비교가 가능하도록 하여야 하며, 변형규칙을 조정 보완하기 위한 방법 등도 확립시켜야 한다. 일반적으로 이러한 문제들을 폭넓게 수용할 수 있는 국제적 표준이 없으므로 하나의 해결책은 회사마다 나름대로의 규칙을 정립하는 것이다. 이것은 중앙통제본부에서 해석의 기본규칙과 보고형태를 지시하는 것이므로, 이를 위해서는 각 현지국으로부터 측정상의 표준, 현지국의 회계절차, 세법 및 기타 다른 재정적 규제에 대한 정보가 입수되어야 한다.

또 하나의 방법은 정보를 표준화시키는 것인데, 이에 따르면 현지국 기업은 현지국 표준에 의해 자료와 기타 필요한 정보를 수집하게 된다. 세부적인 처리절차는 현지국별로 입안 사용한 다음 중앙통제본부에 제출되며, 중앙통제본부의 경영진은 각국에서 모아진 자료들을 통일된 형태로 변형시키고 이를 국제적 자료은행에 보관시킨다. 이와 같은 방법의 사용은 현지국의 업무활동과 보고표준과의 차이에 대해 정확하게 서로 적응할 수 있는 장점이 있으나, 반면 현지국의 업무부담을 가중시킬 위험이 있다.

(3) 정보처리, 분석, 저장시스템

글로벌 마케팅정보시스템에 있어 정보의 처리, 분석, 보존상의 가장 큰 쟁점은 어떻게 상이한 국가들로부터 얻어진 자료들을 효과적으로 처리하고, 이를 정보은행에 보관시킬 것인가 하는 문제이다. 이러한 문제점은 거시경제적 자료의 수집처리의 경우보다 시장관련자료나 사내자료의 수집처리의 경우에 더욱 심각하다. 거시경제적 자료의 경우는 다소 쉽게 접근이 가능하며, 비교적 정기적으로 발간되므로 기업은 단순히 계열사들 간의 전산화에 의한 정보시스템의 연결로서 쉽게 자료은행에 축적할 수가 있다. 그렇지만 제품시장 관련자료는 그렇게 쉽게 이루어지는 것이 아닐 뿐만 아니라 자료의 공급이 비정기적이므로 오히려 잘못 사용할 경우 의사결정상 큰 오류를 범할 가능성이 많다. 특히 사내자료의 경우는 문제가 더욱 심각한데, 여기서 중요한 것은 어떻게 하면 필요한 정보를 적합한 형태로 수집하느냐에 대한 고려가 있어야 할 뿐 아니라 체계적인 골격 하에 정보를 수집하고 처리하는 절차가 정립되고 나면 효과적인 자료의 분석에 의한 결과의 산출 및 산출된 결과의 보존을 위한 적절한 절차가 고안되고 보완되어져야 한다.

1.4 글로벌 마케팅정보시스템의 효용

글로벌 마케팅정보시스템은 시장 확장기회의 포착, 경영활동의 평가, 글로벌환경의 분석, 시장진입 및 철수 의사결정 등의 주요한 의사결정과 관련하여 유용한 정보를 제공할 수가 있는데, 이를 구체적으로 살펴보면 다음과 같다.

(1) 시장 확장기회의 포착

글로벌 마케팅정보시스템은 국제적 사업확장을 위한 의사결정뿐만 아니라 심층분석의 필요성이 있는 국가를 선정하는 데도 중요한 정보를 제공한다. 이러한 글로벌 마케팅정보시스템은 국가별 시장 확장기회를 평가함에 있어서 체계적인 분석접근법을 제시하며, 또한 의사결정과정상의 초기단계에 매우 유용하며, 기타 다른 문서나 전문가들의 견해에 의해 수정·보완되어 특정 프로젝트나 의사결정상의 특성에 따라 적절히 변형될 수도 있다. 그러나 실제 의사결정에 이를 어느 정도 고려하느냐의 여부는 주로 경영진의 판단과 경험에 달려 있다.

(2) 경영활동의 평가

글로벌 마케팅정보시스템은 전 세계의 상이한 여러 제품시장과 국가에서의 경영활동을 평가하는 데 중요한 정보를 제공할 뿐만 아니라, 글로벌 마케팅정보시스템내의 정보은행은 전 세계에 퍼져 있는 여러 현지법인들의 활동을 통제하고, 상이한 시장조건하에서의 경영활동성과를 비교하는 데 유용한 기준을 제시할 수가 있다. 일반적으로 높은 시장점유율은 많은 이익의 창출과 연관되어 있는 것으로 알려지고 있으므로, 국내시장의 경우 자사의 경영활동평가는 시장점유율, 투자수익율과 같은 표준적 평가수단을 이용하게 되는데, 국제적인 경영활동의 평가도 이와 같은 관계가 성립한다는 가정아래 유사한 평가수단을 사용할 수가 있다.

(3) 글로벌환경의 분석

글로벌 마케팅정보시스템의 또 다른 활용방법은 전 세계에 걸쳐 각국의 변화방향과 추세를 예측하기 위하여 환경을 고찰하는 것이다. 특히 요즈음과 같이 정치적, 사회적, 문화적, 기술적으로 주변정세가 급격히 변화하는 상황 하에서 기업의 입장에서 볼 때는 급격한 환경변화를 주시하여 환경적응에 뒤지지 않는 것이 무엇보다도 중요하다. 이것은 직접적으로 경쟁에 임하는 기업의 능력에, 그리고 목표이익수준의 유지에 영향을 미친다.

일반적으로 환경을 고찰함에 있어서는 사회적, 정치적, 경제적, 생태학적, 기술적 변화를 망라하는 될 수 있는 대로 광범위한 요인들을 관찰하는 것이 중요하겠지만, 시간과 비용을 고려해 특정기업과 제품시장에 적합한 요소를 선별하여 파악하는 것도 중요하다. 효과적인 환경고찰시스템을 운영 중인 IBM과 GE 등 대규모의 글로벌기업들은 이 업무에만 전적으로 매달려 있는 전문가들을 고용하고 있다.

(4) 시장 진출과 유지 및 철수의 결정

글로벌시장에 이미 진출해 있는 기업의 경우, 중요한 다른 문제는 국제적 시장확대를 위해 가장 유망한 대상국을 선별하는 것만큼 각기 상이한 국가, 제품시장, 목표 하부시장에 어떻게 기업의 자원을 효과적으로 배분할 것인가를 결정하는 것이다. 즉, 이것은 국가나 제품 시장별로 새로운 투자결정을 해야 할 뿐 아니라, 이익잠재력이 없는 곳에서의 투자 철회, 그리고 보다 높은 기대수익이 기대되는 활동으로서의 전환에 관한 신중한 고려가 중요함을 말하는 것이다. 이와 같은 의사결정상의 고려를 위해서는 진입이 가능한 모든 국가와 지역에서의 투자환경, 제품, 그리고 잠재적 목표시장에 관한 정보가 필요하며, 또한 현재 기업이 참가하고 있는 시장의 경영성과에 관한 정보도 있어야 한다.

글로벌 마케팅정보시스템은 이와 같은 글로벌시장에서의 진입, 유지, 철수의 의사결정을 행하는데 유용한 거시경제적 자료, 시장관련자료, 사내자료 등 3가지 유형의 자료나 정보를 제공하게 된다.

2 글로벌 마케팅조사

2.1 글로벌 마케팅조사의 성격

마케팅환경의 정확한 인식은 통계학, 응용심리학, 사회학 등의 관련분야에서 사용되는 각종의 과학적인 방법 등을 사용하여 지속적으로 연구·분석해야 가능하다. 마케팅조사의 목적은 이러한 연구방법의 실천을 통하여 기업의 마케팅관리자에게 합리적인 의사결정의 도구를 제공하는데 있다.

가장 이상적인 마케팅조사의 실천목표는 기업의 시장구성 논리를 체계적으로 파악하거나 또는 이를 몇 개의 모형으로 축소시키는 것이 될 것이다. 현실적으로는 마케팅조사가 일정한 가격조건하에서 일정기간 동안의 특정제품 매출가능성에 대한 정보수집 등과 같은 단편적인 정보수집체계 활용으로 용도가 제한되는 경우가 많다. 그러나 기업의 글로벌화가 추진되면서 경영환경이 급변하고 경쟁기업들의 전략이 다양해지는 상황 속에서는 보다 체계적이고 능률적인 마케팅조사는 생존을 위한 필수적인 과제가 되고 있다.

(1) 글로벌 마케팅조사의 의의

마케팅조사는 기업이 당면한 특정 마케팅의사결정에 필요한 정보를 제공하기 위하여 자료를 수집하고 분석하는 것이다. 이렇게 수집되는 정보는 객관적이어야 하며, 최근의 시장상황을 반영해야 하며, 또한 현재 담당자가 처한 문제를 해결하는데 필요한 내용을 포함하고 있어야 한다.

세계시장을 대상으로 해서 이루어지는 글로벌 마케팅활동은 국내시장에서 이루어지는 마케팅활동과 비교해서 볼 때 상당히 복잡다양하다. 이는 국제적 사업활동의 형태가 단순수출에서부터 글로벌경영활동에 이르기까지 다양할 뿐만 아니라, 사업환경이 국가마다 상이하기 때문이다.

글로벌 마케팅조사는 글로벌마케팅 의사결정에 필요한 정보를 얻기 위해 각종의 자료를 수집·기록하고, 이를 분석·평가하는 것을 말한다. 이러한 글로벌 마케팅조사는 상이한 시장환경을 정확하게 분석하여 기업의 마케팅전략 의사결정에 활용하고자 함을 목적으로 국경을 초월하여 외국시장과 해외소비자를 대상으로 이루어진다.

글로벌 마케팅조사는 방법론적인 측면에서 볼 때, 국내 마케팅조사와 큰 차이가 없다. 글로벌 마케팅조사를 위하여 활용하는 조사기법은 국내 마케팅조사를 위하여 사용하는 조사기법과 동일하다. 그러나 글로벌 마케팅조사에서는 서로 다른 환경을 가진 다양한 국가를 대상으로 조사하기 때문에 국내 마케팅조사보다 더욱 복잡하다.

(2) 글로벌 마케팅조사의 필요성

글로벌시장은 여러 가지 환경요인의 영향을 받는 다수의 개별 국가시장으로 구성되어 있다. 어떤 글로벌기업이 다수의 개별 국가시장을 대상으로 마케팅활동을 전개하는 경우, 경제적, 문화적, 법적, 기술적 환경 등과 같은 요인들을 국가별로 조사하고 분석할 필요가 있다. 그러므로 글로벌 마케팅조사의 필요성은 글로벌 시장환경의 다양성 때문에 더욱 커진다. 각기 다른 시장환경, 즉 경제개발수준, 언어, 태도 등의 거시적인 환경차이 뿐만 아니라 각종의 마케팅활동에 대한 정부의 규제 등과 같이 기업활동에 직접적인 영향을 미치는 미시적 환경차이가 이러한 시장에서 활동하고자 하는 모든 기업들로 하여금 이들 환경요소에 대한 정확한 이해를 어렵게 하고 있기 때문이다.

글로벌 마케팅조사의 활용수준은 기업의 글로벌화 수준에 따라 다르다. 글로벌시장 초기진출단계에 있는 기업들은 대다수가 간접수출에 의한 방법으로 글로벌화를 추진하게 되므로 글로벌시장에 대한 조사의 필요성을 거의 느끼지 못하거나 수행능력이 없다. 그러나 기업이 점차 직접수출을 하게 되고 현지법인의 설립 등을 통해 글로벌화가 증가함에 따라 글로벌 조직의 효율성을 추구하게 되고 사업의 성공을 위한 보다 적극적인 글로벌 마케팅조사를 행하게 되는 것이다.

이러한 글로벌 시장조사의 필요성을 구체적으로 정리해 보면 다음과 같다.

첫째, 새로운 시장을 개척하기 위하여 필요하다.
둘째, 최적의 글로벌 마케팅전략을 수립하기 위하여 필요하다.
셋째, 다수의 글로벌시장을 통합하고 통제하기 위하여 필요하다.
넷째, 변화하는 외부환경에 적절하게 대응하기 위하여 필요하다.

(3) 글로벌 마케팅조사의 목표와 내용

글로벌 마케팅조사의 목표는 크게 볼 때 글로벌시장 환경을 이해하기 위하여 과거부터 지금까지 나타난 시장상황을 정확히 파악하는 것과 미래시점에 주어질 시장상황에 보다 효과적으로 적응하기 위하여 기업이 선택할 수 있는 마케팅전략수립의 기초자료를 제공하는 것이다. 글로벌 마케팅조사는 부적절한 시장진입 의사결정을 통제할 수 있도록 자료를 제공함과 동시에, 확실한 사업성기회를 파악하게 해주어야 하며 아울러 제품, 가격, 유통, 촉진활동 등의 구체적인 전략방향을 제시하여야 한다.

따라서 구체적으로 볼 때 글로벌 마케팅조사의 내용으로는 글로벌시장 관련정보와 글로벌기업 관련정보로 구분하여 볼 수 있는데, 글로벌마케팅 환경의 특수성 때문에 해당 국가시장의 정치적, 경제적 환경에 관한 정보의 수집에 가장 큰 비중을 두게 되며 아울러 조사방법론상에도 상당히 다양한 환경 하에서의 정보수집과 분석을 행하게 되므로, 수집된 정보의 효용과 분석된 내용의 해석에 상당한 주의를 기울여야 함을 알 수 있다.

(4) 글로벌 마케팅조사의 한계

세계시장에서의 글로벌 경영활동은 활동 및 적용영역이 극히 다양하므로, 상식적인 것으로 채택할 수 있는 성공적인 마케팅전략의 개발은 거의 불가능하다. 따라서 글로벌 마케팅관리자의 업무가 그만큼 복잡하게 되며, 궁극적으로는 마케팅조사자도 이러한 복잡다기한 상황을 해쳐나갈 수 있는 효과적인 자료를 구해야 하므로 국내시장조사에서는 고려하지 않아도 될 많은 문제와 한계에 봉착하게 된다. 이들 가운데 중요한 몇 가지를 열거해 보면 다음과 같다.

1) 조사설계상의 문제

글로벌마케팅 의사결정을 위한 조사설계는 국내시장조사보다 훨씬 복잡할 뿐만 아니라 여러 나라에서의 조사의 실행은 분석단위와 수준의 정의에 상당한 주의를 요한다. 일반적으로 국가가 정치적 국경선의 존재로 인해 분석이 용이한 단위이기는 하지만 마케팅적인 입장에서 보면 항상 가장 적절한 단위가 되지는 못하며, 오히려 글로벌 마케팅관리자에게는 부분시장이나 세분화된 시장단위가 더욱 더 필요한 경우가 많으므로 이러한 조사 설계상의 문제가 발생한다.

2) 2차자료의 부족과 낮은 신뢰성문제

국내시장조사에서 충분한 활용정보에 익숙해있는 조사자는 글로벌 마케팅조사를 행함에 있어 국내마케팅조사에서 기본도구였던 여러 변수들에 대한 2차자료가 부족하여 상당한 어려움을 경험하게 된다. 게다가 2차자료가 존재하더라도 정확성 및 신뢰성이 문제시된다. 이러한 점들은 많은 경우에 글로벌마케팅 의사결정이 국내마케팅 의사결정보다 훨씬 제약적이고 부정확한 자료에 기초를 두고 행해져야 함을 나타내고 있다.

3) 1차자료 수집비용문제

일반적으로 글로벌시장에서의 1차자료의 수집은 비교적 많은 비용이 소요되는데, 특히 시장조사를 위한 기초자료의 제공이 없고 조사에 대한 경험이 축적되어 있지 않은 개발도상국에서는 자료수집비용이 조사 상에 큰 부담이 된다. 예를 들어 면접 담당자를 훈련시키는 것과 모집단과 관련된 기초적 정보를 개발하는 것 등에 실제적으로 많은 비용을 발생시키게 된다.

4) 조사관리상의 문제

글로벌환경 하에서의 조사실행은 조사의 설계와 자료수집의 복잡성이 수반될 뿐 아니라, 언어를 비롯한 상호 커뮤니케이션의 제약이 존재하는 여러 나라에서의 조사를 조직하고 운영하는 데 따른 많은 관리상의 문제점을 야기시킨다.

5) 조사방법의 일반화문제

글로벌 마케팅조사의 개념과 측정도구, 그리고 수집절차가 다양하게 개발·검증되어 왔으나 아직은 그 적절성이 명백하지 않기 때문에 국가별로 비교 가능하도록 동등하게 조사하기가 매우 곤란하다. 이미 개발된 개념 및 측정도구를 해당국가에 맞추어 수정하고 그 적정성을 검증하는 절차가 수반되어야 한다.

(5) 글로벌 마케팅조사의 유의사항

글로벌 마케팅조사를 수행할 때 유의해야 할 사항들은 다음과 같다.

첫째, 특정 조사방법만을 고집하지 않는다. 마케팅조사에서 가장 중요한 것은 어떤 조사방법을 활용하여 조사하였는지가 아니라, 얼마나 정확히 시장상황을 파악했는지에 있다. 그러므로 중요하거나 쉽다고 하여 한 가지 조사방법만을 고집하는 것은 정확한 사실 확인과 결과 도출에 걸림돌이 되기 쉽다.

둘째, 개별적인 인터넷 비즈니스업체의 성과보고서에 지나치게 의존하여 조사하지 않는다. 국내 인터넷시장은 아직 그 규모가 작을 뿐만 아니라, 실제로 이익을 내고 있는 업체 또한 많지 않기 때문에, 아직은 각 인터넷 비즈니스 관련업체들이 관련자료 제공을 꺼리는 경향이 있다. 그러므로 일반적인 거시환경의 시장동향 관련 자료들은 문헌조사방법을 통해서 쉽게 구할 수 있을지 모르나, 인터넷 비즈니스의 방문자들이 일반 웹사이트의 방문자와 비교하여 어떤 행동을 보이는지, 인터넷상으로 판매되는 제품별 시장규모는 어떠한지, 어떤 제품의 판매성장률이 가장 두드러지는지 등에 관한 시장자료를 획득하기는 매우 어려운 실정이다. 또 소비자에게 좋은 이미지를 얻기 위하여 시장조사 시 매출액을 과장하여 언론에 보도하는 경향이 있기 때문에, 외부에 노출된 기업들의 성과보고서에 전적으로 의존해서는 안된다.

셋째, 외국의 성공사례를 무조건 도입하지 않는다. 현재 발행되고 있는 비즈니스 관련 서적이나 잡지 등을 보면, 우리나라의 성공사례보다는 미국의 성공사례 자료들을 더 많이 소개하고 있다. 여기에서 주의해야 할 점은 미국과 우리나라는 비즈니스 환경이 다를 뿐만 아니라, 소비자들의 생활패턴에도 약간의 차이가 있고, 근본적으로 사회문화적인 기반이 다르기 때문에, 미국의 자료가 반드시 우리의 사정에 적합하지 않다는 것이다. 예를 들면, 사례조사방법을 통한 시장조사에서는 '외국에서 특정 전략을 통해 성공한 사례가 많으므로, 우리도 성공할 것이다'라는 위험한 사고를 버리고, 과연 우리나라 업체들이 현재 설정한 전략들이 얼마나 성공하고 실패했는지, 그리고 그 이유는 무엇인지에 대해서 보다 구체적이고 세부적으로 분석할 필요가 있다.

2.2 글로벌 마케팅조사의 절차

(1) 문제인식 및 필요정보의 확정

1) 조사문제의 파악 및 조사목적의 설정

글로벌 마케팅조사의 첫 단계는 조사하고자 하는 문제를 파악하고, 그에 따른 조사목적을 설정하는 것이다. 즉, 사업상의 문제를 조사 가능한 구체적인 목적을 가진 조사상의 문제로 전환하는 것이다. 조사목적은 조사문제의 규명과정에서 확정된 조사문제의 해결이며, 바로 연구결과를 얻어내야 할 최종적인 해답이 되는 것이다. 그러므로 올바른 조사문제의 규명은, 해결하여야 할 문제를 정확히 파악하면 그 문제는 반 이상 해결한 것이나 다름없다. 모든 조사활동은 문제해결에 초점을 두고 집중되어야 한다.

다른 모든 연구활동과 마찬가지로 글로벌 마케팅조사에서도 문제의 정확한 규명이 선행되어야 효율적인 마케팅조사활동을 전개할 수 있다. 예를 들어, 회사의 매출액이 급격히 떨어져 글로벌 마케팅관리자가 그 원인을 다방면으로 생각해 본 결과, 광고가 효과적이지 못해 그런 결과가 나타났을 것이라고 추측하고 이에 대해 마케팅조사를 요청하였다고 하자. 이 때 글로벌 마케팅관리자의 마케팅의사결정문제는 광고가 매출액 감소의 원인인지를 알아내어 새로운 광고전략을 구상하는 것이 될 것이다. 이러한 의사결정문제의 해결을 위하여 조사자가 제공하여야 할 정보는 잠재소비자들의 해당상품에 대한 인지도와 광고효과에 대한 정보가 될 것이다. 따라서 조사문제는 잠재소비자의 상품인지도조사와 광고의 효과측정이 되는 것이다.

표 6-2 조사문제의 파악단계 : 예

일반적인 상황	⇨	진 단	⇨	마케팅의사결정문제	⇨	조사문제
시장점유율이 감소한다. 매출액이 감소한다.		고객들이 상표대체를 한다. 점포 내방객이 감소한다.		상표충성도를 보강한다. 점포 내방객을 많게 한다.		타상표가 선호되는 이유를 밝힌다. 점포 내방객의 수가 감소하는 이유를 밝힌다.
이익이 감소한다.		거대한 광고캠페인이 실패했다.		새로운 광고캠페인을 설계한다.		대체광고물과 매체를 평가한다.
제품계열이 진부화된다. 새로운 제품계열이 도입되고 있다.		신제품이 요구된다. 촉진자원이 지역시장에 할당되어야 한다.		제품화를 위한 신제품을 설정한다. 판매원과 지역광고비를 할당한다.		대체적 제품설계를 평가한다. 잠재매출액이 큰 시장을 확인한다.
인적판매비가 높다.		판매원이 여행에 많은 시간과 돈을 지출한다.		효율적인 방문경로를 설계시킨다.		마케팅조사문제가 아니라 네트워크 문제이므로, OR팀에게 보낸다.

이러한 조사문제의 파악단계 및 조사문제와 마케팅의사결정문제의 관계를 예시해 놓은 것이 [표 6-2]이다. 조사문제는 마케팅의사결정문제와 반드시 서로 연결되어 설정되는 등 일관성을 가져야 하며, 고객(라인관리자)에 의해 명확히 이해되어야 한다.

글로벌 마케팅조사자는 글로벌마케팅 의사결정문제에 대해 충분히 검토한 뒤에 조사문제를 규명해야 하고, 글로벌마케팅 의사결정문제가 명확하게 드러나지 않는 경우에는 의사결정자와의 토의나 탐색조사를 통해서 글로벌마케팅 의사결정문제를 먼저 명확히 해 두어야 한다.

2) 필요정보의 결정

글로벌 마케팅조사자는 조사문제를 파악하고, 조사목적을 설정한 후에는 필요정보를 결정하여야 한다.

가. 필요정보의 선택기준

필요정보를 결정하는 데 있어서 가장 중요한 선택기준은 마케팅조사를 통해 얻어지는 자료분석의 수준과 의사결정의 유형에 의하여 결정된다. 국내조사와 마찬가지로 정보는 서로 상이한 수준에서의 의사결정과 관련하여 요구되는데 전략적인 의사결정에 관련된 기업 전체의 관점에서부터 현장경영단위의 의사결정을 위한 전술적인 관점에 이르기까지 다양하다. 글로벌시장에서의 전략적 의사결정은 상이한 나라에서의 사업경험 등에 의해 얻어지는 2차자료에 의존하는 경우가 많으나 전술적 의사결정은 1차자료를 필요로 하는 경우가 많다.

나. 정보원천의 선택

필요정보결정의 다음 단계는 이러한 필요정보에 대한 대체적인 정보원천을 검토하는 것이다. 여기서 국내조사와 마찬가지로 1, 2차 2가지 유형의 자료의 존재 유무를 확인할 수 있다. 자료는 외부적인 원천으로부터 얻어질 수도 있고 내부적인 원천으로부터 얻어질 수도 있으나, 각각은 서로 다른 장단점을 갖고 있으며 이들은 주로 가득성, 신뢰성, 문제에의 적용가능성과 관련하여 평가된다.

<u>2차자료와 1차자료</u> : 2차자료는 글로벌 마케팅조사에 있어서 특히 조사초기단계에 있어서 중요한 역할을 한다. 다양한 유형의 2차자료가 정부, 경제, 사회통계와 무역협회보고서, 산업보고서, 기타 상업발간물 등에서 취득가능하다. 2차자료가 경영의사결정에 적절한 정보를 제공하지 못할 경우 1차자료의 수집이 요구된다. 1차자료의 수집은 전략적 의사결정상 매우 중요하며, 특히 신제품을 검증하거나

가격민감도를 평가하는 등의 많은 전술적 마케팅의사결정에 있어서 필수적이 과정이 된다. 그러나 1차자료의 수집은 대체적으로 높은 비용을 수반하게 되는데, 이것은 부분적으로 글로벌 마케팅조사의 어려움과 경험부족에 기인한다.

외부적 자료와 내부적 자료 : 글로벌 마케팅조사에 있어서 사용되는 자료의 유형에 있어서 또 하나의 중요한 구분은 기업외부에서 수집된 외부자료와 기업내부에서 수정된 내부자료의 구분이다. 2차자료는 외부자료와 내부자료가 같이 있을 수 있으나 1차자료는 일반적으로 몇몇 특수한 경우를 제외하고는 외부자료이다. 외부적 2차자료는 주로 환경의 변화추세, 수요유형, 경쟁, 유통망 등에 관한 정보를 제공한다. 특히 이것은 경제적, 사회적, 정치적 발전과 그것이 경제나 산업에 미치는 영향 등에 관한 해석을 하는 데 유용하다. 내부적 2차자료는 주로 기업의 회계기록, 특히 판매와 원가자료로부터 얻어질 수 있다. 이들 자료는 특정상품, 제품계열, 지리적 지역, 판매망 등의 수익성 및 상이한 마케팅도구들의 효율성에 관한 정보를 제공하는 점에서 매우 유용하다. 그러나 글로벌 마케팅조사에 있어서 이러한 자료의 사용은 국가마다 상이한 회계시스템으로 인해 많은 문제점을 발생시키므로 현존하는 정보에 대한 광범위한 재조정이 필요하다. 내부적 1차자료는 판매대리점이 종종 잠재적 소비자들의 관심과 욕구에 관한 중요한 정보의 원천을 제공하는 산업재시장에 적합하나 판매원들을 대상으로 할 설문조사가 신제품개발 의사결정, 제품수정 의사결정 등을 위해 행해질 수 있다. 이러한 형태의 자료수집 방법의 활용은 고객대상의 설문조사에서 오는 높은 비용을 줄일 수 있다.

(2) 조사계획의 수립

일단 2차자료의 원천이 검토되고 나면, 다음 단계로서 1차자료 수집을 위한 계획을 수립하여야 한다. 글로벌 마케팅조사에 있어서 조사계획의 내용은 국내조사의 경우와 동일하나, 다수의 국가들을 대상으로 동시에 연속적인 많은 단계를 진행해야 하는 점이 차이가 난다. 그 구체적인 내용은 다음과 같다.

1) 조사대상 및 범위의 결정

각종 조사를 필요로 하는 문제점들은 상이한 국가나 문화권에서 동일한 형태로 나타나지는 않고 사회경제적 조건, 문화적 요소, 경쟁구조 등에 의해 다르게 나타난다. 따라서 마케팅조사의 대상과 범위는 조사의 효율성을 위하여 정확하게 규정되어야 한다.

2) 조사기법의 선택

적절한 조사기법의 선택은 상이한 환경 하에서 실시되는 글로벌마케팅 조사자료의 비교가능성과 특정문제의 해결을 위한 효율성과 관련해서 볼 때 매우 중요하다. 근본적으로 이것은 설문조사를 행할 것인가, 실험적 기법을 사용할 것인가, 관찰이나 또는 다른 질적 방법에 의해 자료를 수집할 것인가 등의 의사결정과 관련된다.

설문조사는 국제적 조사에 있어서 가장 일반적으로 사용되는 절차이지만 이 방법의 효율성은 나라마다 상이하다. 왜냐하면 그것은 근본적으로 구어적, 문어적 질문에 대해 이해하고 응답할 수 있는 최소한의 교육을 받은 사람을 대상으로 하기 때문이다.

실험조사는 이론상으로 문화적, 사회적, 경제적 환경조사에 적용가능하나 실제적으로는 모든 국가나 사회문화적 영역의 모든 측면에서 비교가능하고 적절한 실험을 설계하는 것은 어렵다. 실험 중에 특히 현장실험(field experiment)은 전형적으로 실험이 행해지는 특정 사회문화적 영역의 환경요소들을 통합적으로 설명한다. 관찰적, 투사적(projective)기법은 응답자의 언급에 관한 미리 구조화된 틀이 없으므로 설문조사에 있어 나타날 수 있는 자료수집의 제한적 영역에 관한 문제점들을 최소화할 수 있어야 한다. 그러나 이것은 조사자의 특정 문화적 배경에 따라 분석이 달라질 수 있으므로 분석 오류의 원천이 될 수 있다.

3) 조사도구설계

상이한 여러 나라에 있어서의 사회문화적 차이는 의사소통을 행함에 있어 상당한 주의를 요한다. 특히 조사자와 응답자간의 의사소통상의 문제를 제거시켜 줄 필요가 있다. 조사에 있어 상호 커뮤니케이션과정 중에 발생할 수 있는 문화적 편차(culture bias)는 최소화할 수 있어야 한다.

4) 표본설계

표본추출과 조사운영에 관해 나타날 수 있는 문제점은 여러 국가에서 표본추출목록을 얻고 표본구성에 있어서 비교가능성 및 대표성을 획득하는 데의 어려움 및 상이한 자료수집절차를 사용하는 데 있어서 실제성과 효과성에 관한 문제들이다. 모집단의 목록이 없을 때에는 임의표본추출기법(random sampling technique)을 사용하는 것은 바람직하지 못하며 오히려 작위추출방법이 바람직하고 비용적으로도 효율적이다. 편지나 전화, 개인면담과 같은 자료수집기법은 상대적 비용, 실제성, 모집단의 성격에 따라 다르다. 글로벌 마케팅조사에 있어 문맹률이 높은 나라에서는 우편에 의한 조사가 배제되어야 하며, 전화보유율이 낮은 나라에 있어서는 전화에 의한 조사가 제외되어야 한다. 이러한 경우 결과적으로 개인면담에 의존하게 되나, 이것은 언어를 능숙하게 구사할 수 있는 잘 훈련된 요원들을 필요로 하게 된다.

5) 자료분석 설계

자료분석 상에도 여러 가지 문제점들이 있다. 적용된 특정 분석기법은 문제형식, 수집된 자료의 특성 등에 따라 내용이 달라지므로 검증하고 편차를 줄이는 절차가 조사설계 과정에 포함될 필요가 있다. 즉 문화적인 참고사항 고려나 응답편차를 수정하기 위한 표준화 작업이 필요한 것이다.

(3) 자료의 수집

글로벌 마케팅조사에서 수집해야 할 자료는 2차자료와 1차자료로 구분할 수 있는데, 대개 2차자료를 먼저 수집하고, 1차자료만으로 불충분할 경우 1차자료를 수집하게 된다. 필요한 정보는 항상 정리되어 그대로 활용할 수 있는 형태로 존재하는 것은 아니다. 따라서 이러한 필요한 정보들을 확보하기 위해서는 특별한 방법을 사용하여 새롭게 분석하여야 한다. 이러한 자료들을 1차자료라 한다. 별도의 다른 조사, 연구목적으로 조사·정리되어진 자료, 즉 이미 존재하고 있는 자료, 정보 및 다른 목적을 위해서 창조된 정보 등은 특정한 방법을 사용해서 따로 분석할 필요가 없다. 이러한 자료들은 2차자료라 한다.

1) 2차자료의 수집

가. 2차자료의 개념

2차자료(secondary data)란 해당 조사목적을 위해서 정리된 자료가 아니라 해당조사에 활용되어질 수 있으나 다른 연구목적으로 이미 정리되어진 자료를 말한다. 모든 자료의 정리분석에 앞서 기업은 조사의 시간적, 금전적 경제성을 위하여 2차자료의 존재여부를 필히 확인해 볼 필요가 있다. 특히 2차자료는 쉽게 구할 수 있으므로 비교적 비용부담이 큰 글로벌 마케팅조사를 행함에 있어 주된 정보의 원천이 될 수 있다. 또한 2차자료는 글로벌시장에서의 시장환경 변화와 발생가능한 문제점에 대하여 기초자료를 신속히 얻는 데 매우 유용하다. 그러나 기업은 2차자료의 활용에 앞서 해당조사의 활용 적합성을 조사목적과 자료의 진부성 등 자료의 질의평가를 통하여 확인하여야 한다.

사적인 2차자료(private secondary data) : 이는 기업의 내외적인 활동과 관련하여 발생하는 2차적인 자료를 말한다. 사적인 2차자료의 원천은 기업의 내부자료를 들 수 있는데 고객명부, 대리점보고서, 기타 유통업자 관련정보 및 판매분석, 지역, 제품, 고객유형별 주문서 등이 그 중요한 자료가 될 수 있으며 이러한 내부적 자료는 기업의사결정에 막대한 정보를 제공할 수 있다. 기업에 의한 마케팅정보의 적용은 내부정보의 적극적인 활용과 창출에 의해서 실천될 수가 있다.

공적인 2차자료(public secondary data) : 이는 공공기관에 의하여 공공의 목적을 위하여 이루어진 자료를 말한다. 실제적으로도 사적인 2차자료에 못지않게 시장조사에 활용될 수가 있다. 공적인 2차자료를 제공하는 주요 기관들은 UN, 세계은행 및 각국의 상공회의소, 무역협회, 경제인연합회 뿐만 아니라 산업통상부, 외교부, 과학기술처 등의 부서관련 연구소 등에 의하여 이루어진다. 이러한 공공기관들이 제공하는 2차자료들은 주로 연간통계, 일반 경제환경분석, 인구분석, 시장조사 및 참고자료 목록작성 등을 들 수 있다.

나. 2차자료의 한계점

첫째, 2차자료는 다른 조사목적을 위해서 수집된 자료이므로, 당면한 마케팅의사결정에 적절한 정보를 제공하지 못할 수도 있다. 예를 들면, 회사의 상표관리담당자는 자사 및 경쟁회사들의 상표별·사이즈별 판매액을 파악하고 싶으나 시중에 나와 있는 이러한 2차자료들은 일반적으로 회사별 전체 판매액만을 제시하고 있는 경우가 대부분이다.

둘째, 당면한 마케팅활동에 관한 의사결정과 관련된 정보라 하더라도 시간이 상당히 경과한 것이어서 시의적절하지 못한 마케팅정보일 경우가 많다.

2) 1차자료의 수집

가. 1차자료의 개념

1차자료란 당면한 의사결정문제를 해결하기 위해 조사자가 직접 수집한 자료를 말한다. 예를 들어 일반소비자들이나 유통점 주인들을 대상으로 한 설문조사, 소비자행동에 관한 관찰, 실험조사에 의한 소비자 반응도 측정이다. 이러한 1차자료(primary data)는 주로 기업이 활동대상으로 하는 고객 또는 유통집단에 대한 직접적인 설문조사(enquete)에 의해 수집된다.

글로벌 마케팅조사에 있어서는 이러한 1차자료의 수집이 비용상의 문제점 때문에 적극적으로 추진되지는 않지만, 2차자료에 의한 상황파악이 어려울 때는 이러한 자료 수집을 수행하는 수밖에 없다. 예를 들면, 우리나라의 인구통계자료, 산업의 크기 및 전망에 대한 거시자료는 정부기관 및 산업관련 협회들로부터 수집될 수 있으나, 기업의 마케팅담당자의 주요 관심분야인 특정제품에 대한 시장구조나 고객특성에 관한 자료는 2차자료로 수집하기가 곤란하다. 설령 이러한 자료가 있다 하더라도 오래전에 수집된 자료에서 해당 연구에는 적절하지 않은 경우가 상당히 많다.

국제적 조사이든 국내적 조사이든 1차자료의 수집은 전체 모집단에 대한 정보수집상의 경제성 확보를 위하여 대표적 표본집단을 추출하여 조사활동을 실시한다. 통계학적으로 볼 때 라플라스 가우스정리(Laplace-Gauss theory)는 모집단에 대한 대표적 표본집단의 수를 밝혀주고 있는데, 예를 들면 대한민국(4천만 기준)의 통계학 대표치는 최소한 약 4000단위 정도의 표본을 필요로 한다.

1차자료는 조사목적에 적절한 정보를 시의적절하게 제공해 준다는 이점은 있으나 설문지작성, 실사, 자료처리 등 자료수집과정에 많은 비용과 시간이 소요된다는 단점이 있다. 또한 글로벌 마케팅조사에 있어서 1차자료는 상이한 문화영역에서 수집된 자료인 관계로 자료들 간의 비교가능성을 가져야 한다. 여기서 말하는 비교가능성이란 가능한 모든 국가나 문화에 있어 같은 의미와 해석신뢰도를 가지도록 자료화됨을 의미한다.

나. 1차자료의 문제점

글로벌 마케팅조사의 1차자료 수집에 있어서 가장 큰 문제는 대부분의 사람들이 설문 등에 관한 응답을 기피한다는 점이다. 이처럼 응답을 꺼리는 이유는 응답내용이 조사목적 이외의 다른 목적에 사용될지 모른다는 우려 때문이다. 그러므로 먼저 그들의 응답이 조사목적 이외에는 절대 사용하지 않는다는 점을 확실히 주지시킬 필요가 있다. 또한 설문조사 시 현지국 시장에 관해서 잘 알고 있는 현지인을 고용하여 조사를 행함으로써 현지인들에게 거부감을 주지 않도록 하는 것이 필요하다.

둘째는 표본추출의 문제이다. 정확한 마케팅조사를 위해서는 대상시장 전체의 특성을 제대로 반영하여야 한다. 그러나 이를 위해서 전체 대상자 모두를 접촉하는 것은 시간과 비용측면에서 불가능하거나 불필요하다. 따라서 전체 대상집단을 대표한다고 생각되는 표본들을 대상으로 조사하게 되는데, 많은 국가들에 있어서 이러한 전체 대상자들에 관한 기초자료가 없을 뿐만 아니라, 있다 하더라도 신빙성이 크게 떨어지기 때문에 대표성을 띤 적절한 표본추출에 어려움이 제기된다. 특히 개도국에서의 적절한 표본추출은 더욱 어렵다.

셋째는 언어장벽문제이다. 해외에서 마케팅조사를 할 때 언어장벽은 가장 심각한 문제이다. 문맹률이 높을 경우 설문지의 사용이 불가능하며, 여러 가지 방언이 사용될수록 조사는 더욱 어렵게 된다. 이러한 언어장벽을 극복하기 위해 현지언어로 정확하게 번역하여 글로벌 마케팅조사를 실시하여 그 결과를 얻는 것은 매우 어려운 일이다.

다. 1차자료의 수집방법

① 비설문조사 : 비설문방식에 의한 자료수집기법은 글로벌 마케팅조사에 있어 극히 중요한 역할을 담당하고 있으며, 조사자가 특정국가의 문화적 규범과 행동양식에 익숙하지 못한 경우에는 더욱 더 비설문방식에 의한 자료수집의 중요성은 커진다.

비설문 자료수집방법은 주로 관찰법, 실험법 등을 들 수가 있는데, 이러한 방법의 주요 장점은 설문조사에 비해 비교적 짧은 시간에 적은 비용으로 자료수집이 이루어진다는 점을 들 수가 있다. 따라서 글로벌 마케팅조사의 초기단계에 많이 이용된다. 반면에, 이러한 질적 조사인 비설문조사방법들은 그 자료 자체가 주관적으로 수집된 관계로 분석상에 있어서도 주관적으로 해석될 가능성이 크다는 점이 단점이다. 이러한 이유로 많은 경우 질적인 자료들은 계량적 조사에 의해 얻어진 정보의 약점을 보완하기 위해 사용된다.

관찰조사(observational research) : 조사자가 소비자의 행동이나 기타 조사대상을 직접 또는 기계를 활용하여 관찰함으로써 자료를 수집하는 방법이다. 즉 경영현상의 관찰자가 소비자들의 특정 행동양식 및 구체적인 사실을 직접 관찰을 통하여 확인되는 방법이다. 예들 들어 판매점에서 구매자들이 가격, 상표 등에 대한 반응을 조사하기 위하여 관련부분에 대한 카메라를 통한 영상녹화를 하면 구매자의 행동유형을 직접 관찰할 수 있다. 이러한 방법은 앙케이트 조사 등에서 나타나는 정보의 왜곡현상이 없어 정확한 자료를 수집할 수 있으며 조사대상자가 응답을 회피하거나 거부하는 경우 필요한 정보를 얻을 수 있다. 또한 소수의 관찰자가 다수의 조사대상을 짧은 시간에 조사할 수 있으므로 비용이 적게 드는 점 등의 장점이 있다. 그러나 조사대상자들의 최종 행동만을 관찰하게 되므로 그러한 행동을 유발한 동기, 신념, 및 태도 등을 파악하기가 어렵다. 또한 조사의 실천방법이 은밀하지 않으면 조사대상자의 태도가 바뀌거나 거부반응이 나타나기 쉽고 조사사안의 발생빈도가 낮은 경우 오히려 비용이 타조사방법보다 많이 들 가능성이 있는 것이 단점이다. 따라서 의사소통방법을 이용한 자료수집방법과 보완적으로 사용된다.

실험조사(experimental research) : 마케팅을 응용한 실험법은 앙케이트로 확인하기 어려운 자료를 수집하는 데 활용되는 실천적 경험법이다. 이 방법은 조사자가 실험대상을 둘 또는 몇 개의 집단으로 나눈 후 인과관계의 원인이라고 추정되는 변수를 각 집단에 다르게 조작하여 그 결과가 집단들 간에 다르게 나타나는 지를 봄으로써 변수들 간의 인과관계를 규명하는 방법이다. 이러한 실험법으로 얻어질 수 있는 자료는 제품, 포장, 광고의 전달내용 등의 선택에 관련된 문제해결과 판촉 및 광고활동의 예상효과분석 등의 분야뿐만 아니라 일반적으로 통제된 환경 하에서의 마케팅변수의 활용효과측정 등을 알 수 있다.

② **설문조사** : 설문조사법(survey method)은 조사대상자에게 설문조사를 통해 자료를 수집하는 방법으로 가장 널리 이용되는 자료수집방법이다. 이 조사 방법은 표준화된 설문지를 이용하여 모든 응답자에게 동일한 방법으로 질문을 하므로 체계적인 자료수집방법으로서 전화설문(telephone survey), 우편설문(mail survey), 대인면접(interview), 인터넷조사(internet survey) 등이 있다([표 6-3] 참조)다.

▌표 6-3▐ 설문조사방법의 비교

기 준	전 화	우 편	대인면담	인터넷조사
수집가능한 정보의 양	제한됨	보통	많음	적음
조사의 유연성	양호	나쁨	우수	나쁨
표본의 대표성	높음	보통	보통	낮음
회수율	보통	낮음	높음	보통
소요비용	낮음	보통	높음	낮음
소요시간	빠름	느림	보통	빠름
복잡한 질문 취급정도	보통	낮음	높음	보통

이러한 설문조사의 절차는 크게 볼 때 설문의 전반적 내용과 방법을 결정하는 설문설계(enquete design)단계, 표본추출(sampling process)단계, 그리고 자료수집(data collection)단계로 나누어진다.

㉠ 설문설계 : 설문설계는 조사대상으로 하는 국가나 시장에서 어떠한 정보가 얻어져야 하는가(설문내용), 질문은 어떤 형태로 진행되어야 hksms가(질문형

태), 그리고 질문에 대한 응답내용은 어떠한 척도로 파악되어야 하는가(응답척도), 등의 설문진행 상의 제반골격을 기획하는 과정이다.

ⓐ 설문내용의 설계 : 마케팅조사에 있어 기업들이 가장 필요로 하는 정보의 유형은 크게 나누어 볼 때 과거 또는 기존의 시장상황을 정확히 측정 또는 기술하는 정보와 기존의 시장상황이 미래에는 어떻게 변화할 것인가를 예측하여 주는 정보로 구분된다. 따라서 설문을 통해 어떤 정보를 수집할 것인가 하는 설문내용에 대해 설계해야 한다.

ⓑ 질문형태의 설계 : 질문형태의 설계는 어떠한 유형의 질문을 설문을 위해 채택할 것인가(질문유형)을 파악하는 것이 중요하다. 질문의 유형은 기본적으로 볼 때 크게 세 가지로 나눌 수 있다.

<u>닫힌 질문(closed question)</u> : 질문에 대한 답을 "예" 또는 "아니오"로 분명하게 답할 수 있도록 질문을 작성한다. 이는 사실에 대한 자료를 수집할 때 많이 사용될 수 있다.

<u>열린 질문(open question)</u> : 이는 대답의 자율성을 최대한 보장하면서 자연스러운 의견 또는 적극적인 응답태도를 형성시키는 데 역점을 둔다. 따라서 대답은 부정확하고 폭넓게 나타나는 수가 많다.

<u>복수선택 또는 분류된 질문(multiple choice or classified question)</u> : 대답은 제한된 여러 가지 가능성이 있는 대답 중에서 선택하게 하거나 또는 분류해서 활용한다. 이는 제공된 자료의 정확성 또는 대답의 유형별 분류 등에 용이한 방법이다.

또 다른 형태의 질문유형의 분류방법으로는 직접질문(direct question)과 간접질문(indirect question)을 들 수가 있다. 직접질문은 질문내용이나 의미전달이 정확하나 응답자가 특정질문에 대한 대답을 꺼릴 수가 있으므로 이러한 경우 간접질문이 이용된다. 어쨌든 작성된 질문지는 마케팅조사목적에 맞게 활용될 수 있도록 구성되어야 한다.

ⓒ 응답척도의 설계 : 자료나 응답내용의 측정은 어떤 형태의 척도(미터, 킬로그램, 원, 개수 등)를 이용하여 이루어진다. 척도화(scaling)란 거리나 무게를 재거나 상표태도나 구매량을 측정하는 것처럼 대상의 특성을 숫자로 표현하기 위해 수량화하는 과정을 말한다. 이처럼 척도를 이용하여 측정된 숫자는 측정대상의 속성을 충분히 반영할 수 있어야 한다.

응답척도의 선정이 마케팅조사에서 중요한 의미를 갖는 것은 조사자가 어떠한 척도를 선택하느냐에 따라 수집된 숫자에 내재된 정보의 양이 달라지며, 나아가 적용가능한 통계분석방법도 달라지기 때문이다. 즉 응답척도의 형태에 따라 측정으로부터 얻어진 자료의 조작과 분석상의 제한이 가해진다는 점이다. 측정을 하기 위해 속성에 부여된 숫자들을 측정하고자 하는 속성들 간의 관계에 어떠한 의미를 부여해 주느냐에 따라 명목척도, 서열척도, 등간척도, 비율척도의 네 가지 형태로 구분된다([표 6-4] 참조).

<u>명목척도</u> : 가장 낮은 수준의 측정형태로서, 단순히 여러 가지 사상이나 사물이 속하는 범주만을 지칭하는 의미로 특정한 수나 기호를 할당한 것이다. 각 범주 내에 속하는 사상이나 사물은 모두 동일한 분류 특성을 가진 것으로 간주하게 된다. 부여된 수치나 기호 등은 단지 분류목적으로만 사용된 것이기 때문에 분류집단 간에 이를 서로 바꾸어도 아무런 영향을 미치지 않는다. 에 나타난 바와 같이 명목척도에 사용될 수 있는 기술적 통계(descriptive statistics)기법으로는 최빈수, 빈도수 등이 있다.

<u>서열척도</u> : 서열척도에 의한 측정치는 선호순서나 순위를 나타내는 수나 기호를 할당한 것으로서, 각 분류범주가 상대적인 우·열의 특징을 가지게 된다. 서열척도 측정치에 대한 기술적 통계분석은 앞서 명목척도에서 사용할 수 있는 것 외에 중위수와 백분율 등의 방법이 사용될 수 있다.

<u>등간척도</u> : 등간척도는 두 측정치간의 상응성, 순서, 거리간격을 나타낼 수 있다. 특히 측정치간의 거리간격을 나타낼 수 있는 특성은 곧 두 간격사이의 비율이 측정단위나 영점(zero point)과는 독립적이기 때문에 두 사상 간의 차이에 대한 유의미한 해석을 가능하게 만들 수 있다. 영점이나 측정단위는 임의로 정하게 되고, 따라서 구간척도는 진정한 의미의 계량척도의 성격을 지니는 초보적 측정방법이라고 할 수 있다.

<u>비율척도</u> : 비율척도는 앞의 등간척도가 가지는 특성 이외에도 측정의 기원이 되는 진실한 의미의 영점을 가지고 있다. 비율척도로 측정된 자료에는 등간척도로 측정된 자료에 대한 통계기법 외에도 기하평균, 조화평균, 및 분산계수 등의 기술적 통계치를 구해 볼 수 있다.

▮표 6-4▮ 척도의 종류와 분석방법

자료의 형태	척도의 자료	측정의 강도	특성	기술적 통계 측정치		적용가능 분석방법	예
				대표값	분산정도		
비모수적 자료	명목척도 (분류)	가장 약함 (제약성이 가장 낮음)	• 동등성 • 확인, 분류	최빈값	없음	빈도분석 비모수통계 교차분석	성별, 상표, 직업, 판매지역, 특정제품 사용자와 비사용자
	서열척도 (순위)	약함	• 동등성 • 순위 비교관계	중앙값	백분율	서열상관관계 비모수통계	군대계급, 사회계층, 제품사용 빈도(자주·가끔·전혀 안씀), 제품 선호도, 직업선호순위
모수적 자료	등간척도 (임의 영점)	강함	• 동등성 • 대소비교관계 • 두 측정치간의 거리크기(간격)를 알 수 있음 • 동등성	산술 평균	표준 편차	모수통계	온도(섭씨·화씨), 학점평균, 사물이나 사건에 대한 지각도, 태도 측정치
	비율척도 (절대 영점)	가장 강함 (제약성이 가장 높음)	• 대소비교관계 • 두 측정치간의 거리크기를 알 수 있음 • 어느 두 측정치간의 비율이 측정단위와 관계없이 일정함	기하 평균 조화 평균	분산 계수	모수통계	체중, 신장, 길이, 연령, 비용, 매출액, 고객의 수, 구매확률, 구매량, 교육연한 등

㉡ 표본추출과정(sampling process) : 확률법칙에 따르면 모집단(population : 조사담당자의 관심의 대상이 되는 사람, 제품, 기업, 지역 등의 집합체)에서 무

작위추출(random selection)한 표본(sample : 모집단의 특성을 파악하기 위해서 추출된 구성분자들의 집단)의 수가 상대적으로 많으면 많을수록 모집단의 성격이 표본의 성격과 유사해진다는 것을 알 수 있다.
따라서 예를 들면 약 40%의 서울지역 근로자들이 7월 중에 휴가를 떠난다는 성격을 나타낼 때, 모집단에 있어서도 그것을 40%의 전체 서울지역 근로자들은 7월 중에 휴가를 떠난다고 설명된다. 보다 세분화하여 이러한 표본과 모집단의 성격을 보다 정확하게 나타내려면 표본의 대표치와 앙케이트의 실천조건 등을 고려하여 서울지역 근로자들이 7월 중에 휴가를 떠날 확률은 약 40%이며, 거기에 대한 확률신뢰도는 95%이고, 따라서 전체적인 표본집단에 있어서의 확률은 40%±2n%가 된다. 여기서 말하는 2n%의 간격은 불확실성(uncertainty)과 사건변수(event)를 고려한 것이다.

표본집단 선정에 있어서 가장 중요한 것은 설문대상의 선정이다. 설문대상은 설문목적에 맞게 시간적, 공간적으로 정확하게 정의되어야 한다. 이론적으로 볼 때 이러한 설문대상은 모집단을 중심으로 임의 추출되어야 하는 모든 대상이 표본으로서 추출될 수 있는 가능성을 가져야 한다. 따라서 표본추출의 방법은 가능한 한 다양해야 한다. [그림 6-3]은 표본추출에 관련된 요소들을 그림으로 나타낸 것이다.

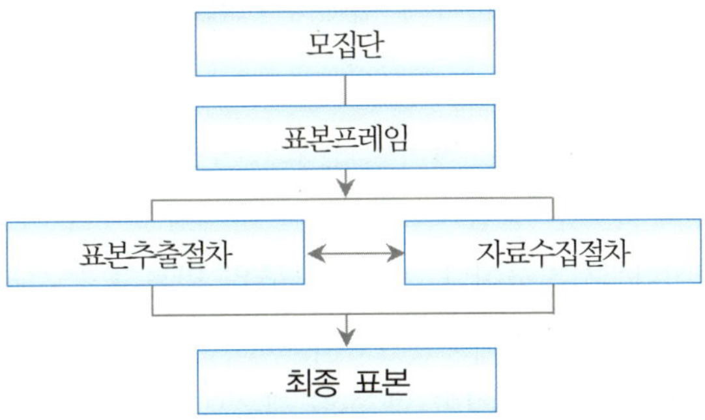

[그림 6-3] 표본추출 기획과정

ⓐ **표본추출기법** : 일단 국가나 표본대상이 결정되고 나면, 다음 단계는 적절한 표본추출기법을 선택하는 것이다. 표본추출방법은 크게 조사자의 임의성이 배제되므로 모집단의 구성분자들이 표본으로 선정될 확률이 이미 알려져 있는 방법인 확률표본추출과 조사자의 주관적 판단에 의해 표본을

선정하는 방법인 비확률표본추출로 나누어진다. 확률적 표본추출의 경우에는 모집단내의 각각의 응답자가 표본으로 추출될 동일한 기회를 가지게 된다. 비확률적 표본추출의 경우에 응답자를 선택하는 특별한 기준에 의해서 표본이 추출된다.

i) 비확률표본추출방법

편의표본추출(convenience sampling) : 표본추출에 있어 편의표본추출이 사용될 수 있으며 이것은 쉽게 구할 수 있는 응답자를 선택하는 것을 말한다. 예를 들면 개발도상국에 있어서는 시장에서의 편의표본추출의 사용이 표본추출에 있어 적은 비용을 발생시킨다. 이는 가장 간단한 형태의 표본추출방법으로서, 조사자가 자의적으로 기준을 설정하고 표본을 선정하는 방식, 즉 조사자가 임의로 선정한 지역과 시간대에 원하는 사람들을 표본으로 선택하는 방법이다.

판단표본추출(judgement sampling) : 판단표본추출은 설문담당자의 선입관적 판단에 기초를 두고 응답자를 선택하는 경우이며, 이것은 특정인이 조사를 위해 다른 사람보다 더 좋은 정보를 제공하거나 특정분야에 전문적 지식을 가질 수도 있다는 가정에 기초를 둔다. 글로벌 마케팅조사에 있어 판단표본추출의 사용은 특정국가나 지역전문가나 특정산업 전문가에 대해서 사용가능하다.

할당표본추출(quota sampling) : 미리 정해진 분류기준(통제특성)에 의해 전체표본을 여러 집단으로 구분하고 각 집단별로 필요한 대상을 추출하는 방법으로, 상업적 마케팅조사에 가장 널리 이용되는 방법이다. 선진국이나 개발도상국을 막론하고 사용될 수 있는 기법이 할당표본추출이다. 할당량(quotas)은 특정범주에 요구되는 응답자의 수에 대한 기본적인 계획을 세움으로써 정해질 수 있다. 예를 들면 소비자조사의 경우에는 상이한 나이나 소득수준에 따른 집단 또는 직업을 가진 주부와 그렇지 않은 주부집단 등으로 나누어 정할 수 있으며 산업재시장의 경우에는 특정산업이나 기업규모에 따른 집단 등으로 나누어 정할 수 있다.

ii) 확률적 표본추출기법 : 확률적 표본추출방법은 모집단을 구성하는 대상들의 명단이 기재된 표본프레임을 이용하여 표본을 추출함으로써 모집단내의 각 대상들이 선택될 확률을 미리 알 수 있는 방법이다. 이 방법을 이용하려면 모집단의 구성분자들의 명단이 확보되어 있어야 하며, 따라서 이 방법에서는 추출된 표본이 모집단을 얼마나 잘 대표하는지를 정확히 파악할 수 있다. 이러한 확률적 표본추출 에는 다음과 같이 3가지 방법이 있다.

단순무작위표본추출(simple random sampling) : 무작위표본추출은 통계적 입장에서 보면 가장 타당성이 있는 방법이지만 글로벌 마케팅 조사에 있어서는 많은 문제점을 발생시킨다. 이는 표본프레임내의 각 표본들에 대해 일련번호를 부여하고, 이를 이용하여 일정수의 표본을 무작위로 추출하는 방법이며, 모집단의 모든 구성분자들이 표본으로 선정될 확률이 동일한 특징을 가지고 있다. 우선 이것은 모집단구성과 목록이 우선적으로 파악될 수 있어야 한다. 또한 응답자는 준비된 목록으로부터 무작위로 추출된다.

층화표본추출(stratified sampling) : 층화표본추출은 둘 또는 그 이상의 집단으로 표본을 분류하여 추출하는 방법으로 설문대상의 수가 너무 많을 때 국가, 지역, 대상 등을 재분류하여 이를 기초로 하여 표본을 추출한다. 즉 초기 표본추출은 재분류된 집단을 중심으로 일단 추출하고, 다음 단계에서 추출된 표본들을 중심으로 철저한 조사를 행하여 다시 임의 추출하는 방식으로 전체 표본을 얻는 방법이다. 따라서 이미 추출된 표본, 작위추출된 표본, 무작위추출된 표본이 동시에 존재하므로 상당한 사건변수의 폭을 줄일 수 있다.

군집표본추출(cluster sampling) : 군집표본추출이란 전체 설문대상을 유형별 또는 사회, 직업, 소득수준 등을 계층별로 분류를 하여 각 계층마다 표본의 수를 경험적으로 배정하여 그 범위 속에서 표본을 임의 추출하는 방법이다.

ⓑ **표본의 형태와 규모** : 표본의 형태 또한 표본집단의 성격을 결정하는 주요 요소가 된다. 표본의 형태는 크게는 두 가지 형태로 분류할 수 있는데, 그 하나는 유사표본과 계층화된 표본, 다른 하나는 임의표본과 전문적인 표본을 들 수가 있다. 유사표본이란 단순화된 성격을 중심으로 전체적인 배분을 파악하기 위해서 수집되는 표본을 말하며, 계층화된 표본은 특수집단

또는 전체 조사대상에서의 구조화를 통하여 분류될 수 있는 표본을 말한다. 임의표본이라는 말은 영구표본, 즉 패널방법(pannel method) 등을 통한 항구적인 조사를 할 수 있는 조직적인 표본체계와 상대되는 말이며, 이는 또한 전문표본으로 표기되기도 한다. 즉, 전문표본이란 패널형식 등의 영구적인 표본을 의미한다.

표본의 규모, 즉 표본의 수 또한 중요한 의사결정이 된다. 이 표본의 수는 두 가지 상반된 성격을 동시에 충족시켜야 하는데, 그 하나가 표본의 대표성을 나타내는 수학적인 법칙을 만족시켜야 하며, 또 다른 하나는 표본의 숫적 확대에 따른 재정적인 부담을 해결할 수 있는 적정수준이 되어야 한다는 점이다. 표본의 수가 확대됨에 따라 확률적인 앙케이트조사의 정확도도 커짐은 사실이다. 그러나 항상 표본의 수가 크다고 해서 표본이 주는 의미가 정확하다고는 볼 수 없으니 만큼 표본의 수의 확대에 따른 재정적인 부담을 동시에 고려해야 한다. 즉 설계에서 표본의 수가 적정규모라는 것은 비용을 최소화하면서 최대의 대표적 표본효과를 나타낼 수 있는 수준을 말한다.

㉢ 자료수집(data collection)

설문에 의한 자료수집은 설문설계시 확정된 방법을 실천하여 이루어지며 자료수집의 효율성은 조사요원의 자질에 의해 결정된다. 따라서 글로벌시장에서의 자료수집에 있어 신뢰성 있고 양질의 지역조사요원을 확보하는 것이 극히 중요한 문제가 된다. 이것은 특히 서구의 산업국가가 아닌 지역에서 조사를 행할 때 현지조사 조직의 활용이 용이하지 않으므로 중요한 고려대상이 된다. 결과적으로 지역조사단체나 국제조사 용역공급자가 그들의 현지조직을 활용하거나 숙련된 조사요원을 투입하는 것이 필수적인 요건이 될 수 있다.

조사요원을 충원함에 있어서 어느 수준의 현지인력을 사용할 것인가와 숙련된 외국요원의 수입필요성 여부에 관한 의사결정이 먼저 이루어져야 한다. 여기에서 핵심집단에 대한 조사를 행하는 기술, 자료분석기술, 현지면담기술 등의 개인적인 기술에 입각해서 조사요원들 간의 구분이 이루어질 필요가 있다. 전자의 경우는 필수적인 기술을 가진 지역조사자가 없으면 그 대안으로 외국의 능력있는 조사자를 투입하는 것도 좋은 방법이다. 현지요원의 경우 가능한 한 현지에서의 충원이 바람직하다. 결과적으로 적절한 조합이 얻어질 수 없으며 현지 인력을 훈련시키는 것이 바람직하다.

두 번째의 쟁점은 현지면담 담당자의 교육문제이다. 이것은 특히 경험있는 면담담당자의 확보가 용이하지 않을 경우 중요한 문제가 된다. 개발도상국에서 행해지는 정치적, 사회적 설문조사의 경우 광범위한 훈련프로그램이 면담을 위해 개발되어 왔다. 지역유지, 교수들과 같은 위치에 있는 상류층 인사들이 이런 상황에서 좋은 면담자일 수 있다.

(4) 자료의 분석

1) 자료분석의 성격

설문에 의한 방법이든 비설문에 의한 방법이든 일단 자료가 수집되고 나면, 다음 단계는 자료분석을 위한 적절한 방법과 절차를 선택하여야 한다. 조사가 1개국을 대상으로 이루어졌을 때에는 일반적인 마케팅 조사분석방법과 절차가 적용되겠지만, 2국 이상의 국제적인 조사가 행해질 때에는 분석단위의 복잡성 때문에 자료분석을 위해서 다음의 두 가지 사항이 추가적으로 고려되어야 한다. 즉 첫째, 모든 자료는 편집·분류되어야 하며, 자료의 결과 비교가능성이 점검되어야 하며, 둘째, 1개 국가차원과 2개국 이상의 국제적 차원분석이 동시에 이루어져야 한다는 점이다. 어쨌든 국제적 조사는 1개 국가 조사에 비해 조사설계에서부터 자료분석 활용에 이르기까지 더욱 복잡하고 기교적으로 어려움이 큰 것은 틀림이 없다.

가. 자료의 편집 및 분류

자료의 편집 및 분류는 효율적인 자료분석을 위한 예비적 절차로서 필수적인 과정이다. 자료의 편집은 국내조사와 마찬가지로 자료누락, 면담자 정리착오 등의 자료상의 미비상항을 검토하고 보완하는 과정이다. 자료의 미비사항을 검토 보완하는 방법으로는 이미 실시한 자료수집방법을 재사용하는 방식이 채택될 수 있겠으나, 국제적 조사에 있어 시간적, 비용적인 부담이 클 경우가 많으므로 주로 우편방식에 의한 보완형태가 많이 채택되고 있다.

자료의 분류는 국제적 분석을 가능하게 하도록 각 개발국가 자료를 최대한 비교가능한 자료로 전환시키는 과정이다. 닫힌 질문에 의한 자료수집이 이루어졌을 경우에는 이 문제가 발생하지 않으나 열린 질문에 의한 설문자료는 자료의 비교가능성을 높이는데 큰 어려움을 겪게 된다. 이 경우 자료분석 담당자는 해당국가의 환경에 대한 깊은 기초지식을 가져야만 자료의 정확한 분류작업을 수행할 수 있다.

나. 자료의 신뢰도 검토

일단 자료의 질적 문제가 검토되고 편집, 분류과정을 거치고 나면, 다음 단계는 자료의 신뢰도를 검토하여야 한다. 특히 국제적 자료분석에서 지금까지 극히 적은 회수의 마케팅조사가 이루어져 왔거나 조사자의 해당국가에 대한 조사경험이 적을 때 수집된 자료는 신뢰도에 문제가 있을 수 있다.

국제적 조사에서의 신뢰도는 주로 외형적인 기준에 의해 평가되는데, 재확인조사에 의한 신뢰도확보, 자료수집을 위해 사용되지 않는 방법에 의한 자료의 신뢰도 확인방법 등이 주로 사용될 수 있다. 어쨌든 대체적으로 볼때 인구통계 등과 같이 정기적으로 권위있는 조사기관에 의해 조사되는 변수(hard variable)일수록 신뢰도는 높고, 생활양식(life style)이나 태도변수 등과 같이 비정기적이고 임의기관에 의해 조사되는 변수(soft variable)일수록 신뢰도는 낮다.

한편 조사도구, 측정방법에 의해서도 신뢰도는 달라진다. 특히 특정국가에 대한 조사경험이 부족하거나 글로벌 시장조사의 초기단계에 있는 기업일수록 이러한 조사도구, 특정방법의 적용오류에 의한 자료신뢰도 상실의 가능성은 더욱 커지므로 보다 현지상황에 적합한 조사도구 및 측정방법의 강구에 신경을 써야 한다.

2) 자료분석의 방법

본격적인 자료분석을 위해서는 앞서 언급한 바와 같이 국내차원분석과 국제적, 즉 국가 간 차원분석이 동시에 이루어져야 한다.

국내차원의 분석에서는 국내마케팅조사에서 많이 행해지는 것과 같이 형태적 또는 상호 경제적 변수가 주축이 되는 다양한 독립변수(independent varible : 종속변수의 변화에 영향을 미치는 변수)들과 상표선호도 등의 구체적인 종속변수(dependent varible : 다른 변수들에 의해 영향을 받는 변수)들 간의 상호관계가 파악되어야 한다. 이러한 변수간의 관계가 파악되고 증명되는 수준에 따라 보다 세밀한 변수들의 성격을 이해할 수가 있음은 당연한 귀결이다. 국제적 차원의 분석에서는 비교대상국들의 기초자료 활용의 타당성을 먼저 검토한 후 양국 자료내용의 유사점과 차이점을 평가해야 한다.

국제적 자료의 해석은 과거의 경영경험이나 조사경험을 토대로 한 주관적인 것일 가능성이 크고, 분석방법에 따라 해석내용이 크게 달라질 가능성도 크므로 실제적인 국제적인 자료 분석방법을 가능한 한 다양한 각도에서 접근될 필요가 있다. 대부분의 마케팅조사에서 결론을 도출하는 첫 단계는 자료를 표로 정리하는 것이다. 만일 마케팅관리자들이 조사결과를 연구되는 사물들이나 사람들의 개별 범주에 적용하려고 한다면, 교차표분석이 매우 용이하다.

일반적으로 마케팅에 대한 분석은 크게 집단 간에 차이가 있는가를 알아보는 것과 변수 간에 상관성이 있는가를 알아보는 것으로 나눌 수 있다. 집단 간의 차이분석을 위해서는 분산분석이 사용되며, 상관성을 규명하기 위해서는 상관관계분석이나 회귀분석이 사용된다.

① **교차표분석**(cross tabulation analysis) : 이 방법은 집단별로 어떤 특성에 차이가 있는가를 파악하고자 할 때 활용되는 통계기법으로서, 특히 명목척도로 측정된 두 변수들 간에 어떤 관계가 있는지를 파악하는데 이용되는 통계분석기법이다. 예를 들어, 교차표분석은 성별과 자동차 구매률이라는 2개 변수를 이용해서 남성과 여성들이 자동차를 구입하는데 있어서 어떤 차이가 있는지를 보여줄 수 있다.

② **분산분석**(analysis of variance) : 분산분석은 조사대상 모집단들에게 특별한 조건을 부여하였을 경우 조사대상 모집단들이 특별조건 부여에 어떠한 반응을 보이는가를 검증하는 방법이다. 즉, 분산분석은 집단들간에 어떤 변수의 평균점수에 차이가 있는지를 검증하는 통계기법이다. 글로벌 마케팅조사에 있어서는 분산분석이 국가내 표본집단간 또는 상이한 국가들 간에 있어 특정 마케팅전략의 채택효과를 검증하는 데 사용할 수가 있다. 단일요소분산분석법(one-way ANOVA)은 몇몇 표본의 평균이 특정변수에 관한 유의성 있게 달라지는가를 검증하는 방법이며, 2개요소 분산분석법(two-way ANOVA)은 어떠한 논리를 2가지의 영향변수가 있는 상황에 확대시킨 방법이다. 따라서 2개요소 분산분석법은 두 변수 간의 상호작용뿐만 아니라 두 변수의 파급효과에 대한 검증을 동시에 실시하는 효과를 낸다.

③ **상관관계분석법**(corelation analysis) : 상관관계분석은 여러 변수들 간의 관련성을 파악하기 위한 방법으로서, 특정변수가 다른 변수와 관련성이 있는지, 만일 관련성이 있다면 어느 정도 관련이 되어 있는가를 분석하는 기법이다. 예를 들어 광고량과 상표인지도와의 관련성 여부와 어느정도 관련성이 강한지를 분석하고자 할 때 사용하는 분석방법이다. 수요예측은 소득탄력성 분석과 경제적 전망에 관한 자료를 기초로 하여 이루어질 수 있거나 보다 완벽한 예측을 위해서는 제반요소들의 상관관계 파악이 필요하다.

④ **회귀분석**(regression analysis) : 회귀분석은 분석대상이 되는 변수의 수에 따라 단순회귀분석과 다중회귀분석으로 구분된다. 단순회귀분석은 한 개의 종속변수와

한 개의 독립변수간의 관계를 파악하려는 가장 단순한 형태의 회귀분석이다. 회귀분석은 변수들 간의 함수적인 관련성을 규명하기 위하여 특정 수학적 모형을 가정하고, 측정된 자료를 이용하여 통계적 추정을 행하는 분석방법이다. 이러한 회귀분석은 글로벌시장에서 수요를 측정하는 주요 도구로서 독립변수와 독립변수 간에 선형 결합관계를 유도한다. 즉, 주어진 변수 X와 Y의 관계를 회귀방정식으로 나타내고, 이 방정식에 의거하여 X의 특정 값을 알 때 그에 상응하는 Y값을 예측하는 것이다. 예를 들어 변수 X를 1인당 GNP, 변수 Y를 인구 1,000명당 TV 보유대수라 할 때, $Y = \alpha + \beta X$라는 관계가 성립된다. 이 때 조사자는 조사대상국의 1인당 GNP와 1,000명당 TV보유대수를 위의 식에 대입함으로써 회귀계수 α와 β값을 얻게 된다. 회귀계수 α와 β값이 각각 -16.501과 0.004라면 1인당 GNP와 TV 보유대수 간의 관계를 나타내는 회귀방정식은 $Y = -16.501 + 0.004X$가 된다. 따라서 특정국의 1인당 GNP 수치만 알고 있으면, 이를 회귀방정식에 대입하여 해당국가의 TV보유대수를 쉽게 예측할 수 있게 된다.

반면에 다중회귀분석법은 2개 이상의 독립변수와 종속변수간의 관계를 분석하는데 이용되는 기법으로서, 예를 들면, 매출을 종속변수로 볼 때 이를 설명하는 여러 가지 독립변수를 파악하여 예측에 활용하는 방법이다. 다음의 맥주 소비모형이 좋은 예가 될 것이다.

$$Y = 1.2X_1 + 230X_2 + 0.2X_3 + 1150\log X_4 + 329$$

Y = 연간 맥주 판매액(단위 : 만원)
X_1= 작년도 매출액
X_2= 금년도 날씨 변화율
X_3= 구매력 지수
X_4= 광고비

(5) 분석결과의 해석

수집된 자료에 대한 분석이 완료된 후, 그 다음 단계로 분석결과에 대한 해석의 과정을 거쳐야 한다. 숫자로 나타난 결과를 기계적으로 해석하는 것보다 글로벌 마케팅관리자가 의사결정에 활용할 수 있도록 그 의미를 부여하는 해석을 하여야 한다. 이 과정에서는 조사대상 국가 또는 지역에 대한 환경적 이해가 선행되어야 한다. 다시 말해, 분석자에 따라 동일한 분석결과에 하여 상이한 해석을 할 수도 있으므로, 마케팅조사결과에 대한 자료를 신중하게 해석하여야 한다.

(6) 조사결과의 보고

조사결과의 보고는 글로벌 마케팅관리자의 의사결정에 도움을 주기 위하여 조사자가 조사결과를 최종적으로 정리하여 보고하는 것을 의미한다. 조사결과는 서면보고와 구두보고로 구분할 수 있다.

1) 서면보고

서면보고는 조사자보다 상위의 직위에 있는 의사결정자에게 문건의 형태로 전달되며, 표지, 목차, 요약 및 본론 등으로 구성된다. 마케팅조사보고서는 마케팅조사의 분석결과와 해석을 정리하여 마케팅의사결정에 도움이 되도록 글로벌 마케팅관리자에게 보고되는 문서이다. 이러한 마케팅조사보고서는 분명하고 명확한 결과와 첫 번째 단계였던 문제에 대한 대응방안을 제시하는 내용으로 제공하여야 한다. 보고서는 글로벌시장에서 조치를 할 수 있는 기준을 제공하여야 한다.

2) 구두보고

구두보고는 서면보고에 추가하여 시청각적으로 이루어지는 경향이 있으며, 문서형태로 작성된 마케팅조사보고서의 이용자가 많거나 그 내용을 알려야 할 경우에는 브리핑(briefing) 또는 프리젠테이션(presentation)을 가지는 것도 효과적이다.

제6장 주요 학습 용어

글로벌 마케팅정보시스템	내부보고시스템	마케팅첩보시스템
마케팅조사시스템	분석적 마케팅시스템	글로벌 마케팅조사
1차자료	2차자료	표본설계
설문조사	명목척도	서열척도
등간척도	비율척도	편의표본추출
판단표본추출	할당표본추출	단순무작위표본추출
층화표본추출	군집표본추출	교차표분석
분산분석	상관관계분석	회귀분석

참고문헌

김주헌, 국제마케팅, 문영사. 2016.

김희철, 글로벌시대의 국제마케팅, 두남, 2007.

박길상, 국제마케팅, 비엔엠북스, 2012.

박주홍, 글로벌마케팅, 유원북스, 2013.

이범희, GLOBAL마케팅, 탑북스, 2012.

이장로 외, 국제마케팅, 무역경영사, 2018.

정헌배·김희철, 지구촌마케팅, 법문사, 2000.

Douglas, Susan P., and C. Samuel Craig, *International Marketing Research*, Prentice-Hall, 1983.

Douglas, Susan P., and C. Samuel Craig, *Information for International Marketing Decisions*, Prentice-Hall, 1983.

Jain, Subhash C., *International Marketing Management*, Kent Publishing Company, 3rd ed., 1990.

Kotler, Philip, *Marketing Management : Analysis, Planning, Implementation and Control*, 11th ed., Prentice-Hall, 2003.

제7장 글로벌 소비자의 구매행동분석

- 글로벌 소비자의 구매행동분석 필요성
- 글로벌 소비재의 구매행동분석
- 글로벌 산업재의 구매행동분석
- 글로벌 소비자의 제품평가와 원산지효과

글로벌마케팅의 기본적인 목표는 해외소비자의 욕구를 충족시키는 데 있다. 그러므로 글로벌 소비자의 행동을 분석하는 것은 글로벌마케팅 전략수립의 가장 중요한 출발점이며, 글로벌 마케팅활동의 성패를 결정하는 핵심적 요소이다. 글로벌 소비자의 행동을 분석함으로써 해외소비자들은 어떤 욕구를 지니고 있으며, 왜 특정상표의 제품을 선호하거나 거부하는 가를 파악할 수 있고, 왜 특정 점포를 이용하는가에 대한 명확한 정보를 확보할 수 있을 뿐만 아니라, 전반적인 구매의사결정과정을 이해할 수 있다. 이러한 소비자들의 구매행동과 그 구매행동에 영향을 미치는 요인에 대한 이해는 글로벌 표적시장에 적합한 글로벌마케팅 프로그램을 개발하는데 결정적인 요인으로 작용하게 된다.

따라서 여기서는 먼저 글로벌 소비자행동분석의 필요성에 대해 먼저 알아보고, 글로벌 소비재 소비자와 글로벌 산업재 구매자의 구매행동 과정 및 영향요인에 차이가 있으므로, 이를 구분하여 살펴보고, 글로벌 소비자의 제품평가와 원산지효과에 대해서 설명하기로 한다.

1 글로벌 소비자의 구매행동분석 필요성

글로벌 소비자의 구매행동이란 글로벌시장에서의 소비자 구매행동을 말하는데, 어떤 특정한 개인이 제품이나 서비스의 구매여부와 언제, 어디서, 무엇을, 어떻게, 누구로부터 구매할 것인가를 결정하는 과정이다. 그러므로 해외소비자의 행동을 분석한다는 것은 복잡한 글로벌시장 환경 하에서 기업의 글로벌 마케팅활동에 대해서 해외소비자가 어떤 반응을 나타내고 있고, 어떤 요인이 구매의사결정에 영향을 미치고 있는가? 어떤 과정을 거쳐 제품이나 서비스를 구매하고 있는가를 파악하는 것을 말한다. 해외소비자를 정확히 파악하지 못하면 이를 기초로 수행되는 글로벌 시장세분화나 글로벌 표적시장의 선정 등과 같은 글로벌 마케팅활동을 효과적으로 전개해 나갈 수 없다. 그러므로 글로벌 마케팅관리자는 급변하는 글로벌시장 환경 속에서 다양하고 개성있는 해외소비자의 욕구를 찾아내어 이를 만족시킬 수 있는 글로벌 마케팅전략을 수립하기 위해서는 글로벌 소비자행동을 체계적으로 이해하고 있어야만 할 것이다.

글로벌 마케팅관리자가 글로벌 소비자행동과 관련하여 글로벌시장에서 수집해야 하는 정보는 [표 7-1]과 같다.

표 7-1 소비자행동에 관한 시장정보의 내용

① 누가 구입하는가?
(구매자인가, 사용자인가)
② 무엇을 구입하는가?
(구매량, 상표, 제품의 특성, 사용상황)
③ 어디서 구입하는가?
(재래시장, 슈퍼마켓, 편의점, 백화점, 전문점 등)
④ 언제, 어떠한 경우에 구입하는가?
(일 년, 한 달, 일주일에 한 번, 혹은 매일, 세일기간에 또는 평상시에)
⑤ 어떤 과정을 거쳐 구입하는가?
(의사결정과정, 사용정보원)
⑥ 특정제품을 구입하는 이유는 무엇인가?
(상표, 기능적 특성, 서비스, 이미지)

이러한 글로벌시장에서 수집되는 소비자에 관련된 정보와 이에 영향을 미치는 요인들을 파악함으로써 글로벌 마케팅관리자는 해외소비자를 몇 개의 세분화된 시장으로 나누고, 이 중에서 글로벌 표적시장을 선택하여 효율적인 글로벌 마케팅전략을 수립하고 전개해 나갈 수가 있다.

2 글로벌 소비재의 구매행동분석

2.1 소비재 구매결정과정의 참가자와 구매행동의 유형

(1) 구매잠재력의 결정요소

소비재시장에 있어서는 개인 또는 가계가 구매의 주체이므로 구매잠재력 결정의 가장 중요한 요소는 인구, 즉 개인의 수이다. 따라서 인구에 관한 연구는 마케팅조사를 위하여 가장 기본적인 자료가 된다. 왜냐하면 인구에 관한 연구는 기업의 마케팅활동 영역에 있어서 인구의 분포에 관한 정보를 제공하고 특히 각 인구의 특성, 규모를 예측시켜 줌에 따라서 판매예측을 가능하게 하기 때문이다.

구매잠재력을 결정하는 또 다른 요소들로 가처분소득과 구매능력 등을 들 수 있다. 소비재에 대한 인구의 잠재적 구매력은 전체소득 규모와 신용획득 규모 및 기타 저축규모 등에 따라서 이루어진다. 따라서 실질적으로 구매에 연결되는 소득 또는 구매력은 이러한 가처분소득을 중심으로 이루어지는데 제품의 가격수준 또한 이러한 것에 영향을 미치는 중요한 요소로 작용할 수 있다.

(2) 구매결정과정의 참가자

소비재시장에서는 구매자가 누구인가를 확인하고 그에게 영향을 미치는 사람이 누구인가를 파악해야 할 필요가 있다. 제품에 따라서는 구매의사결정에 참가하는 사람이 한 사람뿐인 경우도 많다. 예를 들면 담배나 면도기를 구입하는 사람들은 일반적으로 남성이 많을 것이고, 립스틱이나 스타킹의 구입을 결정하는 사람은 여성일 것이다. 가계, 가족 등의 제한된 집단속에서 구매는 집단적으로 의사결정이 이루어지는 경우가 많다. 여름휴가를 어디서 보낼 것인가에 관하여는 가족의 구성원마다 의견이 각각 다를 수 있어 집단적 의사결정이 이루어진다. 이런 경우에 글로벌 마케팅관리자는 구매의사결정의 참가자들이 누구이며, 제품에 따른 참가정도와 역할이 어떻게 결정되는가를 알아야 할 것이다.

여기서 구매참가자라 함은 이와 같이 하나의 구매의사결정에 어느 정도 영향력을 행사하는 사람들, 즉 제안자, 영향력 행사자, 결정자, 구매자, 사용자를 가리키고 있다. 구매참가자가 구매결정과정에서 어떤 역할을 하는가에 따라 다음과 같이 분류할 수 있다.

구매의사결정에 대한 참가자들은 제품에 따라서 그 역할을 달리한다. 예를 들어 의류나 식료품 등의 구매는 대다수 주부가 의사결정자 및 구매자가 되지만 항상 사용자가 되는 것은 아니며, 장난감의 경우는 어린이가 정보수집 및 사용자가 되며, 가구 또는 아파트의 경우는 명실공히 집단적인 의사결정이 이루어진다. 자동차의 경우를 예로 들면 남편의 역할은 상품과 모형선택에 중요한 영향을 주며, 주부의 역할은 색상과 내부장치에 대한 영향을 주는 것 등을 들 수 있다.

2.2 소비재 구매행동의 유형

치약, 테니스라켓, 개인용 컴퓨터 및 새차를 구입하는데 큰 차이가 있듯이, 소비자 의사결정은 구매의사결정의 유형에 따라 다르다. 의사결정이 복잡할수록 더 많은 참가자가 개입되고, 또한 구매자는 보다 신중하게 심사숙고하게 된다. Assael은 구매에 대한 구매자의 몰입정도와 상표 간의 차이정도에 따라 소비자 구매행동을 다음과 같이 4가지 유형으로 분류하였다.

(1) 복잡한 구매행동(complex behavior)

소비자들은 구매에 관여도(involvement : 어떤 대상을 중요시 여기는 정도나 대상에 대해 관심을 갖는 정도를 말함)가 높고, 상표 간에 많은 차이가 있는 제품을 구매할 때는 복잡한 구매의사결정을 거치게 된다. 즉 소비자들은 이러한 제품을 구매할 때는 위험을 많이 느끼며, 그런 위험을 감소시키기 위해 충분한 정보탐색을 하여 그 제품에 대한 신념이 생기고 태도가 형성된 후에야 구매선택하게 된다.

표 7-2 구매행동의 유형

		관여의 정도	
		고	저
상표간의 차이	고	복잡한 구매행동 (신념 → 평가 → 행동)	다양성추구 구매행동 (신념 → 행동 → 평가)
	저	인지부조화감소 구매행동 (행동 → 신념 → 평가)	습관적 구매행동 (신념 → 행동)

(2) 인지부조화감소 구매행동(dissonance reduction behavior)

소비자들이 제품에 대해서는 상당한 관여를 보이지만, 상표 간에는 별다른 차이를 발견하지 못할 때의 구매행동을 불협화감소 구매행동이라고도 한다. 예를 들어 가격이 고가이며 자아이미지와도 연결되는 고관여제품인 카페트는 상표 간에는 차이가 클 수 있지만 소비자들은 그러한 차이를 명확히 판단할 수 있는 기준을 갖고 있지 못하므로 어떤 가격범위내의 카페트는 서로 유사한 것으로 생각할 수 있다. 그러므로 소비자들은 유사하다고 생각되는 몇 개 상표의 카페트 중에서 하나를 선택하여 구매하게 된다. 구매 후에 그 소비자는 자기가 구매한 상표에 대한 나쁜 이야기를 듣거나 다른 상표에 대해 좋은 이야기를 들을 경우 구매 후 인지부조화(post purchase dissonance : 특정상표를 구매하고 난 후 소비자가 느끼는 심리적인 불안)를 경험하게 된다. 그 경우 소비자는 그의 결정을 정당화할 수 있는 정보에 주의를 기울여 선택한 상표의 좋은 점을 찾거나 약점을 무시함으로써 자신의 구매를 정당화하고 부조화를 감소시키게 된다. 그 결과로 각 상표에 대한 어떤 새로운 신념을 갖게 되고, 이어서 일련의 태도가 형성된다.

(3) 습관적 구매행동(habitual buying behavior)

대부분의 비내구성 소비재는 관여수준이 낮고 상표 간에 큰 차이가 없는 것이 일반적이다. 가격이 저렴하고 자주 구매하는 제품이면서 상표간의 차이를 거의 느끼지 못하는 제품을 구매할 때는 상표에 대한 정보를 거의 탐색하지 않을 뿐만 아니라 그 특성을 평가하지 않으며 어떤 상표의 제품을 구매할 것인가에 대해서도 신중히 결정하지 않고 습관적으로 동일상표를 반복구매하는 행동을 나타낸다. 따라서 이 경우의 구매과정은 수동적 학습에 의한 신념이 형성되고, 그 다음 구매행동으로 이어지며, 구매 후 평가를 통해 태도가 형성되거나 태도형성 자체가 유보되기도 한다.

(4) 다양성추구 구매행동(variety behavior)

관여수준은 낮으나 상표간의 차이는 크다고 소비자가 느끼는 경우의 구매행동이다. 쿠키 구매를 예로 들어 보면, 소비자는 어떤 신념을 가지고는 있으나, 거의 평가하지 않고 쿠키 중 어떤 상표를 선택하고, 먹는 동안 그 상표를 평가한다. 그러나 다음번에 그 소비자는 지루함 또는 다른 맛을 원하여, 변화의 추구 등에 의해 다른 상표를 선택할 수 있는데, 이와 같은 상표변경은 불만족이기 보다는 다양성을 추구함으로써 제기된다.

2.3 소비재 구매의사결정과정

소비자는 자신의 미충족된 욕구를 충족시키기 위해 제품을 구매한다. 소비자는 제품 구매를 결정하고 나면 [그림 7-1]에서처럼 문제인식, 정보탐색, 대안의 평가, 구매결정, 구매 후 행동 등 5단계의 구매의사결정 과정을 거치게 된다. 이와 같이 소비자가 어떤 문제에 부딪치게 되면 먼저 이를 해결할 수 있는 방법을 생각하여 관련 정보를 수집하고, 몇 개의 선택대안을 선정하여 일정한 기준에 따라 평가하고 최종선택된 것은 구매할 것이고, 그 이후에는 평가하는 과정을 거치게 되는데, 이러한 일련의 과정을 소비자의 구매의사결정이라고 한다.

문제인식 → 정보탐색 → 선택대안의 평가 → 구매결정 → 구매후 행동

[그림 7-1] 구매의사결정과정

이 모델은 구매과정이 실제 구매 훨씬 이전에 시작하여 구매 이후에도 지속된다는 점을 강조하고 있다. 또한 마케팅담당자에게 구매결정 뿐만 아니라 전 과정에 초점을 맞추어야 한다는 것을 시사하고 있다. 이 모델에 따르면 모든 구매활동이 이 5가지 단계를 거치는 것처럼 보이나 일상 반복적인 구매에서는 어느 단계가 생략되고 순서가 바뀔 수도 있다.

(1) 문제인식(problem recognition)

어느 특정시점에서 소비자는 자신이 현재 처해 있는 상태와 바라는 상태가 차이가 있다고 생각되면 이를 해결하려고 하는 욕구가 발생한다. 이처럼 소비자가 해결해야 할 욕구가 있다고 인식하는 것을 문제인식이라 한다. 자기가 바라는 상태의 기대수준이 높아지거나 현재의 상태가 악화되어 그 차이가 더욱 커질 때 문제를 인식하게 된다. 이러한 문제인식은 내·외부에서 발생하는 정보처리과정을 통해 발생하므로, 문제인식 과정을 소비자가 어떤 목적있는 구매의사결정을 하도록 동기를 부여 받는 과정이라 할 수 있다.

(2) 정보탐색(information search)

소비자가 문제를 인식하면 그 다음에는 이 문제를 해결하기 위해 적극적으로 정보를 탐색하게 된다. 소비자가 탐색하는 정보의 내용은 욕구를 충족시켜 줄 수 있는 선택대안의 종류, 선택대안들을 평가하기 위한 기준, 그리고 각 대안의 평가기준별 성과수준 등이다. 이러한 정보는 ① 인적(가족, 친지, 이웃) ② 상적(광고, 판매원, 포장, 진열) ③ 공공(매체, 소비자단체의 보고) ④ 경험(조사, 시용) 등 통해 수집한다.

(3) 선택대안의 평가(evaluation alternatives)

정보의 탐색활동을 통해 자신의 능력에 비추어 구매할 만한 가치가 있다고 판단되는 상표의 집단을 선택하고, 여기서 어느 것이 자기에게 가장 적절한지를 평가해야 하는데, 이를 선택대안의 평가라고 한다. 평가기준은 소비자의 내면적 구매목적과 동기를 반영하여 제품구매의 주된 목적과 그 제품으로 얻고자 하는 편익에 의해 결정되며, 또한 상황여건에 따라 달라지며, 그 기준은 객관적일 수도 있고 주관적일 수도 있다. 대부분의 소비자는 선택대안의 평가과정에서 인지지향적인 접근방법에 따른다. 즉 의식적·합리적 기초에 근거하여 선택대안에 대한 판단을 하고 있다. 대안의 평가에 따른 상표의 선택은 비중있는 속성에 따라 달라지는데, 소비자는 자기의 욕구와 직접 관계된 제품속성에 가장 많은 주의를 기울인다.

(4) 구매결정(purchase decision)

소비자는 선택대안들에 대한 비교·평가과정을 거쳐 가장 적절한 대안을 선택하여 구매한다. 즉 특정 대안에 대해 구매의도가 형성되면 대금확보, 구입방법, 점포선정, 구매, 대금지급조건 협상 등의 구매행동이 이어진다. 소비자는 특정점포를 결정한 후 구매하기도 하지만 여러 점포를 방문하고 비교하여 구매하기도 한다. 구매는 의사결정 이후 곧바로 이루어지기도 하고 때로는 상당기간 후에 실행되기도 한다. 의사결정 이후 장시간이 지나 구매가 이루어지려면 소비자의 재정상태 변화, 생산중단에 의한 품절, 새로운 대안의 출현 등으로 인해 소비자의 구매의도가 구매로 이어지지 않을 수도 있다.

(5) 구매 후 행동(post-purchase behavior)

특정한 제품을 구매한 후, 이와 관련하여 그 소비자가 경험하는 심리적 과정 및 육체적 행위를 구매 후 행동이라고 한다. 어떤 제품을 구매한 후 소비자들이 겪는 심리적인 현상은 ① 만족 또는 불만족, ② 인지부조화(認知不調和)이다.

1) 구매 후 만족(post-purchase satisfaction)

어떤 제품을 구매한 소비자는 구매 후 만족을 느낄 수 있다. 일반적으로 제품의 지각된 성능의 수준이 기대수준과 같거나 클 때는 만족을, 그리고 그 반대의 경우에는 불만족을 느끼게 된다. 만족한 소비자는 그 제품을 재구매할 가능성이 높을 뿐만 아니라 다른 사람들에게 그 제품에 대해 호의적인 구전(word-of-mouth)을 전파하는 경향이 있다. 이를 글로벌 마케팅관리자들은 "우리의 최상의 광고물은 만족한 고객들이다"라고 말한다.

2) 구매 후 불만족(post-purchase dissatisfaction)

불만족한 소비자에게서는 재구매 뿐만 아니라 호의적인 구전도 기대할 수 없다. 불만족한 소비자는 자신의 견해, 지식, 가치관 사이에서 인간의 내적인 조화, 일관성, 적합성의 조화를 유지하려고 노력하기 때문에, 불협화를 줄이려 한다. 불협화적 소비자들은 두 가지 행동 중 하나를 택하여 행한다. 그들은 그 제품을 버리거나 반품을 함으로써 불협화를 줄이려고 애쓰거나, 높은 가치를 확신시켜 주는 정보를 탐색함으로써(또는 낮은 가치를 확신시켜주는 정보를 회피함으로써) 불협화를 축소하려고 노력한다.

글로벌 마케팅관리자들은 소비자들이 불만족을 해결하는 방법을 알아야 한다([그림 7-2 참조]). 소비자들은 어떤 행동을 취할 것인가 또는 말 것인가를 선택한다. 만약 그들이 행동을 취하기로 하면, 그들은 공적행동과 사적행동을 취할 수 있다. 공적행동은 기업에 대한 불만토로, 변호사상담, 구매자에게 만족을 느끼도록 도움을 주려고 하는 다른 집단 즉 기업, 개인, 또는 정부기관에 대해 불평을 하는 것이 포함된다. 또는 구매자는 단순히 돌파구적인 방법으로 제품구매를 중단하거나, 대안적으로 소비자는 언어적 방법으로 친구에게 주의하도록 경고할 수도 있다. 이런 모든 경우에 판매업자는 소비자를 만족시키는데 직무를 잘못 수행함으로써 무엇인가를 잃고 있는 것이다.

글로벌 마케팅관리자들은 소비자들의 구매 후 불만족을 극소화시킬 수 있는 조치를 취할 수 있다. 좋은 제품을 선택한 것을 축하한다는 편지를 제품을 새로 구입한 소비자에게 보내거나 만족해하는 소비자를 광고에 등장시킬 수 있다. 기업들은 소비자의 개선제안을 유도하고, 이용 가능한 서비스장소를 제시할 수 있으며, 또한 이해하기 쉬운 취급설명서를 발행할 수도 있다. 또한 그들은 새로운 제품의 응용과 이용에 대해 설명한 잡지를 소유자들에게 보낼 수 있다. 이와 더불어, 기업들은 고객들이 불평을 토로할 수 있는 좋은 경로를 준비할 수 있다. 일반적으로 기업들은 기업에게 불평을 토로할 수 있는 최적의 경로를 소비자들에게 제공해야 한다. 유능한 기업들은 그들의 제공물과 성과를 계속적으로 향상시키기 위한 방법으로 소비자들의 대응적 반응을 받아들이고 있다.

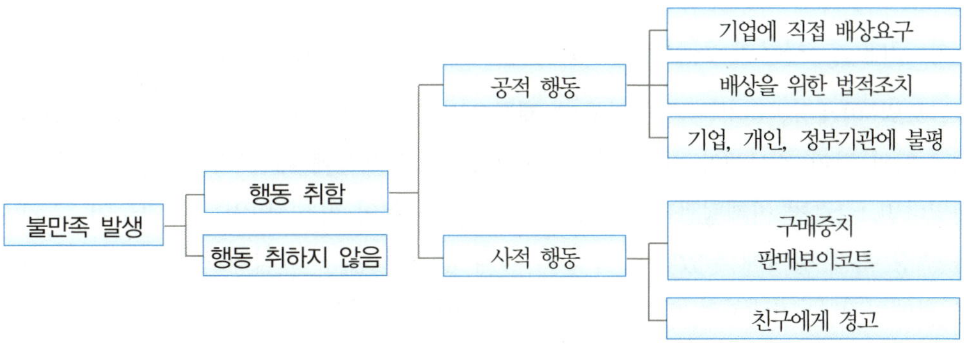

[그림 7-2] 고객의 불만족을 처리하는 방법

3) 인지부조화(cognitive dissonance)

특정상표를 선택하여 구매한 소비자가 자기의 선택이 합리적이었는지의 여부에 대해 느끼는 심리적 불안을 말한다. 예를 들어, PC 한대를 구입하였는데, 사고 보니 다른 경쟁사의 제품이 값도 저렴하고 성능도 우수하다고 그러는데 진실로 자신이 옳은 판단을 했는가? 하는 마음이 생기는 경우이다. 경쟁브랜드가 갖고 있는 바람직한 특징 중 일부가 없는 고가의 고관여제품을 최근에 구입하였을 때 인지부조화가 발생할 가능성이 높다. 불만족은 제품성과가 기대에 미치지 못하는 것이라는 판단에서 나오는데 비해, 인지부조화는 자신의 의사결정이 과연 잘한 것인가 하는 일종의 의구심이므로 이 둘은 성격이 전혀 다른 것이다. 인지부조화를 경험하는 소비자는 그 제품을 반품하려 하거나, 그 제품을 선택한 것을 정당화시키기 위해서 이 부조화를 해소하려는 노력을 하게 되는데, 그러한 해소노력은 대개 일반화하는 경향과 합리화하려는 경향 중 어느 한 경향을 보이게 된다.

일반화의 방법을 선택하는 소비자들은 자기가 선택한 상표와 선택하지 않은 상표는 근본적으로 차이가 없고, 그러므로 자기의 선택에 별 하자가 없었을 것이라고 확신함으로써 마음의 안정을 찾는다. 한편 합리화하는 소비자들은 자기가 선택한 상표에 대해 긍정적인 정보를 추가적으로 수집하고, 선택하지 않은 상표에 대해서는 부정적인 정보를 수집하여 자기의 구매를 정당화하려고 한다.

글로벌 마케팅관리자는 구매에 대한 감사의 편지를 보내거나, 사후 서비스의 일정을 기간별로 통보하여 준다거나, 자사제품의 우수성을 담은 소책자 및 구매를 합리화시키는데 유용한 자료를 사후에 보내어 소비자가 인지부조화를 해소할 수 있도록 노력해야 한다.

4) 구매 후 사용과 처리(post purchases use and disposal)

글로벌 마케팅관리자는 구매자들이 제품을 어떻게 사용하고 처리하고 있는가를 [그림 7-3]과 같이 조사해야 한다. 만일 소비자들이 그 제품에 대한 새로운 사용법을 발견하였다면, 글로벌 마케팅관리자들의 관심거리가 되어야 한다. 만일 소비자들이 그 제품을 벽장 속에 방치해 두었다면, 구전이 좋지 않을 것이다. 그럼에도 기업들이 그 제품을 판매하거나, 거래하려 한다면 신제품의 판매를 약화시키게 될 것이다. 만일 소비자들이 그 제품을 내버리는 경우, 글로벌 마케팅관리자들은 그 제품의 처리방법을 연구해야 한다. 특히 음료용기와 1회용 기저귀와 같은 환경을 훼손시키는 제품의 경우는 더욱 그렇다. 글로벌 마케팅관리자들은 가능한 문제와 기회에 대한 단서를 찾기 위해 제품사용과 처리를 연구할 필요가 있다.

[그림 7-3] 고객이 제품사용 및 처분방법

2.4 소비재 구매행동의 영향요인

소비자 구매행동에 많은 영향을 미치는 요소로는 [표 7-3]에서 보는 것처럼 소비자가 처해있는 문화적, 사회적, 개인적 및 심리적 요인을 들 수 있다. 이러한 요소들은 대부분 글로벌 마케팅관리자가 직접 통제할 수 있는 부분은 못되지만, 신중히 고려하여야 될 필요가 있다. 여기서는 이러한 각 요인들이 구매자의 행동에 어떻게 영향을 미치는가를 검토하기로 한다.

표 7-3 구매행동에 영향을 미치는 요인들

문화적 요인	사회적 요인	개인적요인	심리적 요인	
문화 하위문화 사회계층	준거집단 가족 역할과 지위	연령 및 생활주기 단계 직업 경제적 환경 생활양식 개성 및 자아개념	동기부여 지각 학습 신념 및 태도	구매자

(1) 문화적 요인

1) 문화(culture)

문화는 한 집단을 이루고 있는 사람들이 공동적으로 지니고 있는 태도, 가치관, 관습, 아이디어, 살아가는 방식 등의 복합체로 정의될 수 있다. 문화는 집단구성원들의 행동 방향을 제시하며, 행동을 규제하고, 행동에서 즐거움을 얻도록 해준다. 또한 이러한 문화는 개인의 욕구 및 행동에 대해 가장 기본적 영향력을 갖고 있다.

2) 하위문화(subculture)

하위문화는 한 사회집단의 특수한 부분 또는 다른 영역과 구별될 만큼 특이하게 나타나는 생활양식을 말한다. 현실적으로 사회 속에는 상당한 규모의 집단으로서 전체사회와는 이질적인 행동양식, 생활관습, 언어, 종교를 지닌 하위문화가 존재하며 이것은 국적별 집단, 종교 집단, 지역별 집단, 인종 집단 등으로 분류된다. 하위문화를 면밀히 분석하는 것은 시장세분화정책에 있어서 필수 불가결한 일이다.

3) 사회계층(social class)

사회계층이란 사회적으로 신분이나 소득이 비슷한 사람들을 묶은 것, 즉 계층으로 구분되어가고, 그 구성원들이 동일한 가치관, 관심, 그리고 행동을 공유하는 어떤 사회 속에서 상대적으로 동질적이며 지속적인 부분들을 의미한다. 사회계층의 구성원은 소속, 직업, 주거지역, 거주형태의 원천과 같은 제요소에 의해서 영향을 받는다. 아무리 사회가 평등할지라도 내부적으로는 등급이 있기 마련인데 사회적으로 비슷한 위치에 있는 사람들은 사고에서 행동에 이르기까지 공통점이 많다.

사회계층이 중요한 의미를 갖는 이유는 상이한 사회계층이 상이한 태도와 가치를 형성하며 동일계층에 속해 있는 개인의 행동에 직접적으로 영향을 미치기 때문이다. 사회계층은 상이한 세분시장의 행동을 구분하여 주기 때문에 구매자의 행동을 더욱 깊게 이해할 수 있고, 시장세분화정책에 적절히 활용할 수가 있게 된다.

(2) 사회적 요인

1) 준거집단(reference group)

준거집단이란 개인의 행동이나 태도에 직접적·간접적으로 영향을 끼치는 모든 집단, 즉 개인의 태도, 의견 및 가치관의 형성에 있어서 개인의 준거점이 되고 있는 개인이나 집단을 말한다. 이러한 준거집단은 회원집단(membership group)과 비회원집단(nonmembership group)으로 분류될 수 있다. 회원집단은 소비자가 현재 속해 있는 집단으로서 다시 1차집단(primary group)과 2차집단(secondary group)으로 구분된다. 1차집단은 가족, 학교급우, 직장동료처럼 매우 자주 접촉하는 집단인데 소비자행동에 가장 많은 영향을 미치는 집단이다. 2차집단은 친목회모임 회원이나 동창생처럼 접촉하는 횟수가 비교적 적은 집단이다. 비회원집단은 소비자가 현재 속해 있지 않은 집단인데, 이 중에 열망집단(aspirational group)은 개인이 속해 있지는 않으나 소속되기를 원하는 집단으로서 청소년이 영화배우나 운동선수가 되고 싶어하는 경우가 여기에 해당된다. 개인은 가끔 열망집단 구성원들의 행동을 모방한다.

2) 가족(family)

개인이 장기간에 걸쳐서 귀속되는 준거집단 중에서 가족은 사람들의 지각과 행동, 태도, 가치관에 가장 강력하고 지속적인 영향을 끼친다. 그러므로 가족은 가족구성원인 소비자로서의 개인의 행동에 가장 큰 영향을 미치며 가장 중요한 공동소비단위이며 공동구매단위이다.

소비자행동에 영향을 미치는 다른 요인과는 달리 가족의 의사결정은 가족구성원 개개인이 행할 수 있고, 구성원들의 공동으로 이루어지는 경우도 있다. 구매의사결정에 있어서 남편과 아내의 상대적인 영향력에 따라 다음 4가지 유형으로 나눌 수 있다.

i) 공동구매결정 : 주택구매나 휴가계획, 자녀의 학교결정 등

ii) 자율적 구매결정 : 남편이나 아내가 자율적으로 의사결정하는 경우로서 남편의 담배 구입, 아내의 화장품 구입 등

iii) 아내 지배적 구매결정 : 식기, 세탁비누, 식료품 등과 같은 제품의 구매

iv) 남편 지배적 구매결정 : 미래 투자형 지출이나 생명보험 가입, 자동차의 차종 결정 등 최근에 들어 상대적으로 자녀들의 발언권이 점차 커지고 있어 그들의 의견이 구매결정에 많이 반영되고 있다.

3) 역할과 지위(roles and status)

사람은 전 생애를 가족, 준거집단, 조직, 기관 등의 많은 집단에 참가를 하며 각 집단에서 역할 및 지위를 행사하는 어떤 직위를 갖는다. 역할은 주위사람들의 기대에 부응하여 수행이 요구되는 일련의 행동이고, 지위는 이러한 역할수행에 부수되어 그 사회

에서 인정받는 일반적 권한이다. 따라서 역할 및 지위는 인간의 일반적 행위뿐만 아니라 구매행위에도 영향을 미친다.

(3) 개인적 요인

1) 연령과 생활주기(age and life style stage)

사람은 태어나면서 죽을 때까지 많은 것을 필요로 한다. 나이가 들어감에 따라 즐겨 먹는 음식이나 좋아하는 색상, 마음에 드는 옷, 휴식을 취하는 방법 등이 변화한다. 특히 사용하는 제품과 관련하여 연령에 따라 중요시되는 품목에는 차이가 있으며, 구매력에 있어서도 차이가 난다. 뿐만 아니라 같은 연령층의 집단들은 가치관이나 생활태도, 그리고 소비행동에 있어서도 비슷한 패턴을 나타낸다.

가족생활주기는 시간의 흐름에 따른 가족구성원의 변화를 기술하는 사회적 개념으로서 결혼하지 않은 단계에서부터 시작하여 가족이 발전하여 나가는 단계를 말한다. 이는 결혼유무, 가족의 수, 가장의 근로유무, 가족구성원의 나이 등의 인구통계적인 변수들이 복합적으로 결합되어 결정된다. 가족생활주기가 마케팅에 주는 의미는 가정이 각 단계 중 어디에 해당되는가에 따라 나타나는 소비행동에 차이가 있기 때문이다. 즉 사람은 각각의 생활주기단계에 따라서 상이한 욕구와 흥미를 가지며, 구매에 대한 권한, 상대적 영향력은 생활주기에 따라 달라진다. 따라서 마케팅담당자는 각 단계별로 나타나는 제품이나 서비스에 대한 욕구변화에 관심을 기울여야 한다.

2) 직업(occupation)

소비자의 구매행동은 그의 직업에 의해서도 영향을 받는다. 즉 소비자가 구매하는 제품이나 서비스, 상표, 이용매체, 구매장소 등이 그의 직업에 의해 결정되기도 한다. 글로벌 마케팅관리자는 직업에 따라서 제품이나 서비스에 대한 욕구가 특이하므로, 어떤 직업종사자들이 자기의 제품이나 서비스에 보통 이상의 관심을 가지고 있는가를 조사해야 한다.

3) 경제적 환경(economic circumstances)

구매자의 소득, 저축 및 재산, 구매력, 대부능력, 저축과 소비에 대한 태도 등 소비자의 경제적 환경요인은 제품이나 서비스, 상표선택 등 구매행위에 지대한 영향을 미친다. 따라서 소득에 민감한 제품을 판매하는 글로벌 마케팅관리자는 개인의 소득, 저축, 이자율 등에 대해서 민감한 주의를 기울여야 한다.

4) 생활양식(life style)

생활양식이란 어떻게 자신의 시간을 활용하는가(activity), 주된 관심사는 무엇인가(interest), 그리고 자신과 주위세계를 어떻게 보느냐(opinion)의 총체로서 확인되는 한 개인이 살아가는 생활방식을 말한다. 이는 개인의 욕구구조와 태도에 영향을 미치고 결국에는 소비행동에 영향을 주는 또 하나의 중요한 인적 특성이다. 이러한 생활양식은 개인이 문화, 사회계급, 준거집단, 가족 등의 영향을 받아 습득한 것으로 개인의 가치체계나 개성의 파생물이다. 그러므로 개인의 생활양식은 그 사람의 제품이나 상표선택에서 나타나게 된다.

5) 개성(pesonality)과 자아개념(self-concept)

개성이란 행동적 반응의 결정요인인 내적·외적 특성을 나타내는 개인의 패턴으로서, 개인이 타인과 구별되는 특성, 태도, 관습 등의 총합이다. 보통 개성은 자기과신, 우월감, 자율, 복종, 사회성, 방어성, 적응성과 같은 속성에 의해 설명된다. 개성유형은 분류될 수 있고 또한 어떠한 개성유형과 제품 또는 상표선택 사이에 강한 상관관계가 존재한다는 것을 알아낼 수 있다면, 개성은 소비자행동을 분석하는데 유용한 변수가 된다.

자아개념이란 스스로 느끼는 자기이다. 사람들은 자아를 유지하고 발전시키려는 충동을 가지고 있기 때문에, 제품의 이미지도 자아이미지와 일관성을 유지하기를 원한다. 따라서 자아개념은 제품이나 서비스의 구매행동에 영향을 미친다고 할 수 있다. 아이보리(Ivory)비누는 청결하고 건강하며 평범한 이미지를 조성하여 이러한 자아개념을 가지고 있는 여성고객을 표적고객으로 선택하여 성공적으로 접근한 대표적인 제품이다.

(4) 심리적 요인

1) 동기부여(motivation)

소비자들이 특정한 행동을 하는 이유는 바로 그가 어떤 동기를 갖고 있기 때문인데, 동기(motive)란 행동을 불러일으키는 개인의 내적 충동력이라 할 수 있다. 구매동기는 기초적 구매동기와 선별적 구매동기로 분류된다. 기초적 동기는 특정상품에 대한 구매동기이고, 선별적 동기는 해당 제품목록에 속한 특정브랜드의 선택과 관련된 동기이다.

동기부여는 인간의 행동을 개발하고 그 개발된 행동을 유지하면서, 그들을 일정한 방향으로 유도해가는 힘을 말한다. 동기부여의 대표적 이론으로는 매슬로우의 욕구 5단계설이 있다. 매슬로우는 5가지의 욕구(생리적 욕구, 안정적 욕구, 사회적 욕구, 존경의 욕구, 자아실현의 욕구)를 인간이 충족하려는 욕구라고 하고 이러한 욕구는 계층화되어 있다고 하였다.

2) 지각(perception)

지각이란 사물을 시각, 청각, 미각, 후각 그리고 촉각을 통해 받아들여 이를 조직하고 해석하여 자기의 경험으로부터 의미를 추출해내는 심리적 과정, 즉 어떤 개인이 투입된 정보를 세상의 의미있는 것으로 만들기 위해서 선택하고, 조직하고, 해석하는 과정이라 정의할 수 있다. 지각은 물리적 자극의 특성뿐만 아니라 주위의 장과 자극의 관계, 그리고 개인의 내적상태에 따라 달라진다.

3) 학습(learning)

인간이 행동을 할 때 그들의 경험을 습득하게 되고, 그 경험은 다시 그들의 미래행동에 직접·간접적으로 영향을 주게 된다. 소비자는 어떤 제품에 대하여 잘 모르거나 호의적인 태도를 갖지 않다가도 우연한 기회에 시용(trial)을 해보고 그 제품의 특징을 알고 호의적인 태도를 형성하거나 차후 구매의도를 가질 수 있다. 또는 직접 경험을 하지 않더라도 타인이나 광고에 설득되어 자신의 생각이 변화될 수가 있다. 이처럼 학습은 소비자가 직접 경험이나 외부정보에 의해 어떤 대상에 대한 지식, 태도, 또는 행동을 형성하거나 변경하는 것, 즉 경험에서 연유된 인간행동의 변화를 뜻한다.

이러한 학습은 동기, 강력히 지각된 경험, 그리고 측정의 자극이나 상황에 대한 반응 행동의 반복 등 세 가지 요소가 결합되어 나타난 결과라고 볼 수 있다. 글로벌 마케팅 관리자는 소비자의 학습과정을 철저히 이해함으로서 자사제품에 대한 소비자의 학습이 긍정적으로 이루어지도록 할 수 있다.

4) 신념과 태도(beliefs and attitude)

태도란 사물이나 다른 사람에 대해 품고 있는 지속적인 긍정적 또는 부정적 감정, 즉 경험을 통해 형성된 주관이 직접적 혹은 동적으로 행동에 영향을 미쳐 이에 따라 반응할 준비가 되어 있는 마음의 상태이고, 신념이란 어떤 것에 대해 한 개인이 지니고 있는 기술적인 생각, 즉 기술적 사고(descriptive thought)이다. 행위와 학습을 통해 사람들은 신념과 태도를 형성하고 이러한 신념과 태도는 사람들의 구매행동에 영향을 미친다.

3 글로벌 산업재의 구매행동분석

3.1 산업재 구매자

산업재(industrial products)란 구매자가 다른 제품의 제조나 판매에 직접적, 간접적으로 사용하기 위해서 구매하는 재화를 말한다. 그러므로 산업재는 시장에서 사용되는 기술적인 특성, 판매전 판매와 판매 후 판매가 소비재보다 강조되고 수요가 관련된 제품의 파생수요에 의해 발생한다.

이러한 산업재의 구매자는 조직구매자들이다. 조직구매자 중에서도 마케팅대상으로서 중요하고, 따라서 그들의 구매행동에 대해서 이해할 필요가 있는 구매자는 산업구매자, 재판매자, 그리고 정부이다.

산업구매자는 제품 또는 서비스를 생산하기 위해서 필요한 원자재, 부품, 기계설비 등을 구매하는데, 이들의 보다 궁극적인 목표는 생산된 제품이나 서비스를 판매·대여·교환함으로써 이윤을 얻는데 있다. 제품을 생산하는 제조기업과 서비스를 창출하는 항공사, 보험회사 등이 이 범주에 속한다.

재판매자는 소매상이나 도매상처럼 상품을 되팔아서 이익을 얻을 목적으로 제품이나 서비스를 구입하는 개인이나 조직을 말한다. 재판매자로 분류될 수 있는 사람이나 조직에는 행상으로부터 대규모 백화점에 이르기까지 다양하다. 정부는 국방이나 치안, 외교, 경제, 사회, 문화, 복지정책 등 광범위한 업무를 수행하기 위해서는 많은 제품, 서비스, 설비 등의 구입·사용이 불가피하다. 특히 나라 살림의 규모가 커지면 정부의 규모도 아울러 성장한다.

이들 세 종류의 조직구매자들의 구매행동 사이에는 다소의 차이가 있으나, 이들의 구매행동이 공식조직의 행위라는 점에서 차이보다는 공통점이 더 많다.

3.2 산업재 구매행동의 특징

(1) 집단적 구매의사결정

산업재시장에 있어서의 구매는 기안자, 사용자, 구매자 등의 여러 가지 의사결정 참여자의 포괄적인 의견종합으로 이루어진다. 따라서 구매의사결정 참여자들은 전문적이고 조직의 이익뿐만 아니라 개인의 이익을 동시에 고려하여 의사결정에 참여하며, 최종적인 의사결정은 이를 종합적으로 고려함으로써 이루어진다.

(2) 합리적이고 전문적 구매

산업재의 구매의사결정은 소비재 구매의사결정보다 합리적이고 정확한 경우가 많다. 따라서 대체로 객관적인 자료와 비용, 생산성, 기타 적합성을 근거로 하여 의사결정이 이루어지며, 그렇다고 해서 비합리적인 면이 전혀 배제된 것은 아니다. 즉 기업 또는 경영자의 특수성, 경쟁기업에 대한 모방 등에 의한 다른 차원의 상황이 생길 수 있기 때문이다. 아울러 산업구매자의 구매의사결정에 있어서는 의사결정을 촉진시키는 데에 대한 수수료(commission)의 존재도 무시할 수 없는 고려요소이다.

(3) 구매협상과정의 존재

산업재 구매의 또 다른 특수성은 구매의사결정 이전에 구매협상과정이 존재한다는 것이다. 산업재 구매의 최종적인 의사결정은 장기적으로 전개되는 협상과 최종적인 세부계획에 의해서 이루어지는 경우가 많다. 따라서 구매자와 공급자가 동시에 부분적이고도 세부적인 내용에 대해 서로의 입장을 밝히는 협상과정이 필요하며, 이를 위해서는 판매자들의 권한과 책임 및 제품의 질과 양, 가격, 배달절차 등을 언급하는 제조계획서 및 재정조건, 상업적인 관로 등에 대해 생산자, 공급자와 사용자의 입장이 동시에 고려되어야 한다.

(4) 대량구매 및 직접구매

산업재를 구매하는 조직구매자들은 소비자를 위하여 제품이나 서비스를 생산할 목적으로 원자재, 부품, 설비, 도구 등을 구매하므로 자연히 한 번에 대량구매를 한다. 또한 조직구매자들은 필요로 하는 품목을 직접구매하려는 경향이 있다. 직접 구매함으로써 우선 중간상인이 취할 이익만큼을 구입원가에서 절약 가능할 뿐만 아니라, 생산자와 직접 거래함으로써 공급의 안정을 도모할 수 있다.

3.3 산업재 구매의 유형

산업재시장에서 나타날 수 있는 구매의사결정의 상황은 크게 세 가지 유형으로 분류할 수 있으며, 이것을 구매종류(buy class)라고도 한다.

(1) 단순반복구매(straight rebuy)

일상적인 기준에 따라 종전의 구매방식을 반복하여 주문하게 되는 단순한 구매유형을 말한다. 이러한 일상적인 구매는 조직 내에서 구매부서 담당자가 수행하는 것이 보통이다. 구매자의 정보탐색이 거의 이루어지지 않으며 과거의 구매에서 만족한 제품을 제공한 구매경험이 있는 공급업자에 더 비중을 둔다.

(2) 수정반복구매(modified rebuy)

일상적인 재구매이지만 구매자가 제품의 명세서, 가격 및 기타의 조건이나 공급업자를 변경하려는 상황을 말한다. 이러한 경우에는 구매결정에 참가하는 사람의 수가 많아지게 된다. 이 상황은 과거구매로 인하여 제품에 대한 정보를 어느 정도 가지고 있는 구매자가 단순히 반복하여 구매해왔던 것에 비하여 공급요건이나 가격, 제품명세상의 변화를 추구하고자 할 때 발생한다.

(3) 신규구매(new-task buy)

처음으로 산업재를 구매하는 상황을 의미한다. 구매비용이나 위험이 클수록 구매의사결정에의 참자자수와 필요한 정보탐색도 많아지며 의사결정에 많은 시간이 소요된다. 신규구매상황의 경우 구매부서에서는 제품명세서, 가격한도, 배달조건과 시기, 서비스조건, 지급조건, 발주량, 공급업자의 선정과 같은 여러 가지 결정을 하게 된다.

3.4 산업재 구매결정과정의 참가자

산업재시장에서의 조직의 구매결정과정에는 일반 소비재의 경우보다 더 많은 사람이 참여한다. 한 조직의 내부에서는 구매담당 이사가 모든 구매결정을 내리기도 하고, 공급자만을 선정하거나, 단순히 주문만 받는 등 권한과 책임의 범위가 각각 상이하다. 이때 조직에서 구매의사결정에 직접적으로 관여하는 사람들이나 구매조직에서 의사결정을 내리는 단위를 구매센터라고 한다. 이러한 구매센터는 "예상되는 위험을 분담하기 위하여 공동의 목표를 설정하고 공동의 의사결정을 내리는데 참여하는 모든 개인과 집단"이라고 정의되고 있다.

구매결정과정에서 각기 상이한 역할을 수행하고 있는 구매센터의 구성원은 조직이나 산업에 따라 다소의 차이도 있으나 대체적으로 사용자, 영향력 행사자, 구매결정권자, 구매자, 감독자 등의 사람들로 구성된다.

3.5 산업재 구매결정과정

산업재구매자들은 개인적 소비나 효용을 위해 재화와 용역을 구매하지 않고 돈을 벌기 위해서, 운영비를 절감하기 위해서, 사회적 및 법적제약을 충족시키기 위해 구입한다. 필요한 제품을 구입하기 위해서는 구매과정을 거쳐야 한다. 로빈슨(Robinson) 등은 8단계의 산업재 구매과정을 규명하였는데, 이러한 8단계 모두는 주로 신규구매상황에 적용되며, 또한 그 단계 중 어느 단계는 수정반복구매와 일상적 반복구매상황에 적응된다. 이 모델을 구매그리드구조(buygrid)라고 한다. 그러나 모든 산업재들이 이러한 과정을 거치는 것은 물론 아니다. 구매유형에 따라 구매의사결정에 소요되는 시간, 참여자의 수, 의사결정에의 필요정보량 등은 상이하다. 만일 처음으로 제품을 구매하는 신규구매의 경우는 반복재구매할 때보다 장기 의사결정시간이 필요하며, 상대적으로 많은 인원의 참여, 폭넓은 정보수집이 필요할 것이다.

(1) 문제의 인식

구매과정은 기업내 누군가가 재화와 서비스를 취득함으로써 문제나 욕구를 인식할 때 시작된다. 이러한 문제의 인식은 내부 또는 외부의 자극에 의해 발생하는데, 내부적으로 문제의 인식은 첫째, 특정기업이 신제품개발을 결정하고 이를 위한 신설비와 자재를 필요로 할 때 둘째, 기계가 고장 나서 부품을 대체할 필요가 있을 때 셋째, 전에 구입한 자재가 불만족스러워서 새로운 다른 공급업자를 찾으려 할 때 넷째, 구매관리자가 보다 낮은 가격, 우수한 품질 등을 확보할 수 있는 기회를 알았을 때와 같은 상황에서 유발된다.

외부로부터의 문제인식은 구매자가 박람회에서 새로운 아이디어를 얻거나 광고를 보거나 보다 좋은 제품이나 낮은 가격을 제시하는 판매원 방문을 받을 때 유발될 수 있다.

(2) 일반적인 명시

욕구가 인식되면, 구매자는 품목의 일반적인 특성과 수량을 결정하게 된다. 표준화된 품목일 경우에는 큰 문제가 되지 않으나 복잡한 품목일 경우에는 구매자가 기술자, 사용자 등과 함께 일반적인 특성을 검토한다. 그들은 소요품목에 요구되는 신뢰도, 내구성, 가격, 기타 속성 등을 중요도에 따라 순서를 결정한다.

(3) 제품규격의 명시화

구매조직에서는 소요품목이 기술적인 규격명세서를 작성하게 된다. 이러한 작업은 가치분석을 행하는 엔지니어링팀이 담당한다. 제품가치분석(product value analysis)이란 제품을 구성하고 있는 부품들을 자세히 연구하여 이들이 재설계되거나 표준화 또는 보다 저렴한 생산방법으로 생산될 수 있는가를 주의깊게 연구하여 원가를 절감시킬 수 있는 가능성을 도출해내는 접근방법이다. 이 팀은 어떤 특정제품의 높은 원가요소를 검토하여 (보통 20%의 부품이 원가의 80%를 차지한다) 과도하게 설계된 제품구성요소를 찾을 수 있다. 이 기술팀은 최적의 제품특징에 대해 결정한다. 이처럼 엄격하게 결정한 규격명세서를 기초로 하여 구매자는 의도한 표준을 충족시키지 못하는 제품에 대해서는 거부할 수 있게 된다.

(4) 공급업자의 탐색

이 단계는 가장 적절한 공급업자를 확인하는 과정으로서, 구매자는 거래자명부를 조사하거나 컴퓨터탐색을 통해 실시하거나 다른 기업으로부터 추천을 받기 위해 전화를 걸 수도 있으며, 업계광고를 보고, 또한 박람회에 참석할 수도 있다. 필요한 생산능력을 갖추지 못하거나 또는 신용상태가 좋지 못한 공급업자를 고려대상에서 제외한다. 유자격 공급업자에 대해서는 그들의 생산시설을 조사할 수 있도록 방문허가를 요청한다. 구매자는 기술적 능력과 적정한 제품을 적정시기에 제공할 수 있는 능력을 평가하여 적절한 자격을 갖춘 몇 개의 공급업자를 확보하게 된다.

(5) 공급계약서의 요구

이 단계에서 구매자는 유자격 공급업자를 추출하여 공급계획서를 제출하게 한다. 공급업자에 따라서는 제품목록이나 판매원만 보내는 경우도 있다. 품목이 복잡하고 고가일수록 보다 자세한 계획서가 요구된다. 이러한 공급계약을 평가하여 기준에 맞지 않는 것은 제외한다. 거기에서 남은 공급업자들에게 공급계획서를 공식적으로 제출하도록 요구한다. 계약을 구두로 제안하게 하는 방법도 있을 수 있는데, 이것은 문서보다는 더 많은 신뢰감을 가져올 수도 있다. 공급업자는 자신의 능력과 자원 등을 설명하여 경쟁자보다 우수하다는 점을 보일 수 있어야 한다.

(6) 공급업자의 선정

이 단계에서는 공급업자의 제안서를 면밀히 검토하여 공급업자를 선택하는 작업이 진행된다. 여러 공급업자들의 공급능력 뿐만 아니라 적기에 배달할 수 있는 능력과 필요한 서비스를 적절하게 제공할 수 있는가의 여부도 검토하여야 한다. 공급업자를 선택하는데 일반적으로 고려하여야 할 요소는 기술적인 서비스, 신속한 배달, 공급업자의 명성, 가격, 판매원의 능력, 신용공여, 개인적인 친분관계 등이다. 이러한 요소들의 중요성에 따라서 공급자의 순서를 결정할 수 있을 것이다. 구매자는 공급업자를 최종적으로 결정하기 전에 기존의 거래자와 가격과 기타 조건을 재협상하기도 한다. 또한 단일의 공급자를 선정하지 않고 몇 개의 공급자를 선택함으로써 공급 위험을 분산시키려 하기도 한다.

(7) 주문명세서

구매자는 최종 선택된 공급업자가 제시하는 기술명세, 필요한 수량, 배달시기, 반송, 품질보증 등을 고려하여 최종적인 주문사항을 작성한다. 수선유지와 일상작업에 필요한 품목(유지, 수선, 운영)인 경우에는 정기적으로 주문을 요청하는 것보다 일괄계약(blanket contract)방식이 편리할 것이다. 그 이유는 재고가 필요할 때 매번 새로운 주문을 하게 되면 비용이 소요되기 때문이다. 여기서 일괄계약방식이란 공급업자가 구매자에게 약정기간동안 약속된 가격으로 필요로 할 때마다 자동적으로 재공급할 것을 보장하는 장기적인 계약관계를 수립하는 것이다. 이는 재고를 판매업자가 유지해야 한다는 것으로서, "무재고 구매계획(stockless purchaes plan)"이라고도 한다. 이 방식은 한 공급업자에게만 의존하게 되는 경향이 있고, 따라서 구매자와 공급업자와의 관계가 밀착되기 쉬우며, 구매자가 공급업자에 대한 불만이 크지 않는 한 외부공급업자가 개재할 기회가 거의 없다.

(8) 성과의 평가

이 단계에서 구매자는 특정 공급업자의 거래에 대한 성과를 평가해야 하는데, 이에는 3가지 방법이 주로 사용된다. 첫째, 구매자는 최종사용자와 접촉하여 그들이 만족정도를 평가하도록 요청한다. 둘째, 구매자는 가중점수방법을 사용한 여러 기준에 따라 공급업자를 평가할 수 있다. 셋째, 구매자는 가격을 포함하여 조정된 구매비용에 추가하여 성능결합으로 발생하는 비용을 합계할 수도 있다. 이러한 성과의 평가는 구매자로 하여금 공급업자와 계속 거래할 것인가, 수정 또는 단절할 것인가를 결정하도록 한다. 구매자들에게 만족을 제공한다는 것을 확신시키기 위해 어떤 변수를 기준으로 성과평가를 하는지를 알아야 한다.

3.6 산업재 구매의 영향요인

산업재 구매에 영향을 미치는 요인은 구매자 자신의 개인적인 동기뿐만 아니라 외부환경요인, 조직내부요인, 대인관계요인, 그리고 개인적인 요인 등이 영향을 미치게 된다. [그림 7-4]는 이러한 요인들을 구체적으로 예시한 것이다. 그 내용을 살펴보면 다음과 같다.

외부환경요인	조직내부요인	대인관련요인	개인적 요인	
1차수요 수준 경제전망 자본비용 공급조건 기술변화속도 정치상황 경쟁상황	목적 정책 절차 조직구조 체제	권한 지위 영향력 설득력	연령 소득 교육수준 개성 위험에 대한 태도	구매자

[그림 7-4] 산업재시장의 구매결정요인

(1) 외부환경요인

산업재 구매에 영향을 미칠 수 있는 외부적 요인으로는 경제적·정치적·법률적·기술적 환경 등 거시적 외부환경 요인들이다. 예를 들면 수요수준, 경제전망, 이자율, 기술변화, 정부의 규제 및 경쟁상태 등은 구매결정에 커다란 영향을 미친다. 만일 구매한 제품을 활용하여 생산한 최종소비재에 대한 수요가 많지 않다면 구매자들은 필요 산업재의 구매를 억제할 것이다. 반대로 경기가 호전될 것으로 예상되면 신규설비투자를 증대시키려 할 것이다.

이러한 외부환경요인은 구매자나 판매자에게 모두 통제할 수 없는 요인으로서 주어진 상황으로 간주된다. 최근에 이르러 이러한 외부환경요인이 중요성을 갖게 된 것은 주로 자원부족문제에서 비롯되었다. 희소한 자원의 재고를 확대하고 그런 자원을 안정적으로 공급받기 위하여 장기공급계약을 체결하려는 경향도 증가하고 있다.

(2) 조직내부요인

산업재 구매조직들은 조직의 목표, 정책, 절차, 조직구조 및 시스템 등 각기 독특한 조직적 특성을 보유하고 있는데 이러한 특성들 또한 구매결정에 영향을 미친다.

(3) 대인관련요인

산업재 구매는 공식적인 조직특성의 범위를 벗어나 구매결정에 참여하는 사람들이 내부의 인간관계에 따라서도 크게 영향을 받는다. 구매절차에는 지위, 권한, 감정이입 및 설득력, 영향력 등의 각기 상이한 사람들이 참여하고 있어서 구매결정과정상의 집단역학적인 영향이 미치기도 한다.

(4) 개인적 요인

개인적 요인은 구매센터 구성원 각 개인의 동기, 지각, 선호도 등에 관한 특성을 말한다. 어느 개인이 구매의사결정에 참여하는 경우, 해당품목의 특성에 대하여 선호의 감정을 갖게 되고 공급업자의 제의에 대하여 일정한 인식 내지 태도를 견지하며 또한 연령, 소득, 교육수준, 개성, 위험에 대한 태도 등은 그러한 인식이나 태도에 영향을 미친다.

4 글로벌 소비자의 제품평가와 원산지효과

4.1 원산지효과의 개념

원산지효과(country-of-origin effect)란 제품의 원산지가 소비자들의 제품 평가 및 구매에 미치는 영향을 뜻한다. 소비자들은 정보나 제품지식이 완벽하지 못하기 때문에, 제품 자체의 본질적인 정보(성능, 맛, 품질 등)보다는 가격, 브랜드와 같은 외재적 정보에 기초하여 제품을 평가하는 경우가 많은데, 원산지도 이러한 외재적 정보의 하나로 이해할 수 있다. 특정 제품이 각국 소비자들에게 얼마나 선호되는지 여부는 제품의 품질에 대한 소비자의 인지와 깊은 관계가 있으며, 이러한 소비자의 인지는 특정 제품이 실제로 생산되는 또는 공급된 원산지국의 이미지에 의해 크게 영향을 받는다. 이와 같은 이유는 소비자들이 제품을 구매할 때 제품의 원산지에 따라서 지각하는 위험수준에 차이가 있어, 비교적 국가이미지가 좋은 원산지의 경우일수록 높은 가격을 지불하고서도 그 제품을 구입하려는 성향을 가지기 때문이다.

원산지효과는 해외시장에서 좋은 이미지를 보유한 선진국 제품보다는 세계시장에 진출하여 선진국의 제품과 경쟁하기를 원하는 개도국 제품에 있어서 더욱 절실한 문제가 되어 왔다. 개도국 제품이 아무리 품질이 뛰어나더라도 선진국 소비자들은 개도국 자체의 이미지가 비호의적이기 때문에, 긍정적인 제품평가 대신 싸고 품질수준이 낮은 제품이라는 부정적인 평가를 내리는 경향이 있다.

예를 들면, 소비자들이 일본에서 제조된 전자제품을 인도네시아에서 제조된 전자제품보다 호의적으로 평가하는 것은 일본제품에 대한 원산지효과 때문이라 할 수 있다. 그러므로 소비자들이 제품과 관련하여 가지는 어떤 국가에 대한 특정 인식이 그 국가를 원산지로 하는 제품의 평가 시에 인지적 단서로 활용됨으로써 제품품질에 대한 소비자들의 지각과 평가에 영향을 미친다는 것을 알 수 있다.

그러나 원산지를 무엇으로 정의하느냐에 대해서는 논란이 있을 수 있다. 특히 요즈음과 같이 범세계적으로 제품과 부품을 조달하고 R&D, 디자인 등 가치사슬(value chain)상의 각종 활동을 한 국가가 아니라 여러 국가에서 수행되는 경우에는 원산지 자체가 불명확하다. 브랜드국, 최종 조립국 등이 원산지로 이해될 수 있지만, 주요 부품을 조달한 국가를 원산지로 볼 수도 있다.

4.2 원산지효과와 글로벌 마케팅전략

기업이 자사제품을 어느 국가에서 생산할 것인가를 결정할 때는 원산지효과를 고려하여야 한다. 생산국의 이미지가 기업의 글로벌 마케팅전략에 긍정적으로 작용할 수도 있고, 반대로 부정적으로 작용할 수도 있기 때문이다.

생산국의 이미지가 글로벌 소비자들에게 긍정적으로 작용할 경우에, 기업은 적극적으로 원산지 표시를 하고, 이에 따른 고가격전략도 실행할 수 있다. 반면에, 생산국의 이미지가 글로벌 소비자들에게 부정적으로 작용할 경우에, 기업은 저가격전략을 책정하는 것이 바람직 할 것이다.

그럼, 생산국의 이미지가 부정적일 경우, 기업들은 어떻게 대응해야 할까? 첫째로, 기업은 원산지를 가급적 드러내지 않고, 오히려 브랜드마케팅에 주력하는 방법을 사용한다. 이것은 일류 브랜드를 가지고 있는 글로벌기업에게는 매우 자연스러운 방법이라 할 수 있다. 예를 들어, SONY는 하나의 제품이라도 여러 국가에서 생산하고 있기 때문에, 브랜드를 강조하고, 이를 활용함으로써 고가격을 책정하여 왔다.

둘째로, 생산국의 이미지가 부정적일 경우, 기업은 이미지가 좋은 국가에서 생산하는 보다 적극적인 방법을 선택하기도 한다. 특히 제품-생산국의 연상효과가 클 경우에는 원산지효과를 활용하기 위해서 해외생산을 부정적인 국가이미지 극복의 대안으로 생각해볼 수 있다. 예를 들어, 아모레퍼시픽이 프랑스에서 향수 브랜드 Lolita Lempica의 연구개발과 판매에 노력한 것은 원산지효과를 활용한 전략이라 할 수 있다.

셋째로, 보다 적극적인 방법은 국가이미지 제고에 매진하는 것이다. 이를 위해서는 글로벌 브랜드의 개발, 해외에서의 국제적인 매너, 관광객 유치를 위한 홍보, 외국인에 대한 친절한 태도, 문화산업의 해외시장 확대, 국제행사 개최 등 적극적이고 장기적인 노력이 필요할 것이다.

제7장 주요 학습 용어

글로벌소비자 구매행동	구매행동의 영향요인	문화
하위문화	생활주기	자아개념
동기부여	준거집단	생활양식
구매의사결정과정	문제인식	구매후 만족
구매후 불만족	인지부조화	원사지효과

참고문헌

김주헌, 국제마케팅, 문영사, 2016.

김희철, 글로벌시대의 국제마케팅, 두남, 2007.

박길상, 국제마케팅, 비엔엠북스, 2012.

이장로 외, 국제마케팅, 무역경영사, 2018.

이철, 글로벌마케팅, 학현사, 2016.

정헌배·김희철, 지구촌마케팅, 법문사, 2000.

Anderson, Erin, Weyien Chu, and Barton Weitz, "Indurstrial Purchasing : An Empircial Exploration of the Buy Class Framework," *Journal of Marketing,* July 1987.

Antil, John H., "Conceptualization and Operationalization of Involvement", advance in *Consumer Research*, Vol. 11, 1984.

Asseal, Henry, *Consumer Behavior and Marketing Action*, Kent., 1987.

Engel, James F., Roger D. Blackwell, and Paul W. Miniard, *Consumer Behavior*, 7th ed., New York: Dryden Press, 1993.

Gilly, Mary C. and Richard W. Hansen, "Consumer Complaint Handling as a Strategic Marketing Tools," *Journal of Consumer Marketing*, Fall 1985.

Maslow, *Motivation and Personality*, New York: Harper & Row, 1954.

Young, P.T., *Motivation and Emotion : A Survey of the Determinants of Human and Animal Activity,* Wiley, 1961.

제8장 글로벌 STP분석과 표적시장 진입방법의 결정

- 글로벌 시장세분화
- 글로벌 표적시장의 선정
- 글로벌 표적시장 진입방법의 결정
- 글로벌 시장포지셔닝

1 글로벌 시장세분화

글로벌 마케팅관리자들은 효과적인 글로벌 마케팅활동을 전개하기 위해서 먼저 세계시장을 세분화한 후에, 각 세분시장을 평가하여 시장잠재력이 큰 국가 또는 고객집단을 표적시장으로 선정한다. 그런 다음에는 위험도와 자원 투입정도를 고려하여 해당시장에 진입할 방법을 결정하며, 마지막으로 자사의 제품믹스에 대한 최적의 시장포지셔닝을 개발해야 한다.

1.1 글로벌 시장세분화의 성격

(1) 시장세분화의 의의

일반적으로 시장(market)은 상이한 욕구를 가지고 있는 다양한 소비자들의 집합으로 이루어진다. 그렇지만 소비자들 개개인은 모두 이질적이나, 특정한 제품집단에 대한 태도, 구매행동 및 의견 등의 면에서 보면 유사한 소비자집단들이 존재하고 있다. 이러한 유사한 성향을 가지고 있는 사람들을 이질적인 성향을 가지고 있는 사람들의 집단과 분리하여 하나의 집단으로 묶는 과정을 시장세분화(market segmentation)라 한다. 즉 시장세분화란 전체 제품시장을 어떤 기준에 따라 여러 개의 단위시장으로 세분화하는 과정이다. 시장을 세분화한다는 것은 유사한 성격을 갖는 구매자들을 소집단으로 분류하는 것을 말한다. 예를 들어 주류시장을 막걸리 소비자, 소주 소비자, 맥주 소비자, 포도주 소비자 등의 소비제품을 기준으로 세분화할 수도 있고, 맥주 소비자들 중에서도 월간소비량을 기준으로 하여 10리터 이하 소비자, 10~20리터 소비자, 20리터 이상 소비자 등으로 세분화할 수 있다. 이러한 시장 세분화의 결과는 세분시장 상호 간에는 이질성이 극대화되어야 하고, 세분시장 내에서는 동질성이 극대화되어야 바람직하다. 시장세분화의 목적은 궁극적으로 기업이 만족시키지 못하는 하부시장(sub-market)을 파악함으로써, 기업이 시장에 대한 전략적 강점을 가질 수 있도록 유도하는 것이다.

시장세분화의 결과로 나누어진 소비자집단을 세분시장(market segment)이라 한다. 곧 세분시장이란 기본적인 수송수단을 찾는 구매자, 고성능의 자동차를 추구하는 구매자, 안전을 추구하는 자동차 구매자 등과 같이 하나의 시장 내에 있는 커다란 동질적인 집단이며, 투입되는 마케팅믹스에 비교적 유사하게 반응하는 동질적인 구매자집단을 말한다.

(2) 글로벌 시장세분화의 개념

글로벌 시장세분화는 상이한 국가들을 비교적 동질적인 집단으로 분류하는 과정으로서, 글로벌시장의 각 세분시장은 마케팅전략의 어떤 양상에 대한 반응에 유사성이 있는 국가군을 의미한다. 글로벌 시장세분화전략은 글로벌시장에 따라 소비자의 동질성과 이질성이 존재한다는 가정에서 출발한다. 세분화하는 목적은 기업이 제한된 자원을 가지고 마케팅믹스에 유사한 반응을 나타내는 소비자집단으로 분류하여 각 세분시장에 적합한 마케팅자원을 활용하려는 것이다. 시장세분화의 근본적인 문제는 그것이 수행되는 방법에 있다. 모든 글로벌 마케팅관리자는 글로벌시장을 세분화하고 있지만, 전통적으로 지리적 기준에 따라 시장을 세분화하고 있다. 그러나 이러한 세분화방식은 국가들의 경제적·문화적 차이를 간과하게 된다. 또한 편리하고 비용이 적게 드는 방법이지만 보다 수익성 높은 기회를 상실할 가능성이 있고 또한 잘못된 마케팅 캠페인에 자원을 낭비할 가능성이 있다.

글로벌기업은 우선 특정제품에 적합한 국가분류기준을 결정하게 되는데, 모든 국가가 분석대상이 되는 것은 아니고 현실적인 판매가능성이 있는 국가들만 분석된다.

최근에는 글로벌 시장세분화의 초점이 국가별 세분화에서 국가 간의 세분화로 바뀌어져 왔다. 이는 국가 간에 공통된 소비패턴을 보이는 소비자집단이 존재하며, 이것이 국가별 시장세분화보다 유용하다는 새로운 인식에서이며, 주로 사회·경제적 또는 상황적 변수를 이용한다. 이러한 국가 간 시장세분화가 적용가능한 제품의 예로서는 신사복과 농기계시장을 들 수 있다.

(3) 글로벌 시장세분화의 필요성

글로벌 시장세분화는 표적시장의 선정과 포지셔닝전략을 수립하기 위한 전단계로서의 성격을 가지고 있을 뿐만 아니라, 효과적이고 효율적인 마케팅믹스 전략을 실행하기 위한 전제조건이다. 글로벌 시장세분화가 필요한 이유는 다음과 같다.

<u>글로벌 고객의 욕구 충족</u>

글로벌기업은 시장세분화를 통해서 각 세분시장의 환경 또는 상황에 적합한 마케팅믹스 활동을 전개할 수 있기 때문에, 고객의 욕구를 더욱 잘 충족시킬 수 있다.

<u>표적시장의 선정과 포지셔닝전략의 실행</u>

글로벌기업은 시장을 세분화함으로써 성공가능성이 높은 표적시장을 선정할 수 있을 뿐만 아니라, 그 시장에서 제품의 위치를 확고히 구축하게 하는 포지셔닝전략을 실행할 수 있다.

<u>효율적인 마케팅자원 배분</u>

글로벌기업이 보유하고 있는 마케팅자원은 한정되어 있기 때문에, 전 세계의 모든 시장을 표적시장으로 선정하여 마케팅활동을 전개할 수는 없다. 그러므로 글로벌기업은 시장세분화를 통하여 각 세분시장의 특성을 파악한 하고 평가한 후 표적시장을 선정할 뿐만 아니라, 각 표적시장에 적합한 마케팅믹스전략을 수립할 수 있다.

1.2 글로벌 시장세분화의 요건

글로벌시장은 수많은 국가와 지역으로 구성되어 있으므로, 시장세분화를 수행하려면 많은 비용이 발생한다. 이러한 비용문제를 고려하면서 글로벌 마케팅활동에 적용할 수 있고, 그 효율성을 증대시키기 위해서는 몇 가지 조건을 만족시켜야 한다.

측정가능성(measurability)

시장세분화하기 위하여 그 기초자료의 판단기준이 측정 가능해야 한다는 점이다. 만약 특권의식, 안락감, 안정감 등의 질적인 자료를 세분화하려면 모집단을 이러한 세 가지 집단으로 분류할 수 있어야 하며, 실제에 있어서는 이러한 자료가 주관적인 판단기준이 측정가능성을 저해하기 쉽다.

접근가능성(accessibility)

세분시장에 대한 접근은 마케팅믹스프로그램의 실행을 통해서 이루어진다. 세분화된 시장에 이러한 마케팅믹스활동을 실시할 수 없으면 그 세분화는 또한 효용이 없어진다. 따라서 세분화된 시장 자체가 경쟁기업들에 의해서 독점화되거나 또는 광고를 할 수 없을 경우에는 효용이 없어지는 것이다.

수익성(profitability)

세분화된 집단과 전체 모집단이 분리된 마케팅활동을 할 수 없을 만큼 규모가 작으면 경제성이 없어진다. 따라서 모든 시장세분화의 정도는 이러한 수익성을 고려하여야 하는 것이다.

활용가능성(actionability)

시장세분화가 각 집단 구성요소들의 차이점을 분명히 구별하여 활용 가능해야 한다. 즉, 세분화를 통하여 각 집단 간의 상이성과 각 집단내부의 유사성도 분류할 수 있어야 한다는 말이다.

어쨌든 시장세분화는 기업의 경영활동을 보다 용이하게 도와줄 수 있을 때 보다 효율적인 작업이 되며 실제에 있어 세분화된 시장분류에 따라서 시장의 성격이 더욱 자세히 파악되고 매출액의 예측과 평가, 생산비율, 마케팅비용 및 수익의 예측도 가능해진다. 또한 이러한 여러 가지 상황들이 다시 재파악되어 기업은 세분화된 시장에 대한 마케팅활동수준을 결정할 수 있고 차별화된 마케팅활동을 할 것인가, 무차별화된 마케팅활동을 할 것인가를 결정하게 되는 것이다.

1.3 글로벌 시장세분화의 절차

글로벌 시장세분화는 전 세계시장을 하나의 시장으로 생각하고 세분화하는 방법이다. 전 세계의 시장을 대상으로 동시에 진출하기는 비용, 시간, 노력 측면에서 사실상 불가능하므로 여러 단계로 나누어서 시장을 세분화할 수 있다. 글로벌시장 기회의 극대화를 도모하는 시장세분화는 [표 8-1]에서 보듯이 크게 2단계 과정을 필요로 한다. 첫째 단계는 글로벌시장의 그룹화이고, 둘째 단계는 국가별 시장의 세분화이다. 즉 글로벌시장을 공통된 특성(소득, 문화 등)에 기준하여 그룹화시켜야 하고, 나아가서 각 목표시장을 일정 기준에 의거하여 세분화시켜야 한다.

1) 글로벌시장의 그룹화

글로벌시장 그룹화의 궁극적 목적은 그룹화된 국가별로 공통된 마케팅프로그램을 적용시키고자 하는데 있다. 즉 제품, 가격, 유통, 촉진에 있어 표준화된 정책을 개발, 실행하는 것이다.

국가들을 지역별(유럽지역, 북미지역 등)로 그룹화하는 것이 일반적이나, 사실 동일 지역 내에 속한 국가들이라 해서 표준화된 마케팅프로그램에 대해 동일한 반응을 나타낸다고 확신할 수는 없다. 반대로 다른 지역에 속한 국가들이라 해서 표준화된 마케팅프로그램에 대해 상이한 반응을 나타낸다고 볼 수 없다. 따라서 글로벌마케팅 담당자는 관리적인 용이성 때문에 지역별로 국가들을 그룹화하는 것을 지양해야 한다. 한편 특정의 경제블럭(EU, 북미, 아시안 등)에 소속된 국가들을 마케팅관점에서 동일그룹

표 8-1 글로벌 시장세분화

	시장특유 지표	제품특유 지표
글로벌 시장 그룹화	• 지역(북미, 유럽, 아시아 등) • 소득(선진국, 후진국) • 정치·경제(자유주의, 중앙계획) • 문화적 가치(동양, 서양) • 종교(기독교, 불교, 이슬람교 등)	• 경제적, 법적 제한 (수입장벽 등) • 시장조건 (제품수명주기 등)
국별 시장 세분화	• 나이·성별·지역·소득·교육·직업 등	• 소비패턴 • 구매태도 • 구매동기 • 구매경험

내의 국가들로 삼을 수 있는데, 이는 지리적인 밀접성보다는 역내국가들 간 자유무역정책의 채택, 자유로운 자원이전, 비슷한 수준의 경제발전단계 등의 요인에 기인하는 것이다.

모든 국가들을 대상으로 하여 그룹화를 시도하는데 있어 여러 종류의 지표들, 즉 지리적 특성, 경제개발의 수준, 정치적 특성, 사회 및 문화적 특성 등이 사용될 수 있다. 이를 테면, 정치적 시스템에 의한 그룹화는 자유시장경제국들과 중앙계획경제국들로 대별된다. 경제발전수준은 한 국가의 시장특성에 매우 중요한 영향을 미치므로, 소득수준 등의 경제발전척도에 근거하여 국가들을 그룹화(예를 들어 선진국, 개발도상국, 후진국)시킬 수도 있다. 또 시장특성에 주요한 영향을 미치는 사회·문화적 요인들, 즉 언어, 종교, 교육 등의 지표에 근거하여 국가들을 그룹화시킬 수 있다. 그러나 어느 한 지표를 사용하여 국가들을 그룹화시키는 것보다는 2개 이상의 복수 지표들에 의거하여 그룹화하는 것이 정확성면에서 더 유리하다.

글로벌마케팅 담당자는 제약된 시간과 정보 하에서 자신들의 경험을 바탕으로 중요하다고 여겨지는 요인들을 지표로 삼아 그룹화를 시도해야만 한다. 한편 차후에 최종 그룹화된 국가들에 대해 공통된 마케팅프로그램의 실행에 있어 문제가 있다고 판단되면, 즉시 그룹화 및 마케팅프로그램의 재수정을 도모하여야만 한다.

2) 국별 시장의 세분화

국별 시장의 세분화는 현지소비자들이 각기 상이한 욕구와 기호를 가지고 있으며, 따라서 특정제품에 대한 이들의 수요특성도 상이한 것이라는 가정에 기초한다. 진출시킬 제품에 대한 현지 소비자들의 욕구와 기호가 상당한 이질성을 보이고 있을 때에는 시장세분화를 통해 거기에 맞게끔 마케팅프로그램을 입안함으로써 판매잠재력의 극대화를 꾀할 수 있는 것이다.

이러한 시장세분화가 가능하기 위해서는 소비자/사용자들을 동질적 집단으로 분류할 수 있어야 하고, 이들 분류된 집단들은 특정의 제품과 마케팅정책에 대해 각기 상이한 반응을 나타내어야만 한다. 시장세분화에 있어서 간과되어서는 안 될 또 한 가지 중요한 사실은 세분된 표적시장은 적어도 투입된 일정의 마케팅비용을 합당화시킬 수 있을 정도의 판매 잠재력을 지니고 있어야만 한다는 점이다.

국별 시장세분화의 기본적 기준은 제품, 가격, 촉진, 유통 등의 마케팅믹스요인들에 대한 현지소비자나 사용자의 반응이다. 그러나 마케팅믹스요인들에 대한 현지소비자의 반응을 직접 정확하게 측정한다는 것은 결코 쉬운 일이 아니다. 따라서 대개 현지소비자들의 반응을 간접적으로 대변하는 다른 지표들을 시장세분화의 기준으로 삼게 된다. 이러한 간접적인 기준은 일반적 기준과 상황적 기준(situation-specific criteria)의 두 종류로 대별된다.

소비재에 대한 시장세분화의 일반적 기준으로는 다음과 같은 지표들, 즉 지리적 위치, 사회경제적 상태(나이, 성별, 소득, 교육, 가족 단위, 직업 등), 문화(언어, 인종, 관습, 외국인과 외국제품에 대한 호감), 심리적 속성(개성, 라이프스타일 등)을 들 수 있다. 외국산 제품에 대한 현지구매자의 태도는 해외마케팅에서만 고려되는 시장세분화의 일반적 기준이다. 소득에 의한 시장세분화는 제품가격결정의 지침이 된다.

한편, 상황적 기준은 진출시킬 제품에 대한 구매자행동에 근거한다. 소비재에 대한 상황적 기준으로는 제품에 대한 현지구매자의 태도와 기호, 구매목적(혜택), 구매동기, 구매경험 등을 들 수 있다.

글로벌 마케팅관리자들은 다차원척도법, 요인분석 등의 통계적 기법을 통하여 현지 고객에 대한 시장조사료에 의거하여 시장세분화 지표를 도출해 낼 수 있다. 그러나 대부분의 경우 현지소비자들에 대한 정확한 정보를 입수하기가 쉽지 않기 때문에 글로벌 시장의 그룹화에 있어서처럼 시장세분화지표의 선정에 있어서 마케팅담당자들의 경험적 판단이 매우 중요시 된다. 또한 어느 특정의 단일 지표에 의거하여 시장세분화를 시도하기 보다는 가능한 한 복수의 지표들에 의거하여 국가별 시장세분화를 꾀하는 것이 정확성면에서 더 유리하다.

1.4 글로벌 시장세분화의 기준

시장을 유사한 소집단으로 세분화하기 위해서는 세분화할 수 있는 판단기준 또는 변수간의 관계 확립이 필요하다. 시장을 세분화하는데 유일한 방법이나 최적의 기준은 존재하지 않는다. 여기서는 소비재시장세분화와 산업재시장세분화의 기준으로 나누어 살펴보고자 한다.

(1) 소비재 시장세분화의 기준

소비재시장을 세분화 하는 기준에는 여러 가지가 있다. 기업은 각각의 기준을 하나 또는 그 이상을 결합하여 이용하게 되는데, 이러한 소비재시장을 세분화하는데 주로 이용되는 전통적 판단기준을 중심으로 관련변수들을 설명하면 다음과 같다.

1) 지리적 시장세분화(geographic segmentation)

이는 소비자의 욕구와 반응은 지역적으로 다르다는 가정 하에 글로벌시장을 지리적 기준으로 시장을 세분화하는 것이다. 글로벌기업이 이처럼 지리적 기준에 따라 시장을 세분화 하는 가장 중요한 이유는 지리적 인접성을 바탕으로 글로벌 마케팅활동에 대한 관리가 용이하고 편리하며 커뮤니케이션이 원활하기 때문이다. 이러한 지리적 세분화의 변수로는 지역, 인구밀도, 기후 등이다. 이와 같이 기업이 지역별로 시장을 세분하려면 한 개 또는 몇 개의 지역에서 소비자의 욕구를 충족시켜 주기 위하여 전문적으로 활동할 것인가 또는 광범위하게 산재해 있는 소비자를 대상으로 하나 지역에 따라 소비자의 기본적 욕구와 선호도에 차이가 있다는 점에 주의를 해야 한다. 미국 제너럴 식품(General Food)회사에서는 맥스웰하우스 커피를 전국적으로 판매하고 있지만 서부지역 사람들은 동부지역 사람들보다 강한 커피를 더 좋아하기 때문에 지역적으로 특별히 다른 선호도의 커피를 제공하고 있다.

2) 인구통계적 시장세분화(demographic segmentation)

인구통계적 시장세분화는 가장 널리 사용되는 기준으로서 연령, 성별, 가족수, 가족생활주기, 소득, 직업, 교육수준, 종교, 인종, 국적 등과 같은 인구통계적 변수들을 기준으로 하여 글로벌시장을 몇 개의 집단으로 세분하는 것을 말한다. 이러한 인구통계적 변수가 소비자집단을 구분하는 기준으로 널리 이용되는 이유는 첫째, 소비자의 욕구와 선호, 그리고 제품사용빈도 등이 인구통계적 변수와 밀접한 관련성을 가지고 있기 때문이다. 둘째, 인구통계적 변수가 다른 유형의 변수보다 시장규모를 측정하는데 용이하다는 점이다. 표적시장을 개성의 형태 등 비인구통계적으로 표현할 때 표적시장의 크기와 그것에 도달하기 위한 시장진출방법을 파악하기 위해 인구통계적 변수를 이용하게 된다. 그러나 이러한 변수는 매우 유용한 변수임에는 틀림이 없으나, 때로는 예상과 다른 결과를 나타내는 경우도 있으므로 변수선택에 세심한 주의가 요구된다. 이 방법은 산업재보다는 소비재의 시장세분화를 위하여 더욱 효과적으로 활용될 수 있다.

3) 심리분석적 시장세분화(psychographic segmentation)

이는 눈에 보이지 않는 사회계층이나 생활양식, 개성 등과 같은 특성을 기준으로 글로벌시장을 상이한 집단으로 세분화하는 것을 말한다. 인구통계적 변수만으로는 사람들의 태도, 생활양식을 분류할 수 없을 경우가 있으므로, 이러한 방법에 의해 시장을 세분화할 필요성이 점차적으로 증가하고 있다. 이 심리적 시장세분화의 장점은 지리적

시장세분화 및 인구통계적 시장세분화보다 소비자와 관련된 정보를 보다 구체적으로 제공해준다는 점이다. 그러나 연령, 소득과 같이 객관적이고 측정이 용이한 인구통계적 특성과는 달리, 이 변수는 추상적이기 때문에 시장규모의 측정이 곤란하고 세분시장에의 접근가능성을 찾기가 어렵다.

4) 행동분석적 시장세분화(behavioral segmentation)

소비자들이 실제로 특정제품이나 제품의 특성에 대해 가지고 있는 지식이나 태도, 사용경험, 사용률, 상표충성도, 구매계기, 추구하는 편익 등을 기초로 하여 글로벌시장을 세분화 하는 것을 말한다. 주로 실제로 이 방법은 글로벌 소비자의 구매행동 특성을 구체적으로 제시해주는 장점을 가지고 있어, 글로벌 마케팅관리자들은 이러한 행동분석적 변수에 기초로 세분화하는 것이 효율적이라고 생각하고 있다. 그러나 이 방법은 1차자료를 필요로 하기 때문에 다른 방법에 비해 조사비용이 많이 드는 단점이 있다.

(2) 산업재 시장세분화의 기준

산업재시장도 소비재시장의 경우와 마찬가지로 동일한 변수를 기준으로 글로벌시장을 세분화할 수 있다. 예를 들면 산업재구매자들을 지역적으로 세분화하거나, 추구하는 편익 또는 혜택에 따라 세분화할 수도 있다. 그 외에도 사용량, 사용빈도, 상표충성도, 구매준비단계 등의 변수들을 중심으로 글로벌시장을 세분화할 수 있다. 그러나 산업재시장은 이들 요인 이외에도 기업규모, 경영활동상의 특성, 구매접근방법, 개인적 특성 등 새로운 변수를 추가하여 세분화할 수도 있다.

1.5 글로벌 시장세분화 수행시의 고려사항

글로벌시장 진출을 추진하는 경영자가 타 국가의 소비자를 대상으로 시장세분화를 실시할 때에는 두 가지 사항을 고려하여야 한다.

첫째, 국가별로 시장세분화의 형태에는 차이가 있다.

둘째, 국가 간 차이를 뛰어넘는 공통적인 욕구를 가진 집단이 존재한다. 시장세분화의 형태는 국가에 따라 크게 다를 수 있다. 이때 기업은 해당 국가의 특정 소비자집단의 구매행동에 영향을 미치기 위한 독특한 마케팅믹스를 개발하여야 한다. 예들 들면, 미국 내 아프리카계 미국인과 브라질 내 아프리카계 브라질인은 매우 다르기 때문에 상이한 마케팅믹스를 적용하여야 한다. 또 다른 예로 중국의 45세에서 55세 사이 소비자집단은 다른 국가의 같은 연령대 집단과 공통점이 거의 없다고 한다. 이들은 1960년대 후반에서 1970년대 초, 문화 대혁명을 거치면서 가치관이 형성되었다. 이들은 가격에 극도로 민감하고 신제품과 마케팅에 부정적으로 반응한다. 따라서 중국에서 사업을 하는 기업의 경우 마케팅믹스를 이들 집단의 독특한 가치관과 구매행동에 맞게 변경할 필요가 있다. 이러한 집단의 존재로 인해 글로벌 마케팅전략을 표준화하기가 어렵다. 반대로, 국경을 뛰어넘어 공통된 욕구를 가진 소비자집단이 존재하기 때문에 글로벌시장을 단일시장으로 간주하고 글로벌전략을 추구할 수도 있다.

수많은 국가에서 표준화된 제품을 판매하기 위하여 동일한 마케팅믹스를 사용할 수 있다. 국경을 초월하여 시장을 세분화할 때에는 나이, 가치관, 생활방식 등의 유사성에 근거하여 세분화해야 하며, 이를 통하여 유사한 구매행동을 유추해낼 수 있다. 그러나 시장세분화가 수월한 산업이 있는 반면, 소비재를 위한 시장의 경우에는 시장세분화가 상당히 어렵다. 최근 급부상하고 있는 글로벌 청소년이라 명명된 소비집단은 소비재 글로벌마케터들의 이목을 끌고 있다. 글로벌 매체는 세계 각지의 청소년들이 글로벌 청소년이라는 하나의 거대한 집단으로서 시장에 등장하는데 기여하였다. 이러한 세계의 청소년들이 공통된 가치관을 공유하고 있는 경향이 증가하고 있기 때문에 청소년들이 같은 종류의 제품을 구매하고 있는 것이다.

2 글로벌 표적시장의 결정

2.1 글로벌 표적시장의 선정기준

기업의 자원은 제한이 되어 있으므로 수많은 국가의 모든 시장을 대상으로 마케팅활동을 전개할 수는 없다. 그러므로 글로벌 마케팅관리자는 그 중에서 가장 성공의 가능성이 높은 국가나 국가의 세분시장만을 선정하여 마케팅활동을 수행하는 것이 효과적이다.

적절한 표적시장의 선정은 시장세분화전략의 형성에 있어서 매우 중요한 요소이다. 기업은 상이한 세분시장들을 평가하기 위해서 ① 세분시장의 규모와 성장률 ② 세분시장의 구조적 매력도 ③ 기업의 목표와 자원 등 3가지 요소를 분석해야 한다.

(1) 세분시장의 규모와 성장률

기업이 분석해야 할 첫 번째 문제는 어떤 잠재적 세분시장이 적절한 규모와 성장특성을 가지고 있느냐 하는 것이다. 세분시장의 규모는 세분시장 평가의 중요한 요소 중의 하나이다. 일반적으로 시장규모가 클수록 기업의 수익확보가 용이하다고 생각하기 쉬우나, 실제로는 규모가 큰 시장이 반드시 기업의 수익을 보장해주지는 않는다. 그러므로 적절한 규모의 시장선택이 중요하다. 여기서 적절한 규모란 상대적인 문제이다. 대기업들은 판매량이 많은 시장을 선호하기 때문에, 자주 소규모 세분시장을 간과하거나 회피하는 반면에, 중소기업들은 충분한 자원을 보유하지 못하고 있기 때문에 큰 세분시장을 회피하는 경향이 있다. 글로벌 마케팅관리자는 자사의 규모가 적합한 최대 규모의 시장을 발견해야 한다.

한편 급속히 성장하는 세분시장은 산업내의 모든 기업들에게 매력적인 요소로 작용하기 때문에 많은 경쟁자들이 진입하고 수익성에 압력을 가한다. 그러므로 높은 성장률의 세분시장이 반드시 좋은 것은 아니며, 세분시장의 성장률과 이에 따른 미래 경쟁상황을 고려하여 표적시장을 선정해야 한다.

(2) 세분시장의 구조적 매력도

어떤 세분시장은 바람직한 규모이며 성장특성을 가지고 있으나, 수익성측면에서 매력적이지 못할 수도 있다. 이는 경쟁요인에 관한 고려를 하지 않았기 때문이다. 경쟁에 관한 고려없이 세분시장을 평가하여 표적시장을 선정하는 경우는 포지셔닝에서 경쟁제품과 경쟁적 우위 획득이 어려워진다. 그러므로 자사제품이 표적세분시장에서 경쟁제품과 경쟁하여 승리할 수 있는가 하는 측면을 반드시 세분시장의 평가 시 분석해야 한다. Porter는 전체시장 또는 전체시장내의 어떤 세분시장이 본질적인 장기적 매력도를 결정하는 요인으로 ① 강력한 세분시장 경쟁자의 위협 ② 새로운 진출자의 위협 ③ 대체재의 위협 ④ 구매자의 협상력의 증가위협 ⑤ 공급업자의 협상력증대 등 다섯 가지를 규명하였다.

(3) 기업의 목표와 자원

어떤 세분시장이 긍정적인 규모와 성장특성을 가지고 있고 또한 구조적으로 매력적이라고 하더라도, 그 기업은 그 세분시장에 관련된 자신의 목표와 자원 등 자사와의 적합성을 고려하여 효율적으로 소구할 수 있는지를 검토하여야 한다. 어떤 매력적인 세분시장은 자사의 장기적 목표와 조화되지 않기 때문에 선정되지 않을 수도 있다. 그 세분시장이 기업의 목표와 적합하다 해도 그 기업이 그 세분시장에서 성공하는데 필요한 기술과 자원을 보유하고 있는가를 고려하여야 한다. 기업이 하나 또는 그 이상의 필요한 능력을 가지지 못하거나 필요한 능력을 획득할 수 없는 경우, 그 세분시장은 포기해야 한다. 그러나 그 기업이 필요한 능력과 자원을 보유하고 있다 하더라도 경쟁자에 비해 제품개발능력, 유통경로 접근능력, 판매원 확보능력, 광고능력 등 어떤 경쟁적 우위를 보유하고 있어야 효과적으로 세분시장을 공략할 수 있게 된다.

또한 기존세분시장과의 조화여부를 고려해야 한다. 특정 세분시장이 독립적으로는 수익을 올릴 수 없더라도 기존시장들과의 시너지효과가 발생할 수 있는 경우 세분시장으로 선정될 수 있으며, 반대로 특정 세분시장이 매력적이라 하더라도 다른 기존 세분시장에 악영향을 미칠 가능성이 있다면 그만큼 그 표적세분시장의 가치는 상실될 것이다. 아울러 기존 제품들과 품질의 조화 여부, 가격 설정 시 기존 이미지의 지속 여부, 기존 유통경로의 활용 여부 등 기존 마케팅믹스요소들과의 조화 및 적합성 여부를 검토하여야 한다.

2.2 글로벌 표적시장의 선정 유형

글로벌 마케팅관리자는 시장세분화를 통하여 분류된 세분시장들을 비교 평가한 후 진입할만한 가치가 있거나, 잠재성이 높은 시장과 그 범위를 결정하여야 한다. 글로벌 표적시장을 선정하는 이유는 글로벌기업이 일시에 모든 시장에 대한 글로벌 마케팅전략을 수행하기 어려우므로, 소수의 표적시장을 선정한 다음에 글로벌기업의 역량을 집중하기 위해서이다. 글로벌기업의 관심사는 자사의 매출액이 클 것으로 예상되는 글로벌시장이다. 글로벌 마케팅관리자가 표적시장을 선택하고 마케팅전략을 수행하기까지의 과정을 보면, 세분화된 시장들 중에서 표적시장을 선택하기 위한 평가의 과정에서 빠지기 쉬운 함정들이 있다. 글로벌 마케팅관리자는 적절한 절차와 기준에 적합하도록 글로벌 표적시장을 선택하여야 하며, 선택한 표적시장에서 효과적인 글로벌 마케팅전략을 실행하도록 하여야 한다.

표적시장(target market)은 기업이 진입하기로 결정한 공통적 요구와 특징을 공유하고 있는 소비자의 집합을 말한다. 이러한 표적시장은 전체시장 모두가 될 수도 있고 두 세 개의 세분시장이 될 수도 있으며, 때로는 전체시장 중 단 하나의 세분시장만이 될 수도 있다. 만일 지나치게 협소한 세분시장을 표적시장으로 선정하게 되면 시장기회를 상실하고 매출과 수익이 감소하게 될 것이며, 지나치게 표적시장을 광범위하게 선정하면 마케팅활동이 분산되어 매출과 수익의 증가보다는 더 많은 추가적 비용이 발생할 가능성이 높아진다. 기업이 진입할 표적시장과 그 범위를 결정하는 방법에는 [그림 8-1]과 같이 5가지 유형이 있다.

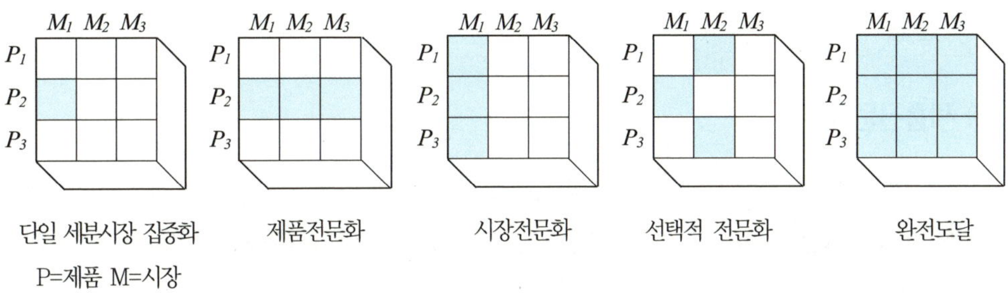

[그림 8-1] 5가지 글로벌 표적시장의 선정 유형

(1) 단일 세분시장 집중화

가장 단순한 형태로서, 기업이 하나의 세분시장만을 표적으로 삼아 소구하는 것이다. 즉 대규모 시장에서 낮은 시장점유율을 추구하는 대신에 한 개의 세분시장에서 높은 점유율을 추구하는 집중화마케팅(concentrated market)이다. 이는 모든 기업의 마케팅 자원과 노력을 하나의 표적시장에 집중하므로, 기업은 세분시장의 욕구와 성격을 정확히 파악함으로써 그 세분시장에서 강력한 위치를 확보하여 특별한 명성을 구축할 수 있다. 또한 그 기업들은 생산, 유통 및 촉진을 전문화함으로써 여러 가지 운영의 경제성을 누리게 된다. 만일 그 기업이 그 세분시장에서 선도력을 장악하고 있다면, 즉 경쟁자가 없는 니치시장(niche marketing)이라면 높은 투자수익률을 획득할 수가 있다.

동시에 이러한 집중적 마케팅은 하나의 단일시장에만 소구하므로 표적세분시장의 소비자기호가 변화하거나, 새로운 경쟁자가 진입하면 위험분산이 되지 않아 많은 위험이 따른다. 즉 시장의 불확실성에서 오는 위험이 크다.

이러한 전략은 주로 기업의 자원이나 능력이 제한되어 있거나, 기업이 새로운 시장에 진입할 때 추가적인 세분시장의 확장을 위한 교두보로서 특정 세분시장을 사용해야 할 때 이용된다.

(2) 선택적 전문화

이는 세분시장 중에서 객관적으로 매력적이며, 기업의 목표 및 재원과 조화되는 몇 개의 세분시장에 진입하는 것이다. 각 세분시장 간에는 제품과 전략이 다르기 때문에 거의 시너지효과가 낮으며 제품개발비와 마케팅비용이 상당히 수반된다. 복수 세분시장을 추구하는 이 전략은 기업의 위험을 다양화한다는 점에 이점이 있다. 이 전략을 채택하는 기업은 하나의 세분시장이 비매력적이 되어도 다른 세분시장에서 이익을 획득할 수 있다.

(3) 제품전문화

이는 다양한 여러 세분시장에 판매할 수 있는 단일제품을 생산하는데 집중하는 것이다. 단일제품이지만 품목, 색상, 디자인을 다양화함으로써 소비자 선택의 폭을 확대할 수 있다. 예를 들면 현미경제조업자가 대학실험실, 정부실험실 및 회사실험실에 현미경을 판매하는 경우이다. 이 기업은 상이한 소비자집단들을 위해 상이한 현미경을 생산할 준비가 되어 있지만, 실험실에서 사용하는 다른 기구나 장비들은 생산하지 않는다. 이러한 전략을 통해 기업은 그 전문적인 제품분야에서 강력한 명성을 구축할 수 있지만, 만일 그 제품이 보다 새로운 기술개발이 이루어졌을 때 심각한 위험이 발생한다.

(4) 시장전문화

이는 어떤 특정 기업이 집단의 다양한 욕구를 충족시키기 위해 다양한 제품을 판매하는데 집중하는 것이다. 예를 들면 대학 실험실용으로 현미경, 역전류검출관, 분젠 버너, 실험용 화학약품용 병 등의 제품을 취급하는 기업의 경우이다. 이 전략은 특정 소비자집단에게 제품을 제공하는데 전문화함으로써 강력한 명성을 획득할 수 있으며, 소비자집단이 실제로 사용하는 신제품 전체에 대한 유통경로대리인이 된다. 그러나 만일 그 소비자집단 대학실험실이 갑작스럽게 예산이 축소되고, 또한 구매가 감소되는 경우 엄청난 위험이 발생할 가능성이 존재하는 등 위험분산이 이루어지지 않는 단점이 있다.

(5) 전면진출(전체시장의 확보)

이는 모든 소비자집단들이 필요로 하는 모든 제품을 그 전체 소비자집단에게 제공하려고 하는 것이다. 대기업만이 이러한 전체시장 확보전략을 수행할 수 있다. 예를 들면 IBM(컴퓨터시장), GM(자동차시장), Coca-Cola(음료시장) 등이 이에 속한다.

2.3 글로벌 표적시장 공략을 위한 마케팅전략

글로벌 마케팅관리자는 앞서 논의한 글로벌 표적시장의 선정기준에 따라 각 세분시장들을 평가한 후 표적시장을 선정하면, 그 다음 단계로 각 표적시장에 적합한 글로벌 표적시장 공략을 위한 마케팅전략을 수립하여야 한다.

(1) 무차별적 마케팅전략(undifferentiated marketing strategy)

이는 세분시장의 차이를 무시하고 하나의 제품으로 전체시장에 진출하려는 것으로 비차별적 마케팅 또는 대량마케팅전략(mass marketing strategy)이라고도 한다. 소비자의 기본적 욕구의 차이점 보다는 공통점에 초점을 맞추고 있으며, 가장 많은 수의 소비자에게 소구할 제품과 마케팅프로그램을 설계하는데 특징이 있다. 그리고 대량유통경로와 대량광고에 의존하며, 제품이 소비자의 마음속에 우월한 이미지를 갖도록 하는데 목표를 둔다. 이러한 마케팅의 예로는 모든 사람들에게 맞는 단 하나의 맛과 용기로 오직 하나의 음료를 판매하는 Coca Cola사의 초기마케팅을 들 수 있다.

무차별적 마케팅전략은 원가 면에서 경제성을 제공한다. 이것은 생산에 있어서 표준화와 대량생산에 해당하는 마케팅인 것이다. 제품계열이 축소되어 생산, 재고, 수송비를 절감할 수 있으며, 무차별적 마케팅프로그램으로 광고비를 절감시켜 준다. 세분시장에 대한 마케팅조사와 계획수립이 없기 때문에 마케팅조사비와 제품관련비가 절감된다. 아마도 이러한 전략을 채택하고 있는 기업은 저원가를 저가격으로 변환하여 그 시장에서 가격 지향적 세분시장을 확보할 수가 있다. 그러나 여러 국가 또는 지역에 있는 고객의 다양한 욕구를 충족시킬 수 없는 것이 이 전략의 단점이다. 이와 같은 전략으로 성공할 수 있는 제품들은 소비자가 거의 모든 것이 동질적이라고 생각하는 설탕, 소금 등과 같은 일부 편의품과 농산물을 예로 들 수 있다.

(2) 차별적 마케팅전략(differentiated marketing strategy)

이는 글로벌기업이 복수의 세분시장에 진출할 것을 결정하고 각 세분시장 부문별로 별개의 제품, 또는 상이한 마케팅프로그램을 수립하는 것이다. 즉 글로벌시장 중 여러 국가나 지역에 존재하는 가장 매력적인 세분시장 몇 개를 표적시장으로 선택하여 영업 활동을 하기로 하고, 각 세분시장에 맞는 마케팅믹스를 개발하여 적용하는 전략이다.

최근에 들어 차별화 마케팅믹스전략을 채택하는 기업의 수가 증가하고 있는데, 이러한 경향은 제품뿐만 아니라 유통경로나 광고매체의 이용을 다양화하는 것에서 찾아 볼 수 있다.

차별적 마케팅전략은 전형적으로 무차별적 마케팅전략보다 총매출액을 더 많이 창출할 가능성이 높다는 장점을 지니고 있다. 상이한 소비자의 욕구에 맞추어 다양한 제품을 다양한 가격으로 제공하고, 복수의 유통경로를 이용하며 다양한 판매촉진을 실시하므로 많은 소비자들을 고객으로 확보하게 된다. 즉 소비자의 욕구와 편의에 보다 폭넓게 접근함으로써 더 많은 고객을 확보할 수 있다는 강점을 가지고 있다. 보다 다각화된 제품계열을 보다 다양한 경로를 통해 판매한다면 총매출액이 증가할 수 있다는 것이다. 그러나 이러한 전략수행에는 많은 비용이 발생한다. 우선 차별적 마케팅전략에 비해 시장세분화작업에 따르는 비용이 추가되고, 다양한 제품의 개발과 생산, 그리고 제품수정비에 따라 제품의 원가가 상승한다. 아울러 유통경로관리와 판매촉진에 추가적인 노력과 비용이 필요하게 된다. 그러므로 지나치게 시장을 세분화하는 것은 매출과 수익의 증가분보다 오히려 비용의 증가를 더욱 가속화할 가능성이 있으므로 주의해야 한다. 그렇게 되었을 때 기업들은 역세분화하거나 그 토대를 확대하는 것으로 전향해야 한다. 예를 들면 Johnson & Johnson사는 어린이용 샴푸에 대한 표적시장에 포함시켰다.

(3) 집중적 마케팅전략(focus marketing strategy)

집중적 마케팅전략은 글로벌기업이 마케팅 4P믹스를 개발한 후 단일의 세분시장에 초점을 맞추어 전략을 실행하는 것을 말한다. 집중화전략은 틈새시장을 공략하기 위한 마케팅전략의 개념을 포함하고 있다. 틈새시장이란 글로벌 세분시장 중에서 하나의 작은 시장을 의미한다. 예를 들면, 고소득의 부유층인 세분화된 작은 틈새시장의 경우 명품이라고 알려진 고가제품에 마케팅 역량과 전략을 집중하여 성공하는 글로벌기업을 쉽게 볼 수 있다. 이러한 집중적 마케팅전략은 글로벌기업이 인적 및 물적 자원의 제약을 받는 경우 활용하는 경향이 있다. 이 전략에서는 복수의 세분시장에서의 낮은 시장점유율보다는 단일의 세분시장에서의 높은 시장점유율을 추구한다. 이 전략을 선택하는 글로벌기업은 무엇보다도 그들이 활동하려는 세분시장에 대하여 많은 지식을 갖고 있기 때문에, 그 시장에서 높은 시장점유율을 달성할 수 있는 장점을 가지고 있으나, 단일의 세분시장에만 집중하기 때문에 전략이 실패할 겨우 위험부담이 가중되는 단점을 가지고 있다.

2.4 글로벌 표적시장 선정과정에서의 위험

글로벌 표적시장을 선정하는 과정에 몇 가지 위험이 있다. 글로벌 마케팅관리자는 표적시장을 선정하는 과정에서 시장세분화 과정과 연관되는 위험에 바지지 않도록 유념해야 한다. 특히, 최고경영자가 관련된 위험이 발생하게 되면, 잘못된 글로벌 표적시장을 바꿀 수 있도록 글로벌 마케팅관리자는 시장세분화의 과정과 분석결과를 최고경영자에게 충분히 보고하고 설득하여야 한다. 글로벌 표적시장 선정과정에서의 위험을 보면 다음과 같다. 개별국가 시장의 크기를 과장하거나, 단시적인 시장의 매력도를 과장하는 위험에 빠지기 쉽다. 그리고 경영진의 선입관으로 특정한 국가의 시장을 선정하게 되는 위험에 빠지기 쉬우며, 경영진의 정보망이 우선적으로 작동되어 글로벌 마케팅관리자가 주관하였던 시장세분화 과정의 중요성을 간과하기 쉽다.

3 글로벌 표적시장 진입방법의 결정

글로벌 표적시장 진입을 위한 일정한 평가기준에 따라 진출할 글로벌 표적시장이 선정되고 나면, 기업은 적절한 글로벌 표적시장의 진입방법을 결정해야 한다. 글로벌 표적시장 진입방법은 제품을 포함한 기업의 모든 자원을 해외로 이전시키는 방식으로서 수출, 계약, 직접투자방식으로 대변할 수 있다. 이러한 글로벌 표적시장 진입방법의 개념, 동기, 장·단점을 간단히 나타나면 [표 8-2]와 같다.

기업이 해외로 진출한다는 것은 새로운 이질적인 외국시장에서 사업활동을 전개하는 것을 뜻하므로, 성공적인 글로벌시장 진출을 기약할 수 있는 구체적인 글로벌 표적시장 진출방법의 선택은 먼저 전략적인 차원에서 기업 내·외의 환경요인에 관한 정보를 수집하고, 이를 분석·평가하는 과정을 거쳐야 한다.

▮표 8-2▮ 글로벌 표적시장 진입방법의 유형별 특징

유형	개 념	동 기	특 징
간접 수출	중소기업체나 적은규모의 수출을 하거나, 대기업체라도 수출의 초기단계에서 국내수출상사, 국내 주재 외국바이어를 통해 수출하는 것을 말함	• 과잉생산품의 판매처분 • 글로벌시장의 이익기회 활용 • 중소기업체가 적은 규모의 수출을 할 때 대기업체가 수출의 초기에(국내수출상사나 국내주재 외국인 바이어 통해) 이용	<장점> • 전문성 및 안정성 • 경제성(운영비 및 광고비 절감) • 수입과의 연계성 <단점> • 글로벌시장 구축의 어려움 및 AS 미흡·간접거래로 인한 불이익 감수
직접 수출	자체의 전문요원과 수출경험으로 글로벌시장의 수입상사, 실수요자에 직접 수출하는 것	• 과잉생산품 판매처분 • 글로벌시장의 이익기회 활용 • 수출규모의 증대 자체의 수출경험과 전문요원을 갖추게 되면 글로벌시장의 수입상사나 실수요자에게 직접 판매	<장점> • 정확한 글로벌시장 파악 및 비용절감 • 제품계획과 판매계획수립의 용이 • 통제능력 강화 <단점> • 위험부담 및 비용증가(인건비, 설치비)
라이선싱	특허권, 등록상표, 기술적 과정, 노하우 등 공업소유권이나 상업적 자산을 royalty를 받고 허가해주거나 대여하는 것을 말함	• 추가이익의 획득 • 현지국의 정책 • 도용가능성 배제	• 수익성은 비교적 낮으나 위험부담이 매우 적음 • 자본투자가 필요없고 빠른 진출방법임
프랜차이징	이는 프랜차이즈를 해주는 기업이 표준화된 제품, 시스템 및 관리서비스를 제공하고 상대기업체는 마케팅노하우와 자본을 계승하여 경영을 하는 것을 말함	• 수직적 시장결합을 위하여	• 음식류와 같은 소비재로부터 내구성소비재, 호텔과 같은 서비스, 생산재 등의 제품이 그 대상이 됨

턴키 계약	도로, 항만, 댐, 통신 시설 등과 같은 건설 사업을 수주, 시공하는 용역생산을 말함. 이것은 기업이 공장이나 산업시스템을 설계, 건설하고 초기운영까지 담당하여 턴키프로젝트를 준공해 주는 것	• 종합건설업체들의 건설수출을 위해 • 저개발국 외교적 요청에 의해 • 공사가 대부분 대규모이므로 기업의 명성제고를 위하여	• 대금이 분할 지급됨 • 기계·시설의 수출이나 기술의 라이선싱만으로 해결이 안되는 기술적 결차를 해결해주며, 현지국의 고객에게 완성된 생산계통의 시설을 제공함
경영 계약	합작투자의 새로운 형태로서 합작투자의 한 파트너가 운영시설을 소유하고, 다른 파트너는 관리적 노하우를 제공하여(마케팅노하우만을 제공할 때에는 마케팅계약이 된다) 경영관리를 담당하는 것을 말함	• 고급호텔이나 특수기술을 요하는 업체에서 마케팅이나 기술 등 특수 자질과 경험을 가진 경영자를 필요로 하기 때문임. • 현지국 기업수용시 전문가 부족때문에 • 각 파트너의 지분비율이 같을 때 경영권을 장악하기 위하여	• 이상적인 경영형태인 소유와 경영의 분리를 글로벌경영에 적용한 것임. 즉 출자 자가 관리를 담당하여온 전통적 관습을 배제하고, 유능한 전문가에게 관리를 위임시켜 출자 회수를 증대시킴
단독 투자	어떤 기업체가 해외기업체를 운영하려 할 때 투자를 단독으로 하는 것을 말하며, 대부분의 피투자국에서는 단독투자를 허가하지 않거나 극도로 제한을 함	• 현지시장의 경제적 종속을 목적으로 • 수익증대 및 저임금노동력의 활용 • 관세장벽의 회피 • 운송비 등 물적유통비의 절감 • 제3국에의 진출도모	• 현지국에서 많은 제약을 받음 • 비용절감 • 관세 및 비관세장벽 회피 • 진출시장의 다변화
합작 투자	상이한 국가의 2개 또는 그 이상의 기업체들이 합작선이 되어 영구적으로 특정기업체의 운영에 참여하는 것을 말함	• 자본·인력 등 기업의 자원 부족할 때 • 현지합작선의 유통망을 이용하기 위해 • 현지국에서 단독투자를 미 허가시 • 현지합작선이 가지고 있는 기반 이용	• 각 파트너는 개별 기업활동을 할 때 보다 자본진출을 감소시키면서 대규모 저원가로 업체를 운영할 수 있으며 정치적·사회적 이점을 누릴 수 있음

4 글로벌 시장포지셔닝

글로벌시장을 여러 세분시장으로 나누고, 또한 그 중에서 표적시장을 선정한 후에는 그 표적시장에서의 어떤 포지션(position)을 확보할 것인가를 결정해야 한다.

4.1 글로벌 시장포지셔닝의 개념과 유형

(1) 글로벌 시장포지셔닝의 개념과 목적

한 제품의 시장포지션이란 특정제품이 소비자에 의해 어떤 특징을 지녔다고 정의되는 방식으로, 특정제품의 중요 속성(attribute)들이 경쟁자들의 제품과 비교하여 소비자들의 마음속에 차지하고 있는 상대적 위치 또는 위상을 말한다. 다시 말해 제품이나 브랜드의 포지션은 소비자들이 일정한 속성을 기준으로 경쟁제품들을 어떻게 인지(지각)하고 있느냐 하는 것이다. 예를 들어 벤츠나 캐딜락과 같은 승용차는 고급 승용차나 사치품으로서의 속성을 지니고 있는 것으로 소비자들의 마음속에 인식되고 위치하고 있는 것을 알 수 있다.

제품포지셔닝(product positioning)은 어떤 제품을 경쟁제품에 비해 차별적 특징을 갖도록 제품개념을 정하고, 이에 따라 개발·생산된 제품을 소비자들의 마음속에 적절히 위치시키려는 노력을 말한다. 즉, 경쟁기업과 효과적으로 경쟁하기 위해 마케팅믹스를 사용하여 소비자의 의식에 제품의 정확한 위치를 심어주는 과정으로서 위상정립이라고도 한다. 이러한 제품의 포지셔닝은 제품개발, 제품믹스의 결정 및 촉진활동과 밀접한 관계가 있다.

글로벌 시장포지셔닝(global market positioning)이란 글로벌기업이 경쟁기업과 다른 차별적인 특징 또는 이미지를 표적시장의 고객들에게 인식시키고, 그 기업의 전략적 위치를 선정하는 것을 말한다. 이러한 글로벌 포지셔닝의 가장 중요한 목적은 효과적이고 효율적인 마케팅믹스 프로그램의 개발을 통하여 글로벌기업의 제품 또는 서비스에 대한 브랜드 이미지(brand image)를 전 세계 고객들에게 확고하게 심는데 있다. 이를 통하여 전 세계적인 통일적인 브랜드 이미지가 형성될 수 있으며, 국가나 지역에 따라서 서로 다른 브랜드 이미지가 구축될 수도 있다.

(2) 글로벌 시장포지셔닝의 성격

글로벌시장에서 성공하기 위해서 글로벌 마케팅관리자는 국가 간의 환경차이 때문에 제품의 외형과 기능을 변화시키지 않더라도 새로운 포지셔닝전략을 개발해야 한다.

글로벌시장에서의 포지셔닝은 그 기본적인 착상이 제품마다 다른 속성이 있고, 이러한 속성이 사용자나 소비자에게 여러 가지 편익을 제공한다는 사실에서 출발하고 있다. 제품의 주요 특성에 대한 소비자의 인식은 국가마다 상이하므로, 진출할 글로벌시장에 대한 자사제품의 올바른 포지셔닝은 매우 중요하다. 예를 들어 과거 Volvo사는 미국소비자들에게 자동차의 경제성·내구성 및 안정성을, 프랑스의 소비자들에게는 품위와 여유를, 독일에서는 자동차의 성능을, 그리고 스위스에서는 안정성을 강조하는 등 나라마다 각기 상이한 제품포지셔닝정책을 사용하였다.

문화권에 따라 동일한 제품도 사용법이 다르다. 가죽 또는 고무로 된 샌들은 개도국에서는 정규신발로 사용되지만 선진국에서는 레저용으로 이용된다. 그러므로 글로벌시장에서 성공적으로 제품을 판매하기 위해서는 제품의 포지셔닝을 정하는데 주의를 기울여야 한다. 일본의 전통적인 샌들인 조리가 미국에 처음 수출했을 때 일본 수출업자들은 조리를 일본에서와는 전혀 달리 해변에서 신는 레저용 신발로 포지셔닝을 정했다. 미국 소비자들은 조리를 바닷가에서 뿐만 아니라 비공식적인 모임에서 사용하는 값싸고도 실용적인 신발로 받아들여서 그 제품은 커다란 성공을 거두었다. 따라서 글로벌 마케팅관리자들은 다른 문화권의 소비자들에게 제품을 매력적으로 만드는 혁신적인 제품용도를 찾도록 노력해야 한다.

어떤 제품은 글로벌시장에서의 시장영역이 본국에서보다 좁아지는 경우도 있다. 예를 들어 프랑스에서는 포도주가 모든 주요 식사에 포함되지만 호주에서는 특별한 경우와 축제에만 사용되는 음료로 인식되고 있다. 그러므로 프랑스의 포도주 수출업자들은 호주의 1인당 포도주 소비량을 늘려서, 궁극적으로 매출액을 증대하기 위해서는 포도주의 용도를 보다 확대하는 포지셔닝전략을 사용하여야 할 것이다. 그러나 이와 같은 제품의 용도를 변화시키기 위한 재포지셔닝전략을 활용하기 위해서는 현지소비자를 대상으로 한 광고 및 촉진활동에 많은 투자를 해야 한다.

(3) 글로벌 시장포지셔닝의 유형

기업이 자사제품을 글로벌 소비자들에게 포지셔닝하는 기준으로 사용되는 것에는 여러 가지가 있으나 일반적으로 제품의 가격, 품질, 스타일, 편익 등과 같은 제품의 속성이 사용된다. 그 외에 경쟁제품, 주요 사용자, 이미지, 사용상황도 사용된다.

1) 속성에 의한 포지셔닝

이는 가장 빈번하게 사용되는 방법으로서, 자사제품이 경쟁제품과 비교하여 차별적 속성, 특징을 가지고 있으므로 소비자들에게 경쟁제품과 상이한 고객편익을 제공한다고 소비자들의 마음속에 인식시키는 것이다. 예를 들어 브렌닥스치약은 충치예방능력, 페리오치약은 치석제거, 클로즈업치약은 입냄새 제거, 죽염치약은 풍치예방치약으로 포지션하였다. 또한 대우전자의 공기방울 세탁기는 공기방울을 이용한 강력한 세탁력, 삼성의 삶는 세탁기는 삶는 효과를 이용한 것이 강력한 세탁력을 강조함을 소구한 것이 바로 차별적 속성을 이용한 포지셔닝으로 볼 수 있다.

2) 이미지 포지셔닝

이는 제품의 추상적인 편익에 소구하는 포지셔닝으로서, 특정제품이 주는 이미지를 통해 자아이미지를 향상시키고자 하는 소비자의 심리에 소구하는 것이다. 이러한 이미지 포지셔닝은 보석, 고급패션의류나 고급화장품, 고급구두 등 고급제품을 포지셔닝하는 경우에 많이 이용된다. 예를 들면 동서식품은 "가슴이 따뜻한 사람과 만나고 싶다." "커피의 명작, 맥심"과 같은 광고 문구를 통해 「맥심」제품을 정서적이고 사색적이면서 고급이미지로 포지션하였다. 이러한 이미지 포지션은 소비자들이 제품의 특성이 애매모호하게 받아들일 수 있다는 단점을 가지고 있다.

3) 사용상황에 의한 포지셔닝

이는 소구제품의 적절한 사용상황을 묘사 또는 제시함으로써 포지셔닝하는 것, 즉 제품이 적절히 사용될 수 있는 상황을 묘사함으로써 포지셔닝하는 것을 말한다. 예를 들면 무궁화유지의 「브라이트」는 집들이용, 「게토레이」는 운동 후 갈증해소에 특히 적합한 제품으로 포지션되었다.

4) 제품사용자에 의한 포지셔닝

이는 소구하는 제품이 특정 소비자층에 적절하다고 포지셔닝하는 제품의 사용자 집단이나 계층에 의한 포지셔닝을 말한다. 예를 들면 미국 필립모리스의 「말보르」담배는 서부카우보이를 광고모델로 제시하여 야성미와 남성적 소구를 하고 있고, 「버지니아 슬림」은 여성을 모델로 사용하여 여성용 담배로 소구하고 있다. 국내의 경우 LG의 「

랑데뷰」샴푸는 아침의 바쁜 시간에 샴푸와 린스를 별도로 할 수 없는 맞벌이 부부를 등장시켜 샴푸와 린스를 동시에 함으로써 시간을 절약할 수 있다는 점을 강조하였다.

5) 경쟁에 의한 포지셔닝

이는 소비자의 마음속에 자리잡고 있는 경쟁제품과 명시적 또는 묵시적으로 비교를 함으로써 자사제품의 혜택을 강조하는 방법이다. 이 방법은 경쟁상표로부터 소비자를 유인하기 위해 경쟁상표를 준거점(reference point)으로 사용하는 것으로서, 비교광고가 허용되고 있는 외국에서 많이 사용된다. 예를 들면 「7-up」은 "un-cola" 캠페인에 의해 펩시와 코카콜라의 대체품으로 포지션되었다. 국내의 경우 경쟁상표를 직접 거명하는 비교광고가 금지되어 있기 때문에, 경쟁포지셔닝은 간접적으로 행해진다. 예를 들면 데이콤 "5%가 어딥니까?" 조선맥주는 일반 지하수로 만든 맥주와 지하 150m천연수로 만든 맥주를 제시하면서 "맥주의 90%는 물, 어느 맥주를 드시겠습니까?"라는 문구로서 「하이트 맥주」를 차별적으로 포지셔닝하였다.

4.2 글로벌 시장포지셔닝의 절차

글로벌 시장포지셔닝의 절차는 기업이 처한 상황여건에 따라 각기 상이하지만 일반적으로는 [그림 8-2]와 같은 단계를 거친다.

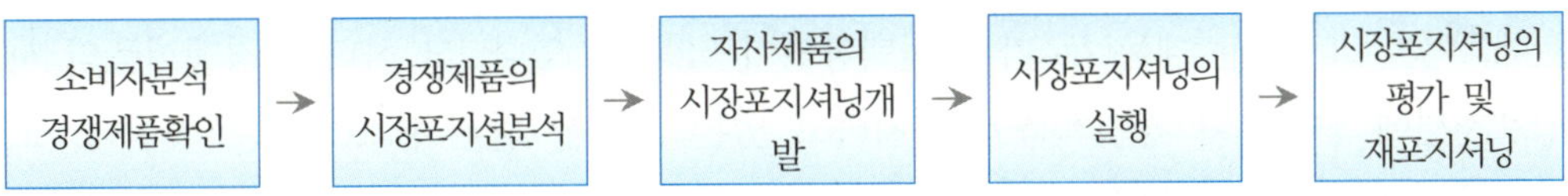

[그림 8-2] 글로벌 시장포지셔닝의 절차

(1) 소비자분석

소비자분석은 표적시장내의 소비자들이 그 제품군에서 추구하는 편익과 기존제품에 관한 불만족원인을 파악하는 과정이다. 소비자들의 욕구에 대한 명확한 이해와 소비자들이 고려하는 제품군내의 경쟁제품들을 비교·평가하기 위해 주로 이용되는 평가기준이나 중요한 속성뿐만 아니라 소비자들의 인구통계적 특성이나 구매활동, 생활양식 등도 파악하여 분석해야 한다.

(2) 경쟁제품의 확인

시장포지셔닝은 경쟁제품에 비해 자사제품의 위치를 차별적으로 지각하도록 하는 것이므로, 효과적인 포지셔닝이 되기 위해서는 경쟁제품을 명확히 결정하여 구체적으로 파악해야 한다. 이러한 경쟁제품의 확인과 결정은 표적시장의 범위와 밀접한 관련성을 가지고 있는데, 예를 들어 Diet Coke 표적시장범위를 Diet Cola시장, Cola시장, 청량음료시장, 나아가서 음료시장 등으로 표적시장을 설정할 수 있다. 표적시장 내 다수의 제품들이 있을 경우에는 경쟁력이 상대적으로 강한 일부 제품들을 주된 경쟁상대로 결정하기도 한다.

(3) 경쟁제품의 시장포지션분석

구체적인 경쟁제품들이 확인되면 이러한 경쟁제품들이 소비자들에게 어떻게 포지션되어 있는지, 그리고 전반적인 이미지는 어떠한지를 파악하여야 한다. 이때 요인분석이나 다차원척도법 등의 통계적 분석방법을 활용하여 포지셔닝맵(positioning map)을 작성하면 경쟁제품에 대한 소비자들의 인식도를 파악할 수 있다. 만일 소비자들이 중시하는 특정한 속성에서 현재 적절하게 포지션된 제품이 없다거나 호의적인 이미지를 구축한 제품이 없다면, 이는 바로 하나의 기회가 있음을 의미한다.

(4) 자사제품의 시장포지셔닝 개발

경쟁제품의 시장포지션을 정확히 파악한 후 자사제품의 시장포지셔닝을 개발해야 하는데, 이를 결정하는 데는 두 가지 선택방안이 있을 수 있다. 그 하나는 경쟁제품의 시장포지션에 근접하여 경쟁제품이 차지하고 있는 고객을 탈취하려고 하는 것이다. 또 하나의 방법은 경쟁기업들이 아직 진출하지 않은 시장부문에 자리를 잡는 것이다. 이와 같이 한 기업이 표적시장에서 경쟁자에 비해 유리한 포지션을 차지하기 위해서 글로벌 마케팅관리자는 자사제품과 관련하여 소비자들이 어떤 지각 또는 연상을 갖도록 할 것인가를 결정해야 한다. 이러한 시장포지셔닝의 개발은 소비자분석과 경쟁제품 시장포지션분석에 의한 정보를 토대로 하여 경쟁자에 비해 소비자의 욕구를 더 적절하게 충족시킴으로써 자사제품이 경쟁적 우위를 확보할 수 있도록 자사제품의 시장포지션을 결정하는 하나의 과정이다. 이러한 과정을 통해 자사제품의 적절한 시장포지션이 결정되면 목표포지션에 도달하기 위한 구체적인 접근방법이 필요하다. 목표포지션에 효율적으로 접근하는 방법에는 시장포지셔닝의 유형에서 살펴 본 바와 같이 속성, 이미지,

사용상황, 제품사용자, 경쟁에 의한 포지셔닝 방법 등이 있다.

(5) 시장포지셔닝의 실행

앞에서 설정한 시장포지셔닝에 따라 제품을 개발하고 제품믹스를 결정한다. 자사의 제품이 경쟁제품에 대비하여 차별적 특성을 갖는다 하더라도 소비자들이 이를 받아들여야 한다. 따라서 기업은 광고 등과 같은 촉진활동 및 커뮤니케이션노력에 의해 소비자들의 마음속에 자사제품을 정확히 포지션해야 한다. 기업들이 일단 하나의 포지션을 개발한 후에는 표적고객들을 대상으로 적절하게 의사소통하며 또 그 내용을 적절히 전달해 줄 수 있는 강력한 조치를 취하여야 한다. 또한 기업들의 모든 마케팅믹스수단들은 이러한 포지셔닝전략을 지원하는데 집중하여야 한다. 기업이 포지셔닝전략을 수행하려면 보다 구체적인 행동이 필요하다. 예컨대 만일 어느 기업이 보다 나은 서비스를 제공함으로써 하나의 위치를 구축하는데 목적을 두고 있다면, 보다 질이 높은 서비스를 제공할 수 있는 종사원들을 채용하고, 이들을 훈련시키며, 서비스분야에 대해서 명성을 지니고 있는 소매상들을 찾아내어야 할 것이다. 또한 보다 나은 서비스를 전달할 수 있는 판매수단을 개발하고 광고메시지들을 개발하는 일들이 필요할 것이다.

(6) 시장포지셔닝의 평가와 재포지셔닝

글로벌 마케팅관리자는 자사제품이 목표한 위치에 시장포지셔닝이 되었는지를 조사하고 그렇지 못한 경우는 이를 시정하도록 해야 한다. 뿐만 아니라 소비자의 욕구와 경쟁을 포함한 여러 가지 환경요인이 시간의 경과와 함께 끊임없이 변화함으로, 계속적인 조사를 통해 자사제품이 적절하게 포지셔닝이 되었는지를 확인해야 하고, 필요한 경우 적절히 수정해 나가야 한다. 이처럼 자사제품의 시장포지셔닝이 소비자의 욕구와 경쟁제품에 비추어 적절하지 않은 포지션으로 변화하는 경우 포지션전략의 반복적인 수행을 통해 자사제품의 목표포지션을 다시 설정하고 적절한 포지션으로 이동시키는 재포지션(repositioning)이 필요하다. 글로벌 마케팅관리자는 효과적인 시장포지셔닝의 평가와 재포지셔닝을 위해서는 정기적으로 포지셔닝맵을 작성하여 자사제품과 경쟁제품들의 변화추세를 분석하는 동태적 시장포지셔닝분석이 필요하다.

4.3 글로벌 시장포지셔닝맵

시장포지셔닝맵(market positioning map)이란 소비자의 마음속에 있는 자사제품과 경쟁제품들의 위치를 2차원 또는 3차원의 도면으로 작성한 것이다. 이러한 포지셔닝맵의 유형은 제품의 물리적인 특성을 사용한 제품위주의 포지셔닝맵과 소비자의 지각을 통해 작성하는 인지도가 있다.

시장포지셔닝맵을 작성하면 글로벌 마케팅관리자는 다양한 전략적 유용성을 획득할 수 있다. 이러한 포지셔닝맵의 유용성은 다음과 같다.

첫째, 시장의 빈곳 파악이 가능하다. 인지도를 통하여 글로벌 마케팅관리자는 시장의 빈곳을 찾아낼 수 있다. 즉 충분한 시장성이 있음에도 불구하고 현재 경쟁제품이나 자사제품이 소구하지 않는 위치를 인지도를 통해 확인할 수 있다.

둘째, 자사제품의 현 위치 파악이 가능하다. 인지도는 현재 자사제품이 소비자에게 어떻게 인식되고 있는가에 대한 정보를 제공해 준다.

셋째, 경쟁자의 파악이 가능하다. 인지도에서 자사제품의 위치(지도의 물리적인 거리)와 근접한 타사의 제품이 자사와 직접적인 경쟁을 벌이고 있는 1차적 경쟁자임을 알 수 있다. 즉 인지도 상에서의 거리가 가까울수록 직접적인 경쟁자이고 멀수록 직접적인 경쟁은 하지 않는다.

넷째, 경쟁강도의 파악이 가능하다. 현재 자사제품이 소구하고자 하는 위치에 몇개의 경쟁제품들이 있는가에 따라서 경쟁강도의 파악이 가능하다. 즉 특정 위치에 경쟁제품이 많을수록 이들 제품이 소비자들에게 유사하게 인식되고 있다는 것을 의미하고, 이는 각 제품들이 차별성이 없으므로 격심한 경쟁에 야기되기 쉽다.

다섯째, 이상점(ideal point) 파악이 가능하다. 선호도 조사에 의한 인지도를 작성한 경우에는 소비자들이 가장 이상적으로 생각하고 있는 제품속성을 알 수 있다. 만약에 이상점에 현재 제품이 소구하고 있지 않다면 자사제품의 속성을 개선하여 이상점에 근접시켜야 하고, 제품개선이 용이하지 않다면 신제품 개발도 가능하다.

여섯째, 마케팅믹스의 효과측정이 가능하다. 연도별로 계속적인 포지셔닝맵이 작성되어 제품 포지션이 계속적으로 추적되면 글로벌 마케팅관리자는 자사 마케팅믹스의 효과를 측정할 수 있고 효과적인 마케팅믹스전략 결정을 할 수 있게 된다.

4.4 글로벌 시장포지셔닝전략

(1) 글로벌시장 포지셔닝의 관리

글로벌시장에서의 제품포지셔닝은 보통 다음의 사항에 중점을 두고 이루어진다.

첫째, 제품의 특성에 대한 분석이 이루어져야 한다. 제품의 특성은 크기, 색상, 상표, 품질, 가격, 기능, 재료, 형태, 수명 등으로 나타날 수 있는데, 제품에 따라 중요시 여겨지는 특성이 다르다. 예를 들어 자동차는 안전성, 내구성, 스타일, 크기, 안락성, 경제성, 기술성, 속도, 조정, 색상 등의 특성이 중요시 된다.

둘째, 제품의 여러 특성 중에서 현지국의 잠재적 소비자가 구매조건으로 가장 중요시 여길 제품의 특성을 파악해야 한다. 이를테면 앞서 언급한 자동차의 여러 가지 특성 중에서 중요시 여겨지는 특성은 국가마다 상이하다.

셋째, 현지시장에서 중요시 여겨지는 제품의 특성에 근거해 현지시장에 있어서의 주요 경쟁사의 제품의 위치를 파악해야 한다. 넷째, 미약한 경쟁 상태를 보이는, 즉 시장 잠재력이 가장 높은 위치에 맞게끔 자사제품의 특성을 결정해야 한다.

(2) 글로벌시장 포지셔닝전략

성공적인 기업은 대다수의 경우 경쟁자보다 더 잘 소비자의 욕구를 충족시키고 있다. 따라서 글로벌 마케팅전략은 소비자의 욕구와 경쟁자의 전략에 적절하게 대응하여야 한다. 특히 기업의 규모와 산업상의 위치를 고려하여 기업은 가능한 한 높은 경쟁적 우위를 확보할 수 있는 전략을 모색해야 하는 것이다.

시장포지셔닝전략에는 다음과 같은 기본적인 전략들이 있으며, 이러한 포지셔닝전략에 있어서 무엇보다 중요한 것은 시장에서 일관성을 유지하는 것이다.

1) 시장선도자전략(market-leader strategies)

시장선도자는 제품수명주기의 초기단계에 선도적 지위를 확립하고 그 선도적 지위를 성공적으로 방어하고 있는 상표나 기업을 말한다. 시장을 지배하는 기업은 시장선도자 전략을 수용할 수 있다. 이러한 기업은 해당제품 사용량의 증가, 새로운 사용자의 탐색, 새로운 제품사용용도의 개발 등으로 전체시장을 확대시킬 수 있다. 시장선도자는 가장 큰 시장점유율을 보유하고 있기 때문에 전체시장이 확대될 때에는 자동적으로 가장 많은 수익성기회를 갖게 된다. 또한 이러한 기업은 경쟁자의 고객을 유인·흡수하기 위하여 특정분야에 집중 투자함으로써 시장점유율을 증가시킬 수 있다. 시장선도자는 또한 제품혁신, 경쟁적 효과, 고객에 대한 가치제공이라는 면에서 산업 전체를 선도하고 있으므로 경쟁자들이 위험한 대상으로 성숙하기 전에 그들은 파멸시키기 위한 신규 마케팅프로그램의 채택 또는 신제품 출하 등의 선제방어전략(preemptive defense strategy)을 채택할 수도 있다.

2) 시장도전자전략(market-challenger strategies)

시장도전자는 보다 높은 시장점유율을 얻기 위해서 경쟁자를 적극적으로 공격하는 성장회사이다. 도전자는 시장선도자, 자기규모의 다른 회사와 지역시장을 대상으로 활동하고 있는 소규모 회사 등을 공격할 수도 있다. 도전자는 역시 다양한 시장도전자전략을 활용할 수 있다. 만약 회사능력이 충분히 강하다면 그는 시장선도자에 직접 대항해서 자사 마케팅자원을 총력적으로 사용하는 전면공격을 할 수 있다. 보다 약한 도전자는 시장선도자나 기타 경쟁자들을 무시하고 신제품, 신시장, 신기술 등을 개발하여 간접적으로 공격할 수도 있다.

3) 시장추종자전략(market-follower strategies)

시장추종자는 의식적으로나 무의식적으로 시장선도자의 전략을 모방하고자 하는 산업에 있어서의 2류 기업을 말한다. 이 전략을 사용하는 회사들은 경쟁자의 제품, 가격 기타 마케팅프로그램 등을 추종함으로써 안정적인 시장점유율과 이익을 추구한다. 시장추종자전략의 기본적인 목적은 대다수의 경우 현재의 고객수준을 유지하고자 하거나 경쟁자들을 자극하지 않고 새로운 고객을 유인하는데 있다.

4) 시장적소자전략(market-nicher strategies)

소규모 회사나 뚜렷한 전략추진 방향설정이 되지 않은 회사들은 시장적소자전략을 채택한다. 그들은 주요 경쟁자들이 간과하거나 무시하는 시장을 대상으로 전문화를 추진한다. 적소자들은 시장, 고객, 제품 등을 전문화함으로써 회사 고유의 시장을 확보하고 이익을 올리고 있다.

제8장 주요 학습 용어

글로벌 시장세분화	글로벌시장의 그룹화	국별시장의 세분화
소비재 시장세분화	산업재 시장세분화	인구통계적 시장세분화
지리적 시장세분화	심리분석적 시장세분화	행동분석적 시장세분화
글로벌 표적시장	단일 세분시장 집중화	선택적 세분화
무차별적 마케팅전략	차별적 마케팅전략	집중화전략
글로벌 시장포지셔닝	포지셔닝맵	

참고문헌

김희철, 글로벌시대의 국제마케팅, 두남, 2007.

이승영, 국제마케팅, 일신사, 1993.

정헌배·김희철, 지구촌마케팅, 법문사, 2000.

Aaker, David A., and J. Gary Shanby, "Positioning Your Product," *Business Horizons*, May-June 1982.

Abell, Derek F., *Defining the Business : The Starting Point of Strategic Planning,* Prentice-Hall, 1980.

Albaum, G., et al., *International Marketing and Export Marketing*, MA: Addison-Wesley Co., 1989.

Keegan, Warren J., *Global Marketing Management*, 8th ed., New-Jersey; Pearson, 2014.

Porter, Michael E., *Competitive Strategy*, Fress Press, 1985.

제9장 글로벌 마케팅전략

- 글로벌 마케팅전략의 개념과 수립절차
- 글로벌 마케팅전략의 표준화와 차별화
- 글로벌 마케팅전략의 실천

1 글로벌 마케팅전략의 개념과 수립절차

1.1 글로벌 마케팅전략의 개념

마케팅전략의 기본적인 개념은 기업이 통제할 수 없는 외부환경의 흐름을 분석·예측하고 내부의 장·단점 및 활용 가능한 자원에 관한 분석을 통하여 전사적 관점에서 사업간 또는 제품 간의 자원배분 방향, 목표시장의 선정, 그리고 경쟁우위를 달성하기 위한 마케팅믹스의 개발 등이 주된 내용이 된다.

이러한 차원에서 글로벌 마케팅전략이란 “글로벌시장의 여건과 기업의 능력을 서로 접합시키는 과정으로서, 경쟁이나 환경적 요인의 변화에 대응하여 주요 마케팅기회를 확인하고, 그에 따라 마케팅기능을 활용하기 위한 장·단기 마케팅프로그램을 수립하고, 실천하는 것”을 말한다. 이러한 글로벌 마케팅전략은 기업들이 고객의 요구를 충족시키기 위해서, 그리고 경쟁기업들과 경쟁하기 위해서 글로벌시장에서 사용하는 종합적인 작전계획이다.

마케팅성공을 위한 핵심요소들은 국내경영에서나 글로벌경영에 있어서나 유사하다. 즉, 기업의 생존과 우수한 수익은 고객들에게 저가격으로 적절한 제품과 서비스를 공급함으로써 달성된다. 불행하게도, 이러한 두 가지 목표는 거의 동시에 달성되지 않는다. 그 한 가지 이유는 주문제품들은 생산비가 많이 들기 때문이다. 또 다른 이유는 국제적으로 판매되는 제품과 서비스들은 시장여건과 세계적인 고객욕구가 매우 다양하기 때문에 저비용으로 생산할 수 있을 만큼 충분한 대규모 경제를 확보할 수 없기 때문이다. 더구나 모든 글로벌기업들은 경쟁적이 되기 위해서는 이러한 두 가지 기본적인 목표 중 하나를 달성해야만 한다는 사실을 인식하고 있다. 즉, 글로벌기업들은 경쟁기업들 보다 더 저렴하게 제품을 생산해야만 하거나 개별 고객들의 기호를 더 충족시켜야만 한다.

1.2 글로벌 마케팅전략의 수립절차

글로벌 마케팅관리자는 세계시장의 새로운 현실에 의해 주어지는 환경의 도전에 대응하기 위하여 시장기회와 제품 및 기업자원을 보다 효과적으로 연결하여 장기적인 경쟁우위를 강화할 수 있는 글로벌 마케팅전략을 수립해야 한다. [그림 9-1]은 이러한 글로벌 마케팅전략의 수립과정을 일련의 연속적인 단계로 보여주고 있다. 이러한 단계들은 반드시 순차적인 것은 아니며, 어떤 단계들은 동시에 일어날 수 있다. 그리고 전략에 대한 평가와 결과의 피드백은 어떤 단계에서도 이 과정을 다시 시작하게 만든다.

글로벌 마케팅전략의 수립은 기업의 글로벌시장에 대한 기회인식에 대한 인식에서 출발한다. 글로벌시장기회에 대한 인식은 여러 가지 동기에서 촉발된다. 어떤 기업은 장기적으로 수익성 있는 성장을 추구하기 위하여 글로벌시장에 진입한다. 국내시장의 성장잠재력이 줄어들수록, 글로벌시장은 전략적 대안을 제공해준다. 반면에 어떤 기업은 해외의 관련 기업으로부터의 초청에 의해서 글로벌시장에 진입하기도 한다. 이처럼 글로벌시장기회가 인식되고 글로벌 마케팅전략의 필요성이 인식되면서, 기업은 글로벌 마케팅전략의 구체적인 수립과정을 거치게 된다.

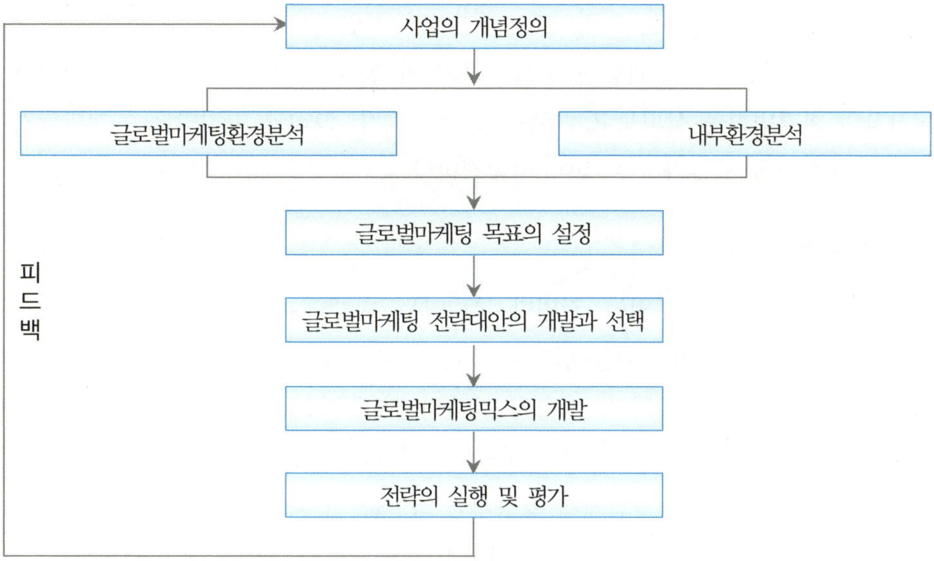

[그림 9-1] 글로벌 마케팅전략의 수립절차

(1) 사업의 개념정의

글로벌 마케팅전략의 수립은 먼저 전략개발을 필요로 하는 사업에 대한 정확한 개념부터 정의하여야 한다. 특히 이 단계에서 중요한 것은 사업의 개념을 정의하는데 과거와 같은 제품위주의 근시안적 개념에서 벗어나서 고객욕구의 만족이라는 현대적 마케팅개념에 의거하여 사업영역인 조직의 사명을 정의하여야 한다. 예를 들어 비료사업의 경우 단순히 비료를 생산·판매하는 것이 그 기업의 사업이 아니라, 인류의 기아를 해결하는 것을 사업의 사명(mission)으로 삼아야 한다. IBM은 컴퓨터사업의 경우 문제해결을 위한 솔루션(solution) 제공을 사업의 사명으로 삼고 있다.

이 단계에서 기업의 사업범위 및 사명을 정의하는 작업에는 마케팅뿐만 아니라 여러 부서, 예를 들어 재무, 유통, 조달, 생산부문 관리자가 참가하여야 한다. 지역적으로도 주요 거대시장뿐만 아니라 소규모의 떠오르는 시장을 대표하는 관리자도 참가해야 한다. 이와 같이 관련 구성원이 모두 참가함으로써, 사업의 개념에 대해서 전체 구성원들의 의견을 수렴할 수 있어 보다 효과적으로 전략을 실행할 수 있게 된다.

(2) 글로벌마케팅의 환경분석

글로벌마케팅의 환경분석은 글로벌기업이 직면할 수 있는 국내·외시장의 현재와 미래의 환경요인들을 평가하는 과정이다. 개별국가 차원에서 이러한 환경요인들을 분석하는 것은 부분적인 시장성과만을 낳을 가능성이 높다. 그러므로 세계적 관점에서 글로벌시장의 환경변화를 살펴보고, 다음으로 지역시장, 그리고 마지막으로 개별국가 차원으로 분석수준을 세분화하는 것이 바람직하다.

1) 시장환경분석

시장환경분석 단계는 기업이 직면할 수 있는 현재와 미래의 환경요인들의 기회(opportunities)와 위협(threats)을 평가하는 과정이다. 예를 들면 PEST분석이다. PEST분석은 정치적, 경제적, 사회적, 기술적 분석의 앞 글자를 표현한 것으로 시장환경을 세분화하여 핵심요인별로 간단히 분석하는 기법이다.

모든 시장환경의 변화가 기업에게 결정적인 영향을 미치는 것은 아니므로, 주요한 영향을 미치는 핵심환경요인을 중심으로 글로벌시장 환경을 분석하는 것이 평가를 용이하게 한다. 이러한 시장환경분석을 보다 용이하게 하기 위해서는 먼저 경제적 환경, 사회문화적 환경, 정치적 환경, 기술적 환경 등 각 분야별로 글로벌 마케팅활동에 중요한 영향을 미치는 주요 핵심환경요인을 선정하여 이들의 추세와 흐름을 찾아내는 일이다. 이러한 핵심환경요인의 선정은 차후의 목표설정 및 전략개발에 중요한 영향을 미치므로 매우 중요하다. 핵심환경요인의 선정은 기업의 글로벌 마케팅활동에 영향을 미칠 수 있는 외부환경요인들을 분류한 후 항목별로 발생가능성과 영향정도를 평가하여 이들 두 요인을 기준으로 주요한 핵심적인 환경요인을 선정한다. 이 때 환경요인들의 선정범위는 기업의 글로벌마케팅 활동범위에 부합되어 이루어져야 한다.

다음으로 이들 핵심환경요인의 흐름 또는 추세를 파악한 후에는 이들이 기업에 미치는 기회와 위협측면에서 분석하는 것이다.

2) 경쟁자분석

경쟁자분석은 글로벌 마케팅활동을 전개하는 기업의 경쟁환경을 평가하는 것이다. 경쟁자분석을 통하여 경쟁자의 강·약점 그리고 활용전략 등을 이해함으로써 앞으로 예상되는 시장환경변화에 대한 경쟁자의 대응방향들을 이해할 수 있다. 이러한 경쟁자분석을 수행하는 궁극적인 목적은 경쟁자의 지속적인 경쟁우위는 무엇이며, 경쟁자의 전략이 미래에는 어떻게 바뀔 것이며, 경쟁자의 강점과 약점은 무엇인지를 이해하는 것이다. 더 나아가 전략개발은 어떻게 하면 경쟁자의 강점을 무력화시키거나 활용할 수 없게 하며, 경쟁자의 약점을 자사에게 유리하게 이용할 수 있는가에 초점을 두는 경우가 대부분이다.

경쟁자분석은 경쟁자와 잠재적 경쟁자가 누구인지를 파악하는 것에서 출발한다. 경쟁자분석의 첫 단계는 경쟁자를 파악하는 것이다. 이를 위한 첫 번째 방법은 고객의 인지상태를 이용하여 경쟁밀도가 다양한 경쟁자집단을 확인하는 것이다. 두 번째 방법은 유사한 전략과 유사한 특성을 가진 경쟁자집단, 즉 전략을 파악하는 방법이다. 이렇게 하여 경쟁자를 파악한 다음, 경쟁자의 전략을 이해하는 단계로 접어들게 된다.

경쟁자를 제대로 이해하기 위해서는 여러 측면에서 경쟁자를 분석해 보아야 한다. 그들의 규모, 수익성, 성장률 등의 파악은 특히 중요하다. 경쟁자의 현재 또는 과거의 전략과 그들의 목표를 분석함으로써 그들의 의도를 파악할 수 있는 통찰력을 얻을 수 있다. 문화와 같은 조직특성이 전략적 제약으로 작용하기도 한다. 원가구조와 퇴출장벽이 가격전략 및 지속력을 유지하는 계기가 될 수 있다. 경쟁자의 강점과 약점에 대한 분석은 경쟁자의 약점에다 자사의 강점을 연계시키는 전략수립을 위한 지침이 된다. 고객이 경쟁자에 대해 갖는 인식상태를 조사하는 것도 유용한 정보수집방법이 될 수 있다.

(3) 내부환경분석

글로벌 마케팅관리자는 글로벌시장 환경분석에서 밝혀진 기회를 활용하는데 필요한 자원과 능력을 갖추고 있는지를 파악하기 위하여 내부환경분석을 실시해야 한다. 이러한 내부환경분석은 글로벌시장 환경분석에서 도출된 환경이 주는 기회와 위협에 대해 기업이 이를 얼마나 이용하고 이에 대처해 나갈 수 있는 강점(strength)과 약점(weaknesses) 등의 내부능력을 분석하는 것이다. 이 분석과정은 글로벌시장에서 성공하기 위한 능력과 사업역량을 파악하는 것으로 각 시장에서 기업이 보유한 경쟁역량을 확인하는 것이다. 그러므로 이러한 기업의 강점과 약점을 분석할 때는 먼저 “우리 회사의 능력은 어느 정도인가”, “우리의 능력을 기존의 경쟁기업 또는 잠재적 경쟁기업과 어떻게 비교할 것인가”, “기업의 능력이 직무수행을 어떻게 지원해 줄 것인가”를 평가하여야 한다. 특히 기업의 내부환경분석에서 도출된 강점과 약점은 동종기업들 중에서 뛰어난 최우량 경쟁기업들과 비교하여 분석된 것이어야 한다.

일반적으로 기업의 내부분석은 재무적·물적 분야, 조직적·인적분야, 그리고 기술적 분야 등 세 가지 분야가 그 주요 대상이 된다. 때로는 기업의 사업 또는 제품들에 대해 자원배분의 형태와 조직의 구조적 측면까지도 분석하여야 현재의 강점과 약점을 파악할 수 있다. 이상의 시장환경분석과 내부환경분석을 SWOT분석이라고도 한다.

SWOT분석은 시장환경의 기회(opportunities)와 위협(threats), 그리고 기업의 강점

(strength)과 약점(weaknesses)을 알기 위하여 경영환경과 기업의 내부능력을 검토하고, 기업능력의 관점에서 주요 환경요인으로부터 기회나 위협을 도출하는 과정이다.

이러한 내부환경분석에서 특히 고려되어야 할 것은 기업의 가용자원의 양과 자원의 흐름을 파악하는 것이다. 글로벌 마케팅전략의 실행에 있어서 중요하게 고려되는 부분이 기업의 수행능력과 자원의 배분문제이므로, 이를 위하여 기업의 가용자원이 어느 정도 확보되어 있는지와 이 자원들이 산업 또는 제품별로 어떠한 형태로 배분되고 있는지를 분석하여야 한다.

또한 내부환경분석에서 고려되어야 할 점은 조직측면의 문제이다. 기업의 조직이 글로벌 마케팅전략을 실행할 만한 여건을 지녔는가가 전략성공에 주요한 영향을 미치므로 이 부분에 대한 충분한 평가가 이루어져야 한다.

(4) 글로벌마케팅 목표의 설정

글로벌마케팅 목표는 글로벌 마케팅전략 수립의 전제로서 글로벌 마케팅전략이 궁극적으로 달성하려고 의도하는 성과 내지 결과로 정의된다. 또한 이러한 목표는 측정 가능하고, 구체적인 질적·양적인 성과로 나타내며, 글로벌 마케팅활동의 기준으로서의 특징을 가지고 있다. 그러므로 글로벌마케팅 목표는 글로벌 마케팅활동을 전개하는 과정에서 글로벌 마케팅관리자에게 마케팅성과를 구체적으로 평가하는 기준으로서의 역할을 제공하게 된다.

이러한 글로벌마케팅 목표는 수익성목표, 시장점유율목표 그리고 성장성목표로서 실현가능하고 수량화될 수 있고, 구체적인 기간 내에 실현가능한 것들이어야 한다. 예를 들어 수익성목표는 "3년 이내에 해외매출액 10% 증대" 또는 "해외투자수익률 10% 증대" 등으로 나타낼 수 있다. 그리고 성장성목표는 "3년 이내에 글로벌시장 매출 1억 달러 증가", "매출증가율 30% 달성" 등으로 나타낼 수 있다. 마지막으로 시장점유율목표는 "3년 이내에 세계시장에서 5%의 시장점유율 증대" 등으로 구체화시킬 수 있다.

(5) 글로벌마케팅 전략대안의 개발과 선택

앞에서 설정한 글로벌마케팅 목표를 달성하기 위하여 다음 단계로 전사적 차원에서의 전략대안을 개발하여 최적대안을 선택하여야 한다. 전략개발을 통하여 해결되어야 할 글로벌 마케팅활동의 주요 전략과제를 살펴보면 다음과 같다.

첫째, 글로벌마케팅 자원의 효율적인 배분을 통한 포트폴리오 결정이 필요하다. 기업의 글로벌마케팅 자원을 제품별, 글로벌시장별로 배분하기 위한 포트폴리오전략의 개발이 필요하다.

둘째, 경쟁전략의 선택이다. 글로벌 마케팅관리자는 경쟁우위의 원천을 어디에서 찾을 것인지도 결정하여야 한다. 즉 지속적 경쟁우위의 원천을 가격, 품질 및 서비스의 차별화, 집중화 중 어디에서 찾을 것인지를 결정하여야 한다.

셋째, 글로벌시장의 세분화이다. 이것은 전체 세계시장을 시장환경이 유사한 국가 또는 지역으로 이루어진 세분시장으로 나누어 마케팅프로그램을 개발하는 것이다.

넷째, 표적시장의 선정이다. 각 세분시장을 시장의 매력도와 기업의 경쟁우위에 따라 평가하여 글로벌마케팅 노력을 집중할 수 있는 표적시장을 선정하는 것이다.

다섯째, 글로벌시장 진입방법의 선택이다. 다양한 글로벌시장 진입방법 중 글로벌시장환경과 제품특성 및 기업능력을 고려하여 최적의 진입방법을 선택한다.

여섯째, 포지셔닝전략의 결정이다. 선정된 표적시장의 소비자들에게 심어줄 자사제품의 이미지를 결정하는 것이다.

글로벌마케팅 전략대안의 평가 및 선택의 도구로서 대표적인 방법이 포트폴리오분석(portfolio analysis)이다. 이 분석은 기업이 활동하고 있는 시장(산업)성장률과 상대적 시장점유율을 양 축으로 하고 자사의 해당 시장에서의 매출액을 원의 크기로 표시하여 전사적 입장에서 효율적인 자원배분을 위한 최적의 사업 포트폴리오를 제시해 준다.

글로벌 마케팅전략 선택의 과정은 기업사명의 달성을 위해 한정된 자원을 어디에 투입하는 것이 좋을지를 결정하는 것이다. 뿐만 아니라 이러한 전략선택은 실행가능성을 원칙으로 하며, 환경변화에 적합한 적시성을 가지고 있어야만 한다. 또한 전략대안은 이미 기업에서 실행하고 있는 기존 전략과의 관련 하에 도출되어야만 하며, 최고경영자의 의지 및 전체적인 차원에서 시너지효과와 조직의 실행능력 등을 충분히 고려하여 선택되어야만 한다.

(6) 글로벌마케팅믹스의 개발

글로벌마케팅믹스란 글로벌기업이 국내·외 통제 불가능한 환경변화에 대응하기 위하여 기업내부에서 통제할 수 있는 모든 요소(제품, 가격, 유통, 촉진 등 4P요소)를 유기적으로 혼합·조정·통합하는 활동을 의미한다. 글로벌마케팅의 환경은 4P요소와는 달리, 통제 불가능한 요소이기 때문에, 글로벌기업은 그들이 보유하고 있는 마케팅 4P요소를 적절하게 조합하여 표적시장의 환경에 적합한 마케팅프로램을 개발하여야 한다.

글로벌기업은 활동영역이 확대됨에 따라 보다 더 이질적인 글로벌시장 환경에 부딪치게 된다. 이러한 이질적인 글로벌시장 환경의 폭이 확대되면 될수록 글로벌기업의 마케팅전략 수립은 더욱 신중하게 이루어져야 한다. 그 이유는 이질적인 글로벌시장 환경의 확대에 따라 글로벌사업의 기회도 많아지지만, 다른 한편 글로벌사업의 위험도 같이 증가하게 되기 때문이다.

또한 글로벌마케팅믹스의 개발과 함께 글로벌마케팅믹스를 전 세계적으로 통일시킬 것인지 또는 현지의 환경에 맞춰 차별화할 것인지의 여부도 결정하여야 한다.

(7) 글로벌 마케팅전략의 실행과 평가

"실행되지 않는 전략은 전략이 아니다"라는 말이 있을 정도로, 전략의 실행은 글로벌 마케팅전략에서 중요한 위치를 차지하고 있다. 글로벌 마케팅전략의 평가는 기업의 전략이 올바로 수행되었는지, 또한 전략적 목표에 일치하고 있는지를 확인하는 과정이다. 즉 해당 전략이 환경상의 제반 조건과 기업의 내부능력과의 일관성을 유지하고 있는지를 판단하며, 전략이 수행한 실적치를 미리 설정된 목표와 자사의 과거실적, 그리고 경쟁사의 과거와 현재실적을 비교하는 것이다.

이러한 전략의 평가는 이를 피드백하여 전략의 수정 및 변경뿐만 아니라, 기업의 장기비전에도 반영되어 기업의 사업성기회를 지속적으로 창출하는데 활용하게 된다.

2 글로벌 마케팅전략의 표준화와 차별화

2.1 글로벌 마케팅전략의 기본유형

다국적기업은 기존의 사업영역을 새로운 국가 또는 지역으로 확대함으로써 시장을 확장할 수 있다. 이와 같이 사업활동영역이 지리적으로 확장될 때 기업은 기업마케팅 프로그램을 그대로 다수국시장에 적용할 것인가, 아니면 이질적인 현지국시장 요구에 일치되도록 수정하여 채용할 것인가 하는 이른바 글로벌 마케팅전략의 표준화와 차별화문제가 대두된다. 즉 다국적기업이 직면하게 되는 과제 중의 하나는 글로벌 마케팅전략을 표준화해야 하는지, 그렇지 않으면 차별화하는지의 선택이다. 여기서의 표준화(standardization)란 다수국시장에 공통적인 제품, 가격, 촉진, 유통경로 등을 사용하는 것이다. 즉 표준화는 글로벌시장(global market)에 공통적인 마케팅프로그램을 채용하는 것을 의미한다. 반면에 차별화(adaption)란 본국시장에서 채용하고 있는 마케팅프로그램을 각국의 현지시장에 보다 적합하게 수정하는 것이다. 즉 차별화는 글로벌시장에 차별적인 마케팅프로그램을 채용하는 것이므로 적응화 내지 현지화라고도 한다.

산업재나 내구성 소비재를 생산하는 다국적기업은 세계적인 시야에서 글로벌시장에 공통적/표준적인 마케팅프로그램을 제공하는 경향이 강하다고 생각이 되지만, 비내구성 소비재를 생산하는 다국적기업에 있어서는 어느 정도까지 표준화해야 할 것인가의 결정은 미묘한 문제이다.

2.2 글로벌 마케팅전략의 표준화

(1) 시장의 글로벌화

레비트(T. Levitt)는 1983년 다국적기업이 오랜 기간 동안 계속해서 기대해 왔던『시장의 글로벌화(The Globalization of Markets)에 관한 논문을 발표하였다. 즉, 그는 기업은 표면적인 지리적, 국가적 차이를 무시하고 세계가 마치 하나의 대규모 시장인 것처럼 경영하는 것을 배우지 않으면 안된다』라고 주장하였다. 이처럼 레비트(T. Levitt)는 시장의 글로벌화, 글로벌 브랜드 등을 제창하여 글로벌마케팅에 영향을 끼친 인물이다. 이러한 시장의 글로벌화를 촉진시키는 환경적 요인으로서는 통신, 컴퓨터, 항공기 등의 통신, 운송수단의 발달에 기인한 시간과 공간의 축소, 규모의 경제 확대, 유통경로의 합리화, 기술의 발전, 국가별 경제, 사회적 환경의 유사화, 정부규제의 약화 등을 들 수 있다. 이러한 환경적 요인이 없다고 하더라도 글로벌기업들의 전략적 혁신이 글로벌화의 과정을 촉발시킬 수 있다. 글로벌 시장세분화에 의한 확인, 제품 재정의, 자원공급원의 통합, 생산과정의 분리, 자원이나 인식에 의한 제약의 제거 등이 그것이다. 시장의 글로벌화는 다국적기업에 표준화전략을 채용시키는 거대한 요인이 되고 있는 것이다.

이러한 시장의 글로벌화 현상에 따른 글로벌 마케팅전략의 표준화를 촉진시키는 요인으로서는 생산 면에서의 규모의 경제성, 연구개발 면에서의 경제성, 마케팅활동상에서의 경제성, 소비자의 상표충성도, 자국이미지, 기술의 영향, 수출에 의한 글로벌시장

판매시의 장애요소 등을 들 수 있다.

이상과 같은 촉진요인이 있음에도 불구하고 글로벌 마케팅전략을 표준화하는 것은 그리 용이한 것이 아니며 사실상 불가능하기까지 하다. 이는 국가마다 자연환경, 경제개발단계, 문화적 배경, 산업구조 및 산업화수준, 마케팅제도, 법적제도 등이 크게 다른 경우가 많기 때문이다. 이러한 글로벌 마케팅전략에 있어서의 표준화전략을 제약하는 장애요소를 요약하면 [표 9-1]과 같다.

표 9-1 글로벌 마케팅전략의 표준화 장애요소

표준화의 장애요소	제품과 디자인	가격	유통	인적판매/판로	광고 및 판매촉진
• 시장의 성격 - 물적시장 - 경제 및 산업발전 단계 - 문화적 요인	• 기후, 제품, 사용조건 • 소득수준, 자본비용 대 노동비용 • 전통, 관습, 외국상품에 대한 태도	• 소득수준 • 거래형태	• 고객의 분포 • 구매패턴 • 구매패턴	• 고객의 분포 • 임금수준, 인력의 이용 가능성 • 판매태도	• 매체이용 가능성, 기후 • 경제성 이상의 편익추구 여부 • 구입량 • 언어, 문맹률 상징성
• 산업 제조건 - 각 시장에서의 PLC단계 - 경쟁조건	• 제품차별화 정도 • 품질수준	• 수요탄력성 • 현지생산비용 • 대체품가격	• 유통경로 이용가능성, 특정브랜드 선호도 • 경쟁기업의 판로통제	• 방문판매의 필요성 • 경쟁기업의 판매능력	• 제품인지도와 경험 • 경쟁기업의 광고비용과 광고메시지
• 마케팅제도 - 유통시스템 - 광고매체와 광고대리점	• 판로 이용가능성	• 일반적인 유통마진	• 이용가능한 판로수와 종류 • 유통경로에 대한 촉진도	• 판로의 수와 규모, 분포 • 광고효과와 대체품욕구	• 셀프서비스 정도 • 매체이용성, 비용, 중복정도
• 법적규제	• 제품수준과 성격, 관세, 세금, 특허법	• 관세와 세금, 독점금지법, 재판매가격 유지	• 제품계열의 제한, 재판매가격 유지	• 일반적 고용규제, 판매행위에 대한 특별규제	• 광고비와 광고 • 메시지 특별규제, 상표법

(2) 표준화전략의 목표

글로벌 마케팅전략의 완전한 표준화란 다수국 시장에 세계 공통적인 동일한 마케팅프로그램을 제공하는 전략이다. 각국 시장의 이질성을 고려하는 것이 아니고, 하나의 세계시장에 하나의 마케팅프로그램을 제공하는 것을 의미한다. 이러한 표준화는 마케팅프로그램의 각 요소를 가능한 한 공통화하여 개개의 국가사정보다 글로벌시장을 우선한다고 하는 글로벌접근방법이다.

그러나 이러한 완전표준화는 앞에서 언급한 바와 같이 실제로는 불가능하고, 또한 바람직한 것도 아니다. 따라서 표준화된 마케팅전략을 채용하여 성공하려면 그 목표시장들의 시장환경 여건이 동일하거나 유사해야 한다. 즉 동일하거나 유사한 시장에서 동일하거나 유사한 마케팅개념을 유사한 소비자집단에게 적용할 수 있을 때라야 표준화된 마케팅전략이 성공할 수 있다는 것이다.

표준화전략은 다음과 같은 이점을 실현하고자 한다.

첫째, 세계시장에 공통적인 마케팅프로그램을 제공하기 때문에 단위당 생산비나 마케팅비용을 절감할 수 있다. 다국적기업은 특히 제품프로그램과 촉진프로그램 등을 표준화하면 규모의 이익을 향유할 수 있다.

둘째, 제품이미지를 세계적으로 높여 세계의 고객과의 일체감을 높일 수 있다. 즉 세계적인 범위로 해당제품이 판매되고 있다면 고객들은 글로벌 제품으로서 인지하게 된다.

셋째, 세계시장을 통제하기가 쉽다. 예를 들면 가격결정을 현지에 위임하는 것보다 다국적기업의 본부가 세계 공통적인 가격수준을 채용하게 되면 각국 시장의 가격 차이를 축소시킬 수 있다.

넷째, 우수한 아이디어는 많이 개발할 수 있는 것이 아니다. 그러므로 우수한 마케팅 아이디어는 세계적으로 채용되어야 할 것이다. 독특한 의미가 있는 광고의 삽화(illust)나 어필(appeal)은 공통적으로 이용하는 것이 전략상 유리하다.

2.3 글로벌 마케팅전략의 차별화

(1) 시장의 현지화

기후와 같은 자연환경은 다국적기업들에게 시장의 현지화에 부응하도록 함으로써 표준화를 제한하는 장해요인이 되고 있다. 비내구성 소비재(특히 포장제품)에 있어서 차별화가 요청되는 중요한 요인은 국민적 기호, 습관, 가치관, 스타일, 소비자행동 등의 문화적 차이이다. 그 국가의 전통적인 고유문화는 쉽게 변경되는 것이 아니다. 그러나 인간문화는 전혀 불변하는 것은 아니고 서서히 변화하는 특징을 가지고 있다.

본국시장과 현지국시장 간에 다국적기업은 제품니즈와 시장특성이 이질적이라고 판단되면, 마케팅프로그램을 수입국시장에 적합하게 수정한다. 수정은 강제적 수정과 임의적 수정으로 나누어 질 수 있다. 수입국시장의 법률적 환경에 적합하지 않는 마케팅프로그램은 강제적 수정이 필요하다. 예를 들면 주한 다국적기업은 한국기업의 등록상표명을 사용할 수 없기 때문에 브랜드의 수정이 필요할 것이다. 또한 상품표시법에 적합하게 라벨(label)표시를 변경하는 등이다. 제품니즈가 동질적일지라도 마케팅프로그램의 강제적 수정을 필요로 하는 것은 브랜드명의 이용가능성이나 마케팅관계의 법률규제가 주가 된다. 더구나 다국적기업은 한국시장에 보다 더 적합하게 제품의 중량과 크기 등의 측정단위를 야드법에서 미터법으로의 변경, 포장의 크기를 한국인에게 적합하게 변경하고 있다. 전자제품의 경우 전압변경 등의 경우가 이에 해당된다. 임의적 수정은 수입국시장에 있어서 제품의 원산지관계를 개선하기 위해 행하는 변경이다. 예를 들면, 본국산 제품의 특징이나 포장외관을 현지인의 기호에 맞게 변경, 또한 제품브랜드의 번역 등의 미세한 수정 등이다.

이러한 시장의 차별화에 따른 글로벌 마케팅전략의 차별화를 촉진하는 제반요인들은 사용조건의 차이, 현지시장국의 소득수준, 관습, 소비자기호 등 각국 시장환경요소의 차이, 정부의 영향, 기업의 역사와 제 운영 등을 들 수 있다.

촉진요인이 있음에도 불구하고 각국 시장의 욕구나 규제의 결과로 제품믹스의 구성요소(재료, 형태, 색채, 포장 등)가 변경되거나 개량되기 때문에 제품적응에 소요되는 연구개발비, 글로벌 시장조사비, 표준제품의 설계를 변경하는 기술적 내지 공학적 작업에 필요한 추가비용이 발생하는 등의 단점이 있다. 또한 이러한 글로벌마케팅의 차별화전략은 구매자의 특정한 선호감각에 호소하기 보다는 비용과 이익관계에 중요한 비중을 두기 때문에 산업재의 경우, 특히 전략수행이 용이할 뿐 근본적으로는 국내시장지향적인 제약성이 따르게 된다.

그러므로 글로벌 마케팅전략을 각국의 특수한 사정을 모두 고려하는 완전한 현실화는 사실상 불가능하다. 이러한 차별화전략의 채택여부는 차별화를 통해 얻을 수 있는 시장이익과 비용요건에 따라 결정되는 것이다. 차별화에 따라 소요되는 비용보다 얻을 수 있는 시장의 이익이 크다면 차별화전략은 타당성을 갖게 된다.

(2) 차별화전략의 목표

다국적기업은 각 현지시장의 고객니즈에 보다 더 적합한 마케팅프로그램을 제공하는 경우가 많다. 완전차별화는 예를 들면, A국에는 a프로그램, B국에는 b프로그램을 제공하는 것처럼 완전히 다른 차별적인 프로그램을 사용한다. 그러나 완전한 차별화도 실제적으로는 드물고 바람직하지도 않다. 차별화전략은 마케팅프로그램의 각 요소를 가능한 한 차별화하여 공통적 요소를 적게 하고자 하는 접근방법이다.

그러면 다국적기업은 왜 마케팅프로그램을 차별화하고자 하는가? 해당 시장국이 특수한 사정을 충분히 고려하여 각 시장에 알맞은 독특한 현지적응화전략을 설정하고 집행하면 순수한 수요의 창출과 마케팅프로그램의 효과를 극대화할 수 있는 등의 이점이 있기 때문이다. 이러한 차별화전략의 이점은 각국 시장 간의 이질성, 비유사성을 기초로 하여 다음과 같이 요약할 수 있다.

첫째, 마케팅개념의 하나인 고객지향은 글로벌 마케팅전략에 있어서도 체계적으로 적응할 수 있다.

둘째, 각국 시장에는 관습이나 전통에 기초한 명확한 상이성, 이질성이 있기 때문에 시장세분화전략을 제공할 수 있다.

셋째, 각국 시장 간의 경쟁상태가 다르기 때문에, 마케팅프로그램은 현지의 경쟁상황에 적합하게 할 필요성이 있다.

넷째, 소비자의 개성화, 다양화가 각국시장에 있어서 진행되고 있기 때문에 한층 차별화, 고객화가 필요하다.

3 글로벌 마케팅전략의 실천

3.1 시장침투전략(market penetration strategies) : 시장기반의 확장

글로벌시장 진입에 성공한 기업이 지속적인 성장을 위해 노력하고자 할 때 부딪치게 되는 문제는 변화하는 경쟁과 시장상황 속에서 보다 확실하게 시장 침투하는 방법을 결정하는 것이다. 이러한 문제의 내용은 대부분 침투대상시장에서의 기업위치에 따라 달라진다. 따라서 글로벌시장에 진출하기 위하여 글로벌 마케팅활동을 수행하려는 기업은 목표시장에서의 침투전략을 개발하지 않으면 안 된다. 일반적으로 글로벌시장 침투전략은 제품개발전략과 시장개척전략으로 구분된다.

(1) 제품개발전략(product development attack strategies)

글로벌시장 진출기업이 고려할 수 있는 제품개발전략의 내용으로는 제품계열확대, 제품다양화, 그리고 제품개량 등의 방법을 들 수가 있다.

1) 제품계열확대전략

시장에 이미 진출하여 수익성 있는 분야를 확보하고 있는 경쟁기업들과 경쟁하기 위해서는 장기적인 차원에서 폭넓은 제품계열의 확대가 필요하다. 만약 진출기업이 진출초기에 선정한 시장에 한정하여 활동하려 한다면, 목표시장에서의 제한적인 침투만이 가능할 뿐 광범위한 시장진출은 어려울 것이다. 이를 극복하기 위한 방법으로 일단 글로벌시장 진출에 성공한 기업은 제품계열을 확대할 필요가 있는 것이다.

초기에 미국시장진입에 성공한 일본기업들은 점차적으로 그들의 제품계열을 확대시켜 나감으로써 보다 시장기반을 확고히 하였다. Toyota자동차회사가 좋은 예가 될 수 있는데, 이 회사는 미국시장침투를 위해 생산제품의 범위를 계속해서 확대시킴으로써 경쟁기업인 Mercedes, BMW, Volvo 등을 누르고 매출 1위를 기록하게 되었다.

2) 제품다양화

제품계열의 확대는 제품계열의 폭을 변화시키지만, 제품다양화는 제품계열 내에 있는 특징의 제품유형이나 모델들을 다양하게 개발하는 것이다. 제품다양화는 제품을 여러 가지 형태로 차별화함으로써 시장의 여러 소비자층에 대해 소구할 수 있으며 제품들의 수가 증가될수록 유통경로와 소매점포에 대한 그들의 수용능력은 증대될 수 있다는 전략적 이점이 있다. 예를 들어 일본이 Sharp와 Casio는 다른 스타일, 기능, 그리고 속성들을 가진 전자계산기의 모델들을 광범위하게 소개하였다. Seiko는 전자와 기계부문에서 4백여 모델을 선보였으며, 전 세계적으로 2천 3백여 개의 많은 모델을 제조 판매하였다.

3) 제품개량

글로벌시장 진출기업은 제품의 유용성을 높이고, 제품의 기능을 확대하고, 불량품을 감소시키며, 또한 제품에 대한 보증과 서비스를 확대하는 등 제품의 내용을 개량함으로써 보다 용이하게 목표시장에 침투할 수 있다. 제품개발을 위해서는 소비자들의 요구를 잘 파악해야 할 뿐만 아니라 기존제품의 한계와 약점, 제품의 개선방안, 그리고 제품의 변경에 대한 소비자의 반응 등을 종합적으로 파악하고 있어야 한다. 아울러 이렇게 하여 수집된 소비자들의 인식과 반응들을 사용자의 필요성과 잠재적 제품개발을 위하여 분석하고 평가할 필요가 있다.

(2) 시장개발전략(market development attack strategies)

제품개발은 시장을 전제하지 않고는 이루어질 수 없으므로, 제품은 시장과 관련하여 개발되어야 한다. 따라서 목표시장을 어떻게 확정하고 시장확대를 위하여 어떤 노력을 경주해야 할 것인가를 확정하는 것이 글로벌시장 진출기업에 있어 중요한 침투전략의 내용이 된다.

시장세분화전략은 글로벌시장 진출기업의 시장개척 노력을 보다 효율적이고 상황적응적으로 구사할 수 있는 원동력을 제공한다. 어떤 형태의 기업이든 간에 시장을 개발하기 위해서는 제품을 개발하고 시장에 적응시켜야 하기 때문에 시장세분화전략은 시장개척을 위한 필연적인 과정이 되는 것이다.

글로벌시장 진출기업은 단순한 제품개량에서 제품개발로 R&D의 관심을 이동시킴으로써 시장개척문제를 보다 용이하게 해결할 수 있다. 즉, 기업은 시장개발을 위하여 새로운 표적시장 소비자의 욕구인식, 소비자반응의 예견, 시장규모의 예측, 유통경로의 개발과 포장의 개발 등을 수행할 필요가 있는 것이다.

3.2 대결전략(offensive strategies) : 모든 전선에서의 전투적 경쟁

글로벌시장 진출기업이 목표시장에 침투할 때 기존 진출업체와는 경쟁자적인 관점에서 전략을 구사하지 않으면 안 된다. 아무래도 현지시장에서의 경험이 부족한 기업은 기존기업들보다 전략적으로 열세에 있으므로, 이에 적합한 공격전략을 수립하지 않으면 안 된다. 여기서는 기업이 어떤 특정시장에 침투하려고 할 때 채택할 수 있는 전략의 형태를 군사용어로 사용하여 설명하고자 한다.

이러한 전략형태에는 측면공격전략, 정면공격전략, 포위공격전략, 우회공격전략, 게릴라공격전략 등 다섯 가지가 있다([그림 9-2] 참조).

(1) 측면공격전략(flanking attack strategies)

측면공격전략의 본질은 경쟁자가 약하고, 설사 경쟁기업이 있다 해도 경쟁상대가 거의 되지 않는 제품시장에서 경쟁하는 것이며, 이 전략의 원칙은 그들의 약점을 파악하여 은밀하게 공격하는 것이다. 이 전략의 주요 목표는 훗날 경쟁자의 핵심부분에 공격을 가하기 위하여 충분한 시장지위를 구축하기 위한 것이다. 측면공격전략의 효과가 극대화되기 위해서는 경쟁기업이 공격을 받고 있다는 사실을 모르도록 할 수 있어야 하며, 측면공격전략으로 경쟁기업이 전면적인 공격으로 나오지 않도록 해야 한다

1) 측면공격전략의 유형

대부분의 측면공격은 틈새(niche)에서 시작한다. 시장이나 제품의 틈새영역을 선정하여, 그 좁은 '기회의 틈'에 마케팅노력을 집중해야 한다. 일단 측면공격에 성공을 거두게 되면, 제품을 개선하여 고급화시키고, 시장의 초점을 확대하며, 유통의 확장과 광고의 증대를 도모하면서 점차 정면공격대형으로 전환해간다.

측면공격전략은 진출시장에서의 미충족 욕구를 발견하여 이를 충족시키기 위한 노력에 중점을 두되, 가능한 한 경쟁을 피하면서 경쟁기업의 취약점을 공격하는 전략으로 이에는 지리적 측면공격전략과 시장세분화를 통한 측면공격전략이 있다.

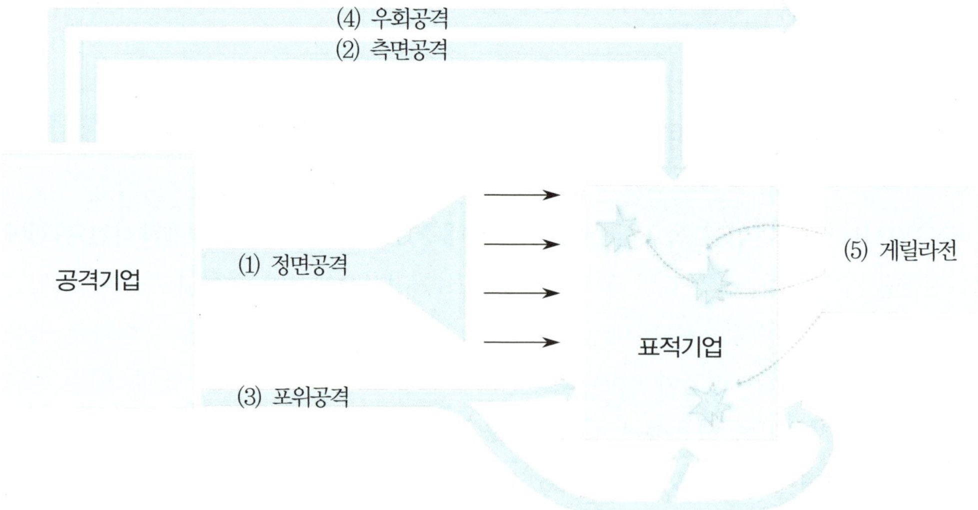

[그림 9-2] 대결전략

지리적 측면공격전략

지리적 측면공격전략은 경쟁기업이 없거나 경쟁이 약한 지역시장을 공격하는 것으로 이렇게 선택된 지리적 시장에서는 경쟁자의 측면, 즉, 약점이 노출되어 있어 공격하기가 비교적 쉽다.

과거 35년 동안의 기록은 일본기업들이 세계시장에서 미국기업들이 비교적 취약한 지역에 공격을 집중하는 예로서 점철되어 있는데, 일본 컴퓨터산업이 세계 주요시장을 정복하기 위하여 채택한 접근방법을 살펴보면 대체적으로 지리적 측면공격전략을 많이 사용했음을 알 수 있다. 처음에 그들은 인접 아시아국을 대상으로 하여 침투하였고 다음에는 호주시장, 마지막으로 유럽과 미국시장을 공격하면서 시장침투전략을 전개하였다. 왜냐하면, 미국과 유럽의 생산업체들은 아시아시장이 가장 취약지역이었고, 이 지역에서 자신들의 위치를 방어하고자 하는 관심이 상대적으로 적었기 때문이다.

이처럼 지리적 측면공격전략은 표적기업과 유사한 제품을 가지고, 유사한 시장욕구를 충족시키되 표적기업이 관심을 덜 갖는 지역에 침투하는 것이다.

시장세분화를 통한 측면공격전략

지리적 측면전략은 지리적으로 경쟁회사제품과 동일하거나, 아주 유사한 제품을 판매하여 경쟁기업이 시장에서 거들며 보지 않는 시장의 욕구를 만족시키는 전략인 데 비하여, 시장세분화를 통한 측면공격전략은 주어진 지역시장 내에서 경쟁회사가 방치하고 있는 시장을 발견하여 이들의 욕구를 충족시키는 전략이다.

세분화를 통한 측면공격전략은 잠재력이 지리적 측면전략보다 훨씬 더 강력한 것인데, 이 전략은 주어진 시장수요의 원활한 충족과 아울러 경쟁자와 차별화된 제품을 판매하는 데 적용된다. 대부분 일본회사들은 미국시장에 침투할 때 이러한 유형의 측면공격전략을 사용했다. 이러한 전략을 사용한 예로 일본회사들은 미국회사들이 방치한 시장을 찾아내어 이 시장의 수요를 확보하기 위하여 모든 자원을 여기에 투입했다. 기존제품의 축소와 완전변형, 같거나 더 낮은 가격에 더 많은 특징을 가진 제품, 기능은 줄었으나 월등히 싼 가격의 제품주문자 상표부착(OEM : order's equipment manufacture) 생산방식 등은 전형적인 측면공격전략의 예이다.

2) 측면공격전략 성공의 조건

첫째, 공격기업은 시장 선도기업들이 차지하고 있는 시장유형을 잘 파악하고, 이들 선도기업들이 만족시키지 못한 수요를 파악할 수 있어야 한다.

둘째, 측면공격전략은 해당제품시장과 산업규모가 급격히 성장하고 있는 경우 적용이 용이하다. 이와 같이 성장 중인 시장에서의 게임은 상호 시장지분탈취를 위한 영화(零化)게임(zero-sum game)이라기보다는 서로 기존시장규모를 유지하면서도 경쟁할 수 있는 비영화(非零化)게임(positive-sum game)이다.

셋째, 측면공격전략은 역시 경쟁기업이 새로운 침입자를 대수롭지 않게 생각하면서 안심하고 있는 시장에서 용이하게 전개될 수 있다.

측면공격전략의 선택은 단순히 시장과 경쟁적 조건들만 고려되어 이루어지는 것은 아니며, 기업자체가 가지는 자원규모와 동원능력 또한 고려되어야 한다. 만일 어떤 기업이 전면전을 할 자원을 가지지 않거나 주요시장을 공격하기 위한 충분한 지원이 없다면 측면공격전략의 선택이 매우 효과적일 것이다.

3) 측면공격전략의 위험

측면공격전략에도 위험은 존재한다. 만약 측면전략이 경제성이 없는 매우 희박한 시장이나 성장하지 않는 시장에서 전개되고 있다면 그 노력의 대가는 얻을 수 없다. 또한 이러한 전략의 또 다른 위험은 경쟁기업이 지금까지는 크게 관심을 갖지 않던 적소시장(market niches)에 대한 경쟁기업의 보복을 생각할 수 있는데, 이 경우 방어에 실패하면 오히려 경쟁기업들에게 시장기회를 제공해 주는 결과가 되는 것이다. 그러므로 측면전략 전개 기업은 표적시장을 만약 대규모 회사가 보복 공격한다면 어떻게 방어할 것인가를 강구해야 한다.

(2) 정면공격전략(frontal attack strategies)

측면공격전략의 성공은 결국 정면공격전략을 유발시킨다. 이 전략은 상대의 전투력, 그것도 약점보다는 강점을 정면으로 공격하는 전략이다. 누가 더 강한 힘과 인내력을 가지고 있느냐로 승패를 겨루게 된다. 새로운 침입자가 시장에서 제품계열을 확대시키고 시장을 점점 확대·흡수하려고 할 때(최종소비자와 유통경로), 그 산업부문에서 지금까지 경쟁적 우위를 차지했던 기업은 새로운 경쟁위협에 대응하기 위해 신규침입자의 제품과 아주 비슷한 제품을 도입하여 반격할 수 있다.

예를 들면, 일본회사들은 일단 성공적으로 표적시장에 침투하여 확장의 기반을 다졌을 때 미국회사들과 힘과 힘으로 정면경쟁을 하였다. 측면공격전략에서 정면공격전략으로 전환한 많은 일본회사들은 정면공격전략을 하룻밤 사이에 가능하도록 한 것이 아니라, 수년간에 걸쳐서 시장침투를 이룩했던 것이다. 예를 들어 Honda가 대형 오토바이시장분야에서 Harley Davidson과 직접적인 경쟁을 시작한 것은 미국시장에서 진출한지 10년 이상의 기간이 경과한 1970년대 말이었다는 점이 이러한 점을 시사해 준다.

1) 정면공격전략의 유형

순수한 정면공격전략

정면공격전략의 모든 변형들은 순수 정면공격전략의 변형이다. 순수 정면공격전략은 공격할 경쟁자와 제품에는 제품으로, 가격에는 가격으로, 촉진에는 촉진으로 모든 면에서 정면 대결하는 전략이다. 공격기업은 경쟁기업과 같은 고객을 대상으로 하여 근본적으로 "나도 함께"(me-too) 또는 "나도 같이"(look-alike) 전략이다. 공격기업은 정면대결에서 승리할 수 있고, 우월한 자원이 충분하다고 믿고 전략을 수행하는데, 실제로는 이와 같이 단순한 생각으로 대결하여 실패한 회사들이 많다. 만일 경쟁우위에 있는 기업보다 더 많은 자원을 갖고 있지 않으면 경쟁기업을 이길 수 있는 기회는 없을 것이며, 심지어 교착상태에서 싸우는 것은 결국 실패할 가능성이 더 높다. 그 결과 공격기업은 많은 자원을 소비하게 되어 목표로 한 시장점유율의 확보나 이득을 기대하기 어려울 것이다. 그러므로 때로는 변형된 정면공격전략이 상황적응상 유리하기 때문에 순수정면전략보다 더욱 선호된다.

제한적 정면공격전략

변형된 정면공격전략의 하나는 특정 경쟁기업 거래처에 대한 서비스를 집중적으로 제공함으로써 경쟁기업과의 관계를 유지시키는 것이 될 수 있는데, 이것이 제한적 정면공격전략이다. 전략은 해당시장에 침투한 후 어느 때나 실천할 수 있는데, 예를 들어 미국의 반도체산업에서 일본은 시장침투 후 바로 제한된 정면공격을 실시하였다. 일본기업은 특정대상을 설정하여 집중적으로 유인하였는데, 제품견본의 제공, 유리한 가격조건의 제시, 철저한 사후관리 등으로 긴밀한 관계를 유지하면서 서신을 보내는 등 동시에 다차원적으로 미국경쟁자와의 관계를 유지시켰다.

가격 중심적 정면공격전략

보다 더 일반적인 정면공격전략의 변형은 가격 중심적 정면공격인데, 이는 시장을 공격하는 데 있어서 공격기업은 기본적으로 경쟁기업과 다른 면에서는 동일하지만 가격은 낮게 책정하는 방법이다. 가격에 기초를 둔 정면공격전략은 일본기업에 의해 가장 많이 이용되었는데, 이는 그들의 정면공격전략에 있어서 가장 일반적인 형태가 되다시피 했다.

연구개발 중심적 정면공격전략

이 정면공격전략은 공격기업이 시장에 제공할 회사제품에 독특한 특징을 부여하여 시장에서 정면공격을 하는 전략이다. 이 전략은 R&D개발에 투자하여 낮은 생산원가의 제품을 개발하고 가격에 기초를 둔 경쟁에서 공격을 유리하게 전개하는 형태의 전략이다. 이는 공격대상인 경쟁자가 높은 원가구조 때문에 가격을 인하할 수 없거나 R&D에 의한 정면공격전략에 대응하기 매우 어려울 때 유용하다. 연구개발에 의한 정면공격전략은 특히 1970년대 일본에서 현저하게 나타났다. 이 전략은 반도체, PC, 전기제품산업 등에 참여하고 있는 일본기업의 중요한 마케팅전략이었다.

2) 정면공격전략 성공의 조건

정면공격전략이 성공하기 위해서는 다음과 같은 조건들이 갖추어져야 한다.

첫째, 정면공격을 전개하려면 우선 충분한 자원이 있어야 한다. 더욱 정확하게 말해서 공격대상기업과 대등하거나 더 우위의 자원이 있어야 한다.

둘째, 정면공격은 경쟁대상기업보다 경쟁적 우위(competitive advantage)를 창조할 수 있거나 유지할 수 있을 때 전개해야 한다. 정면공격이 성공하려면 공격기업은 목표시장에 경쟁기업이 제공할 수 있는 제품보다 더 좋은 제품을 제공할 수 있어야 한다.

셋째, 정면공격은 공격기업은 회사제품을 시장에 처음 선보였을 때 소비자의 관심을 끌 수 있어야 한다. 만약 제품 또는 상표충성도가 경쟁기업보다 우세하지 않다면 정면공격전략의 성공가능성은 희박하다. 따라서 공격기업은 실제 경쟁적 우위가 사실이어야 할 뿐만 아니라 제품을 구매자와 유통업자가 그 우월성을 인정해야 한다.

3) 정면공격전략의 위험

정면공격전략을 전개하는 데 있어 최우선적인 위험은 경쟁기업을 자극하여 격렬할 보복을 야기할 수 있다는 점이다. 만약 정면공격을 하는 기업이 장기전에서 지탱할 수 있는 자원이 갖고 있지 않다면 오히려 큰 손실을 입을 수 있다. 따라서 경쟁기업보다 경쟁적으로 유리한 지위와 충분한 자원을 가지지 않고 정면공격전략을 서로 직접 공격해 경쟁자의 이익을 탈취하는 전략이므로 공격기업이 적당한 자원, 가격, 품질, 원가를 갖고 전략을 전개할 때 효과적이며 그렇지 않은 경우에는 단순히 의미없는 소모전이 될 가능성이 크다.

(3) 포위공격전략(encirclement attack strategies)

정면공격전략은 필연적으로 경쟁기업의 반격을 유발하게 하는데, 만약 공격기업이 더 많은 다양한 모델, 스타일, 크기 및 다양한 가격의 제품들을 생산하여 경쟁회사의 위치를 포위한다는 경쟁기업의 보복가능성은 현저히 감소할 것이다. 아울러 이러한 상황은 공격기업이 주어진 제품시장에서 경쟁이 어떤 양상으로 변화더라도 경쟁기업을 방어할 준비가 되어 있음을 의미한다.

포위공격전략은 적의 전선을 여러 곳에서 대대적으로 공격함으로써 적이 정면뿐만 아니라 측면, 후면도 동시에 방어하게끔 하는 전략이다. 그러므로 이러한 포위공격을 하려면 공격기업이 표적기업보다 우월한 자원을 활용할 수 있어야 하고, 포위기동이 완벽하고 기민하여 적의 저항을 분쇄할 수 있어야 한다.

포위공격전략의 목표는 경쟁기업이 전방, 측면, 후방을 동시에 방어하는 것이다. 이 의도는 적을 여러 곳에서 공격해 적의 방어력를 분산시킴으로써 적의 자원집중도를 약하게 하는 것으로, 이러한 공격전략은 시간이 경과함에 따라 더 많은 불안전한 시장에 손쉽게 침투할 수 있게 하고, 잠재적으로는 공격자가 새로운 시장부분을 개발할 수 있게 해준다.

1) 포위공격전략의 유형

포위공격전략에는 제품포위전략과 시장포위전략이 있다. 이들은 서로 밀접하게 관련되어 있으며 어떤 경우에도 동일한 양상으로 나타나기도 하나, 개념적으로 볼 때에는 분명히 다르다.

제품포위전략

제품포위전략은 품질과 스타일면에서 경쟁회사의 제품계열을 압도하는 특징을 가진 제품을 다양하게 생산하는 것이다. 일본 전기회사들은 오디오, 스테레오기기, TV, 라디오, 휴대용계산기 등의 제품에서 경쟁기업을 확실하게 포위 공격했다. Seiko의 경우 시계산업에 있어서 제품계열을 확장하여 지금은 기본적으로 제품의 질적인 면에서 전반적으로 우수하면서도 가격적으로는 염가제품에서부터 독특한 특징을 가진 최고급제품까지 광범위하게 생산하고 있다.

시장포위전략

시장포위전략은 회사제품을 거의 모든 세분시장분야에 대해 판매를 확대함으로써 경쟁기업의 시장을 포위하는 전략이다. 일본기업들은 구매자의 각기 다른 욕구와 기호에 최대한 부응하기 위해 제품계열을 확대하고 세분화했다. 시장포위는 다양한 유통경로를 포위하기 위해 최종소비자선까지 활동범위를 넓힌다. 예를 들어 Seiko는 시계유통을 위해 가능한 모든 형태의 유통경로를 확보하고 제품계열을 확대 세분화했으며, 이를 통하여 세계 어느 곳에서나 Seiko시계가 전시되고 판매되도록 노력하였다.

2) 포위공격전략 성공의 조건

첫째, 시장지배목적을 달성하기 위해 장기간 경쟁하여야 할 때에는 소요기간 동안 버틸 수 있도록 공격기업은 경쟁기업보다도 더 우월한 자원을 보유하고 있어야만 한다.

둘째, 이 전략을 성공시키고자 하는 공격기업의 강한 의지가 있어야 한다. 일본기업들은 실제적으로 이와 같은 강한 의지를 보였다. 또한 포위공격전략의 성패여부는 경쟁기업이 자사시장 보호를 위해 장기간에 겹친 공격기업과 대결도 불사하겠다는 의지에 따라 달라지는데, 만일 기존회사가 경쟁하기를 바라지 않는다면 공격기업의 포위공격전략은 더욱 성공하기가 쉽다.

3) 포위공격전략의 위험

경쟁기업의 우월한 지위를 완벽하게 포위하는 것은 하루아침에 이루어지는 일이 아니므로 많은 자원동원과 조직적인 실행이 요구된다. 따라서 주요 포위공격전략 실천의 위험은 시장의 평가를 잘못하여 궁극적으로 포위할 만한 가치가 없는 시장에서 전략을 전개함으로 발생하는 경제적 손실이다. 이런 경우는 현실적으로 경쟁시장이 변경되어 가는 경우에 발생할 수 있는데, 공격기업은 경쟁기업을 포위하는 데만 열중하다가 더 큰 시장에서 요구되는 기술개발이나 소비자 기호변화파악을 간과하는 위험에 빠질 수 있다.

(4) 우회공격전략(bypass attack strategies)

치열한 시장경쟁은 일반적으로 시장상황이 잘 알려져 있는 경우에 발생하는 경우가 많다. 그러나 경쟁기업이 너무 강력할 때는 직접적인 대결을 피하고 대신 우회하여 적이 점령하고 있지 않은 차지하기 쉬운 시장을 공격하는 간접적인 전략이 효과적일 때가 있다.

우회공격전략은 특정시장을 위해서 특정 경쟁회사가 직접적으로 대결하는 것이라기보다 훨씬 광범위한 경쟁의 관점을 따라서 특정 경쟁자를 우회하여 경쟁자가 존재하지 않은 시장을 확보하고자 하는 전략이다.

1) 우회전략의 유형

신제품 개발전략

이 전략은 기존제품을 가지고 경쟁기업과 싸우기보다는 경쟁기업이 시장에 공급할 수 없는 신제품을 개발하여 소비자의 욕구를 만족시킴으로써 기존 경쟁회사를 능가하는 것을 말한다.

비연관산업으로의 다변화전략

이 전략은 경쟁기업의 제품과는 관련이 없는 다른 분야에서 제품의 다양화를 추구하여 우회하는 전략이다. 즉 고유한 산업분야에서 새로운 산업분야로 투자를 이동하는 것이다.

지리적 시장다변화전략

이 전략은 해외진출기업이 목표로 한 진출대상국 외에도 지역적으로 다양한 시장진출을 꾀하여 결국에는 목표시장을 공략하는 전략이다. 일본기업들은 비록 일본과 미국이 세계에서 가장 큰 두 개의 시장국가라 할지하도 이러한 제한된 목표시장에 만족하지 않고 미국에 침투했을 때 동시적으로 미국 외의 인근국가시장을 공격하고 있었으며, 일단 이들 시장지역에서 발판을 구축한 후에도 침투노력을 늦추는 것이 아니라 오히려 시장지배를 계속해서 노력하였다.

2) 우회공격전략 성공의 조건

우회공격전략은 전형적으로 기존 시장지위를 확고히 구축하는 것을 목적으로 한다. 따라서 우회공격의 일반적인 선행조건은 경쟁을 우회할 수 있는 발판을 마련하는 것이다. 그러므로 앞서 언급한 우회공격전략의 세 가지 실천형태를 유리하게 하는 특별한 조건은 각각 다르다.

첫째, 제품다변화를 위해 신제품을 개발하려는 R&D와 다른 기술능력을 필요로 하는데, 이러한 능력은 기존 제품생산능력과는 별개의 문제이다. 기존제품으로 새로운 지리적 시장으로 진출하는 다변화는 회사의 마케팅능력에 따라 성패가 좌우된다.

둘째, 우회공격전략이 채택되는 경우는 경쟁지역에서 자사와 경쟁기업과 치열한 전투가 전개되는 경우가 많다. 다시 말하면 많은 경쟁자가 같은 제품 시장에서 싸우는 것은 몇몇 회사가 경쟁을 우회하도록 유도하게 할 것이므로 우회공격전략의 선택은 경쟁적인 시장의 성격에 따라 달라진다. 신제품개발을 통한 우회공격전략은 동일한 제품시장의 경쟁에서 상이한 제품시장경쟁으로 이동하는 것을 의미한다.

3) 우회공격전략의 위험

첫째는 공격기업의 기술이나 정보수준에 따라 실패위험은 반비례한다. 기업의 정보체제가 취약하면 우회공격전략 수행은 위험한 상태에 놓이게 되는데, 이러한 상황은 비관련제품분야로 다변화하는 경우에도 마찬가지이다.

두 번째 위험은 특히 새로운 지역시장이나 비연관된 시장으로 다변화하는 우회공격전략을 사용하는 경우 기존 제품시장의 일부를 경쟁자에게 단기적으로 내줄 가능성이 있다.

(5) 게릴라공격전략(guerrilla attack strategies)

측면, 정면, 포위, 우회공격전략을 넓게 보면 경쟁기업을 지속적으로 공격하는 것으로 이들 전략은 규모가 크고 장기간의 대결양상을 띤다. 그러나 이러한 전략보다 적용범위와 목표가 규모적으로 훨씬 작지만 군사전쟁과 산업시장경쟁에서 매우 성공적으로 활동되는 게릴라공격전략도 목표를 달성하는 데 효과적인 전략이다.

게릴라공격이란 소규모의 간헐적인 공격을 서로 다른 여러 지역에서 감행함으로써 적을 지긋지긋하게 괴롭히고 사기를 떨어뜨려 종국적으로는 손들게 하는 전략이다. 이러한 게릴라공격전략의 우선적인 목표는 궁극적인 목표시장을 쟁탈하기 위해서 적을 괴롭히고 혼란시킴으로써 경쟁자가 시장에서의 안정을 잃게 만드는 데 있다.

게릴라공격은 대개 규모가 작은 기업이 규모가 큰 기업을 괴롭히기 위하여 사용하는 방식이다. 정상적인 공격을 효과적으로 수행할 수 없을 때 소규모 기업이 단기의 공세를 무차별적으로 가해 점진적으로 경쟁기업의 시장파워를 약화시켜 나가는 것이다.

1) 게릴라공격전략의 유형

<u>시장 집중공격</u>

시장 집중공격은 공격기업이 여러 각도에서 동시에 공격하고 재빨리 후퇴하는 전략이다. 일본기업은 많은 시장에서 유리한 지위를 차지하기 위해 이러한 전략을 많이 활용하였다. 그들은 가끔 직접적으로 소매거래에 참여함으로써 특별한 판매촉진활동을 전개하곤 했으며, 지역적으로 선별적인 가격을 채택하기도 했다. 또한 그들은 자주 특정한 유통경로에 강한 압력을 가했으며, 때때로 그들 제품의 전시율을 높이기 위해서 개별 소매상에 압력을 가하곤 했다. 일본공급자들은 만약 해당 매점이 자기회사의 전 제품라인을 촉진하고 판매하는 데 더 많은 노력을 펼치지 않으면 해당 소매상에게 주

어진 특권을 취소하였으며 그 판로를 이웃 매점으로 옮겼다.

<u>비시장적 집중공격</u>

이 전략은 시장이 아닌 경쟁기업과 관련된 기업이나 경쟁기업의 주요 인물스카웃, 기밀확보 등으로 공격하는 전략이다. 일본기업들은 가끔 미국기업의 주요 경영진들을 빼돌렸고, 어떤 경우에는 기습적으로 경쟁기업의 유통경로를 차단하거나 매입해 버리기도 하였다. 일본은 흔히 초창기에 그들 제품을 유통시켰던 유통업자를 인수했고 그들에게서 미국시장에서의 사업상 특성과 기타 내용을 많이 배웠다.

실제에 있어 일본기업들의 경쟁자에 대한 첩보활동은 게릴라와 같은 특징을 나타내는데 극비의 IBM정보를 얻기 위한 Hitatchi의 불법적이고도 은밀한 활동이 좋은 예가 된다. 다른 예로 일본 첩보수집원들은 끊임없이 무역전시회에서 사진을 찍는 것을 들 수 있다. 극단적인 예로서 실제 게릴라와 같은 책략은 여행이나 견학을 가장하여 정보를 수집하는 형태인데, 많은 일본회사들이 미국과 다른 국가의 산업시설들을 견학하여 정보를 수집하곤 한다.

2) 게릴라공격전략 성공의 조건

게릴라공격전략은 공격기업이 표적기업보다 시장지위가 낮거나 자원이 부족할 경우에 더욱 효용이 크다. 이 전략은 만약 타 회사들의 자원을 불균형적으로 소모시킬 수 있고 공격기업이 광범위하고 지속적인 경쟁적 도전을 받고 있다면 더욱 효과적이다. 일본의 게릴라공격은 자주 미국기업들의 자원을 불합리하게 소모하게끔 유도하였으며 미국회사들이 더욱 많은 자원을 폭넓은 시장에서 경쟁하는 데 소모하도록 하였다. 가격 인하, 과감한 판촉, 판매조직 및 유통경로에 대한 게릴라식 공격은 즉각적인 반응을 요구하므로 많은 미국기업들도 많은 불필요한 자원을 낭비하게 되었다. 결과적으로 미국기업은 이러한 공격에 대응하지 않았더라면 더 높은 수익성을 유지했을 것이다.

3) 게릴라공격전략의 위험

게릴라공격전략에서 가장 중요한 위험은 공격기업이 표적으로 선정된 경쟁기업들을 참을 수 없을 만큼 공격할 경우 경쟁기업으로부터 결사적인 반격이나 보복을 받을 수 있다는 점이다. 이는 공격기업의 지속적인 경쟁적 우위를 뒷받침하는 자원이 없을 때는 무모한 것으로, 이는 회사의 자원과 능력, 그리고 경쟁기업의 가용자원을 주의깊게 평가함이 없이 게릴라공격을 하는 것이 돌이킬 수 없는 손해를 초래할 수도 있다는 것을 의미한다.

또 다른 위험은 게릴라공격전략을 실천하는 데 소요되는 투입자원에 비해 매우 적은 효과를 얻을 수도 있다는 점인데, 이는 특히 주요 시장집중적 전략에서 특히 가능성이 높다. 따라서 전략실천의 고유한 목적을 항상 주의깊게 고려해서 의사결정을 하여야 한다.

3.3 시장유지전략(market maintenance strategies)

해외진출기업이 진출대상국가의 기업이나 그 국가에 진출한 다른 나라들의 기업을 공격하여 경쟁적인 우위를 차지하게 되면, 이제는 현 위치를 방어하거나 강화시키는 전략을 전개하지 않으면 안 된다. 경쟁적 지위에서 볼 때 선도적 지위를 누리는 기업은 추종기업의 공격에 대비해야 하는데, 이때 사용할 수 있는 전략은 위치방어, 기동방어, 선제방어, 역공격적 방어, 측면방어, 전략적 후퇴 등이 있다([그림 9-3] 참조).

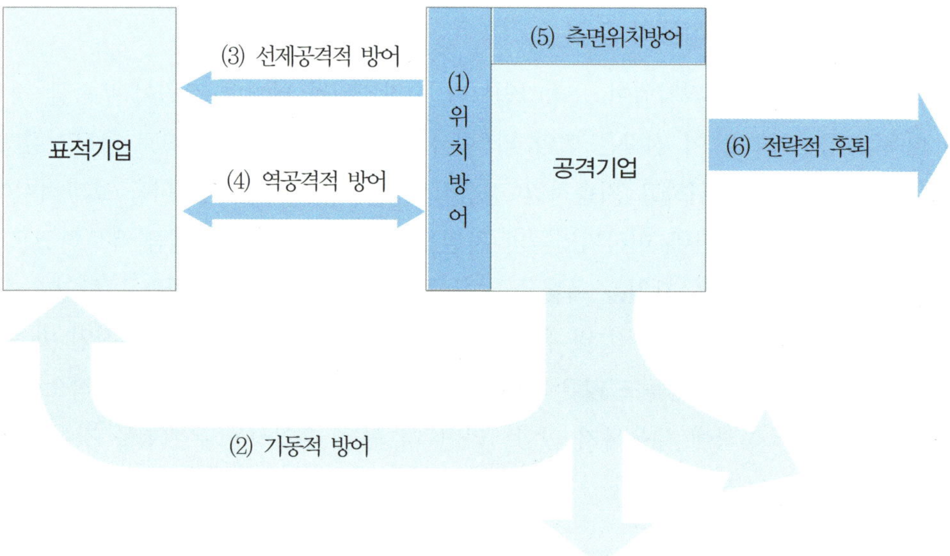

[그림 9-3] 시장유지전략

(1) 위치방어전략(position defence)

기업이 경쟁에서 승리하여 경쟁적 우위를 갖게 되면 선도적 지위를 유지하기 위하여 공격기업에 대항하는 방어전략을 수립해야 하는데, 이의 한 방법으로 위치방어를 고려할 수 있다. 위치방어는 미래에 있을지도 모르는 적의 공격에 대비하기 위하여 난공불락의 요새를 구축하는 전략이다. 그러나 위치방어는 경쟁적 기업전략에서 매우 위험한 전략이다. 왜냐하면 제품 및 시장이 거의 변화하지 않을 것이라고 보아 난공불락의 요새가 적의 공격에 쓰러지지 않을 것이라고 간파함으로써 오히려 공격의 표적이 되기 때문이다. 일본기업들은 이러한 점을 잘 간과한 것 같다. 그들은 미국시장에서 미국기업들의 공격에 대항해서 그들 스스로 방어해야 한다고 느끼면서 반격에 열중하고 있다. 즉 일본기업들은 근사안적 마케팅(marketing myopia)을 지양하여 무모하게 자원을 소모하지는 않는다.

(2) 기동방어전략(mobile defence)

기동방어는 적극적인 방어전략으로서 현 위치를 고수하는 데 그치지 않고, 장래의 공격이 예상되거나 방어기지로 활용할 수 있는 새로운 영역으로 시장을 옮기는 전략이다. 이 전략은 상표인지도의 제고나 시장다변화의 방법으로 전개되는데, 이는 제품시장지위를 확립케 함으로써 계속적인 공격에 대처해 나갈 수 있는 전략을 가능케 한다.

기동방어는 더 넓은 시장에서 경쟁우위의 기업이 더욱 나은 지위를 확보하도록 시장기회를 변경시키는 방향으로 전개되어야 한다. 그러기 위해서는 기술진보에 의해 유리한 입장과 제품-시장의 확대 및 제품다변화를 위해 연구개발에 많은 투자가 뒤따라야 한다.

일본은 반도체, 컴퓨터, 로봇, 의학, 전자, 항공기 등에서 기술수준의 우위로 현 제품과 시장을 확대함과 아울러 새로운 제품-시장영역에로의 다변화를 도모하고 있다.

(3) 선제방어전략(preemptive defence)

선제방어는 "공격은 최선의 방어"라고 하는 공세적 방어를 일컫는 말이며, 경쟁기업에 대해 선제공격을 가함으로써 현지시장에서 자사의 힘을 확인하고 현재의 경쟁적 우위를 강화하거나 새로운 공격적 우위를 개발하는 전략이다. 선제방어의 요점은 현재의 경쟁구조에서 강점을 찾아내어 이를 더욱 강화시키는 것이다. 그러므로 가만히 앉아서 방어하는 것이 아니라, 먼저 공격을 가하여 힘의 우위를 과시하게 된다. 이러한 의도는 적에게 선제공격을 가함으로써 현 시장에서 주도권을 차지하겠다는 것이다. 선제방어를 위해서는 기술력의 뒷받침이 필수적이다. 기술력을 바탕으로 충족되지 않은 욕구를 발견하고, 소비자 자신도 인식하지 못했던 욕구를 새로이 발견함으로써 시장을 적극적으로 리드해 나가야 한다.

(4) 역공격적 방어전략(counter-offensive defence)

선제방어가 적의 공격이 있기 전에 사전 예방하는 것이라면, 역공격적 방어는 적의 공격이 가시화되거나 예상되는 시점에 맞받아침으로써 적을 역습 또는 반격하는 것을 말한다. 이러한 역공격적 방어는 공격기업과 정면으로 대결하는 정면대결, 측면을 공격하는 측면공격, 경쟁기업의 활동근거지에서 공격을 저해하는 협공작전이 가능하다. 예를 들어 도전기업의 시장점유율이 일정한 선을 넘으면 그 때부터는 반격을 개시하게 된다. 방어기업은 적의 선봉과 직접 맞부딪칠 수 있고, 공격기업의 옆구리를 찌를 수도 있으며, 또는 게릴라공격을 활용하여 도전기업의 시장진입을 방해할 수도 있다.

이에 대한 예는 반도체 16K 및 64K램 칩시장에서 나타난 일본의 전략에서 볼 수 있다. 미국기업은 1970년대에 16K램을 개발했는데 일본은 1970년 후반부터 대규모 정면공격을 가해 이 시장의 40%를 빼앗음으로써 미국은 서둘러 64K램을 개발했으나 다시 일본의 공격을 받았다. 그리하여 일본은 미국의 또 다른 시장을 획득하기 전에 이미 강력한 지위를 갖게 되었다. 이러한 미국기업에 대한 일본의 공격은 약점이 노출된 측면공격이 주요했던 것이다.

(5) 측면위치방어전략(flank-position defence)

측면위치방어는 경쟁적 우위에 있는 기업의 무방비한 부분, 즉 가장 취약한 부분을 경쟁기업이 공격할 것이라고 예상될 때 공격기업을 저지하기 위해서 그 측면을 요새화하는 선도기업의 전략이다.

1970년대 초 일본은 한국, 대만, 싱가포르 등 신흥공업국에 의해 가격 면에서 공격을 받을 때 이를 방어하기 위해 자원의 생산성 향상에 전념함으로써 방어하였다. 구체적인 예로 Nippon철강은 비용절감을 위하여 전사적 차원에서 캠페인을 전개함으로서 원가절감을 이룩했다. 측면적 위치방어를 하려면 적의 공격에 쉽게 무너지도록 방어기지를 구축해서는 안되므로 작은 위협가능성에 대해서도 예의주시해야 한다.

(6) 전략적 후퇴(strategic withdrawal)

위에서 설명한 다섯 가지 방어전략을 기업의 모든 시장부분에서 사용할 필요는 없다. 오히려 선도기업은 약한 시장부분에서 제품을 철수함으로써 방어위치를 더욱 견고히 할 수도 있다. 전략적 후퇴는 전력을 강화하기 위하여 주요 부대를 옮겨서 반격을 준비하는 전략이다. 전략적 후퇴의 논리적 근거는 기업이 그 자체의 위치를 강화시키거나 역공격에 대비하도록 하거나, 또는 보다 강력한 반격을 가하기 위해 힘을 집적하는 것이며, 특히 기업이 광범위하게 요새화된 방어능력이나 감당할 자원이 없을 때 사용된다. 흔히 이 전략은 현재의 상황을 개선하거나 불리한 상황을 모면하는데 그 목적을 둔다. 궁극적으로는 적을 지치게 하거나 마음을 놓도록 유인하는 한편, 아군의 전투력을 보강하고 전황을 유리하게 만들어 적을 격퇴할 수 있는 여건을 조성해야 한다.

제9장 주요 학습 용어

글로벌 마케팅전략	글로벌 마케팅전략의 표준화	글로벌 마케팅전략의 차별화
시장침투전략	시장개발전략	대결전략
측면공격전략	정면공격전략	포위공격전략
우회공격전략	게릴라공격전략	시장유지전략
위치방어전략	기동방어전략	선제방어전략
역공격적 방어전략	측면위치방어전략	전략적 후퇴

참고문헌

김희철, 글로벌시대의 국제경영, 두남, 2016.

김희철, 글로벌시대의 국제마케팅, 두남, 2007.

이철, 글로벌마케팅, 학현사, 2016..

정헌배·김희철, 지구촌마케팅, 법문사, 2000.

Bartlett, Christoper A., *Global Competition and MNC Managers*, Harvard Business School, 1985.

Buzzel, Robert D., "Can You Standardize Multinational Marketing?", in Marketing Planning & Strategy Series, Part 5, Reprints From *Harvard Business Review*, 1970.

Cundiff, Edward W. and Marye Tharp Hilger, *Marketing in the International Environment*, Prentice-Hall, Inc., 1984.

Daniels, John D. and Lee H. Radebough, *International Business*, 4th ed. Addison Wesley, 1989.

Kotler, P., *The New Competion,* Prentice-Hall, Inc., 1985.

Levitt, Theodore, "The globalization of markets", *Harvard Business Review*, May-June, 1983.

Levitt, Theodore, "Marketing Myopia," *Harvard Business Review*, July-August 1960.

Porter, M.E., *Competition in Global Industries*, Harvard Business School Press, 1986.
Saporito, Bill, "Black and Deck's Gamble on Globalization", Fortune, May 1984.
Terpstra, Vern, *International Marketing*, 3rd ed., The Dryden, 1983.

Global Marketing Global Marketing Global Marketing

PART 4
글로벌 마케팅믹스관리

제10장 글로벌 제품관리

- 제품관리의 기초개념
- 글로벌 제품관리
- 글로벌 제품전략

1 제품관리의 기초개념

1.1 제품의 정의

제품이란 물질, 서비스, 사람, 장소, 조직, 아이디어 등을 포함한 구체적 또는 상징적 요소의 총체적 결합체이며, 소비자들의 필요성이나 욕구를 충족시킬 수 있도록 주의환기, 취득, 사용, 소비를 위해 시장에 제공된다(A product is anything that can be offered to a market for attention, acquisition, use, or consumption that might satisfy a want or need. It includes physical objects, services, persons, place, organization, and ideas).

제품은 아울러 대가지불에 의해 희생되는 구매력보다 최소한 동일수준의 만족을 주는 대상이다. 따라서 대다수의 경우 제품은 마케팅전략의 가장 우선적인 의사결정요소이며, 다른 모든 의사결정요소는 이러한 제품의사결정에 부차적으로 영향을 받는다.

앞서 언급한 제품의 정의에서 볼 수 있는 바와 같이, 각 제품은 만족수준을 보유하고 있고, 만약 초기제품의 성격과 다른 제품을 시장에 제공하고자 할 때는 제품구성요소만 변경하면 다른 수준의 제품이 형성된다. 예를 들어 동일한 상표, 동일한 질의 가구가 백화점에서 구매되어 판매자가 수송·설치해 주는 경우와 일반 소매점에서 구매하여 구매자가 직접 수송·설치하는 것은 다른 제품의 개념으로 파악되어야 한다는 것이다. 따라서 각 제품은 구매자에게 제공되는 급부의 수준에 따라 제품으로서의 고유한 영역을 갖는다.

1.2 제품의 구성요소

제품의 구성요소는 크게 핵심제품(core product), 실체제품(tangible product), 확대제품(augmented product)의 세 가지로 나눌 수 있다.

(1) 핵심제품

가장 기본적인 제품수준으로서 소비자가 구매하고자 하는 본질적인 내용, 즉 소비자가 얻게 되는 기본적인 혜택이나 서비스를 말한다. 이는 소비자가 원하는 기본적인 욕구를 진실로 충족시켜 줄 수 있는가 하는 차원에서 생각할 수 있는 제품개념이다.

(2) 실체제품

핵심제품은 아니지만 핵심제품의 가치나 효용증대에 결정적으로 기여할 수 있는 제품으로 소비자들이 구매하게 되는 실체적 제품을 말한다. 핵심제품을 보다 형상화하여 상품화한 제품개념으로 포장, 질적 수준, 외형, 스타일, 상표 등이 그것이다.

(3) 확대제품

실체제품에 추가하여 제공되는 서비스나 기타 혜택을 말하는 것으로 첨가제품이라고도 하며, 이에는 설치, 보증, 배달 및 결제조건 등이 해당한다. 일반적으로 제품기획담당자는 세 가지 종류의 제품수준을 고려해야 하는데, 그 주요 내용은 [그림 10-1]과 같다.

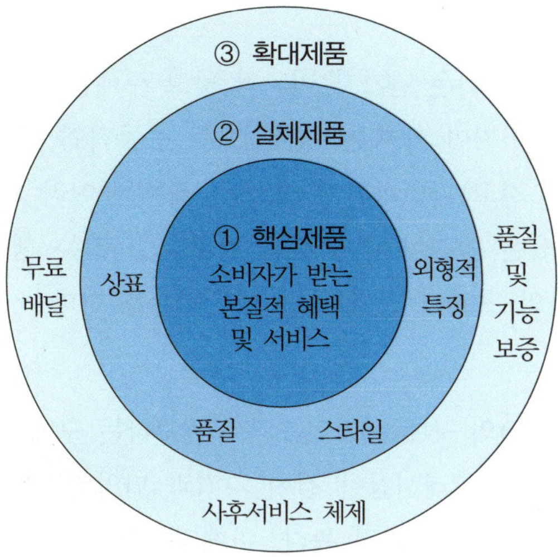

[그림 10-1] 제품의 구성요소

1.3 제품의 분류

오늘날 글로벌기업들은 대부분 다양한 제품들을 취급하고 있다. 이러한 제품은 여러 가지 기준에 따라 다양한 형태로 분류된다.

(1) 사용자에 따른 분류

제품은 사용자에 따라 소비재와 산업재로 나눌 수 있다.

1) 소비재

소비재(consumer product)란 최종소비자나 가계가 개인적인 소비를 목적으로 구매하는 제품을 말한다. 소비재의 분류방법은 사용목적에 따라 천차만별이다. 대다수의 경우 소비재의 분류는 소비모형의 유형에 따라서 또는 공공기관의 통계적 분류를 응용하기도 한다. 즉 농산물, 음료, 거주, 가전용품, 의류, 개별용품, 수송, 위생용품, 관광용품, 교육용품, 문화용품 등으로 분류할 수 있다. 이러한 여러 가지 분류방법과는 달리 마케팅에 있어서는 마케팅의 유형에 따른 분류가 필요하다. 현재 보편적으로 많이 활용되어지는 분류법은 소비자가 제품을 구매하는 행동을 기준으로 그 대량소비제품인 편의품, 내구소비제품인 선매품, 전문품으로 분류하는 방법이다.

편의품

편의품(convenience goods)은 단가가 비교적 낮고 구매는 특별한 가격과 품질의 비교없이 습관적으로 이루어지며, 구매는 대체적으로 충동적인 구매가 이루어진다. 마케팅입장에서 유통구조는 길고 다변화되어 있으며, 제품은 여러 가지 판매점 등을 통해서 판매되고 재고회전율은 가격이 낮은 만큼 빠르다. 광고는 생산자수준에서 주로 이루어지고 있으며, 상표와 포장이 상당히 중요한 역할을 한다.

선매품

선매품(shopping goods)의 구매는 편의품의 구매보다는 구매빈도가 낮다. 그리고 사전 구매의사결정에 있어서 고려시간이 길며 가격과 다양한 모형을 비교한다. 제품의 사용시간이 긴만큼 가격 또한 비교적 높다. 마케팅입장에서 유통구조는 대체로 짧고, 특히 첨단기술분야 등에는 소매자의 역할이 중요하다. 판매점은 상대적으로 숫적으로 적고 단, 판매자들은 전문화되어 있으며 재고회전율도 단위마진(margin)이 높은 만큼 반비례해서 낮다. 광고는 유통업자들의 상표를 중심으로 이루어지고 있으며 구매의사결정은 합리적인 의사결정이 많고 가격영향효과가 또한 크다.

전문품

전문품(specialty goods)은 제품의 특수성과 상표에 따라서 구매가 결정되는 차별화가 심각하게 대두되는 제품들이다. 마케팅입장에서 구매의사결정은 합리적인 의사결정과정을 거치면서 한편으로는 사회적, 심리적인 영향을 많이 받는 제품이다. 특히 전문품은 모형과 상표에 의해서 설정되는 경우가 많으며, 따라서 판매자들은 구매자들이 원하는 욕구의 대상을 충족시키기 위해 최선을 다해야 한다. 유통구조는 대체적으로 짧으며, 역시 소매자의 역할이 극히 중요하다. 광고는 생산업자와 판매업자가 합동으로 하고 있으며 상점의 형태, 상표의 표시방법, 프랜차이징(franchising) 등이 상품화하는데 크게 중요시된다.

2) 산업재

산업재(industrial products)란 구매자가 제품이나 서비스를 생산할 목적으로 구매하는 경우의 제품, 즉 다른 제품의 제조나 판매에 직접적, 간접적으로 사용하기 위해서 구매하는 재화를 말한다. 그러므로 산업재는 시장에서 사용되는 기술적인 특성, 판매전 판매와 판매 후 판매가 소비재보다 강조되고 수요가 관련된 제품의 파생수요에 의해 발생한다.

산업재는 제품의 제공형태에 따라 ① 일반설비와 작업장이나 공장 등의 부동산, 하부구조, 기계장치 ② 부수장비 ③ 반제품 또는 부품 ④ 기타 소모품 및 수선유지제품 ⑤ 원자재 ⑥ 부수서비스 등 크게 6가지로 나누어볼 수 있다.

(2) 사용연한에 따른 분류

제품은 사용연한이나 내구성을 기준으로 두 가지로 분류하기도 한다.

1) 비내구재

비내구재란 보통 한 번 내지 두세 번 사용하면 소모되는 유형제품으로서 맥주, 비누, 소금 등이 이에 속한다. 이러한 제품은 빨리 소비되고, 자주 구입되므로 이에 적절한 전략은 어떤 장소에서건 구입할 수 있게 해주고, 소액의 이폭을 가산하며, 대량광고를 통해서 시용(試用)을 유도하고 선호도를 심는 것이다.

2) 내구재

내구재란 보통 여러 번 사용할 수 있는 유형제품으로서 냉장고, 기계류, 의류 등이 이에 속한다. 내구재에는 보통 많은 인적판매와 서비스가 수반되어야 하고, 많은 이폭이 가산되며 판매보증이 잘 되어야 한다.

2 글로벌 제품관리

글로벌 제품관리는 글로벌 가격관리, 글로벌 유통관리, 글로벌 촉진관리와 더불어 글로벌마케팅관리의 가장 중요한 의사결정분야의 하나이다. 그러나 아무리 적절한 가격으로, 적절한 유통경로를 통해, 적절한 방법으로 판매촉진된다 할지라도 글로벌마케팅관리의 주요 대상인 적절한 제품의 공급 없이는 마케팅목적을 실현시킬 수 없다. 더구나 국내제품과는 달리 글로벌 제품은 급변하는 글로벌환경 속에서 거래되기 때문에 글로벌마케팅의 대상으로서 시장상황에 적응할 수 있도록 더욱 세심한 배려가 요청된다.

미국 마케팅협회(AMA)의 제품관리(product management)에 대한 정의를 보면 "제품관리란 제품수명곡선(PLC)을 고려한 각 단계의 기획(planning), 실천(direction), 통제

(control)를 의미하며, 이에는 신제품에 관한 아이디어의 창출 혹은 발견, 그 아이디어의 심사, 조사의 작업과 제품의 물적 개발의 조정, 그 포장과 상표선정, 시장에의 도입, 시장의 개발, 기준시장을 개발한 제품의 품질개선과 신용도의 발견제품에 대한 수리서비스의 제공 및 제품의 소비를 포함한다"고 하였다. 이러한 정의에서 볼 때 글로벌 제품관리(global product management)는 글로벌 제품의 수명주기의 각 단계에서의 기획, 실천, 통제를 의미한다고 볼 수 있다.

2.1 신제품 개발관리

(1) 신제품개발의 성격

신제품개발은 모든 기업들에 있어 생존과 번영을 위한 필연적인 작업이다. 그러나 신제품개발의 성공률은 극히 낮기 때문에 이는 경영관리상 가장 난이한 의사결정의 하나가 된다. 통계적으로 볼 때, 일정시점의 신규 아이디어 창출수를 100으로 보면 그 중 85% 정도는 상품화가 불가능하고, 10% 정도는 수익성이 없으며, 5% 이내 수준만이 투자회수와 수익성확보에 성공할 가능성이 있다고 나타내고 있다. 이 과정을 도식화하면 [그림 10-2]와 같다.

신제품개발의 구체적인 형태로는 ① 기술혁신에 의한 신제품개발, ② 모방에 의한 신제품개발, ③ 취득 또는 설비인수에 따른 신제품개발의 세 가지를 들 수가 있다.

어쨌든 신제품개발을 위한 의사결정과정은 독창적인 아이디어의 창출에서부터 대량상품화를 위한 생산 의사결정단계까지 나타날 수 있는 문제점을 보다 확실하게 해결해 나가는 것이 필수적 과제라 할 수 있다.

한편 글로벌시장이라는 특수한 관점에서 신제품개발에 관여할 때는 보다 신중한 검토가 요구된다. 특히 마케팅담당자들이 범하는 주된 오류는 국내시장에서 인기를 누리는 제품은 자동적으로 해외에서도 성공한다는 선입관에서 기인한다. 그러나 현실적으로는 국내시장에서 매우 성공적인 제품이 해외시장에서 무참한 실패를 경험한 예는 허다하다. 이것은 적절한 조사와 모든 글로벌마케팅 정보력을 체계적으로 평가하여 마케팅대상국의 경제개발수준, 문화적 차이에 따르는 기술개발에 관한 인지수준 등 환경적 요소들을 고려함으로써 최대한 기술개발실패의 위험을 줄여야 하는 것이다.

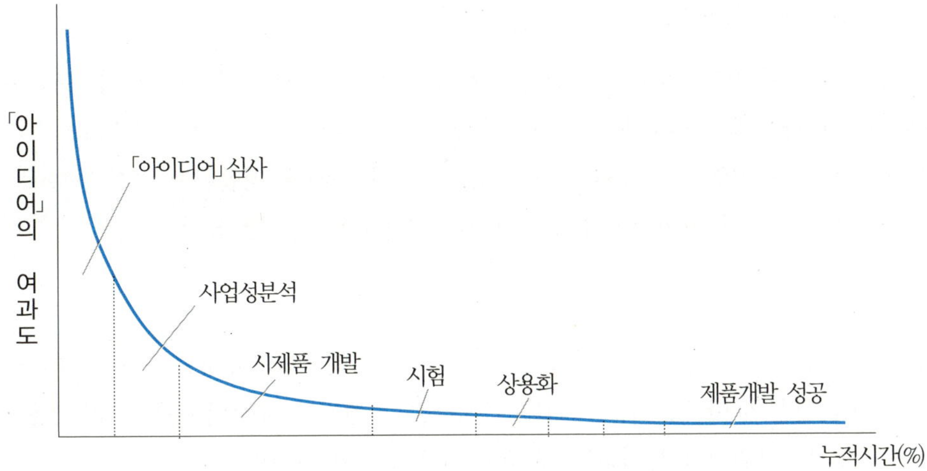

자료 : Allen & Hamilton, *Management of New Products*, 4th ed., Booz, 1968, p.9.

[그림 10–2] 신제품 아이디어 여과과정

(2) 신제품개발의 과정

신제품을 개발하고자 하는 기업은 제품계획과 개발의 과정을 결정하기 전에 제품의 성격을 규정하는 과정을 선행하여야 할 것이다. 즉, 왜(why) 신제품을 개발해야 하는가? 어떻게(how) 하면 신제품을 개발할 수 있을까? 하는 물음에서부터 언제(when), 어디서(where), 무슨 제품(what)을 시장에 투입시킬 것인가에 대한 계획까지 사전에 수립되어야 한다는 것이다. 그러한 물음에 보다 구체적으로 대처하기 위해서는 마케팅관리자가 무엇보다도 먼저 과학기술의 변화만큼 급속하게 변화하는 각국 소비자의 기호, 취향 등을 정확히 파악해야 하고, 경쟁제품의 출현이 미치는 자사제품의 수명과 이익규모 등에 대해 주의를 기울여야 하며, 계속적으로 신제품개발의 의지를 보여야 할 것이다.

1) 신제품 아이디어의 개발

기업은 수립된 신제품개발전략의 범위 내에서 제품계획을 수립해야 하는데, 그 첫 단계는 다양한 원천으로부터 신제품 아이디어를 창출, 수립하여 개발후보제품을 선정한다. 제품아이디어의 원천으로는 종업원, 기업의 연구개발(R&D)활동, 고객, 유통업자, 경험자 등이 있고, 해외시장을 목표로 하는 글로벌기업에서는 각국의 경제개발계획(농업, 보건, 주택, 교육 등) 등이 훌륭한 원천이 된다.

2) 신제품 아이디어의 심사 및 개발제품의 선정

신제품개발의 두 번째 단계로 수집된 신제품 아이디어정보의 효용을 평가, 분석하는 과정이다. 이 과정에서 제품개발의 가치가 있는 아이디어를 선정해야 하므로, 수집된 신제품아이디어가 기업의 목표와 자원 활용, 기타의 조건에 적합한지 여부를 주로 심사한 후, 가장 적합한 아이디어를 선택하여 개발제품을 선정한다.

3) 사업성분석

이 단계는 심사 통과된 아이디어를 신제품화하였을 때 과연 마케팅측면에서 어느 정도 기업목표 달성에 만족스러운 성과를 가져다줄 것인가를 제품의 특성, 개발비용, 수요와 이익성 등 차원에서 분석하는 것이다. 아무리 신제품아이디어가 우수하다 하더라도 제품이 시장에서 기업이 설정한 목표를 달성하기 어렵다고 판단되면, 경영자는 그 아이디어를 과감히 포기해야 그 다음 단계인 제품개발과 제품 및 시장검증과정에서 소요되는 막대한 비용을 절약할 수 있게 된다.

4) 시제품 개발

제품아이디어 선정과정을 통하여 선택된 아이디어들은 일단 모두 신제품 개발을 위한 대상으로 고려해야 하고, 한편 시장성 있는 제품을 마련하는 데는 막대한 비용이 들기 때문에 이러한 아이디어의 선별과정은 당연히 엄격해야 한다. 이러한 아이디어의 선별과정은 제품개발의 관리문제로 취급될 수 있는 바, 여기서 제일 중요한 핵심사항은 어디에서 제품개발활동을 수행할 것인가 하는 전개장소에 관한 문제이다. 즉 자국 내에서 제품개발을 할 것인가 또는 해외에서 제품개발을 할 것인가가 그 내용이다.

자국 내에서 제품개발을 할 경우, 국내시장에서의 최고의 스탭과 시설뿐만 아니라 경험과 기술을 많이 가지고 있기 때문에 모든 제품개발을 집중화함으로써 상당한 규모의 경제를 달성할 수가 있다. "특히 제품아이디어의 선별과정이 양호하고 글로벌 커뮤니케이션이 원활하다면, 해외 시장국들의 욕구를 국내에서 제품개발활동에 충분히 반영함으로써 기술적 요인의 차이에 따른 해외시장과 국내시장의 차이를 거의 없앨 수 있다."

5) 시험마케팅

제품개발이 끝나면 제품을 대량생산하여 시판하기 전에 특정 시장 소비자 층을 대상으로 먼저 시험판매를 하여 제품 및 시장에 대하여 검증해 보는 하는 것이다. 시험마케팅(test marketing)에서는 제품만 테스트하는 것이 아니라, 거기에 따른 마케팅프로그램도 같이 테스트하게 된다.

제품검증

제품개발과정을 거친 신제품은 실제와 같은 시장조건 하에서 검증이 필요하다. 이때 제품검증(product test)을 위한 표본시장결정이 문제가 되는데, 그 결정을 위해서는 다음의 몇 가지 사항을 동시에 고려해야 한다.

첫째, 1개 국가시장에서 행한 제품검증의 결과가 다수의 여러 나라 시장에 그대로 적용되는 경우는 극히 드물다. 따라서 제품시험장소의 수는 생산원천의 수보다 많아야 하는 것이 원칙이다.

둘째, 여러 국가시장에서 제품시험을 하는 것이 바람직하다. 왜냐하면 개발시장국의 제품규격과 성능에 대한 필수조건을 만족시키기 쉽기 때문이다.

셋째, 해외시장에서 제품시험을 하면 마케팅촉진을 할 수 있기 때문에 바람직하다. 특히 품질과 성능을 보증받는 데 목적을 둔 시험은 기업체가 직접 하기보다는 세계적으로 유명한 시험기관에 의뢰함으로써 보증에 대한 공신력을 높일 수 있다.

시장검증

신제품을 시장에 도입하기에 앞서 제품의 전체시장을 대표할 만한 제품선정을 하여 시장검증(market test)을 하게 되는데, 이때 문제가 되는 것은 어느 정도로 광범위하게 시장검증을 할 것인가 하는 문제이다. 제품시장국마다 제품에 대한 사용조건과 소비성향이 다르기 때문에 적어도 몇 개의 해외 시장국에서의 시험이 필요하게 되는데, 흔히 시장국 집단별로 하나의 시장국만 표본집단을 선정하여 시장시험을 함으로써 경제성을 기한다. 그 밖에 외국 수입업체나 유통업체 등에 어떤 제품의 견본을 보내어 구입할 의사를 타진해 보는 것도 소극적이나마 시장검증이라고 할 수 있다. 그렇지만 앞으로는 보다 체계적이고 합리적인 시장검증기법이나 방법을 통한 효과적인 글로벌 마케팅활동을 수행할 수 있어야 할 것이다.

6) 상용화

위의 모든 단계를 통과하면, 이제 상용화 또는 상품화 단계이다. 이 상용화 단계에서는 막대한 자금이 필요하다. 대량생산을 위한 생산시설이 필요하며, 제품을 소비자에게 알리기 위한 대대적인 광고를 하여야 하고, 새로운 유통조직을 구축하여야 하기 때문이다.

2.2 글로벌 개별 제품관리

글로벌 마케팅관리자들은 글로벌 제품믹스관리와 글로벌 제품계열관리와 함께, 이러한 제품믹스와 제품계열을 구성하는 개별제품에 관한 의사결정을 해야 하는데, 이에는 글로벌제품의 속성, 글로벌 브랜드, 글로벌 포장 및 글로벌 레이블링에 관한 의사결정 등이 포함된다.

(1) 글로벌 제품의 속성

제품개발에는 그 제품이 제공하는 편익을 규정하는 것이 포함되는데, 이러한 편익은 제품의 품질, 특징, 디자인과 같은 유형적인 제품속성에 의해서 전달될 수 있다. 이러한 속성들에 관한 의사결정은 특정제품에 대한 소비자들의 반응에 영향을 미친다.

1) 제품의 품질

기업에서 제품을 개발할 경우에는 글로벌 표적시장에서 해당제품의 포지셔닝을 도울 수 있는 품질수준을 결정해야 한다. 제품의 품질은 특정제품이 그의 기능을 발휘할 수 있는 능력을 표시하며, 제품의 내구성, 신뢰성, 정확성, 사용의 편리성, 그리고 수선의 용이성, 기타의 속성을 포함한다. 이러한 속성들 중에는 객관적으로 특정할 수 있는 것도 있지만 글로벌마케팅의 관점에서 볼 때 제품소비자의 지각이나 인식으로 평가되어야 한다.

2) 제품의 디자인

디자인은[5]크게 시각디자인(visual design), 제품디자인(product design), 환경디자인(environ mental design)으로 분류된다. 시각디자인은 주로 포스터, 광고, 전시 등 시각에 소구하는 것으로서 흔히 상업디자인(commercial design)이라 총칭될 때가 많다. 다음으로 환경디자인은 인테리어(interior)라고 불리는 실내장식품에서부터 도로나 공원, 도시계획이나 국토계획까지의 디자인도 포함한다. 마지막으로 제품디자인은 소비자의 기호에 알맞은 상품형태와 기능의 일치를 뜻한다.

제품디자인은 제품을 차별화할 수 있는 또 하나의 방법이다. 이러한 디자인은 기업의 글로벌 마케팅활동에 있어서 가장 중요한 경쟁적 무기 중의 하나로서, 잘 디자인된 제

5) 디자인(design)의 한자표현으로 때때로 "의장(意匠)"이라는 번역어가 쓰여지나, 그 진의의 전달상 원어표현이 그대로 쓰이는 경우가 많다.

품은 소비자들을 환기시키기에 충분할 뿐만 아니라 판매량의 증대를 가져다준다. 디자인은 단지 제품의 외관만을 나타내므로, 스타일(style)이 포괄적인 개념이라 할 수 있다. 디자인은 그 제품의 외관뿐만 아니라 유용성도 높은 것을 뜻한다.

오늘날 대부분의 기업들이 제품디자인의 중요성을 인식하여 많은 투자를 하고 있는데, 예를 들면 승용차의 경우 보다 우수한 성능의 승용차를 디자인하는데 있어서 안락성과 기술상의 우위성, 보다 능률적인 생산방법 등이 승용차 판매 시에 우위요소로 작용하고 있다. 이러한 측면에서 기업들은 글로벌 표적시장에서의 경쟁우위를 확보하기 위해 소비자들에게 신뢰감과 관심을 유발할 수 있는 훌륭한 제품디자인의 개발이 강력하게 요구되고 있다.

3) 제품의 특징

기존제품에 소비자들이 요구하는 가치있는 새로운 특징을 추가하는 것은 시장경쟁에서 경쟁기업의 제품과 차별화할 수 있는 유효한 경쟁수단이다. 그러므로 기업들은 제품에 더 많은 특징을 도입함으로써 더 우수한 수준의 모델을 개발할 수 있다. 기업에 따라서는 여러 가지 변형된 유형의 특징을 제품에 부가하여 매우 혁신적인 제품을 판매하는 경우도 있다.

기업이 제품의 새로운 특징들을 추가하기 위해서, 우선 고려할 수 있는 방법으로서는 정기적으로 소비자들을 대상으로 제품의 사용방법과 이에 관한 질문을 행함으로써 정보자료를 수집할 수 있다. 이러한 수집된 정보를 분석·평가하면 제품의 특징에 대한 풍부한 아이디어를 얻을 수가 있게 된다.

(2) 글로벌 브랜드

1) 브랜드의 개념

이름이 없으면 사람을 식별하기 어렵다. 이와 유사하게 기업이 생산하는 제품이나 서비스에 이름이 없다면 우리는 이들을 기억하고 식별하는데 몹시 어려움을 겪게 될 것이다. 그러므로 브랜드(brand ; 상표)는 제품의 일부로서 제품과 분리하여 생각할 수는 없다. 브랜드란 상품에 붙여진 이름으로서 특정 제조업자나 판매자의 제품이나 서비스를 경쟁자의 그것과 구별하기 위해 붙여진 이름, 상징, 도안, 또는 이들의 조합을 말한다.

이러한 브랜드를 보다 정확하게 이해하기 위해서는 관련 용어들을 파악할 필요가 있다.

① **브랜드명(brand name)** : 브랜드의 한 부분으로서 브랜드 중에서 말로 표현할 수 있는 것, 예를 들면 참존, 서울대학교, 소나타, 소니, KBS 등을 말한다.
② **브랜드마크(brand mark)** : 브랜드 중에서 상징, 디자인, 색상 등과 같이 눈으로 볼 수는 있지만 발음을 할 수 없는 것, 예를 들면 대웅제약의 곰, 진로소주의 두꺼비, 금복주소주의 복노인, Kodak필름의 붉은색으로 표시된 K 등을 말한다.
③ **등록상표(trade mark)** : 법적보호에 의해 독립적으로 사용할 수 있도록 허가된 브랜드 또는 브랜드의 일부를 말한다. 이름의 중복사용과 다른 기업의 유명브랜드를 도용하는 행위를 법으로 막기 위해 정부에서는 고유브랜드를 특허청에 등록하는데, 이때 등록된 브랜드를 뜻한다.

이러한 브랜드는 기본적으로 구매자에게 특별한 일체의 특성, 이점, 서비스를 항상 전달하겠다는 판매업자의 약속이다. 최상의 브랜드는 품질보증을 나타내기도 하며, 브랜드는 보다 복잡한 상징물이기도 하다.

2) 브랜드의 중요성

오늘날과 같이 경쟁적인 기업환경 하에서는 기업 상호간에 제품을 모방함으로써 거의 대부분의 제품이 유사하다고 해도 과언이 아닐 정도이다. 그러나 제품의 이름인 브랜드만은 경쟁기업의 것을 사용할 수 없는 유일한 제품의 한 부분이며 특성이라고 할 수 있다. 이처럼 특정제품을 다른 제품과 구별하도록 하는 브랜드는 제조기업, 중간상, 그리고 소비자 모두에게 편익을 제공한다.

먼저 제조기업은 자사제품을 소비자나 중간상이 다른 제품과 혼동하는 것을 방지함으로써, 오직 자사제품만을 원하는 고객들로 하여금 지속적으로 자사제품을 구입하도록 할 수 있다. 제조기업의 입장에서는 소비자나 중간상이 자사제품에 대해 높은 브랜드충성도(brand loyalty : 글자 그대로 특정상표에 대한 애호도)를 유지하는 것이 무엇보다도 필요한데, 이러한 브랜드없이 이를 유지할 수 없게 된다. 또한 강력한 브랜드의 구축은 신제품의 도입을 용이하게 하며 유통업자와의 거래에서 우위를 제공한다. 즉 중간상의 협조를 쉽게 얻을 수 있고 경쟁사보다 나은 진열위치를 확보할 수 있다.

다음으로 중간상의 편익을 보면, 첫째로 소비자들에 얼마나 높은 브랜드충성도를 갖는 제품을 취급하고 있느냐에 따라 찾아오는 고객의 수가 결정되고 고객들의 점포에 대한 충성도(store loyalty)도 아울러 높아진다. 둘째로 브랜드는 중간상들로 하여금 재고관리 등 제품의 취급을 용이하게 한다. 소비자의 입장에서도 브랜드는 중요한 역할을 한다. 우선 쇼핑의 편의를 제공한다. 소비자들은 브랜드를 통하여 제품과 서비스의 구별, 가격과 품질의 구별이 가능하여 쇼핑의 노력을 감소시킨다. 또한 특정브랜드에 대한 자기의 의사를 제조업자에게 반복구매행동이나 재구매 초기행위 등을 통해 간접적으로 전달하는 역할을 수행한다.

3) 브랜드명의 결정

소비자들은 소니의 워크맨, 삼성의 미니미니 스테레오시스템, 속청 등과 같은 상표명을 듣게 되면 아마도 야외에 나갈 때 휴대하는 소형 카세트라디오, 소형의 스테레오시스템, 속이 쓰릴 때 먹는 약 등의 생각을 자연스럽게 떠올릴 것이다. 이러한 브랜드명은 제품의 편익을 잘 나타내며, 기억하기 용이하다는 특징을 공통적으로 가지고 있다.

일반적으로 좋은 브랜드명으로서, 소비자들로부터 사랑받고 있는 브랜드들의 공통적인 속성들은 다음과 같다.

① 발음하기 쉽고 기억하기 쉽다. 예를 들면 키미테, 아가방, 쇠고기라면, 타이드(Tide), 크레스트(Crest) 등이다.

② 제품이 제공하는 편익과 중요한 특징을 암시하고 있다. 예를 들면 유니나 삼푸, 위장약 위청수, 1회용 라이타 불티나, 화장지의 크리넥스, 나이톨(Nitol)수면제, 짜짜로니 등이다.

③ 회사의 이미지와 제품의 이미지가 일치한다. 예를 들면 오뚜기 카레, 빙그레 라면, 해태 타이거즈 등이다.

④ 등록상표로서 법의 보호를 받고 있다. Sony, Philips, GE, IBM, Apple, Compag 등 대부분의 전자나 컴퓨터회사들이 이러한 상표전략에 의존하고 있다. 또한 식품회사인 Heinz, 컴퓨터 플로피디스켓, 각종 문구를 생산하고 있는 3M은 다양한 제품에 같은 상표명을 붙여 사용하고 있다.

4) 글로벌 브랜드전략

글로벌 브랜드전략은 기업의 내부적 환경요인과 현지국의 외부적 환경요인 등을 고려하여 수립하여야 한다.

<u>자사 브랜드 대 OEM 브랜드</u>

자사 브랜드는 글로벌기업이 자체적으로 개발하여 사용하는 브랜드로서 기업 및 제

품을 차별화할 수 있는 강력한 수단이 될 뿐만 아니라, 고객들의 브랜드 충성도를 유도하는 대상이 된다. 그러나 브랜드의 명성을 구축하기 위해서는 많은 비용이 소요되며, 장기간의 투자와 노력이 요구된다. 예를 들면, 삼성전자, LG전자 등의 글로벌기업들은 글로벌시장의 곳곳에 자사 브랜드에 대한 광고를 대대적으로 하고 있으며, 현재 이들 기업들은 자사 브랜드로 글로벌시장을 공략하고, 세계적인 글로벌 브랜드를 확보하고 있다.

OEM 브랜드(original equipment manufacturer's brand)는 대표적인 타사 브랜드로서 주문기업의 요구에 따라 제품을 수출하고, 그 주문기업의 브랜드를 부착하여 판매하는 경우에 이용된다. OEM 브랜드의 장점으로는 ① 주문업체의 지명도와 유통망을 활용하여 판매력을 보완할 수 있다. ② 주문기업의 마케팅채널을 활용함으로써 시장개척 초기에 해외시장에 대한 정보를 탐색할 수 있다. ③ 주문기업으로부터 생산과 관련된 기술을 이전받을 수 있다. 대량의 OEM주문을 받는 경우 생산량이 확대되기 때문에 규모의 경제가 달성될 수 있다. 그러나 반대로 독자적인 브랜드 구축기회가 상실될 우려가 있으며, 주문기업이 낮은 납품가격을 고집하는 경우 채산성이 악화되기도 한다. 그리고 해외고객과의 직접적인 커뮤니케이션이 거의 불가능하며, 주문기업의 주문이 갑자기 중단되는 경우 도산위험에 빠질 수 있는 단점도 가지고 있다. 특히, 글로벌기업으로 도약하기 위한 글로벌 브랜드 이미지 형성이 어렵다.

개별 브랜드와 공동 브랜드

글로벌기업은 브랜드명을 선정할 때 품목마다 독자적인 브랜드를 부착하는 개별 브랜드(individual brand)를 사용하거나, 그 기업이 생산하는 모든 제품에 동일한 브랜드를 부착하는 공동 브랜드(family brand)를 사용할 수 있다. 경우에 따라서는 개별 브랜드와 공동 브랜드가 복합적으로 사용되기도 한다.

개별 브랜드의 장점으로는 ① 브랜드 실패에 대한 부정적인 파급효과를 차단할 수 있다. ② 개별 브랜드에 대한 촉진효과가 강화될 수 있다. ③ 개별 브랜드의 부착으로 다양한 제품을 생산하는 기업이라는 인상을 주기 때문에 유통업체로부터 호의적인 반응을 얻을 수 있다.

공동 브랜드의 장점으로는 ① 마케팅활동에 있어서 규모의 경제를 달성할 수 있다. ② 이미 구축된 브랜드 이미지를 활용할 수 있기 때문에 신제품의 시장진입이 용이하다. ③ 브랜드와 제품에 대한 명성을 유지할 수 있다.

글로벌 브랜드와 현지 브랜드

글로벌기업은 전 세계적으로 동일한 브랜드를 사용하는 글로벌 브랜드(global brand)를 선택할 것인지, 아니면 국가별로 서로 다른 브랜드를 사용하는 현지 브랜드(local brand)를 채택할 것인지를 결정하여야 한다.

글로벌 브랜드(global brand)는 글로벌 제품의 표준화와 같은 개념에서 출발한다. 전 세계에 하나로 표준화된 제품을 공급하는 것은 하나의 브랜드 제품을 공급한다는 의미이기도 하다. 글로벌 브랜드는 전 세계의 대부분 국가가의 소비자들로부터 유사한 이미지를 확보하고 있다. 글로벌 브랜드전략은 글로벌기업의 이미지를 제품의 이미지에 우선하는 경우가 대부분이다. 글로벌기업의 이미지를 등에 업고서 개별제품을 가지고 글로벌시장을 공략한다면 성과에 미치는 효과가 더욱 증가될 것이다. 이러한 글로벌 브랜드의 장점으로는 ① 전 세계적으로 규모의 경제를 달성할 수 있으며, ② 브랜드의 자산가치를 상승시킬 수 있고, ③ 전 세계적인 브랜드 인지도가 구축될 수 있는 점을 들 수 있다.

표 10-1 글로벌 브랜드의 가치

<2017년 기준, 단위 : 억 달러>

2018년 순위	브랜드	구 분	브랜드 가치
1	Amazon	Online Commerce	1,508
2	Apple	Technology	1,463
3	Google	Technology	1,209
4	Samsung	Technology	923
5	Facebook	Technology	897
6	AT&T	Technology	824
7	Microsoft	Technology	812
8	Verizon	Technology	628
9	Walmart	Distribution	615
10	ICBC	Banking	592

자료 : Brand Finance

현지 브랜드(local brand)는 차별화와 관련되어 있으며, 장점으로는 ① 현지국의 사회문화적 특성을 고려하여 브랜드를 도입하기 때문에, 현지고객이 쉽게 인식할 수 있고, ② 동일한 브랜드가 현지국에 등록되어 있거나 사용되고 있는 경우, 다른 브랜드를 사용함으로써 브랜드 사용과 관련된 법적 분쟁을 피할 수 있으며, ③ 현지기업을 인수하는 경우, 현 지국에서 구축된 브랜드의 이미지를 활용할 수 있는 점 등을 들 수 있다.

(3) 글로벌 제품포장

제품포장(packaging)이란 제품을 싸거나 담을 그릇이나 포장지를 만들고 디자인하는 활동, 즉 제품의 포장물을 설계하고 생산하는 활동이라 할 수 있다. 사회문화적 환경 및 자연환경 등이 서로 상이한 국가의 고객을 대상으로 전개하는 글로벌마케팅의 관점에서 볼 때, 글로벌 제품포장은 최종 고객에게 안전하게 전달하고, 제품에 대한 시각적 관심을 유도하여 판매를 촉진하는 역할을 수행한다. 이러한 포장은 전통적으로 제품의 내용물을 보호하는 단순한 기능적 역할만이 강조되었으나, 소비자들이 좋은 포장의 제품을 선호하고 좋은 포장이 기업의 이미지와 상표이미지를 높여주어 마케팅활동에 도움을 주는 판촉의 중요한 도구로서 그 중요성이 높아지고 있다.

전통적으로 강조되어온 포장의 기능적 효용은 제품이 유통될 때 제품의 파손이나 오손을 방지함으로써 제품을 보관·유지시키고 운송이나 진열, 소비자가 그 제품을 휴대하고 다닐 때 편리하게 하는 등의 기능을 뜻한다. 반면에, 판촉효용은 포장이 상표를 알리고 제품의 성격을 잘 나타내주고, 판매에 도움이 되는 정보를 담고 있는 것이다. 또한 포장에서 제시하고 있는 사용방법과 재질에 관한 다양한 정보는 인적판매시의 많은 시간과 노력을 절약해 주는 이점을 보유하고 있다.

좋은 제품포장이 갖추어야 할 특징에는 시각성(visibility), 정보 제공능력(information), 감정적 소구력(emotional appeal), 기능 수행력(workability) 등이 있으며, 흔히 각 단어의 첫 자를 따서 VIEW라는 약자로 나타내기도 한다.

(4) 글로벌 레이블링

레이블(labeling : 표찰)이란 포장의 겉면에 부착되어 제품정보를 제공하는 것으로서, 제품에 부착되어 있는 꼬리표에 불과할 수도 있고, 또는 포장의 일부로서 정교하게 디자인된 도안이 될 수도 있다. 레이블은 브랜드명만이 기입되어 있는 경우도 있고, 많은 제품정보를 담고 있는 경우도 있다. 글로벌 레이블링(global la- beling)은 글로벌시장에 판매하려는 제품에 부착하는 것을 말하며, 이에 대한 의사결정은 언어, 현지국 정부의 규제, 촉진활동 등을 고려하여 이루어져야 한다.

이러한 레이블은 여러 가지 기능을 수행한다. 먼저 레이블은 오렌지에 찍혀 있는 Sunkist와 같은 제품이나 상표를 식별한다. 둘째, 레이블은 제품의 등급을 표시해준다. 예컨대 통조림 복숭아는 A, B, C로 등급이 매겨져 있다. 셋째, 레이블은 제품에 대한 제반사항, 즉 제조업자명, 제조일자, 성분, 사용법, 안전수칙 등이 명시되어 있다. 마지막으로 레이블은 매력적인 도안을 통해서 촉진기능을 수행한다.

2.3 글로벌 제품믹스관리

(1) 제품믹스관리의 기초개념

1) 제품믹스(product mix)

어떤 기업이든 한 개 또는 그 이상의 제품믹스를 다루고 있다. 미국마케팅협회(AMA: American Marketing Association)의 정의에 의하면, 제품믹스란 특정기업 또는 특정 사업단위가 판매를 목적으로 구매자에게 제공하는 제반 제품의 합성체(The composite of products offered for sake by a firm or a business unit)를 말한다. 이러한 제품믹스는 소비자들에게 제공되는 제품들의 내용이며 품목별 총목록이 된다.

제품믹스의 폭(width) : 이는 한 기업이 몇 종류의 제품계열을 취급하는가를 의미한다. 예를 들면 어느 가전제품 회사가 변압기, 전구, 라디오, 냉장고, 선풍기 등의 여러 제품계열로 구성되어 있는 제품믹스를 생산하고 있을 때 제품계열의 수가 제품믹스의 폭을 결정한다.

제품믹스의 깊이 또는 심도(depth) : 이는 각 제품계열에서 기업이 제공하고 있는 품목의 숫자를 의미한다. 예컨대 TV의 경우 성능이나 크기에 따라 다양한 품목으로 구성되어 있다.

제품믹스의 구조 : 이는 여러 제품계열이 그 용도나 생산에 필요한 요소, 판매되고 있는 유통경로 등 여러 가지 점에서 상호 밀접한 관련성이 있는 것을 말하는데, 예를 들어 앞에서 언급한 가전제품회사의 모든 제품계열은 전기제품이라는 데 일관성 내지 공통성이 있는 것이다.

마케팅전략을 수립하는 데는 이러한 3가지 차원의 제품믹스를 모두 고려하여야 한다. 즉 시장에서 명성과 기술의 우위를 누리려면 제품믹스의 폭을 넓혀야 하며, 한편 소비자들의 다양한 기호와 욕구를 충족시키려면 제품믹스의 깊이를 높여야 한다. 또한 특정분야에서 타기업과 비교될 수 없는 높은 명성을 유지하려면 제품믹스의 일관성을 유지해야만 한다.

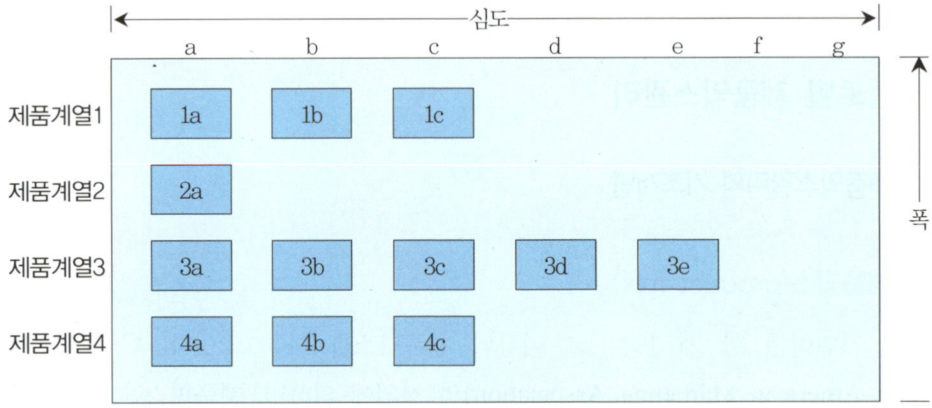

[그림 10-3] 제품믹스의 사례

[그림 10-3]은 제품믹스의 폭, 깊이 그리고 구조의 개념을 품목 및 제품계열로 설명하고 있다. 그림에서 볼 수 있는 바와 같이, 이 회사의 제품믹스는 12개의 품목과 4개의 제품계열로 구성되어 있는데, 제품계열당 평균 3개의 품목으로 구성되어 있으므로 평균 제품심도는 3이다.

2) 제품계열(products line)

이는 하나의 제품믹스 내에서 유사한 기능을 갖고 있고 동일유형의 유통경로를 통하여 동일한 고객집단에게 판매되거나 주어진 가격범위 내에 있는 등 상호 밀접한 관계에 있는 제품집단(A group of products that are closely related either because they satisfy a class of need, are used together the same type of outlets or full within given price range)을 말한다. 즉, 제품계열(product line)은 구매자의 구매력과 기호의 특성을 고려하여 특정분야 제품의 구매를 가능케 하는 유사한 품목의 집합체를 의미한다. 여기서 유사한 품목이란 동일한 필요성을 가지며, 동일하게 사용될 수 있고, 동일한 고객집단을 대상으로 판매되며, 동일한 유통구조를 통하여 상품화되고, 동일한 수준의 가격을 가진 제품을 말한다.

3) 제품품목(product item)

이는 하나의 제품계열 내에서 크기, 가격, 외양 또는 기타의 특성에 따라 구분할 수 있는 하나의 제품단위를 일컫는다. 이러한 제품품목은 제품의 분류, 제품의 영역 등에 의하여 재구분될 수 있는 요소이다. 이러한 품목의 분류기준은 제품영역에 따라 ① 물질적, 물리적 및 기술적 특성 ② 구매자에게 주어지는 실제적, 상징적 가치(특권의식, 효용 등) ③ 부수서비스(사용 중 또는 판매 후의 보증 등) 등 기준으로 정의된다. 예를 들어 어떤 상점에서 화장품, 보석 그리고 시계를 취급하고 있다면 이 세 가지의 제품계열이 제품믹스를 구성하게 되며, 화장품을 다시 립스틱(lip stick), 루즈(rouge), 스킨크림(skin cream) 등의 제품계열로 분류할 수 있다. 이러한 제품계열은 다수의 품목으로 구성되는 것이다.

(2) 전략적 제품믹스관리

기업이 취급하는 제품들은 모두가 같은 비중으로 생산·판매될 수가 없으므로 기업이 생산·판매하는 제품의 배합은 현재 및 미래의 사업성, 경쟁상황, 기업능력 등을 고루 고려하여 경쟁하는 전략적 요소이다. 일반적으로 제품배합 의사결정은 기업의 경영목표에 따라 종속적으로 결정되는데 수익성목표, 안정성목표, 성장성목표 등 세 가지 목표가 주요 배분원칙이 된다.

제품배합의 최적구성을 위한 최종적인 의사결정은 제품믹스(product mix)의 형태로 나타난다. 즉 효과적인 제품믹스는 기업경영목표를 달성하기 위한 성공률을 극대화하는 유일한 형태를 말한다. 제품믹스가 잘못되면 매출 또는 이익의 수준이 떨어지며 전체적으로 생산, 재고 및 판매의 불균형이 야기된다.

제품믹스결정에 영향을 주는 주요 요소들은 대다수의 마케팅환경요소가 전반적으로 포함되고 있는데, ① 시장수요의 변화 ② 경쟁사의 마케팅활동 ③ 내부관리문제 ④ 기업이미지의 제고 등 네 가지 항목으로 분류될 수 있다.

기업이 시장에서 명성과 기술의 우위를 독점하려면 제품믹스의 폭을 넓혀야 하고, 소비자들의 다양한 기호와 욕구를 충족시키려면 제품믹스의 깊이를 높여야 한다. 또한 특정분야에서의 타기업에 비교할 수 없는 명성을 유지하려면 제품믹스의 일관성을 지켜야 한다. 아울러 기업이 글로벌화되어 각국 시장에서의 제품믹스를 결정할 때 무엇보다도 먼저 고려할 것은 기업의 장기목표가 이익인가 성장인가 또는 매출안정인가 하는 것이다. 이에 따라 제품믹스의 결정방향은 각각 상이하다. 덧붙여 기업은 잠재수요,

자사의 마케팅 능력과 명성, 경쟁, 시장국의 경제발전수준 등을 고려해야 한다.

한편 글로벌 마케팅활동에 있어 마케팅활동영역이 기존시장인가 아니면 신시장인가 하는 시장기회에 따라 제품믹스는 달라진다는 것이다. 역으로 제품믹스는 기존 및 새로운 제품으로 각국 시장에서 마케팅기회를 포착하게 한다. [그림 10-4]는 그러한 기회를 4가지 유형으로 정리하여 제시하였다.

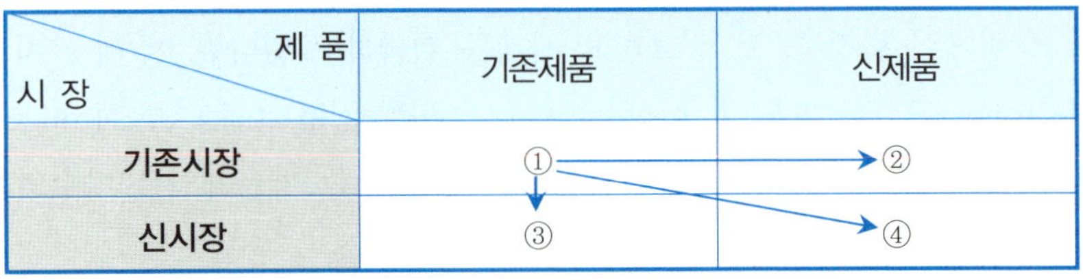

① 시장확대전략 : 각국 시장에 기존제품을 더욱 깊이 침투시킨다.
② 신제품개발전략 : 신제품을 개발하여 기존시장에 마케팅활동을 전개한다.
③ 신시장개척전략 : 기존제품을 새로운 국가에 판매한다.
④ 다변화전략 : 새로운 국가시장에 새로운 제품을 개발하여 판매한다.

[그림 10-4] 제품믹스의 실천유형

[그림 10-4]에서 볼 수 있는 것처럼 제품상황이나 시장상황에 따라 서로 다른 마케팅 기회가 창출되고 동시에 그러한 기회를 충족시키기 위해서 제품믹스 또한 변형되어야 한다. 물론 이러한 기회창출은 제품수명곡선과 각국 시장의 변동상황, 마케팅믹스의 다른 구성요소와의 통합적 차원에서 고려되어야 한다.

2.4 글로벌 제품수명주기 관리

(1) 제품수명주기의 개념과 단계별 특징

국내제품이든 글로벌 제품이든 제품에 대한 소비자의 기호, 기술, 그리고 경쟁상태 등은 항상 변화하고 있기 때문에, 어느 기업이나 이에 대비한 신제품개발과 기존제품을 관리하는 제품계획에 많은 노력을 기울여야 한다. 특히 제품수익성의 관점에서 시장수요의 변화나 수익성곡선의 추이를 나타내는 지표인 제품수명곡선(product life cycle)을 파악한다는 것은 제품계획의 방향과 제품수익성에 관한 결정적인 예측수단이 된다.

모든 제품은 신제품으로 개발되어 시장에 처음 출현·판매되기 시작해서 판매량이 점차 감소되고 다른 신제품으로 대체되는 시점까지 일정기간을 갖는다. 이러한 제품이 시장에 출현에서 소멸될 때까지의 매출 등의 변화내용을 도표화한 것이 제품수명주기이다.

동일한 제품일지라도 국가가 다르면 제품수명주기상의 위치도 상이하다. 어느 한 국가에서 특정한 글로벌 제품이 쇠퇴기에 접어들고 있기 때문에 언제 시장에서 퇴출하는지를 결정해야 함에도 불구하고, 동일한 제품이 다른 국가에서는 성숙기에 접어들고 있기 때문에 투자를 확대하는 마케팅전략을 수행하는 경우도 있다. 글로벌 마케팅관리자는 성장기나 성숙기에 접어든 제품을 가지고서도 다른 글로벌시장 진출기회를 파악할 수 있으므로, 제품수명주기에 따라 서로 다른 전략적 접근이 필요하다는 사실을 인식하고, 이에 다른 글로벌 마케팅전략과 프로그램을 계획하고 실천해야 할 것이다.

제품의 존속기간이 길든 짧든 간에 시장에서의 제품생존기간은 대체로 4단계로 분류할 수 있는데, 단계별 특징은 다음과 같다.

1) 도입기

광고비의 지출에도 불구하고 시장에서의 제품인식 및 수용이 극히 저조하며, 많은 제품들이 이 단계에서 바로 쇠퇴기로 이어진다. 초기투자비용에 비해 매출이 저조함으로써 제품생산에 대한 재정적인 압박을 심하게 받게 된다.

2) 성장기

초기사용자들의 경험에 따른 선전효과의 확산과 유통구조의 정착에 힘입어 매출이 급격하게 증가하는 단계이다. 매출이 어느 정도 증가하게 되면, 기술혁신비용과 초기투자비용에 대한 보상이 이루어지며 이익이 발생되기 시작하는 단계이다.

3) 성숙기

매출성장률은 전단계보다 떨어지며 경쟁이 심화된다. 따라서 경쟁능력이 없는 기업은 도태되며, 경쟁윤곽이 뚜렷해진다. 이익의 폭은 현저하게 감소되나 자금사정은 과거 판매량의 누적수준에 따라 비교적 양호하다. 이러한 성숙단계가 장기화되면 어떤 시점에 가서는 매출이 포화상태에 이르게 되고, 이 시점이 지나면 새로운 대체제품의 개발 등에 따라 기존제품에 대한 수요가 감소하기 시작한다.

4) 쇠퇴기

판매의 절대적 양이 감소하고 신제품으로 고객들이 이전해가는 단계이다.

이상의 내용을 제품수명곡선과 각 단계별 특성측면, 또 제품수명곡선과 마케팅믹스의 측면에서 보면 앞의 [그림 10-5]로 요약된다.

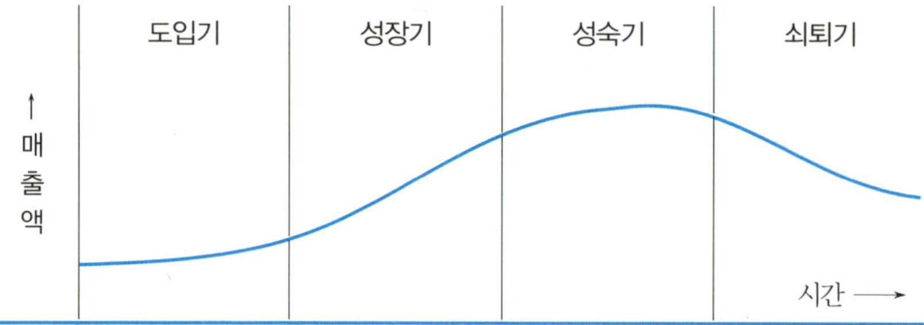

구분		도입기 · 성장기	성숙기 · 쇠퇴기
시장상황		독점———과점 또는 (창업자이득시대) 독점적 경쟁	순수경쟁 또는 과점을 지향하는 독점적 경쟁
마케팅믹스	제품	하나 　　 다수	모든 제품표준화, 상표결정
	유통	선택적 성격이 강한 유통경로의 확립	개방적 성격이 강한 유통경로로의 이행
	촉진	제품과 상표에 대한 개척적인 정보 제공, 1차수요의 자극	설득적 및 공격적, 매우 경쟁적인 정보 제공, 선택적 수요의 자극
	가격	시장침투가격정책, 초기고가격정책	경쟁가격 또는 가격절하

[그림 10-5] 제품수명곡선상의 마케팅믹스의 전형적 변화

제품수명곡선의 개념은 제품의 전체 수명지속기간이 제품에 따라, 산업의 성격에 따라 크게 다르므로 정형화시킬 수 있는 모형보다는 활용 가능한 참고자료로서 받아들여야 한다. 제품수명곡선의 각 단계별 지속기간 또한 시장상황에 따라 크게 다르게 나타날 수 있다. 즉 쇠퇴기에 있던 제품도 새로운 마케팅전략의 성공이나 제품 자체의 혁신적 개량에 의해 도입단계 또는 성장단계에 있는 제품으로 전환될 수 있기 때문이다.

(2) 글로벌 제품수명주기의 유용성

1) 글로벌 시장기회의 포착

일반적으로 동일한 제품이라 할지라도 국가마다 제품수명주기가 다르다. 그러므로 글로벌시장에서 앞서 나가는 특정제품에 대한 제품수명주기를 효과적으로 파악할 수 있다면, 동일 제품에 대한 개발도상국 시장의 도입기를 인식할 수 있을 것이다. 다시 말해, 글로벌 제품수명주기를 활용한다면 새로운 글로벌시장 기회를 포착할 수 잇을 것이다.

2) 시장세분화기준으로의 활용

특정제품에 대한 제품수명주기가 국가마다 상이하므로, 국가별 제품수명주기가 일치하는 글로벌시장을 하나의 세분시장으로 분류할 수 있다. 이 경우 국가는 다를지라도 시장의 특성이 동일하므로 동일한 글로벌 마케팅전략을 수립하고, 이에 다른 마케팅프로그램을 실행할 수 있다.

3) 혁신제품 개발시점으로의 활용

특정제품의 글로벌 제품수명주기상의 성숙기 후반 또는 쇠퇴기의 시작단계에서 다음 시장에 진출할 수 있는 혁신제품을 개발하고, 쇠퇴기단계에서 기존제품이 퇴출되기 직전에 혁신제품을 출시하여야 한다. 글로벌 제품수명주기를 활용함으로써 혁신제품의 개발시점을 정확하게 파악할 수 있다.

(3) 글로벌 제품수명주기 활용의 한계점

최근 글로벌 환경이 급격히 변하고 있다. 특히, 지구촌은 하나의 실시간 정보교류의 장이 되었다. 뉴욕, 파리, 런던, 북경, 도쿄, 서울 등의 글로벌 도시 중의 한 곳에서 발생한 중요한 정보는 하루가 지나기 전에 전 세계의 거의 모든 도시 소비자들에게 전파된다.

글로벌 혁신제품이 세계 어느 곳에서 출시되어 현지시장의 소비자들로부터 만족도 높은 평가를 받았다면, 그 평가결과는 거의 실시간으로 세계에 전파되기 때문에 글로벌 제품수명주기를 활용한 국가별 시장세분화는 한계가 있다. 다시 말해, 특정제품에 대하여 전 세계 각 국가의 시장 발전속도는 거의 차이가 없어지고 있다. 글로벌 제품수명주기는 시차가 점점 줄어들고 있는 것이다. 특히, 이러한 현상은 IT제품에서 두드러지고 있다. 선진국시장과 개발도상국시장의 소비자 기대수준이 거의 유사하게 변하고 있으며, 이러한 현상은 글로벌 표준화의 이유가 되기도 한다.

2.5 글로벌 제품의 수정관리

(1) 제품수정의 효과

제품수정은 마케팅관리자들이 해당제품의 판매성과가 부진함을 인식했을 때 제품철수와 함께 고려할 수 있는 제품관리의 내용이다. 이것은 앞서 언급한 제품수명곡선의 관점에서도 논의될 수 있는데, 신제품이든 기존제품이든 자사제품의 수명곡선상의 위치가 파악된 후에 제품 자체를 수정 또는 개량함으로써 제품에 대한 수명의 연장을 꾀하는 것이다.

이러한 제품수정은 새로운 제품을 개발하거나 신모델을 소개하는 등의 거대한 전략을 구성하는 것보다 적은 비용으로 제품의 혁신성을 유지할 수 있고 동시에 제품수정을 통하여 기존제품의 시장영역을 보다 확장시킬 수 있는 효과가 있다. 마케팅의 입장에서 볼 때 제품수정을 통한 이러한 효과는 수정된 제품이 수명곡선유형의 정상적인 특징을 따른다면 신제품을 개발한 것과 같은 가치를 가지는 것이다.

(2) 제품수정시 고려사항

기존제품에 대한 수정을 수행하기 전에 다음의 사실을 고려하여야 한다.

첫째, 일정기간 동안의 제품성과에 대한 일반적인 측정이 필요하다. 이 과정의 목적은 기존제품의 수명곡선에 있어서 취약점을 확인하는 것이다.

둘째, 제품에 대한 소비자의 태도에 관한 정보가 필요하다. 만약 평균적인 소비자가 제품에 대해서 만족하고, 판매 또한 만족스럽다면 수정을 할 필요가 없는 것이다.

셋째, 경쟁력 제고가 필요하다. 마케팅담당자는 그들의 경쟁자들이 무엇을 하는지에 대해서 언제나 관심을 두어야 하며, 시장의 추세에 언제나 따라갈 수 있도록 노력해야 한다. 동시에 기업측에서 볼 때 이러한 제품수정은 경쟁적인 제품전략에서 우위를 점유하기 위한 의식적인 노력이기도 하다.

(3) 제품수정 의사결정의 영향요인

제품수정은 흔히 제품디자인의 변화를 통하여 이루어지는 것이 상례이므로, 제품디자인에 관한 내용이 언급될 필요성이 있다. 기업이 시장상황에 맞게 제품디자인을 적응시킬 것인가, 혹은 단일디자인을 제공할 것인가의 여부는 디자인변경이 판매를 증가시키는 정도와 변형된 제품디자인의 제작비용과 시장성을 검증하는 비용의 수준에 달려 있다. 제품디자인 수정과 관련된 의사결정에 영향을 미치는 요인들은 다음과 같다.

1) 선호도

색깔과 맛과 같은 요소들은 세계적으로 그 선호도에 있어 특징적이고 중요한 차이가 있다. 따라서 선호도를 무시하는 마케팅담당자는 시장에서 실패를 할 가능성이 많다. 예를 들어, 1960년대 Olivetti사의 경우 소비자용 타이프라이터가 유럽에서는 판매에 매우 성공했으나, 미국에서는 성공적이지 못했다. 현대 유럽인들의 디자인 선호기준과는 달리 미국의 소비자들은 무겁고 부피가 큰 타이프라이터를 원했던 것이다. 무게와 부피는 미국 소비자들에게는 최고의 품질로 여겨지기 때문에 Olivetti사는 미국에서의 디자인에 적응시키지 않으면 안되었다.

그러나 이것은 역으로도 작용할 수 있었다. 유럽과 일본기업들은 기능적으로 디자인된 소형차판매에 집중함으로써 미국시장의 1/3을 석권할 수 있었다. 그런데 이 소형차 시장은 전통적으로 대형차에 대한 선호만 집중하여 온 미국의 제조업자들이 최근까지 무시해 온 미국시장의 한 영역이었다.

2) 비용

제품디자인이 결정되는 관련투입비용 등을 중심으로 비용요소들을 폭넓게 고려하여야 한다. 예를 들어, 노동비용은 전 세계적으로 상이하다. 노동비용이 어떻게 첨단산업 분야에서 제품설계에 영향을 미치는가 하는 것은 영국과 미국의 항공기 디자인 접근방법에서 볼 수 있다. 영국식 디자인방법은 날개 안에 엔진을 다는 것으로서 바람의 영향을 적게 받는 비행기를 생산할 수 있었고 결국 연료효율을 높였으나, 엔진이 밖으로 부착되어 있는 것보다 접근하기 어려운 단점이 있었다. 따라서 수리 및 유지에 더욱 많은 시간이 소요되었다. 반면에 엔진위치의 문제에 관한 미국식 디자인방법은 쉽게 엔진에 접근할 수 있도록 하기 위해 경제적인 연료 효율을 포기하면서 엔진을 날개로부터 떨어진 곳에 달았다. 그 결과 엔진을 유지하고 수리하는 데 요구되는 시간을 줄일 수가 있었던 것이다.

여기서 엔진을 부착하는 두 방법 모두가 합리적임을 알 수 있다. 다만 영국식은 엔진수리에 상대적으로 낮은 노동비용을 고려했고 미국식은 엔진수리에 상대적으로 높은 비용을 고려한 것이다.

3) 법과 규제

글로벌마케팅에서 법과 규제는 제품디자인에 관해 중요한 영향을 미친다. 기업은 국가마다 다른 법과 규제를 제품디자인에 반영함으로써 목표시장에 적응할 수 있는 것이다. 예를 들어, 의료분야에서 미국정부법규는 여러 의료진료 절차에 대한 보험상환비용을 규정하고 있는데, 컴퓨터 단층촬영장치 사용료가 240달러 정도의 보험상환을 받을 수 있도록 되어 있어 세계에서 가장 높은 수준의 상환을 하고 있다. 따라서 미국에서는 최신 의료기기의 사용에 대한 거대한 시장이 형성되어 왔다. 그러나 다른 나라에서는 상환비율이 극히 낮아, 일본의 경우 40달러 정도밖에 상환받지 못하므로 일본에서는 비싼 의료설비를 사용하는 의료시장은 존재하지 않음을 의미한다.

또 다른 예로는 국경을 초월하여 마케팅담당자들에게 중요한 요소로서 소위 "비관세장벽"(NTB : non-tariff barriers)이 있다. 이것의 원래 목적은 공정한 거래를 목적으로 함으로써 사실상 외국의 경쟁을 제한하거나 금지하는 최소한의 요구수준과 법규로 구성되어 있다. 플로리다의 토마토재배업자들은 미국의 농림부를 설득하여 미국시장에서 거래되는 토마토에 대한 최소한의 크기를 규정하는 법안을 발표하는 데 성공했다. 이 법안의 효과는 규격미만 크기의 토마토를 재배한 거대한 멕시코 토마토산업을 잠식시키기에 충분하였다.

4) 적합성

제품은 그것이 사용되는 장소에서의 환경에 적합하여야 한다. 특히 그 대표적인 예로서 전기제품을 들 수 있다. 전기제품은 전압과 사이클에 있어서 전 세계에 걸쳐 서로 다르므로, 그 어떤 제품보다 양립성이 요구되는데, 사실 대부분의 유럽과 일본기업들은 전기제품을 오늘날 사용되는 모든 동력시스템에 적응할 수 있도록 다목적 플러그 및 변압기와 더불어 전기도구와 전자장치 등을 제공하고 있다.

기후 또한 적합성을 요구하는 환경이 된다. 대다수 제품들은 습기에 견딜 수 있도록 만들어져야 한다. 많은 유럽 자동차들은 북미의 한파에 적절치 못한데 특히 한파가 없는 두 나라, 즉 영국이나 이탈리아의 자동차는 그 정도가 더욱 심하다.

2.6 글로벌 제품의 철수관리

(1) 제품철수의 일반적인 원인

글로벌시장 철수와 관련된 유명한 사례로서 거버(Gerber)사의 사례를 들 수 있다. 거버사는 브라질시장에서 회사제품인 유아식품을 일상의 아기음식 품목으로 판매하는 데 실패함으로써 제품철수를 하게 되었다. 거버사는 광고를 통하여 어머니들이 싱크대에서 음식을 만드는 시간을 줄임으로써 아기에게 애정을 쏟을 시간을 많이 가지게 된다는 광고를 함으로써 브라질의 문화적 요인을 과소평가한 결과를 야기하고 말았다. 즉, 브라질의 어머니들은 자기 스스로나 혹은 가정부들이 매번 새로 만드는 음식이 가장 좋은 것이며, 거버사의 아기대용식이 결코 스스로가 준비한 음식으로 대치할 수 없다는 인식이 서 있을 뿐 아니라 브라질에서는 거버사의 대용식을 살 정도면 그 비용으로 가정부를 고용할 수 있다는 사실 때문에 거버사의 제품이 팔릴 수가 없었던 것이다.

결과적으로 거버사는 고객들의 제품에 대한 태도가 부정적일 수밖에 없는 문화적 환경을 도외시함으로써 제품을 철수할 수밖에 없었다. 이 예를 중심으로 흔히 제품철수의 일반적인 원인으로는 다음의 두 가지를 들 수 있다.

1) 해당 시장국의 경제·정치적 요인

시장국들의 경제·정치적 조건 등으로 말미암아 영업활동이 불가능한 경우가 있다. 이 경우는 해외시장 진입 시 경제·정치적 환경을 애초에 도외시하였거나 설사 그러한 환경적 제약을 고려하였다 하더라도 새로운 환경제약이 제품의 성과를 방해하기 때문이다.

2) 제품에 대한 고객들의 부정적 태도요인

거버사의 사례가 보여주는 것처럼 문화적 환경상의 차이는 제품철수의 주요 요인이 될 수 있다. 따라서 새로 개발된 신제품이나 기존제품이 성공하기 위해서는 해당 시장국의 문화적 환경에 대한 철저한 분석이 요구된다.

(2) 제품철수의 정당성

글로벌 제품관리의 핵심적 내용은 우선적으로 신제품개발 및 기존제품의 수정·변경을 통하여 회사제품을 글로벌시장에 보다 많이 진출시키는 데 있다. 신제품이 소비자들에 의해서 구매되는 과정이 시장에서의 제품수용이라면, 소비자에게 호소력을 잃은 제품은 더 이상 시장수요를 기대할 수 없게 되어 결국 시장에서 제품의 철수가 이루어지지 않으면 안되게 된다.

원자재의 부족, 해외시장국의 가격통제, 시장진입의 애로, 관세 등의 제반 환경요인으로 제품 자체의 수정이나 그 밖의 제품수명곡선의 연장책으로도 제품 및 제품계열에 대한 성과를 기대할 수 없을 때 마케팅노력의 집중을 위하여 해당시장에서 신속하게 철수하여야 한다.

보다 구체적으로 말하면, 급변하는 글로벌마케팅 환경조건하에서는 새로운 고객의 다양한 욕구와 경쟁제품의 존재 등이 기업의 자원제약을 더욱 압박하기 때문에 시장성 없는 제품에 대한 인적·물적 자원을 투하함으로써 기업의 글로벌 경쟁력을 약화시켜서는 안 된다는 것이다. 더군다나 글로벌마케팅에서와 마찬가지로 취약제품을 글로벌시장으로부터 철수시키는 것은 국제수준에서의 재고를 줄일 뿐만 아니라, 환위험도 감소시킬 수 있다는 이점, 마케팅노력을 다른 곳으로 옮기고 기업의 자원을 효과적으로 운용할 수 있는 이점 등이 있다.

3 글로벌 제품전략

우리는 앞에서 글로벌 제품관리의 내용으로서 제품관리와 신제품 개발, 기존제품의 수정 관리 그리고 철수관리 등의 3가지 내용을 살펴보았다. 여기서는 국내제품이든 글로벌 제품이든 기업의 제품관리에 앞서서 고려되어야 할 글로벌 제품전략에 관하여 서술하고자 한다.

3.1 글로벌 제품전략의 기본 유형

글로벌 제품전략(global product strategy)에는 일반적으로 두 가지 기본유형이 있는데, 그 하나는 제품표준화전략(standardizational product strategy)이고, 또 다른 하나는 제품적응화전략(adaptational product strategy), 즉, 차별화된 제품전략이다. 마케팅활동영역이 지리적으로 확장됨에 따라 기업은 자기의 제품을 그대로 글로벌시장에 진출시킬 것인가 아니면 이질적인 글로벌시장의 요구에 일치시켜 그 이질적인 시장에서만 합당한 제품으로 변경 혹은 개량하여 글로벌시장에 도입할 것인가 하는 이른바 제품의 표준화문제와 제품의 차별화문제가 대두된다.

(1) 제품 표준화전략

제품표준화전략의 경우 생산과 마케팅에 있어 규모의 경제를 얻고 통일된 광고와 제품디자인의 효율성으로 전 세계적으로 이미지를 확장시킬 수 있는 이점이 있는 반면에, 구매자의 특정한 선호감각에 호소하기 보다는 비용 및 이익관계에 중요한 비중을 두기 때문에 생산재분야의 경우, 특히 전략수행이 용이할 뿐 근본적으로는 국내시장지향적인 제약성이 있다.

(2) 제품 차별화전략

제품차별화전략의 경우, 해당 시장국 구매자의 기호에 합당한 제품을 생산함으로써 제품 자체에 대한 연구가 근본적으로 시작될 수 있고, 그 결과 창출된 제품은 순수한 수요를 창출할 수 있는 이점이 있다. 한편, 각국 시장의 욕구나 규제의 결과로 제품믹스의 구성요소(재료, 형태, 색채, 포장 등)가 변경되거나 개량되기 때문에 제품적응에 소요되는 연구개발비, 해외시장조사비 또 표준제품의 설계를 변경하는 기술적·공학적 작업에 필요한 추가비용이 발생하는 등의 단점이 있다.

3.2 글로벌 제품·커뮤니케팅션전략의 유형

키간(W. J. Keegan)은 "표준화제품 대 차별화제품"이라는 문제를 "제품기능 또는 욕구충족"(production function or need satisfied)과 "촉진전략"(communications strategy)이라는 관점, 즉 기업이 사용할 수 있는 제품전략을 마케팅활동이 지리적으로 확대됨에 따라 제품과 커뮤니케이션의 표준화와 차별화의 조합을 통해 글로벌 제품전략을 [표 10-2]와 같이 5가지의 유형으로 나누었다.

▌표 10-2▌ 글로벌 제품전략의 유형-커뮤니케이션믹스의 전략적 대안

전략대안	제품의 기능이나 필요성	제품사용 조건	소비자의 제품구매 능력	제품전략	커뮤니케이션 전략	제품의 예	국제제품전략의 사례
제품-커뮤니케이션 확대전략	동일	동일	있음	확대	확대	청량음료	Pepsi-Cola는 전 세계에서 같은 제품을 같은 방식으로 판매하고 있다.
제품확대-커뮤니케이션 적응화 전략	상이	동일	있음	확대	적응	자전거, 모터스	자전거는 같은 제품이면서도 용도에 따라 개도국에서는 수송용으로, 그리고 선진국에서는 레저용으로 판촉되고 있다.
제품적응화-커뮤니케이션 확대 전략	동일	상이	있음	적응	확대	휘발유 세제	Exxon석유회사는 각 해외시장의 기후조건에 맞게 만든 휘발유를 "Put the Tiger in your Tank"라는 동일 캐치프레즈로 판매촉진하고 있다.
제품-커뮤니케이션 적응화 전략	상이	상이	있음	적응	확대	의료장비 연하장	미국의 연하장 제조회사는 해외시장에 적응시킨 각기 다른 판촉방식으로 판매하고 있다.
제품혁신 전략	동일	-	없음	혁신	새로운 커뮤니케이션의 개발	수동 세탁기	미국의 가전메이커는 남미의 개도국에서는 완전자동세탁기보다 수동식 반자동 세탁기가 더 적합하다고 판단하여 그러한 제품을 새로 개발하였다.

자료 : W. J. Keegan, *Global Marketing Management*, 4th ed., Prentice-Hall, Inc., 1989, p.3840에서 수정 보완.

(1) 제품-커뮤니케이션 확대전략(product-communication extension)

확대전략은 자국과 동일한 제품과 동일한 마케팅 커뮤니케이션수단을 해외시장에 적용시키는 전략으로서 가장 쉽고, 경제성 높은 마케팅전략으로 많이 이용되고 있다. 이

전략은 동일한 제품을 대량생산함으로써 제품개발비와 생산비용을 절감시키는 규모의 경제를 실현시킬 수 있고 동시에, 광고비와 같은 커뮤니케이션비용을 줄임으로써 이윤을 늘릴 수 있는 반면, 시장의 욕구에 적절하게 반응하지 못하기 때문에 잠재수요를 포함한 수요확대 기회를 놓치기 쉽다.

이 전략이 사용된 대표적인 제품으로서는 "펩시콜라"를 들 수 있다. 펩시콜라사는 동일한 제품과 동일한 광고로서 국제적으로 탁월한 성과를 거둠으로써 경쟁력을 과시하였다. 그러나 이 전략은 모든 제품에 적용될 수 있는 것은 아니다. 캠벨스프(Campbell Soup)회사는 자회사제품인 토마토스프를 영국에 판매했을 때, 상당한 손실을 보고나서야 영국인들이 보다 쓴 맛을 더 좋아한다는 사실을 알게 되었다.

분명한 사실은 이러한 확대전략이 규모의 경제와 비용절감을 통한 이윤창출 때문에 다수의 다국적기업으로부터 지지를 받고 있는 것은 사실이나, 이러한 비용절감의 원칙이 보다 높은 수준의 이익극대화를 창출하는 데 불가피한 기술혁신, 연구개발투자 등의 기업가의 모험정신을 저해해서는 안 된다는 것이다.

(2) 제품확대-커뮤니케이션 적응화전략 (product extension-communication adaption)

현지 시장국에서 자사제품의 용도나 사용목적이 다를 경우 사용하는 전략으로 제품개발이나 생산 및 재고유지에 투입되는 비용은 절감할 수 있으나 새로운 용도의 개발에 필요한 광고, 판매촉진비용 등이 발생하게 된다.

예를 들어 소형 오토바이나 자전거가 이 전략의 사용에 적절하다. 미국에서는 이들 제품은 레크리에이션 또는 스포츠에 대한 욕구를 충족시켜 주나, 다른 나라에서는 나룻배와 같은 기초 교통수단이 되는 것이다. 또 다른 예로서 식료품의 경우를 보면 유럽에서는 건식 스프 분말(dry soup powder)이 주로 스프로 판매되나 미국에서는 동일한 분말스프라도 조미료로 판매된다. 단지 상표표시방법에 있어 차이가 난다. 즉 유럽에서 스프제품의 상표에는 분말을 어떻게 가공하여 스프로 만들 것인가 하는 내용이 적혀 있고, 미국에서는 스프뿐만 아니라 조미료로 사용하는 방법까지 적혀 있다. 따라서 동일한 제품이라도 시장환경에 따라 차별적 커뮤니케이션을 적용시켜야 마케팅활동의 성과를 거둘 수 있는 것이다.

이것은 커뮤니케이션적응전략의 경우 제품 자체의 다양한 기능을 확인하고 시장환경에 따른 마케팅커뮤니케이션의 재형성의 필요성을 의미하는 것이다.

(3) 제품적응화-커뮤니케이션 확대전략 (product adaption-communication extension)

현지국 시장에서 현지제품과는 다른 제품으로부터 현 제품이 효용이나 욕구를 획득하게 될 때 사용되는 전략이다. 이 전략은 생활문화 환경이나 관습 등으로 인해 자국시장과 비슷한 욕구나 효용을 다른 제품으로부터 얻을 경우 유용한 전략이다. 예를 들어 엑숀(Exxon)회사의 경우 이 회사의 가솔린을 변형(formulate)하여 회사 신규시장지역의 지배적인 기후조건에 적응시켰을 때 변화없이 사용한 광고문안은 "호랑이를 너의 탱크에 넣어라(Put a tiger in your tank)"였다. 마찬가지로 비누와 세척제를 만드는 세계적 제조업체 또한 기본적인 제품커뮤니케이션에는 변화없이 지역적 급수상황과 세탁기계의 특징에 따라 제품변형을 함으로써 적응하고 있다.

(4) 제품-커뮤니케이션 적응화전략(product-communication adaption)

커뮤니케이션 적응화전략과 제품 적응화전략을 결합한 것으로 자국시장과의 현저한 환경상의 차이로 인하여 어떠한 제품이나 마케팅수단을 표준화시킬 수 없을 때 이용되는 전략이다. 예를 들어 미국의 연하카드 제조업체는 유럽에서 이와 같은 종류의 환경에 직면했었다. 즉 유럽에서는 연하카드에 보내는 사람이 개인적인 메시지를 쓰도록 공간이 비어 있는데, 이것은 미리 인쇄되어 있는 미국의 연하카드와는 대조되는 것이다. 또 연하카드를 대부분 셀로판지로 포장하는 것이 관행으로 되어 있는 유럽과 봉투로 봉하는 미국과는 커뮤니케이션에 있어서도 차별화가 필요하였다. 따라서 미국의 연하카드 제조업체는 제품 자체뿐만 아니라 커뮤니케이션을 동시에 변화시킴으로써 환경적 차이에 능동적으로 대처하였다.

(5) 제품혁신전략(product innovation)

이 전략은 적응화전략으로도 시장욕구를 충족시킬 수 없을 때, 제품을 새로이 개발하여 시장에 진입하는 전략이다. 사실상 표준화 및 차별화전략은 글로벌시장 기회에 대하여 대응하지 못할 수도 있고, 소비자들이 현존 또는 차별화된 제품을 구매하려는 구매력을 소유하지 않은 경우 시장상황에 반응할 수 없다. 후자의 상황은 지구상의 저개발국가에 해당하고, 이런 국가들이 세계 인구의 4분의 3을 차지한다. 따라서 어떠한 전략보다도 제품개발전략은 비용이 많이 드나, 잠재수요의 개척이라는 측면에서 볼 때 가장 유용한 전략일 수 있다. 그 때문에 기존시장의 수요 및 소비형태의 철저한 분석이 더욱 요청되는 것이다.

제10장 주요 학습 용어

글로벌제품관리	소비재	산업재
브랜드	브랜드자산	개별브랜드
공동브랜드	글로벌 브랜드	현지브랜드
글로벌 제품수명주기	신제품개발	시험마케팅
제품수정	제품철수	제품믹스
제품계열	제품품목	표준화 제품전략
차별화 제품전략	제품혁신전략	

참고문헌

김희철, 글로벌시대의 국제마케팅, 두남, 2007.

박주홍, 글로벌마케팅, 유원북스, 2013.

이범희, GLOBAL마케팅, 탑북스, 2012.

이장로 외, 국제마케팅, 무역경영사, 2018.

정헌배·김희철, 지구촌마케팅, 법문사, 2000.

Aaker, David A. and Kevin Lane Keller, "Consumer Evalution of Brand Extantion, *Journal of Marketing*, 54, 1990.

Aaker, David A., *Marketing Brand Equity*, New York : The Free Press, 1991.

Bennet, P., *Dictionary of Marketing Ferms*, American Marketing Association, 1988.

Keegan, W.J., *Global Marketing Management*, 7th ed., Prentice-Hall, Inc., 2002.

Kotler, P. and Armstrong, G., *Principles of Marketing*, 6th ed., Prentice-Hall, 1994.

McCarthy, E.J., *Basic Marketing : A Management Approach*, 7th ed., Richard D. Iwin, Inc., 1981.

제11장 글로벌 가격관리

- 가격관리의 기초개념
- 글로벌 가격관리
- 글로벌 가격전략
- 글로벌 가격결정의 주요 문제

1 가격관리의 기초개념

1.1 가격의 의의

구매자에게 있어서의 가격은 구매하는 상품의 화폐적 가치라고 볼 수 있으며, 판매자에게 있어서의 가격은 판매하는 상품의 구입원가에 이익이 가산된 가치개념이다. 어쨌든 가격은 만족이나 효용의 대가로 교환되는 것이다.

오늘날 우리 사회에서는 보편적으로 교환가치의 척도를 화폐가격으로 사용하므로 거의 모든 아이디어, 서비스, 권리, 제품들의 가치는 가격에 의해서 평가된다. 그러나 가격은 교환형태에 따라 여러 용어로 표현되고 있으며, 또한 많은 다른 의미를 가지고 있기 때문에 모든 경우에 보편적으로 적용될 수 있는 정의를 내리기는 어렵다. 일반적으로 「가격이란 화폐로 표현된 상품의 교환가치」로 볼 수 있으나, 마케팅관리의 입장에서는 「가격이란 어떤 것을 구입하기 위해 소비한 시간이나 노력, 그 제품을 소유함으로써 얻을 수 있는 만족이나 효용을 포함하는 화폐적 가치」라고 보는 것이 더 타당하다.

1.2 가격결정의 중요성

가격은 마케팅믹스 구성요소 중에서 수요의 변화나 경쟁자의 가격변화에 대해 비교적 쉽게 대응할 수 있는 대상이므로 효과적인 마케팅을 수행하는 데 있어서 매우 중요한 역할을 한다. 가격은 제품에 대한 시장수요를 결정하는 핵심적 요소로서 시장경쟁력과 시장점유율에 큰 영향을 미친다. 특히 매출액의 증대나 단위원가의 하락을 통하여 가격을 낮출 수 있는 경우에는 보다 경쟁적인 마케팅믹스를 사용할 수 있는 것이다.

마케팅관리자는 소비자들의 가격에 대한 심리적 측면을 이해하여야 한다. 소비자들은 가격을 품질의 척도로 보는 경향이 있으며, 특히 구매의사결정에 대한 정보가 불충분한 경우에는 높은 가격이 더 좋은 품질을 나타내며, 낮은 가격은 품질이 낮은 것으로 생각하기가 쉽다. 따라서 가격을 올림으로써 제품의 품질을 강조하거나 구매층을 차별화할 수도 있다.

1.3 가격결정의 성격

가격결정은 신제품을 시장에 진출시키거나, 기존제품이라도 새로운 유통조직 또는 새로운 지역시장에 진출하고자 할 때 이루어진다. 가격수준의 결정은 관리적이고도 객관적인 관점의 요소뿐만 아니라 상징적이고도 주관적인 관점의 요소, 즉 잠재 구매조직의 인식 등을 고려하여 이루어져야 한다. 물론 마케팅과 가격결정은 조화를 이루어야 하는데, 이는 소비자들이 인지하는 가격의 수준과 제품의 효용, 유통방법 등이 서로 격차가 작아야만 시장에서 무리없이 수용될 수 있음을 말한다.

시장에서 가격수준의 범주를 결정짓는 방향은 세 가지가 있다. 첫째가 제품의 원가에 의해서 결정되는 최저가격(price floor)이며, 둘째가 유사한 제품의 경쟁적 가격과 고객의 지불능력에 의해서 결정되는 최고가격(ceiling price)이고, 마지막으로 수요와 공급의 함수이며 최저가격과 최고가격 사이에서 결정되는 적정가격(optimum price)이 그것이다. 마케팅관리자들은 회사가 운영되고 있는 각각의 개별 시장상황에 따라 이러한 근본적 방향을 고려하여 가격체계 및 가격정책을 세워야 한다.

1.4 가격결정의 목표

가격을 결정함에 있어서 마케팅관리자들은 항상 경영목표를 고려하여야 한다. 가격결정의 목표는 조직의 장기계획내의 목표라고도 볼 수 있다. 가격목표는 여러 가지 측면에서 기업에 영향을 미치므로 조직의 목적과 연관성이 있어야 한다. 즉 가격결정은 마케팅 및 기업의 목적 내지 전략달성에 공헌할 수 있어야 한다. 아울러 가격결정은 소비자, 고객, 종업원, 주주, 공공기관, 경쟁자 등에게도 영향을 미치게 되므로 이러한 이해자집단의 의사를 고려하여야 하는데, 이는 경우에 따라서 마케팅관리자의 의사결정에 제약조건이 된다. 또한 기업 내에서도 많은 이해집단이 있기 때문에 가격목표의 결정에 있어 갈등이 흔히 일어난다. 예를 들어 재무부서는 이익에, 생산부서는 최적 제조효율에 관심이 있다. 따라서 가격결정을 할 때에는 소비자뿐만 아니라 광범위한 이해자집단과 관련하여 종합적 목표를 두고 결정하여야 하는 것이다. 가격결정을 위하여 고려되는 주요 목표들은 다음과 같다.

1) 수익 지향적 목표

① 목표수익 달성을 위한 가격결정
② 순이익 극대화를 위한 가격결정

2) 판매 지향적 목표

① 매출증대를 위한 가격결정
② 시장점유율 증대를 위한 가격결정
③ 시장점유율 유지를 위한 가격결정

3) 현상유지 지향적 목표

① 가격안정을 위한 가격결정
② 경쟁대응을 위한 가격결정

가격목표가 결정되면 경영자는 실제적으로 가격을 결정하게 된다. 신제품이나 기존제품의 가격결정은 수요의 변화나 경쟁자의 가격 등에 따른 가격폭을 시장에서 쉽게 발견할 수 있기 때문에 큰 어려움이 없지만, 그러한 시장경험이 없는 신제품의 가격결정에서는 (가) 목표시장의 가격과 구매력의 평가 (나) 제품수요의 예측 (다) 경쟁기업의 평가 (라) 가격전략 (마) 마케팅믹스요소 (바) 제품원가 등 많은 요소들이 의사결정에 앞서 고려되어야 한다.

2 글로벌 가격관리

2.1 글로벌 가격결정의 중요성

글로벌 가격결정(global pricing)은 글로벌기업이 판매하려는 제품 또는 서비스의 가치를 현지국 또는 특정국의 통화로 표시하는 의사결정을 의미한다. 이러한 글로벌마케팅에 있어서의 가격결정은 기업의 성패뿐만 아니라 국가의 국제수지에도 영향을 미치므로 국가와 기업적 차원에서 다같이 중요시하지 않을 수 없다. 아울러 글로벌시장에서의 가격결정은 국제적 변수를 고려해야 하며, 가격결정에 영향을 미치는 요소들이 수적으로 많을 뿐만 아니라 가변적이므로 상황판단하기가 매우 어렵다. 글로벌마케팅 도구로서의 가격은 마케팅믹스를 어떻게 활용하느냐 하는 기업의 전략과 현지시장에서의 제품인식과 현지시장국의 상황, 현지시장국 관리자들의 가격에 대한 태도 등에 영향을 받는다.

가격결정의 이면에는 광고나 제품의 특성 등이 가격의 중요성을 상쇄하는 경우가 있다는 점을 알아야 한다. 즉, 소비자들은 가격수준보다는 제품의 차별화된 특성이나 제품에 대한 광고를 중요한 요소로 인식할 수도 있다는 것이다. 특히 선진국의 경제체제 하에서는 가격수준의 중요성은 약화되고 있음이 사실이다. 이것은 국가의 경제적 조건이 개선되고, 국민의 생활수준이 향상됨에 따라 소비자가 비교적 풍요함을 느끼게 됨으로써 가격보다는 제품의 질이나 판매촉진활동 등이 더욱 매출에 큰 영향을 미치고 있다는 것을 의미한다. 그러나 인플레이션이나 불경기 등의 상황 하에서는 가격의 상대적 중요성은 더욱 커진다.

2.2 글로벌 가격결정의 고려요소

글로벌 가격결정은 서로 다른 해외시장을 대상으로 이루어지기 때문에, 다양한 환경 적응요소들을 검토하여야 한다. 글로벌 가격결정에 있어서 가장 중요한 고려요소는 가격이 현지상황에 적응할 수 있는가 하는 점이다. 다시 말하면 회사의 제품이 현지시장에서 가격경쟁력이 있어야 하며, 현지소비자들에게 관심을 불러일으킬 수 있어야 한다는 말이다. 글로벌 가격결정은 국내가격결정과 본질적으로 커다란 차이는 없지만, 글로벌마케팅에 있어서는 정부의 역할과 국경선의 존재에 따른 환경차이를 직접적으로 고려해야 되므로 이에 따른 부수적인 요인이 중요성을 달리하게 된다. 주요 고려요소로는 현지에서의 원가구조를 결합하는 제 비용요소, 현지시장의 수요, 경쟁상황, 현지국 정부의 영향, 기업체의 목표, 유통구조와 경로 등을 들 수 있다. 글로벌 마케팅관리자들은 이러한 제요소들을 고려하여 현지시장에서의 목표이익을 극대화하고, 기업체의 목표에 합치되는 가격을 설정해야 한다.

(1) 기업의 목표

기업이 추구하는 목표가 매출 위주인지, 아니면 시장점유율을 높이는 것인지, 또는 수익을 확대하는 것인지에 따라 가격차이가 발생한다. 만일 매출확대가 목표라면 가격을 가능한 한 낮게 책정하여 매출량을 증가시켜야 한다. 반면에, 글로벌시장에서 수익확대가 목표라면 고가격전략을 책정하게 될 것이다.

(2) 현지시장의 경쟁상황

일반적으로 특정 해외시장에는 현지시장을 주도하는 현지기업이 있으며, 이미 진출한 경쟁기업들이 존재할 가능성이 많다. 이들 기업과 비교하여 경쟁력을 유지할 수 있는 가격을 책정할 필요가 있다. 예를 들어, 경쟁이 치열할수록 고가정책은 곤란할 것이다. 그러므로 글로벌 마케팅관리자는 이처럼 현지시장의 경쟁상황을 고려하여 가격을 책정하여야 한다.

(3) 원가구조

글로벌 마케팅관리자는 제품의 제조원가뿐만 아니라, 판매 및 마케팅비용, 그리고 간접비를 고려하여 원가를 추정하고, 그것을 고려하여 가격을 책정하여야 한다.

(4) 무역장벽

70년대 후부터 주요 선진국들이 보호무역주의정책을 채택함에 따라 무역장벽이 높아짐으로써 기업의 마케팅뿐만 아니라 거시적으로는 국가의 무역정책에도 큰 영향을 미치고 있다. 특히 자국산업 보호라는 측면에서의 높은 관세와 덤핑에 대한 많은 규제들은 글로벌마케팅의 가격결정에 큰 영향을 미치고 있다. 즉 높은 관세부과와 상품가격 덤핑에 대한 규제로 인해서 가격이 올라가 현지시장에서의 가격경쟁력이 약화되고, 이는 곧 기업의 수익성에 직접적인 영향을 미치고 있는 것이다. 그러므로 글로벌 마케팅 활동에 있어서, 특히 글로벌 가격결정시에는 이에 대한 고려가 필수적이다.

(5) 현지국의 법적 제약

국민의 이익을 보호하기 위하여 각 나라들은 기업의 가격결정에 대한 제약을 가하고 있다. 중소기업보호정책과 독과점가격의 형성금지가 주요 대상이 된다. 이러한 법적 제약은 공정가격의 형성과 공정거래를 위해서 타당한 가격을 설정하도록 유도한다. 특히 글로벌 마케팅활동에서는 현지정부의 영향이 크게 작용하므로, 이러한 법적 제약에 대해서 충분히 검토하여 가격을 결정하여야 한다.

(6) 통화문제

국제간의 거래에 있어서는 거래통화의 문제가 극히 중요하다. 즉 외환시세나 상대국의 물가변동에 따라서 화폐가치의 변동이 있을 수 있으며, 이는 곧 가격과 직접적으로 관련된다. 따라서 거래화폐 선택은 가격경쟁력, 수요 등에 영향을 미치며 나아가서는 기업의 이익에 영향을 주므로 글로벌 가격을 결정할 때에는 사전에 통화의 문제를 고려해야 한다.

(7) 운송비

먼 거리에 있는 목적지까지의 수송비를 누가 부담하는가에 따라 가격은 수송비만큼 차이가 나게 된다. 국내거래뿐만 아니라 특히 글로벌 거래의 경우에는 수송비가 매우 중요한 비중을 차지한다. 즉 판매자가 수송비를 부담하는 경우 가격은 그만큼 높아지게 될 것이며, 구매자가 수송비를 부담하는 경우에 가격은 그만큼 상대적으로 낮아지게 될 것이다. 뿐만 아니라 어떠한 수송수단을 이용하는가에 따라서도 가격은 달라진다. 그러므로 글로벌 가격을 결정할 때는 수송비가 가격에 미치는 부분을 고려하여야 한다.

2.3 글로벌가격 결정방법

글로벌가격 결정방법은 근본적으로는 국내가격 결정방법과 큰 차이는 없지만 차이점을 든다면, 앞에서 언급한 글로벌 가격결정의 고려요소를 충분히 반영하여야 한다는 점이다.

(1) 원가 중심적 가격결정

원가 중심적 가격결정은 비용함수에 따른 가격결정(cost function pricing)이라고도 하며, 제품의 생산원가에 일정한 이윤을 가산하여 가격을 산정하는 방법이다. 이는 회사가 손실을 입지 않는 범위 내에서 수용될 수 있는 최저가격을 결정 가능하게 한다.

원가 중심적 글로벌 가격결정은 산정된 비용에 일정한 이윤을 첨가하여 가격을 결정하므로 어떤 원가를 기준으로 하여 가격을 결정하는가에 따라 가격이 크게 달라진다. 특히 글로벌 가격결정에 있어서는 국내가격결정과는 달리 원가의 개념이 달라지므로 원가의 어디까지를 가격결정에 반영하고, 어느 부분을 소비자에게, 얼마 정도를 기업에서 부담할 것인가를 결정해야 한다. 또한 원가의 범위가 국내가격결정의 경우보다 훨씬 커지게 되므로 원가를 결정할 기준이 있어야 한다.

이러한 원가 중심적 가격결정은 간단하고 편리하다는 장점이 있지만, 수요요인을 무시하고, 경쟁상대의 영향력을 고려하지 않고 있다는 점, 그리고 비용과 첨가하는 이윤의 기준이 일정하지 못할 때 가격결정에 상당한 경직성을 준다는 점 등이 단점이다. 따라서 장기적 가격설정으로는 부적당하며, 초기 가격설정시의 기초적으로 활용하기에 좋은 방법이라고 볼 수 있다. 특히 인플레이션이 가속화되거나 원재료의 가격변화가 심한 경우에도 이 방법이 많이 사용된다. 물론, 이러한 방법은 효과적인 비용요소의 파악과 산정방법이 존재하여야 가능하며, 주로 다음의 두 가지 방법에 의해서 가격이 결정된다.

1) 비용가산 가격결정(cost plus pricing)

이는 군수품 또는 건축물, 설비, 플랜트 등의 주문품과 같이 사전에 총원가를 산정할 수 없는 경우 사후에 확정된 원가에 일정률의 마진을 가산하여 가격을 책정하는 방법이다.

2) 이윤가산 가격결정(mark-up pricing)

이는 사전에 총원가를 확정할 수 있는 경우 확정된 원가에 일정률의 마진을 가산하여 가격을 책정하는 방법이다. 이 방법은 주로 판매업자들이 제품의 재판매가격을 결정할 때 사용한다.

(2) 목표 지향적 가격결정

목표 지향적 가격결정은 수익성목표 또는 매출목표 가격결정법(target profit pricing)이라고도 하며, 회사가 투자한 자본에 대한 일정액의 수익성목표를 달성하기 위한 방법이다. 이는 목표수익률을 미리 정하고 그 목표를 실현할 수 있는 수준의 가격을 사후에 계산하여 가격을 정하는 방법이다. 그러므로 이 방법은 측정된 손익분기점을 기준으로 하여 각기 다른 가격과 매출목표와의 관계를 가정적으로 설정하고, 그 중 가장 적정규모의 목표매출액으로 수익성을 보장받을 수 있는 가격을 선택한다. 물론 여기에서 무조건 목표매출액을 높일 수는 없으므로 회사의 생산능력 한도 내에서 결정된다.

이 방법은 손익분기점을 가격설정의 근거로 삼고 있으므로 글로벌시장에 있어서의 매출에 대한 자세한 정보수집이 요구된다. 즉 손익분기점을 계산하기 위해서는 예상수요량, 예상판매량, 예상가격 및 현지시장의 상황 등에 대한 자세한 정보가 필요하다.

(3) 수요 중심적 가격결정

수요 중심적 가격결정은 인식가치에 따른 가격결정(perceived-value pricing)이라고도 하며 시장의 수요변화, 수요의 가격탄력성, 소비자의 심리상태 등을 반영하여 가격을 결정하는 방법이다. 이는 해당 시장상황이 잘 파악되어 있는 경우, 현재의 제품수요량과 예측되는 수요지속기간에 따라 시장원리에 의해 가격을 결정하는 방법이다. 물론 구매자의 인식가치가 증가할수록 가격은 상대적으로 상승한다. 그러나 실제에 있어서 수요 중심적 가격결정은 고객, 제품모형, 판매점, 판매시점 등의 상황에 따라 차별화되어 나타난다. 따라서 이러한 가격결정의 중요한 초점은 해당 시장상황을 얼마나 정확히 파악할 수 있느냐 하는 것이다.

이러한 수요 중심적 가격결정은 글로벌시장 상황이 잘 파악되어 있어야 하며, 특히 글로벌시장의 수요자에 대한 정보, 경쟁자에 대한 정보, 판매자에 대한 정보 등을 잘 알고 있어야 시장원리에 의해서 가격을 설정할 수 있다. 그러나 글로벌시장의 조건이 제각기 상이하고 예측할 수 없는 제반 요인들이 많이 작용하므로 글로벌시장의 상황을 파악하기란 쉬운 일이 아니다. 그렇기 때문에 글로벌 가격을 결정함에 있어서는 우선 원가 중심적 가격결정방법이 일차적으로 고려되고, 이어서 수요 중심적 가격결정의 방법 등이 이용된다.

1) 차별가격결정(discriminatory pricing)

차별가격결정이란 동일한 제품의 가격을 고객, 제품, 시장, 시간, 용도 등에 따라 두 가지 이상의 상이한 가격으로 책정하는 것으로서 가격차별화라고도 한다.

① **고객별 가격결정(customer-segment pricing)** : 동일한 제품 또는 서비스를 상이한 고객집단별로 상이한 가격을 책정하는 것으로서, 예컨대 고궁이나 박물관의 입장 요금을 학생과 노인들에게 낮게 해주는 것이다.

② **제품형태별 가격결정(product-form pricing)** : 제품형태별로 상이한 가격을 책정하는 방법으로, 이때의 가격 차이는 원가차이에 비례하지 않는다.

③ **이미지별 가격결정(image pricing)** : 이미지의 차이를 기준으로 두 가지 이상의 상이한 수준에 따라 가격을 책정하는 방법이다.

④ **위치별 가격결정(location pricing)** : 각 위치에 따라 원가차이가 없음에도 불구하고 장소별로 상이한 가격을 책정하는 것이다. 예컨대 극장은 장소에 대한 고객들의 선호차이를 반영하여 위치에 따라 입장권의 가격을 상이하게 책정하고 있다.

⑤ **시간별 가격결정(time pricing)** : 계절별, 월별, 날짜별, 시간별로 가격수준을 상이하게 책정하는 방법이다. 예컨대 전화요금이나 전기요금은 밤과 낮, 주중인가 주말인가 등 시간에 따라 다르게 책정되고 있다.

이러한 글로벌 가격차별화는 다음과 같은 조건들이 충족될 때 사용될 수 있다. 첫째, 시장이 세분화될 수 있어야 하고, 세분시장별로 수요의 강도가 달라야 한다. 둘째, 저가격 세분시장에서 구매하여 고가격 세분시장에 재판매할 수 없도록 되어야 한다. 셋째, 자사가 고가격으로 판매하고 있는 세분시장에서 경쟁자들이 보다 낮은 가격으로 판매할 수 있어야 한다. 넷째, 시장을 세분화하고, 세분시장별로 차별가격을 시행함으로써 얻는 수익이 이로 인한 비용보다 커야 한다. 다섯째, 고객의 불만이나 좋지 못한 감정을 유발하지 않아야 한다. 여섯째, 자사가 시행하는 차별가격의 형태가 불법적이 아니어야 한다.

2) 단수가격결정(odd-even pricing)

이는 제품가격을 단수로 책정하여 소비자로 하여금 낮은 가격인 것처럼 착각을 일으키게 하는 가격책정방법이다. 즉 제품가격을 100원, 1,000원 등과 같이 현재의 화폐단위에 맞게 책정하는 것이 아니라 그 보다 조금 낮춘 95원, 950원 또는 900원 등과 같이 책정하는 것이다. 이와 같이 가격을 책정하는 목적은 소비자들에게 제품의 가격이 정확한 계산에 의해 낮게 책정되었다는 인식을 심어주기 위한 것이다.

3) 촉진적 가격결정(promotional pricing)

소비자들에게 특별가격이나 인하된 가격으로 판매한다는 인상을 주면 소비자들을 유도할 수 있기 때문에, 기업들은 어떤 조건하에서 제품가격을 일시적으로 정가 이하 또는 원가 이하로 판매하는 경우도 있다. 이러한 가격결정에는 다음의 유형들이 있다.

① **유도용 손실품 가격결정**(loss leader pricing) : 슈퍼마켓이나 백화점에서 고객들을 유지하기 위해 잘 알려져 있는 상표의 가격을 정상 이하의 이윤이나 원가 이하의 가격으로 인하하는 경우가 있는데, 이러한 가격결정을 말한다.

② **현금반환**(cash rebate) : 제조업자가 특정기간 내에 제품의 구입을 유도하기 위해 구매자들에게 현금반환을 제공하는 방법이다.

③ **특별행사 가격결정**(special-event pricing) : 어떤 특정 계절에 특별행사를 가짐으로써 더 많은 고객을 유지하기 위해 사용하는 방법이다.

④ **저이자 금융**(low-interest financing) : 가격을 인하하는 대신에 고객들에게 저이자의 금융을 제공하는 방법이다.

⑤ **보증 및 서비스계약**(warranties and service contracts) : 무료로 보증을 제공하거나 서비스 제공계약을 추가함으로써 판매를 촉진하는 방법이다.

⑥ **심리적 가격할인**(psychological discounting) : 특정 제품에 의도적으로 고가격을 책정하였다가 얼마 후 할인된 가격으로 판매하여 상당한 절약을 제공하는 방법이다.

4) 위신가격결정(prestige pricing)

위신가격이란 가격이 하락하면 판매량이 오히려 감소하는 소위 위신제품에 대해 제품의 실제 가치와 상관없이 높게 책정하는 가격으로 명성가격 도는 품위가격이라고도 한다. 위신가격결정은 소비자들의 심리적 상태 또는 일상적인 구매패턴을 감안하여 제품가격을 책정하는 방법으로서 명성가격결정이라고도 한다. 제품과 가격과의 관계에 관한 소비자들의 인식에 대한 여러 조사를 보면, 대체적으로 가격이 높을수록 품질도 우수하다고 인식하고 있는 것을 흔히 볼 수 있다. 이와 동시에 고급제품일수록 실제 이상으로 고가품인 것으로 인식되는 경우도 있다. 이와 같이 가격이 제품의 품질을 나타내는 하나의 지표로 사용되는 경우도 많다. 위신가격전략은 소비자가 상품의 가격에 의해 품질을 평가하는 경우 또는 상품의 가격이 자신의 사회적 지위나 명성, 건강 등의 상징적 의미를 갖는 경우에 활용된다. 예를 들면 고급류의 보석, 시계, 화장품, 모피, 위스키, 종합비타민 등의 가격책정에 이 전략이 사용된다.

5) 준거가격결정(reference pricing)

준거가격이란 소비자들이 제품가격의 고·저를 평가할 때 비교기준으로 사용하는 가격이다. 준거가격결정은 소비자들이 특정제품을 바라볼 때 자신들이 심리적으로 생각하고 그려보는 인식수준에 해당하는 가격을 책정하는 방법이다. 이러한 준거가격은 현행가격을 중시함으로써 형성될 수도 있고, 또는 과거의 경험을 토대로 형성될 수도 있을 것이다. 소비자는 어떤 제품의 가격이 자신의 준거가격보다 높으면 비싸다고 지각하고, 반대로 낮으면 저렴하다고 지각할 것이다. 한편 어떤 제품의 가격이 준거가격과 동일하다면 비슷한 품질의 제품으로 지각할 것이다.

6) 관습가격결정(customary pricing)

이는 실제제품의 원가가 상승하였음에도 불구하고 소비자들이 습관적으로 제품을 장기간 일정수준의 가격으로 구매해 왔기 때문에 기업들이 이에 따라 책정하는 가격결정법이다.

(4) 경쟁 중심적 가격결정

경쟁 중심적 가격결정(going rate pricing)은 글로벌기업이 가격을 책정함에 있어서 원가구조의 변동, 기업의 글로벌마케팅 목표, 수요변화 등의 요인보다도 경쟁사의 제품가격을 중심으로 가격을 책정하는 방법이다. 그러므로 가격결정에 있어서 우선적으로 고려되는 것은 경쟁사의 가격이 되고, 그 다음에 수요나 비용에 관한 고려이다.

이러한 경쟁 중심적 가격결정은 시장에 있어서 경쟁의 형태와 경쟁제품의 특성에 따라 이루어지므로 글로벌시장에서의 경쟁형태와 경쟁제품들의 특성에 관한 정보를 정확히 알아야 된다. 경쟁 상태를 알기 위해서 시장조사를 실시하게 되는데, 이에는 많은 비용이 요구되기도 하고 신뢰성 있고 타당한 결과보다는 현지의 특정상황 등에 의하여 왜곡된 정보를 얻게 될 수도 있으므로 정보를 활용하는 데 있어 많은 주의가 요구된다.

이는 경쟁함수에 따른 가격결정이라고도 하며, 주로 경쟁기업에 대한 모방가격(imitative price)의 형태와 공개입찰형태로 나타난다.

1) 모방가격결정(imitative pricing)

이는 경쟁제품들의 가격이 합리적으로 산정되었다는 가정 하에서 자사제품의 가격을 경쟁제품의 가격과 유사하게 적용하여 결정하는 방법이다. 따라서 이러한 모형의 가격결정은 경쟁상황이 심화될 때 이에 비례해서 자주 선택될 뿐만 아니라, 과점(oligopoly)의 경우에도 여타 기업들이 선두기업들의 가격수준을 모방해서 채택하게 된다. 물론 회사제품이 경쟁제품에 비해 차별화될 수 있는 경우 그 회사제품의 가격은 차별화가 가능하며, 또한 차별화가 합리적으로 이루어졌다고 판단될 때, 이 가격의 차는 질적 차이를 의미하게 된다.

2) 입찰가격결정(sealed-bid pricing)

이는 대규모 설비공사나 건설공사와 같이 공개경쟁입찰에 있어서 낙찰을 받기 위해 서로 경쟁하는 기업들이 사용하는 가격전략이다. 이는 비용이나 수요보다는 경쟁사들이 어느 정도로 가격을 책정하는가에 기초하여 가격을 결정하는 것이다. 그러나 경쟁중심적 가격결정원칙은 가격간의 합리적 관계에 의해서 결정되는 것도 아니고, 절대적 비용과 수요를 고려하여 결정되는 것도 아니다. 즉 문자 그대로 경쟁자의 외형적 가격만을 참고로 활용한 것에 불과하므로, 원가를 산정하기가 어렵거나 경쟁자의 반응이 불확실한 경우에 많이 사용이 된다.

2.4 글로벌 가격의 변경

가격변경이란 가격책정요인의 변화로 인하여 또는 경쟁사의 가격변동에 수동적으로 대응하기 위하여 기존에 책정한 기준가격을 변경하는 것을 의미한다. 글로벌기업은 글로벌시장에서 제품의 가격을 결정하더라도 기업의 환경변화와 경쟁양상이 장기적으로 지속할 경우에는 가격을 변경할 필요가 있다. 그러나 가격을 변경하면 다시 되돌릴 수 없으므로 기업의 수익과 경쟁력에 중대한 영향을 미치게 된다. 특정기업의 가격변경은 경쟁기업이나 여타의 다른 기업, 소비자에게 직접적인 영향을 미치기 때문에 이들의 반응 및 대응전략 등을 고려하여 신중하게 실시하여야 한다. 특히 글로벌시장에서의 환경변화는 매우 심각한 문제로 나타날 수 있으므로, 글로벌 가격변경의 문제는 국내 시장에서보다 더욱 신속 정확하게 판단해야 한다.

제품의 가격변경은 글로벌기업 자체의 전략적 판단에 의해 능동적으로 변경할 수도 있지만, 경쟁기업들의 가격변경에 대처하기 위해서 수동적으로 변경하는 수도 많다. 회사 자체의 능동적 판단에 의한 가격변경은 가격의 인상 또는 인하의 형태로 나타난다.

3 글로벌 가격전략

3.1 글로벌 가격전략의 성격

제품이 여러 국가에서 동시에 판매될 경우 글로벌 마케팅관리자는 전 세계적으로 단일가격을 설정할 것인가, 혹은 가격을 각 시장의 여건에 맞추어 차별화할 것인가에 관한 선택을 해야 한다. 또한 표준화하는 경우에도 본국중심으로 표준화할 것인가, 또는 세계적 관점에서 표준화할 것인가를 결정해야만 한다. 이처럼 복수시장에서의 가격결정은 기본적으로 본국 중심적 가격결정, 현지국 중심적 가격결정, 세계 중심적 가격결정의 3가지 접근 방법으로 대별할 수 있다.

세계시장에서 글로벌 가격을 어느 정도까지 표준화 내지 차별화할 것인가의 결정문제는 글로벌 가격전략에 관한 의사결정권이 과연 본사에 있는지, 또는 현지자회사에 있는지와 매우 밀접하게 관련되어 있다. 일반적으로 의사결정권이 본사에 집중되어 있는 집권화된 글로벌기업의 경우는 표준화전략을, 의사결정권이 현지자회사에 위임되어 있는 분권화된 글로벌기업의 경우에는 차별화전략을 채택하고 있다. 또한 표준화전략과 차별화전략의 결정은 경쟁조건, 제품의 수명주기상의 위치, 제품확산과정, 규제사항, 유통경로구조, 기업목적 및 소비자의 가격인지도 등과 같은 요소에 의해서도 좌우된다.

3.2 글로벌 가격전략의 기본유형

(1) 가격표준화전략

가격표준화전략은 모든 외국시장에 동일한 가격을 책정하여 적용시키는 전략이다. 이 전략은 외국시장에 어떤 가격을 적용시키느냐에 따라 본국 중심적 가격표준화전략과 세계 중심적 가격표준화전략으로 나누어진다.

1) 본국 중심적(ethocentric) 가격표준화전략

이 전략은 특정품목의 최종 소비자가격을 전 세계적으로 동일하게 책정함으로써 소비자들이 운임과 수입세를 부담하게 하는 방법이다. 이를 위해서는 본국시장의 가격을 외국시장에 적용하거나 본국시장의 가격방법과 동일한 방법으로 외국시장 최종소비자 가격을 결정하게 된다. 이러한 본국 중심적 가격표준화전략은 경쟁이나 시장조건에 관한 어떠한 정보도 필요하지 않기 때문에 가격결정이 아주 단순하고 용이하다는 이점은 있으나, 현지시장의 경쟁이나 시장조건 등을 감안하지 않는 전략이기 때문에 기업의 이익을 극대화시킬 수 없는 단점을 가지고 있다.

2) 세계 중심적(geocentric) 가격표준화전략

이 전략은 세계시장의 관점에서 설정된 가격을 국내시장뿐만 아니라 외국시장에 적용시키는 방법이다. 이러한 전략을 채택하는 기업이 하나의 가격결정에 도달하기 위해서는 현지특유의 시장요인을 인정해야 한다는 가정에 입각하고 있다. 그러므로 이 전략은 다수의 외국시장에 동일한 제품 또는 동일한 제품계열을 판매하는 경우에 매우 유용하다고 할 수 있다. 본국 중심적 가격표준화전략과의 차이는 이 전략이 최종적인 가격결정시 전사적인 관점에서의 가격통제는 물론 현지시장 특유의 요인들을 충분히 고려한다는 점이다.

(2) 가격차별화전략

이 전략은 외국시장별로 자회사들이 현지환경에 적합하다고 판단되는 가격을 개별적으로 책정하는 방법이다. 특히 분권화된 글로벌기업의 해외자회사들은 자신의 의사결정이 자회사의 경영성과와 밀접한 관계에 있으므로 이러한 현지중심적(adaptation) 가격결정의 필요성이 증대된다.

이 전략은 시장 간에 가격을 조정하는 어떠한 통제수단이나 고정된 요건도 존재하지 않으며, 단지 기업내 이전가격의 결정을 통해 제약이 이루어진다. 현지중심적 가격차별화전략은 현지시장의 수요 및 경쟁조건 등에 신속히 대처할 수 있다는 장점이 있으나 다음과 같은 문제점을 가지고 있다.

첫째, 각국 국내가격 사이에 운송비와 관세부담을 상회하는 수준의 괴리가 발생할 때 재정거래(arbitrage transaction)가 제기될 수 있다. 특히 동일한 지역시장에 위치하고 있는 국가시장 간에 가격차이가 크면 재정거래의 기회는 더욱 증가하게 된다.

둘째, 전사적인 차원에서 통합적인 가격전략을 수립하고 실행할 수 없고, 경험과 지식이 부족한 해외 현지자회사에 의해 가격결정이 독단적으로 이루어진다. 그러므로 현지국의 상황과 현지자회사의 이익만을 고려한 가격결정이 될 수도 있다.

셋째, 글로벌시장에서 기업과 제품에 관한 공통적인 이미지를 확립하기가 어렵다.

4 글로벌 가격결정의 주요 문제

여기서는 먼저 수출가격의 결정방법과 글로벌 이전가격의 결정방법 등을 알아본 다음 덤핑에 대해 다루고자 한다.

4.1 수출가격의 결정

(1) 수출가격의 결정방법

수출가격이란 수출을 위한 신제품 또는 기존의 제품에 대해서 결정되는 가치기준이다. 물론 수출가격 역시, 기업의 유지·발전·생존의 목표로서 이윤추구의 목적 하에서 결정된다. 이런 의미에서 수출품의 가격결정에는 사전 원가계산에 의한 계획과 특정 시장수요에 대한 적응성, 즉 시장성 또는 판매가능성 두 가지 요인이 기초가 된다.

수출가격을 결정하는 데 있어서 대부분의 기업들은 일정이윤첨가법을 출발점으로 하고 있다. 전형적인 일정 이윤첨가법은 예를 들어(제조비 + 연구개발비(R&D) + 간접비 + 운임 + 통관비 + 유통마진 + 예상이익)과 같은 형태로 이루어진다. 이러한 가격결정의 효과는 세계시장에 있어서 경쟁력있는 가격선을 넘어설 우려가 있다. 이 방법은 ① 간단하고 편리하게 적용이 가능하며, ② 장기적인 이윤의 극대화를 기하는 점에서 논리적이며, ③ 가장 안전한 가격결정방식이고, ④ 부당한 이익보다는 공정한 이익을 취득할 수 있다는 관념을 갖게 하는 등의 장점이 있다. 반면 단점으로는 ① 수요요인이 무시될 수 있으며, 특히 장래수요의 변화를 전혀 고려하고 있지 않으며, ② 경쟁자의 반응과 잠재적 경쟁발생에 따른 가격의 영향을 충분히 배려하지 못하고, ③ 배분원가의 과신으로 인한 왜곡된 원가에 근거하여 가격이 설정될 가능성이 있고, ④ 가격은 판매량에 영향을 미치고, 판매량은 원가에, 원가는 다시 가격에 영향을 미친다는 순환논리를 갖는다는 점을 들 수 있다.

가격결정에 있어서 원가가 중요하지만, 효과적인 가격전략은 경쟁자의 가격을 고려해야 한다. 경쟁가격은 경쟁자의 가격수준과 목표시장에서의 대체품에 대한 조사에 의해서 결정된다. 이러한 가격수준이 설정되면 기준가격을 결정할 수 있으며, 기준가격은 각 가격수준에서의 수요량의 평가, 판매에 소요되는 제비용의 예상, 가장 많은 수익을 얻을 수 있는 가격수준의 선택이라는 세 가지 단계로 결정된다. 최종 가격결정은 다른 마케팅믹스의 요소들이 설정된 후에야 결정이 가능한데 특히 유통의 전략, 제품전략, 촉진전략 등이 고려되어야 한다.

(2) 수출가격정책

1) 침투가격정책

침투가격정책(market penetration price policy)은 저가격을 주요한 수단으로 경쟁자로부터 시장의 성장을 자극하고 시장점유율을 증가시켜서 가급적 빨리 시장에 침투를 꾀하는 가격정책을 말한다. 이 정책은 수요의 가격탄력성이 높아 가격인하에 대한 수요자의 반응이 큰 경우, 잠재적 경쟁자의 시장참여에 따른 위험이 있는 경우, 소비자들이 당연히 구입해야 하는 제품인 경우 등에 효과적인 성과가 있다.

2) 상층흡수가격정책

상층흡수가격정책(market skimming price policy)은 상품이 고가격이기 때문에 그 대가를 기꺼이 지불할 수 있는 고객층에 대해 조심스럽게 시도되어야 한다. 이 가격정책은 생산능력이 제한된 경우에 흔히 사용된다. 높은 가격을 설정하기 때문에 수요는 그 가격을 지불할 의사와 능력이 있는 사람에 한정이 된다. 이 가격정책의 첫째 목표는 제한된 수량에 대한 수익을 극대화하고 수요와 공급을 일치시키는 것이며, 둘째 목표는 시장의 고가격층에 제품의 위치를 설정하는 것이다.

3) 시장유지가격정책

시장유지가격정책(market maintenance price policy)은 목표시장에서의 시장점유율을 현 상태대로 유지하기 위해서 가격을 설정하는 것이다. 이 정책은 시장에서의 현재 위치를 유지하기 위한 기업이 자주 채택한다.

(3) 수출가격의 표시

서로 언어, 관습, 법률 및 통화가 다른 수많은 국가들 간에 수많은 거래를 하자면 고의가 아니더라도 많은 오해와 분쟁이 생기기 마련이다. 마케팅관리자가 해외의 수입업자 등과 계약을 체결할 때 수출가격의 결정과 관련하여 직면하게 되는 실무적인 문제로서, 올바른 수출가격의 설정도 중요하지만, 이에 못지않게 수출가격의 표시통화, 각종 위험과 비용을 누가 부담하는가 하는 무역거래조건을 결정하는 것도 매우 중요하다 하겠다.

1) 표시통화

글로벌 가격결정에 있어서는 항상 수출가격의 표시를 어느 국가의 통화로 할 것이냐 하는 거래표시통화의 선택에 직면하게 된다. 이러한 수출대금의 결제통화 선택문제는 환율변동에 따르는 환위험을 회피하는데 중요하다.

수출가격의 표시통화로는 ① 수출국통화 ② 수입국통화 ③ 제3국통화가 사용되는데, 이 중에서 어떤 통화로 결제할 것인가의 결정은 일반적으로 거래당사자간의 협정에 의해 이루어진다. 수출가격은 국제적으로 널리 통용되며 안정성이 있는 통화로 표시해야 환위험을 최소화할 수가 있다. 자국통화로 하는 경우는 아무런 환위험이 발생하지 않으나, 상대국의 통화나 제3국의 통화로 표시하는 경우는 환율변동에 따르는 환위험이 수반된다.

이와 관련하여 우리나라는 지정통화제도를 채택하고 있어서 일련의 수출 또는 수입의 허가나 승인 시 외국환관리법에 규정된 지정영수통화와 지정지급통화로만 대외거래의 가격표시와 결제를 하도록 제한하고 있다.

2) 무역거래조건과 수출가격

국제무역거래상의 분쟁요소를 방지하고 무역의 확대를 도모하기 위해 1936년 국제상업회의소(International Chamber of Commerce : ICC)는 무역거래조건의 해석에 관한 국제규칙(International Rules for the Interpretation of Trade Terms)을 제정하였다. 이 통일규칙을 "INCOTERMS"라고 하는데, 무역관습의 변화에 따라 1953년, 1967년, 1976년, 1980년, 1990년, 2000년, 그리고 2010년에 개정 또는 보완되어 현재 11가지 거래조건을 사용하고 있다.

▌표 11-1▐ Incoterms, 2010의 주요 특징

구 분	가 격 조 건	전신약호
운송수단에 관계 없이 사용되는 규칙	• 공장인도(Ex Works : insert named place of delivery)	EXW
	• 운송인인도(Free Carrier : insert named place of delivery)	FCA
	• 운송비지급인도(Carriage Paid To : insert named place of destination)	CPT
	• 운송비보험료지급인도(Carriage and Insurance Paid To : insert named place of destination)	CIP
	• 터미널인도(Delivered At Terminal : insert named terminal at port or place of destination)	DAT
	• 목적지인도(Delivered At Place : insert named place of destination)	DAP
	• 관세지급인도(Delivered Duty Paid) : insert named place of destination)	DDP
해상운송 및 내륙수로 운송에 사용되는 규칙	• 선측인도(Free Alongside Ship : insert named port of shipment)	FAS
	• 본선인도(Free on Board : insert named port of shipment)	FOB
	• 운임포함인도(Cost and Freight : insert named port of destination)	CFR
	• 운임보험료포함인도(Cost, Insurance and Freight : insert named port of destination)	CIF

자료 : 김희철·이신규·이응권, 「무역학개론」, 도서출판 두남, 2015, pp.284 ~ 308.

4.2 글로벌 이전가격의 결정

(1) 글로벌 이전가격의 성격

기업은 성장함에 따라 보다 효과적인 경영과 기업목적을 달성하기 위하여 이익센터(profit center)로서의 분리된 사업부 또는 자회사 등을 설립하여 활동영역을 확장시켜 나가게 된다. 분리된 이익센터로서의 자회사는 성과에 대한 측정과 평가, 기업목적 달

성을 위한 부문관리의 조장 등의 목적을 위한 하나의 제도이다. 이러한 목적을 달성하기 위해서는 이전가격의 합리적 운용이 필수적이다. 이전가격(transfer pricing)이란 일반적으로 기업체내의 조직 간에, 기업그룹 내에서 또는 기업체와 해외자회사간에 판매되는 제품에 부과하는 가격을 말한다. 이전가격의 결정은 생산부서에서 수출부서로 팔리는 상품, 수출부서에서 해외자회사로 팔리는 상품에 대한 가격을 어떻게 결정하느냐 하는 두 가지 문제가 제시된다.

국내의 이전가격체제는 하위부서의 목표를 달성하기 위한 부문관리를 자극·조장하고, 부문이 목적을 달성할 수 있도록 충분한 유연성을 제공하고, 동시에 기업의 이익목표를 달성하기 위한 방법이다. 그러나 이러한 이전가격체제가 국경선을 넘어 확장될 때는 새롭고 복잡한 이전가격문제가 추가된다. 특히 조세, 관세 및 현지 시장상황 경쟁적 상황 등을 고려해서 결정하여야 한다.

글로벌 이전가격은 전사적 차원에서 이익을 극대화할 수 있으며, 해외자회사는 계열사의 글로벌 마케팅활동을 통제할 수 있는 유용한 수단으로 활용될 수 있다.

(2) 글로벌 이전가격의 결정방법

글로벌 이전가격의 결정방법은 직접원가이전, 원가가산이전, 시장가격이전, 전략가격이전 등의 네 가지를 들 수 있는데, 이러한 방법들은 기업, 제품, 시장, 역사적 상황 등에 따라 각각 달라진다.

1) 직접원가이전(transfer-at-direct cost pricing)

이는 모든 직접비용을 합계해서 이전가격을 계산하는데, 생산량의 증가에 따른 비용체감을 고려하지 않고 있다. 따라서 원가계산에 타당성이 작으며 소수의 기업이 이 방법을 사용하고 있다.

2) 원가가산이전(transfer-at-cost plus pricing)

이는 직접원가 + 간접원가이전으로서 가장 많이 쓰이는 방법이며, 기업시스템 내에서 제품이 이동하는 단계마다 이익이 계산되어야 한다는 입장의 방법이다. 이 방법은 가격이 경쟁과 구매력을 고려하지 않고 있다는 점에서 시장의 영향요소를 무시하고 있다.

3) 시장가격이전(market-based pricing)

이는 현지시장에서 판매되는 가격으로 이전하는 방법이다. 이 방법에 있어서의 제약요소는 원가인데, 원가는 제품량의 증가에 따라 감소되므로 현재치와 예측치 중 어느 것을 기준으로 할 것인가의 문제가 발생한다. 시장가격이전은 시장수요위주의 가격결정이므로 전략적 측면에서 볼 때 세계시장의 침투목적에 용이하게 쓰인다.

4) 전략적 이전(transfer-at "arm's-length" pricing)

이는 경쟁가격결정방법으로서 외부에 판매하는 가격과 동일한 가격으로 이전을 하는 방법이다. 이 방법에 따르면 모든 제품의 가격은 동일한 수준으로 결정되며, 각 유통단계별로 채택될 수 있는 가격수준이 모두 적용가능하다는 점에서 가격결정의 폭은 아주 넓어진다. 차별화된 제품의 전략적 가격이전을 결정할 때 기억해야 할 중요한 사항은 사전에 결정되는 특정가격이 아니라 그 가격의 범위인 것이다.

4.3 덤핑

(1) 덤핑의 정의

덤핑(dumping)은 간단히 보면, 단순한 국가 간의 가격차별화로 이해할 수 있다. 그러나 대부분의 수입국들이 덤핑에 대한 규제조치를 부과하고 있기 때문에 가격차별화의 수단으로만 볼 수는 없다. 일반적으로 덤핑은 '공정가격 이하의 판매'로 정의되지만, 공정가격을 무엇으로 보느냐에 대해서는 다양한 의견이 있을 수 있다. 수출국 동종제품의 가격, 수입국내 동종제품의 가격, 제3국 수출가격 중 가장 높은 가격 등이 그 예이다. 이와 같이 준거가 되는 비교 가격이 없을 경우, 구성가격(constructed value)이라 하여 원가와 적정수준의 유통마진을 고려한 가격을 산출하기도 한다.

(2) 반덤핑 관세의 부과

덤핑에 대한 수입국의 규제조치는 주로 반덤핑(anti-dumping) 관세의 부과로 나타난다. 반덤핑 관세는 일반적으로 덤핑 사실의 확인, 국내산업에 대한 피해, 그리고 이들 사이의 인과관계 등 3가지의 요건이 구비되어야 부과된다. 덤핑 사실의 확인, 즉 덤핑 여부의 판정과 산업피해 조사는 서로 다른 기관에서 하는 경우가 많은데, 미국의 경우 전자는 상무성에서 하고, 후자는 국제무역위원회(ITO)에서 하고 있다.

(3) 반덤핑 대응전략

반덤핑 관세가 부과되면 가격경쟁력의 하락으로 수출에 큰 타격을 입게 된다. 그러나 최종적으로 덤핑 판정과 관세 부과를 받지 않더라도 일단 덤핑 제소에 말려들면 자료 준비, 변호사비용 등 시간적으로나 경제적으로 피해를 입게 된다. 따라서 덤핑 문제의 소지를 예방하는 것이 무엇보다 필요하다.

덤핑에 대한 대응은 크게 두 가지로 나누어진다. 하나는 사전대책이고, 다른 하나는 사후대책이다. 사전대책은 반덤핑의 제소가 들어오기 전에, 기업이 취할 수 있는 여러 방법으로 제품차별화, 비가격전략 활용, 그리고 사전교섭 등이 있다. 제품차별화는 국내제품과 수출제품을 다르게 만드는 것으로, 국내에서 판매하는 제품의 모델과 해외시장에 판매하는 제품의 모델을 다르게 하는 것이다. 예를 들면, 자동차의 악세사리를 부착하지 않고 포장만 하여 선적한 다음, 현지에 이를 조립하는 방법이다. 또 다른 대응 방법은 비가격경쟁으로 수입중간상에게 대금결제기간을 연장해 주거나 판매에 필요한 비용을 일부 보존해 준다거나, 리베이트를 제공해 주는 등의 실질적인 가격인하 효과를 유지하는 방법이다. 사전교섭은 제소자 측과의 협상을 통해 법정 이외에서 타협을 하거나 호소를 하여 제소를 취하하도록 유도하는 전략이다.

반덤핑에 대한 사후대책은 사건이 발생한 다음에 기업이 취하는 여러 수단을 말하는데, 일단 문제가 법정으로 옮겨지면 법률전문가의 투입이 불가피해지고, 따라서 유능한 법률사무소와 변호사의 자문을 구하는 것이 우선 과제이다. 그러나 반덤핑의 문제는 법률문제만이 아니기 때문에 경영자문을 구하는 것도 병행되어야 한다. 특히 회계자료의 증명은 중요한 준비사항이기 때문에 공인회계사와 심지어 덤핑컨설팅회사의 고용도 고려할 수 있다.

제11장 주요 학습 용어

글로벌 가격결정	원가 중심적 가격결정	목표 지향적 가격결정
수요 중심 가격결정	차별적 글로벌 가격결정	단수가격결정
촉진적 가격결정	위신가격결정	준거가격결정
경쟁 중심적 가격결정	모방가격결정	입찰가격결정
가격표준화전략	가격차별화전략	침투가격정책
상층흡수가격정책	시장유지가격정책	글로벌 이전가격
국제무역거래조건	덤핑	

참고문헌

김주헌, 국제마케팅, 문영사, 2016.

김희철, 글로벌시대의 국제마케팅, 두남, 2007.

김희철·이신규·이응권, 무역학개론, 두남, 2013.

박주홍, 글로벌마케팅, 유원북스, 2013.

이장로 외, 국제마케팅, 무역경영사, 2018.

이범희, GLOBAL마케팅, 탑북스, 2012.

이철, 글로벌마케팅, 학현사, 2016.

정헌배·김희철, 지구촌마케팅, 법문사, 2000.

Keegan, Warren J., *Global Marketing Management,* 8th ed., New Jersey: Pearson, 2014.

Kotler, Philip, *Marketing Management : Analysis, Planning, Implementation and Control*, 11th ed., Prentice-Hall, 2003.

제12장 글로벌 유통관리

- 유통관리의 기초개념
- 글로벌 유통관리
- 글로벌 유통경로전략
- 글로벌 물적유통관리
- 글로벌 회색시장관리

1 유통관리의 기초개념

1.1 유통관리의 의의

유통이란 "제품을 매개로 하여 생산자로부터 최종소비자에 이르기까지 다양한 조직들 사이의 관계들을 연결시켜주며 주문, 거래협상, 지불, 금융 및 수송, 보관과 같은 마케팅기능의 흐름을 촉진시켜 주는 활동"을 의미한다. 유통의 개념에는 제품의 흐름에 따른 상거래활동과 제품의 물리적 이동이 포함되어 있다.

이러한 유통은 생산이 집중화되고, 지역화 되어 있는 생산자와 다양한 수요를 가지고 지리적으로 분산되어 있는 소비자 간의 접촉을 보다 용이하게 한다. 대다수의 경우 생산자들은 스스로 독자적인 유통기구를 소유할 만큼의 재정능력이 없거나, 설령 있다 하더라도 자기 제품만의 상품화를 통한 경제적 수익성을 확보하지 못하고 있다. 따라서 판매의 목표를 달성하기 위하여 생산자는 중개자에게 마케팅활동의 분할과 판매책

임의 위임이 필요해진다. 물론 여기서 중요시되는 것은 생산자에 대해서 유통업자가 가지는 자율성의 수준과 마케팅계획의 실현을 위하여 생산자가 유통업자에게 구사할 수 있는 통제의 수준에 따라 유통의 효용은 크게 달라진다는 것이다.

유통관리란 '재화와 용역을 적절한 상태로, 정해진 시간 내에, 원하는 장소로, 필요한 양만큼 소비자에게 전달하는 것과 관련된 행동양식, 즉 적절한 유통경로를 선택하고 이를 효율적으로 운영하는 활동'을 말한다. 그러므로 유통경로는 생산자와 소비자사이의 장소적 분리를 채워주는 마케팅활동인 것이다.

1.2 유통경로의 의의

원활한 유통을 위해서 유통경로가 구축, 관리되어야 한다. 유통경로란 "특정제품이나 서비스가 소비 또는 사용될 수 있도록 하는 과정과 관련되는 일체의 상호 의존적인 조직"이다. 이러한 유통경로의 개념은 제품의 운송, 보관 등의 물적 유통뿐만 아니라 대금, 정보, 촉진활동의 흐름, 생산자와 중간상 및 소비자사이의 거래협상을 통한 소유권 이전 등을 모두 포함하는 광의의 의미이다. 그러므로 유통경로에는 기업내부의 마케팅 관련 조직 및 대리상, 딜러, 도매업자, 소매업자 등 기업외부의 독립적인 중간상이 포함된다.

이러한 유통경로는 제품이나 서비스를 생산자로부터 최종소비자에게로 전달하는 도구를 사용함으로써 마케팅전략에서 중요한 역할을 수행하고 있다. 소비자가 만족할 수 있는 제품을 생산하는 것도 중요하지만, 이러한 제품의 생산만으로는 소비자의 욕구를 만족시키고 기업의 목표를 달성하는 것은 불가능하다. 이를 성취하기 위해서는 제품이 표적시장의 소비자들에게 적절한 시간 내에, 접근 가능한 장소에, 적절한 수량만큼 제공함으로써 효용을 창출하는 것이 바로 유통경로인 것이다. 그러므로 유통경로는 시장에 제품을 특별히 배급하는 독립적 기업들과 유의한 협력관계를 나타낸다.

제조업자의 유통경로에 관한 의사결정은 마케팅관리자가 직면하는 가장 중요한 의사결정의 하나로서, 기업이 제품이나 서비스를 그들의 표적시장에 효율적으로 도달시키는 방법을 결정한다. 이러한 유통경로는 제품, 가격, 촉진 등의 다른 마케팅믹스의 의사결정에 많은 영향을 주고 있어, 적절한 유통경로의 선택과 성과는 곧 기업성공의 중요한 결정요인의 하나가 되고 있다.

유통경로의 전략적 중요성은 다른 마케팅믹스와는 달리 쉽게 변화시킬 수 없는 유통경로의 비탄력성과 각국의 지역적 특성에 따라 고유한 유통경로가 존재하는 유통경로의 국가별 특수성에 있다.

1.3 유통경로의 효용

일반적으로 제품만이 오직 소비자의 욕구를 충족시켜 주는 효용을 가지고 있다고 생각하기 쉽다. 유통경로 또한 독자적으로 효용을 창출하여 소비자에게 제공하고 있다. 유통경로는 소비자에게 다음 4가지 유형이 효용을 제공한다.

(1) 시간효용(time utility)

이는 소비자가 원하는 시기에 언제든지 제품이나 서비스를 구매할 수 있는 편의를 제공해주는 것을 말한다. 예를 들면 24시간 영업을 하는 편의점들은 소비자들이 원하는 시간에 언제나 이용 가능하므로 슈퍼마켓에 비해 더 많은 시간효용을 제공하고 있다고 할 수 있다.

(2) 장소효용(place utility)

이는 소비자가 제품이나 서비스를 구매하기에 용이한 장소로 제품이나 서비스가 전달될 때 창출되는 효용이다. 예를 들어, 소비자가 제품 구입을 위해 직접 제조업자의 공장으로 찾아가야 한다면 소비자가 제품구매에 상당한 시간과 비용을 투자하여야만 한다. 그러나 소비자의 거주지에 출점되어 있는 중간상의 존재로 소비자는 제품의 구매처에 쉽게 접근이 가능하다.

(3) 소유효용(possession utility)

이는 생산자나 중간상으로부터 소비자에게로 상품이나 서비스가 거래되어 제품이나 서비스의 소유권이 이전되는 과정에서 발생하는 것을 말한다. 이러한 소유 면에서의 효용은 곧 소비자로 하여금 상품과 서비스를 소유할 수 있도록 도와주는 중간상의 여러 가지 활동을 가리킨다. 예를 들어, 최근에는 제품을 소비자가 구매하지 않고도 중간상의 도움으로 구매와 동일한 효용을 얻을 수 있게 되고 있는데 자동차, 비디오, 컴퓨터, 서적 등의 대여를 통한 경우가 그것이다.

(4) 형태효용(form utility)

이는 상품과 서비스를 조립 및 준비 과정에서 개별 소비자들에게 좀 더 매력적으로 보이게끔 하기 위해서 그 형태 및 모양을 변화시키는 모든 활동을 말한다.

이처럼 유통경로는 제품이나 서비스에 시간, 장소, 소유, 형태 효용을 창출하여 제품의 부가가치를 높여줌으로써 소비자들의 효용을 증가시키고 제조업자의 판매를 효율적으로 도와주는 역할을 하고 있다.

2 글로벌 유통관리

2.1 글로벌 유통관리의 의의

글로벌 유통은 일반적으로 한 국가의 생산자로부터 중간 유통업자를 거쳐 다른 국가의 최종소비자에게 제품이 전달되는 일련의 단계적인 과정을 뜻한다. 이러한 글로벌 유통은 국경선을 넘어 제품이 이동되기 때문에 글로벌기업이 영업활동을 전개하고 있는 시장의 수, 지리적인 거리, 현지국시장의 유통경로 특성, 기타 환경적인 특성으로 인하여 국내유통과는 기본적으로 다르며 훨씬 더 그 구조가 복잡하다 하겠다. 그러므로 글로벌 유통경로는 글로벌기업의 사업형태, 글로벌화의 수준, 주요 취급제품의 유형과 특성 등에 따라 상이하게 설정되게 된다.

글로벌 유통관리란 상이한 국별 환경요인들을 고려하고, 글로벌기업의 마케팅목표에 의거하여 글로벌 유통경로를 설정하고 유지 및 관리하는 여러 가지 기업의 활동을 의미한다. 이러한 글로벌 유통관리는 물론 기업의 경쟁적 지위와 각 현지시장에서의 전체적인 마케팅목표에 적합해야 한다. 글로벌 유통관리는 적절한 유통경로를 선정하고, 이를 효율적으로 운영하기 위한 목적 하에 이루어지는데, 구체적으로는 ① 비용의 극소화 ② 판매의 극대화 ③ 유통경로에 대한 수출업자의 적합성 혹은 호의의 극대화 ④ 통제의 극대화 ⑤ 연속성의 극대화라는 목표 하에 수행된다.

2.2 글로벌 유통관리의 대상

가장 효과적인 유통관리의 시발점은 표적시장의 명확한 결정과 표적시장의 욕구와 선호도를 파악하는 일이다. 즉 잠재고객들은 어디에 위치하고 있는가? 그들의 정보원은 무엇인가? 선호하는 서비스는 무엇인가? 그들은 가격에 얼마나 민감한가? 고객선호도의 수준은 어떤 시장에서는 적절하나 다른 시장에서는 효과적이 되지 못하는 경우도 발생하기 때문에 조심스럽게 결정되어야 하며, 또한 제공하는 서비스 비용을 결정하기 위해서는 각 시장에 대한 분석이 선행되어야 한다.

글로벌마케팅에서의 유통전략은 각 시장에서의 마케팅목표와 그 기업의 경쟁능력에 적합해야 한다. 기업목표와 능력에 부합되는 글로벌 유통경로 모형화의 과정은 다음의 각 요소들을 고려하여 이루어진다.

(1) 글로벌 소비자

소비자들은 유통경로전략을 수립하는 데 중요한 영향을 미친다. 국가마다 고객의 수, 지역적 유통경로, 소득, 구매습관 등이 다양하기 때문에 국가마다 판매기법과 유통경로도 달라져야 한다. 일반적으로 고객들의 수가 많으면 많을수록 시장발전수준에 관계없이 중개상들의 욕구도 그만큼 더 다양해진다. 제품의 소비자가 아주 많다면 소비유통경로로 혹은 통신판매형태로 판매될 수밖에 없다. 소규모 소매상들이 많은 경우 도매상들은 경유하여 소규모 소매상들과 거래하는 것이 유통비용이 더 저렴한 반면, 대규모 소매상들과는 직접 판매하는 것이 더 효과적이다. 이러한 일반적인 개념은 경제발전수준에 관계없이 모든 국가에 적용될 수 있다.

(2) 글로벌 제품

표준화의 정도, 부패가능성, 부피, 서비스요건, 단가 등과 같은 제품에 관련된 속성들은 유통경로전략 수립에 중요한 영향을 미친다. 예를 들면 높은 단가의 제품들은 직영판매조직을 통해서 주로 판매되고, 낮은 단가의 제품들은 주로 대리판매조직을 통해 시장에 공급된다. 어떤 제품들은 비용이 많이 드는 판매기법의 이용에 따른 비용을 부담하기 위해 높은 가격수준을 필요로 한다.

부패성 제품들은 대개 유통경로상의 제품상태가 최종소비자들이 구입했을 때 만족감을 느낄 수 있도록 직접적인 마케팅을 필요로 한다. 선진국에 있어서 야채, 빵, 유제품과 같은 대다수 식료품들은 제한된 판매망에 의해 유통되며, 저개발국가의 생산업자들은 전형적으로 이러한 제품들을 공공시장(public marketplace)에서 판매한다.

부피가 큰 제품들은 대개 선적거리가 아주 짧은 유통경로를 필요로 하고, 긴 판매기간을 요하는 제품들은 최종소비자들에게 유통업자를 통하여 공급한다.

(3) 글로벌 중개상

유통경로전략을 수립할 때 기존 중개상들의 특성도 고려해야 한다. 중개상들은 거래 시에 제조업체의 이익을 극대화하는 것이 아니라 자신들의 이익을 최우선으로 생각한다. 중개상들은 복종(push)전략을 필요로 하는 제품의 판매를 회피하고, 수요가 있는 제품이나 상표의 주문을 우선적으로 판매하는(cherry picking)경향이 많다. 이것은 중개상들의 입장에서는 합리적인 반응이지만, 신제품을 시장에 공급하려는 제조업자들에게는 심각한 장애요소로 나타날 수 있다. 왜냐하면 "cherry picker"는 신제품을 위한 시장의 개척 시에는 적극적으로 개입하지 않기 때문이다. 이것은 확장일로에 있는 글로벌기업들에게는 극히 중요한 문제가 될 수 있다.

일부 제조업자들은 시장점유율을 획득하기 위해 비용이 많이 드는 직접적인 유통조직을 설립하는 경우도 있으며, 표적시장에서 목표시장점유율을 확보하고 난 후에는 비용이 많이 드는 유통경로기구를 포기하게 된다. 비용이 많이 드는 직접적인 판매점을 설치하지 않고 "cherry picking"문제를 해결하는 또 다른 방법은 유통업자가 활용하고자 하는 판매원들의 비용을 보조해 주는 것이다. 이러한 방법은 해당 유통업자가 보다 적극적으로 회사제품의 판매와 판매지원을 하도록 유도할 수 있는 장점이 있다.

(4) 현지국의 시장환경

환경은 유통경로전략 수립에 주요한 고려요소로서 작용한다. 경제적, 사회적, 정치적 환경이 국제적으로 매우 다양하기 때문에 현지관리자 또는 중개상들에게 의사결정의 독자성을 부여할 필요가 있다. 유사한 경제발전단계에 있는 여러 국가들의 식료품 유통시스템을 비교해 보면, 한 국가의 시장환경이 유통경로에 얼마나 영향을 미치는가를 알 수 있다.

고소득국가인 미국에 있어서는 대형냉장고, 승용차를 보유하고 있기 때문에 주로 가정주부들은 슈퍼마켓에서 1주일분의 식료품을 한 번에 구입하는 경우가 많다. 슈퍼마켓은 대량구매체제를 갖고 있기 때문에 재래식 식료품점보다도 더 낮은 가격으로 식료품구입자들의 욕구를 충족시킬 수 있으며, 고소득 수준의 소비자들에게 흥미를 끄는 소규모 식료품점보다도 더 다양한 상품의 선택권을 제공할 수 있다. 저개발국의 식료품점들은 도시 이외에는 존재하지 않고 있다. 소량의 식료품들을 공공시장(public market)에서 생산자들이 직접 판매할 뿐이다. 설탕, 성냥, 일부의 캔제품, 조미료와 같은 추가품목들을 비축하는 소규모 점포들은 현지에서 생산되지 않는 식료품들을 소규모 시장에서 공급한다.

3 글로벌 유통경로전략

3.1 글로벌 유통경로의 선택

(1) 글로벌 유통경로의 유형과 선택

1) 글로벌 유통경로의 유형과 특성

글로벌기업이 생산한 제품을 글로벌시장 소비자에게 전달하는 과정에는 다양한 형태의 유통경로 구성원이 참여하게 되는데, 국별로 또는 제품별로 열거하기가 곤란할 정도로 다양하다. 이동되는 과정에서 제품의 소유권과 영업활동의 주체에 따라 해외중간상과 해외대리상으로 분류할 수 있다. 해외중간상에는 수입업자, 제조업자, 유통업자(distributor), 딜러(dealer), 도매상, 소매상, 외국의 정부관련 기관 등이 있으며, 해외대리상에는 해외중간상과 중개업자(broker), 대리점, 팩터(factor) 등이 있다.

이상과 같은 글로벌 유통경로의 대표적인 유형과 특성을 간략히 요약하면 [표 12-1]과 같다.

가. 글로벌 중간상

글로벌 중간상(global merchant middleman)은 자신의 이름으로 제품을 수입하고, 영업활동을 통하여 이익을 창출한다. 제조기업의 입장에서는 이들 중간상에게 제품을 인도하는 것으로 제반 위험에서 자유롭게 된다. 제품의 소유권이 중간상에게 넘어가기 때문이다. 그러나 이들 중간상의 충성도는 매우 취약하며 통제하기가 어렵다. 장기적인 거래의 지속기간에 따라서 상호간의 신뢰가 쌓이게 되고, 충성도가 제고될 수 있지만,

글로벌 대리상에 비해 상대적으로 충성도에 한계가 있다.

수입업자

제품을 자기의 위험부담 및 계산으로 수입하여 이를 수입국 현지의 도매업자 또는 소매상에게 판매한다. 제품에 관한 전문적 지식을 필요로 하기 때문에 주로 특정 제품 계열만을 전문적으로 취급하는 수입업자가 많다.

제조업자

제조업자들은 자사의 기존 판매망이나 전문 수입업자들과 마찬가지로 도·소매 유통 경로를 통하여 자사제품을 판매한다.

유통업자

해외의 유통업자는 독립적인 중간상의 대표적인 형태로서, 대부분의 특정국에서의 독점적 판매권을 향유하며, 해외의 제조업체와 긴밀한 유대관계를 맺고 있다.

딜러

일반적으로 딜러란 특정 제품의 매매에 있어서 공급업자와 지속적인 관계를 유지하면서 산업재 또는 내구성소비재를 소비자에게 직접 판매하는 중간상을 말한다. 딜러는 공급업체와의 지속적인 관계를 바탕으로 특정 지역에 있어서 제조업체의 제품을 독점적으로 판매할 수 있는 권한을 갖는 만큼 취급품목도 단일 제조업체의 것만으로 한정하는 것이 보통이다.

도매상과 소매상

오늘날 크고 작은 다양한 형태의 도매상과 소매상들은 보다 낮은 단계의 유통경로 구성원들에 대한 재유통이나 최종소비자를 대상으로 한 유통을 위하여 직접 수입업무에 종사하는 경우가 많다. 선진국의 소매상일수록 자사의 구매력 또는 자본력을 이용하여 도매업자를 통하지 않고 직접 수입업자들로부터 제품을 구입하기도 하고, 때로는 자사의 수입조직을 이용하여 직접 해외로부터 제품을 수입하여 판매하기도 한다.

외국의 정부관련기관

각국 정부는 수행하는 사회서비스에 필요한 물자들을 대부분 직접 조달하기 때문에 글로벌 마케팅관리자들은 현지정부 또는 공공기관과 거래하는 경우도 있다.

나. 글로벌 대리상

글로벌 대리상(global agent middleman)은 제조기업 등의 글로벌 수출기업으로부터 위탁을 받아서 영업활동을 수행하며, 수입금액의 일정한 비율을 수수료(commission) 형태로 수취하게 된다. 글로벌 대리상은 제품에 대한 소유권이 없으며, 제품에 대한 위험부담도 없다. 제품에 대한 모든 위험부담은 글로벌기업이 부담하게 된다. 글로벌 대리상은 기업에 대한 충성도가 높으며, 통제하기가 용이하다.

중개인

해외의 중개업자는 특히 1차산품이나 음식료품을 전문적으로 취급하며, 그 대가로 일정액의 중개수수료를 취득한다. 이들은 현지고객들에 대한 정보가 밝기 때문에 이들을 활용하며 적은 비용으로 해외시장에 신속히 침투할 수 있는 장점을 가지고 있다.

대리점

해외대리점은 경우에 따라서 특정 도시, 지역, 당해 시장국 또는 인접국 제조업체의 제품에 대한 판매권을 향유하는 유통기구이다. 이들은 광범위한 시장을 커버할 수 있는 이점 때문에 산업재 및 각종 소비재의 유통에 널리 이용된다.

표 12-1 글로벌 유통경로의 유형과 특성

항 목	해외대리상			해외중간상		
	중개업자	대리점	팩터	유통업자	딜러	도·소매상
독립적 명의	X	X	X	O	O	O
소유권			O	O	O	O
지속적인 관계	아님	대개 지속적	지속적	지속적	지속적	지속적인 편
통제가능성	낮음	보통	보통	높음	높음	없음
가격조정권	없음	없음	일부	일부	일부	자유재량
거래기업수	다수	극소수	소수	소수	소수	다수
주요취급 품목	1차산품	공산품	공산품	공산품	공산품	소비재
제품계열	다양	관련품목	다양	중간	재한적	중간
품목취급	O	X	X	X	X	O
촉진노력	없음	보통	없음	보통	많음	대개 없음
시장정보 제공	없음	많음	많음	보통	많음	없음

팩터

팩터는 수출업자가 맡긴 제품의 판매알선과 함께 구매자의 지급보증업무까지 수행하는 국제적 조직이다. 팩터의 주요한 기능은 수출업자와 수입업자의 중간에서 신용위험을 덜어준다. 그러므로 팩터는 일정액의 판매수수료 외에 지급보증의 대가로 지급보증 수수료까지 추가로 수취한다.

2) 글로벌 유통경로의 선택

표적시장에서의 글로벌 대리상과 글로벌 중개상 선택은 매우 어려운 의사결정이다. 왜냐하면 일정시점에서 볼 때, 어떤 글로벌 중개상들과 글로벌 대리상들은 우수하고 만족스러운 성과를 나타내는가 하면, 또한 어떤 글로벌 대리상들은 불만족스러우며 바꿔야 할 필요성이 생기기도 하기 때문이다.

우수한 글로벌 대리상과 글로벌 중간상을 선택하기 위해서 기업은 특정국가의 현지 상공회의소나 현지 무역협회로부터 유통업자들의 명단을 제공받을 수 있다. 그러나 단순히 우편으로 명단을 평가하지 말고 현지에 직접 가서 자사제품을 판매하고 있는 담당자와 면담함으로써 글로벌 대리상들이 선호하는 제품의 성향과 그 이유를 파악할 필요가 있다. 아울러 해당제품이 소비재라면 소매상에 직접 가서 자사제품과 유사한 동종제품을 구입하는 장소와 그 이유를 찾아낸 다음 적정한 유통경로를 선택해야 한다. 또한 자사제품을 구입하는 사람들은 사회계층상 어떤 부류에 속하는 사람들인가를 확인해야 한다.

또 다른 성공적인 글로벌 대리상들과 글로벌 중개상들의 선택·고려조건은 그들의 취급제품과 더불어 번창할 수 있어야 한다는 것이다. 따라서 제품은 표적시장에 알맞게 디자인되어야 하고 가격 면에서도 타사제품과 경쟁될 수 있는 경쟁가격으로 책정되어야 한다. 대리상은 이러한 상황 속에서 소비자들의 욕구와 경쟁자들에 대한 정보를 제공함으로써, 그리고 그들이 취급하는 제품을 판촉함으로써 제조업체에 도움을 줄 수가 있다. 이를 위해서는 그 대리상들이 그 제품을 취급함으로써 수익을 얻을 수 있다는 확신을 가질 수 있도록 긴밀한 협조체제를 유지해야 한다는 것이다. 한 제품계열(line)에서 수익을 올리지 못하는 대리상이 그 제품계열을 포기한다는 것은 극히 단순한 이치이다.

(2) 제품유형별 글로벌 유통경로대안

어떤 유형의 글로벌 유통경로를 선택하는 것이 글로벌기업의 입장에서 가장 바람직한가 하는 문제는 제품의 종류, 목표시장의 여건 및 글로벌기업의 내부환경 등에 의해 결정된다.

1) 소비재의 글로벌 유통경로

소비재의 글로벌 유통경로 대안은 [그림 12-1]에 표시되고 있다. 첫 번째 대안그룹은 수출상인을 활용하는 것이다. 여기서 생산자는 글로벌시장에서 제품의 마케팅에 적극적으로 관여하지 않으며, 따라서 간접수출활동인 것이다. 수출상인은 시장기회를 관찰하며, 그리고 새로운 시장의 침투에 주도권을 가지게 된다. 수출대리상을 활용하는 5개 대안의 두 번째 대안그룹은 생산자가 수출에 대한 주도권을 가지고 있으며, 글로벌시장을 발견하기 위하여 대리상을 탐색하는 것이다. 세 번째 대안그룹은 생산자가 수입중간상인을 활용하지 않고 해외시장에 직접 관련을 가지는 직접수출활동을 한다.

글로벌시장에 제품을 수출하는 가장 적절한 방법을 결정한 후에는 현지시장에서 수입중간상인을 활용할 것인가 여부를 결정해야 한다. 수출중간상인과 직접수출활동의 생산자는 이러한 결정에 직면하게 되며, 최선의 결정은 주로 마케팅활동에 관한 기술

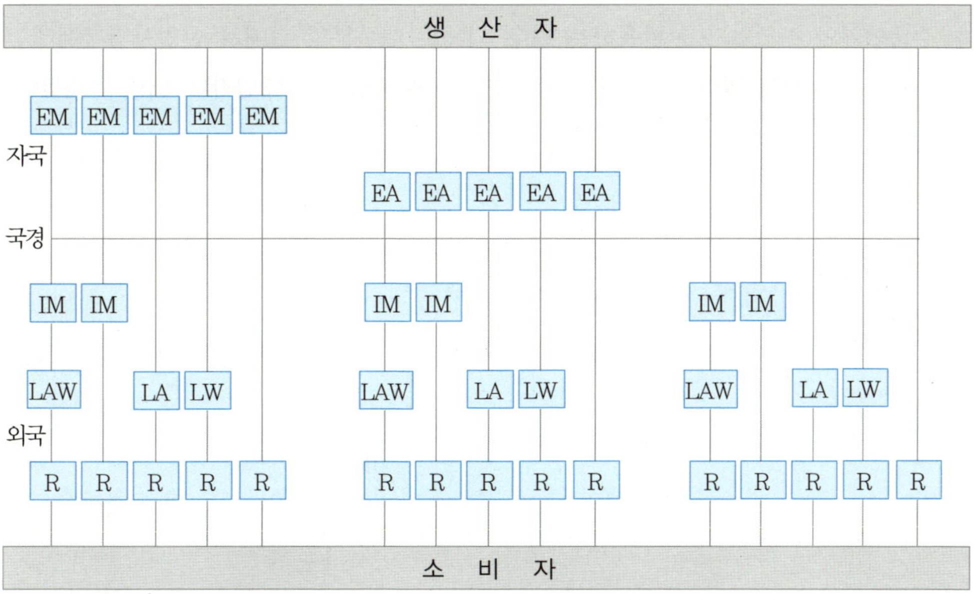

EM – 수출상인(export merchant)
EA – 수출대리상(export agent)
IM – 수입중간상인(import middleman)
LA – 현지대리상(local agent)
LW – 현지도매업자(local wholesaler)
LAW – 현지대리도매업자(local agent wholesaler)
R – 소매업자(retailer)

[그림 12-1] 소비재의 글로벌 유통경로

수준과 글로벌시장 침투정도에 관한 계획에 의존한다. 유통경로가 단축될수록 기업은 전체 마케팅프로그램에 관하여 더 많은 통제권을 행사할 수 있다. 그러나 기업은 글로벌시장에서 마케팅조직을 개발하는데 소요되는 시간 및 비용과 그리고 마케팅계획을 정확히 실행함으로써 얻는 이득을 균형시켜야 한다.

유통경로의 이상적인 길이는 생산자의 목표 및 금융력과 함께, 시장의 크기 및 집중도, 소비자의 구매유형, 이용 가능한 중간상인의 특성과 그들이 제공하는 서비스와 같은 요인에 의존한다.

2) 산업재의 글로벌 유통경로

산업재의 글로벌 유통경로는 [그림 12-2]와 같다. 산업재의 경우에는 비교적 짧은 판매-중간상-구매의 기본적인 경로형태를 취하게 된다. 현지생산을 하는 경우, 즉 글로벌기업의 해외직접투자가 이루어진 경우에는 제반 마케팅의사결정을 하게 된다. 직접 고객에게 판매할 수도 있고, 중간상을 거쳐 고객에게 이르는 유통경로를 택할 수도 있다. 그러므로 유통경로의 대안은 수출 및 수입중간상인을 활용하는 경우와 그렇지 않은 경우를 포함한다. 산업재의 유통경로는 일반적으로 짧으며, 소비재의 경우보다 직접적이다. 수출업자와 수입업자를 활용하는 경우 외에는 대부분의 판매가 산업사업자에게 직접 행해질 가능성이 많다. 현지의 중간상인이 사용된다면 도매업자나 대리상 중의 하

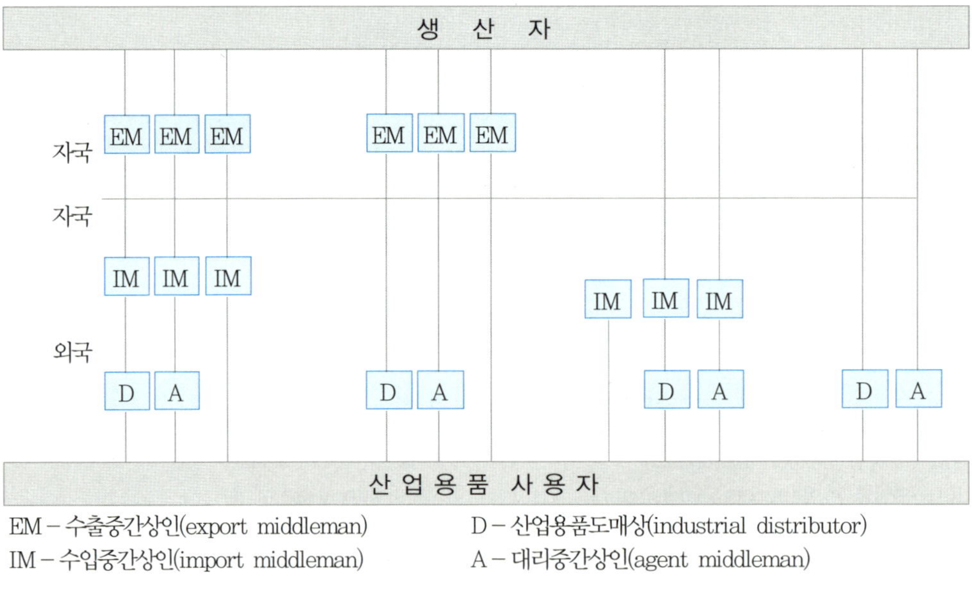

[그림 12-2] 산업재의 글로벌 유통경로

나가 활용하는 경우가 일반적이다. 이러한 다양한 형태의 유통경로는 산업재 역시 국가마다 상이하므로 유통 파트너의 선정 및 통합을 고려하여야 한다.

3.2 글로벌 유통경로전략의 목표

기업의 전사적 마케팅전략은 기업의 건전한 장·단기 수익목표를 구체적으로 반영해야 하는 반면에, 글로벌 유통경로전략은 특정한 전략적 목표를 달성할 수 있도록 비용(cost), 자본(capital), 통제(control), 시장침투(coverage), 시장과 기업의 특성(character), 연속성(continuity) 등 6대 요소(six Cs of Channel strategy)를 반영하여 수립되어야 한다.

(1) 비용

유통경로를 개발하고 유지하는 데 드는 비용은 두 가지로 분류할 수가 있는데, 하나는 유통경로를 개발하는 데 들어가는 자본 및 투자비용이고, 다른 하나는 그 유통경로를 계속 유지하는데 필요한 연속비용이다. 유통경로 유지비는 기업의 판매망을 유지하는 데 드는 직접비용형태가 될 수도 있고, 기업의 제품과 용역을 취급하는 다양한 중간상의 이윤커미션의 형태를 취하는 경우도 있다. 마케팅비용(그 대부분이 유통비용이다)은 제품의 공장가격을 고객이 그 제품의 대가로 지불하는 가격과의 전체적 차이로 간주될 수 있다. 또한 중개상 비용은 제품의 운송과 보관비, 광고비, 판매대리점 그리고 협상과 관련되는 모든 비용이 포함될 수도 있다. 실제로 유통경로를 짧게 하여 비용을 줄이는 한 방법도 있고, 이와는 반대로 유통경로는 길게 하여 유통경로비용을 감소시킬 수도 있다.

(2) 자본요건

한 기업이 자체의 유통경로와 판매망을 설립하려면, 대개 많은 투자가 필요하게 된다. 유통업자 혹은 중개상을 이용하는 경우는 현금투자를 감소시킬 수 있으나, 제조업체들은 대개 위탁판매, 외상거래 혹은 기타 다른 협정으로 회사제품들을 신용 제공함으로써 어느 정도 중개상의 투자비용을 분담해야 한다. 물론 이 경우 중개상들은 최종구매자들과의 거래가 완료된 후에 비로소 생산자에게 대금결제를 한다. 따라서 기업이 급격하게 성장되지 않는 한, 자본투자나 자금동원능력 등의 요소들은 유통경로과정의 중요한 요인이 되지 않는다. 오히려 유통경로 자체가 유통기능을 효과적으로 수행할 것인가 하는 것이 유통경로과정에 중요한 결정요인으로서 작용하게 된다.

(3) 통제

기업들이 자사제품의 유통에 깊게 개입하는 이유 중의 하나는 자사의 마케팅활동을 보다 효율적으로 통제하기 위해서이다. 일반적으로 기업체의 판매망이 유통에 직접적으로 개입하는 경우 추가적인 비용부담은 발생하지만 최대의 효과적인 통제가 행해질 수 있으며, 이러한 통제가능 또는 유통경로의 형태와 종류에 따라 각기 달라질 수 있다. 즉, 유통경로가 길수록 유통경로기구와 가격, 판매량, 촉진방법 등에 대한 통제정도가 약화된다. 일부 기업들은 유통경로에 대한 통제를 포기하고 글로벌 유통업자들에게 자사제품을 양도하는 것만으로 만족해한다. 이러한 기업의 경우는 자사제품의 판매장소, 예상판매량의 수준, 국제적 시장점유율 등을 전혀 알 수가 없다.

(4) 시장침투범위

글로벌 유통전략의 가장 핵심적인 목표는 완전한 시장침투(complete market coverage)이다. 이를 구체적으로 살펴보면, ① 기업이 진출하고 있는 해외시장에서 획득 가능한 최대의 판매량 달성, ② 적정한 수준의 시장점유율 달성, ③ 만족할 만한 수준의 시장침투율 달성에 있다. 시장침투범위는 지리적 또는 기타 다른 시장세분화에 의해 측정될 수 있다. 어떤 특정기업이 시장침투를 필요로 한다면, 시장별로 또는 기간별로 유통체계를 변화시켜야 할 경우도 있다. 시장침투는 고도로 발달된 시장이나 아주 낙후된 시장에서는 치열한 경쟁과 부적절한 유통경로 때문에 이루어지기 어렵다.

대다수 기업들은 완전한 시장침투를 시도하기보다는 주요 인구밀집지역에 대해 집중적인 침투를 행한다. 일부 국가에서도 둘 또는 세의 도시가 그 국가 전체 구매력의 절대적 비중을 차지하고 있다. 예를 들면, 일본 인구의 60%가 기본적으로 하나의 거대도시로서의 역할을 수행하는 동경-나고야-오사카지역에 거주하고 있다.

또한 대다수 기업들의 시장침투는 기업의 모든 제품계열을 기업이 진출하기를 원하는 시장에 완전히 침투시키고자 추진한다. 그러나 중간상에게 유통을 맡기게 되면 판매가 용이하거나 이윤이 많이 남는 제품계열만을 취급·판매하고, 나머지 제품계열을 등한시하는 경우가 많이 발생하기도 하므로 이와 같은 상황 하에서는 기업체가 모든 제품계열에 대한 완전한 시장침투 없이 유익한 유통을 구축하려는 시도는 무모한 도전일 수 있음을 알아야 한다.

(5) 시장과 기업의 특성

기업이 선택하는 유통경로체계는 기업의 특성과 사업이 영위되는 시장의 특성에 부합되어야 한다. 가장 신중히 고려되는 제품관련요소로서는 제품의 크기, 판매의 복잡성, 판매서비스요건, 제품가치 등을 들 수 있다. 생산업체와 글로벌 중간상의 특성을 결합시킨다는 것은 유통경로 선택기준을 글로벌시장 환경과 절충하기에 앞서 시장 자체를 포기하게 하는 경우도 발생할 수 있고, 또한 글로벌시장 환경을 완전히 무시하고 기업체의 기준에 따라서만 유통경로를 결정함으로써 유통에 실패하는 경우도 발생시키기 때문에 극히 어려운 일이다.

글로벌 유통관리자들은 유통의 유형이 시간이 경과함에 따라 그리고 시장상황의 변화에 따라 변화한다는 사실을 깊이 인식해야만 한다. 과거에는 유통업자, 도매상, 소매상 등 전문형태의 중간상을 통한 유통을 수행해 왔다. 즉 모든 중간상들은 전통적으로 좁은 의미의 특정 제품분야만을 담당해 왔던 것이다. 그러나 최근에는 더 광범한 제품계열을 취급하고, 집단광고와 대량판매형태로 사업의 성격을 전환시키고 있다. 오늘날 셀프서비스, 광고전쟁, 할인 등을 무시하는 기업은 시장의 특성을 이해하지 못하고 있다는 관점에서 시장점유율을 많이 상실하고 있다.

(6) 연속성

유통경로는 대개 연속성의 문제에 직면하고 있다. 대다수 중간상들은 한두 명 또는 몇 명이 운영하는 소규모 조직인 경우가 많다. 따라서 한 개인이 퇴직하거나 다른 사업으로 이직하면, 그 기업은 특정지역에서의 유통경로를 상실하게 되는 경우도 발생한다. 특히 도매상과 소매상들은 사업의 영속성에 관심을 두지 않으며, 기업 존속기간 또한 그리 길지 않은 것이 보통이다. 그들은 특정상표가 잘 팔릴 때는 그 제품을 취급하고, 잘 팔리지 않는 경우는 취급하지 않는 경우가 흔하다. 계절적인 제품의 경우 그와 같은 경향은 더욱 두드러진다. 반면에 유통업자들과 대리상들은 충성스러운 중간상들이지만, 제조업체는 그들에 대해서도 경쟁기업이나 다른 사업으로 이동하지 않도록 회사의 상표충성도를 구축하도록 노력해야만 한다.

3.3 글로벌 유통경로전략의 기본유형

글로벌 마케팅관리자들은 글로벌 유통경로전략의 목표를 고려한 후에, 그들이 직면한 전략적 의사결정을 행해야 한다. 전략적 의사결정을 행하는 데 있어서의 주요 문제점으로서는 다음과 같은 사항을 들 수가 있다.

첫째, 기업은 해외시장에 자사의 국내적 유통접근법을 획일적으로 확대시킬 것인가(즉 글로벌 표준화전략을 채택할 것인가) 또는 각 시장국별로 자사의 유통전략을 적응시킬 것인가(즉 현지적응화전략을 채택할 것인가)의 문제

둘째, 기업은 해외시장에 직접적 또는 간접적 유통경로 중에서 어느 방법을 이용할 것인가의 문제

셋째, 기업은 선택적 또는 집약적 유통경로 중 어느 방법을 이용할 것인가의 문제

(1) 글로벌 표준화전략 또는 현지적응화전략

글로벌마케팅 담당자가 직면하는 중요한 문제는 기업이 해외시장에서 획일적인 유통패턴을 가져야 할 것인가 하는 문제(글로벌 표준화전략 채택 문제)뿐만 아니라 각 시장에서 어떤 유통경로가 가장 유익한 것인가이다. 왜냐하면 기업의 목표는 유통경로의 획일성이 아니라 수익이기 때문이다. 물론 이러한 유통경로의 획일성도 표준화된 국제적 접근법, 특히 규모의 경제실현에는 유리한 점도 있으며 비록 이러한 요소들이 기업체들이 생산을 표준화함으로써 얻는 것만큼을 유통에서 쉽게 얻어지는 것은 아니지만, 유통경로를 세계적으로 표준화함으로써 보다 능률적인 운용과 이질적 시장에서의 직무의 동질화를 가져올 수 있으며, 또한 한 국가에서 성공적인 경험이 다른 국가에서도 쉽게 활용될 수 있다.

가끔 획일적인 유통경로, 즉 글로벌 표준화전략을 원하는 경영자의 열망 또한 하나의 영향요소가 되지만, 실제로 많은 영향력을 행사하는 것은 아니다. 한 시장에서 활용된 유통경로들은 검증이 된 것이기 때문에 다른 시장에서도 시도될 수 있다. 그러나 한 시장에서 성공한 유통전략이 다른 시장에서도 성공한다는 보장은 각 시장의 환경이 동일할 가능성이 거의 희박하기 때문에 없다. 따라서 시장분석이 현지유통경로를 결정하기 전에 행해져야 한다.

기업은 표준화된 유통경로 형성을 하는 데 있어 여러 가지 요소들을 동시에 고려해야 한다.

① 유통경로의 외적인 결정요소 중에 하나는 한 국가에 이미 현존하고 있는 유통경로구조, 즉 도매상과 소매상의 수, 규모, 특성 등이다. 왜냐하면 유통구조는 국가마다 다르기 때문에 기업의 선택대안도 다르다.

② 시장의 집중화정도 또는 분산화정도와 창고의 수용력 및 운송가능성도 유통경로 대안을 결정하는 요소로서 작용한다.

③ 또한 시장이 유통경로 결정요소이다. 소비자의 소득과 구매습관 등이 시장마다 다르기 때문에 유통경로를 선택할 때 중요한 고려요소가 된다. 경쟁기업의 행동패턴과 강도도 변수로서 작용한다.

④ 제조업체 자체의 환경의 차이로 인해서 시장마다 유사한 유통경로를 채택하게 되는 경우도 있다. 이 경우 하나의 중요한 결정요소인 시장에서의 기업의 개입정도이다. 그 기업이 수입업자-대리상을 통해 자사의 제품을 특정시장에 공급할 때는 현지공장을 설립해서 공급하는 경우보다도 유통대안선택이 더 제한적이다. 이와 마찬가지로 라이센시(licensee) 혹은 합작기업을 통해 판매하는 경우도 완전소유 자회사를 통해 판매하는 경우보다 유통경로선택이 더 제한적이다. 개입의 정도가 두 시장에서 동일하다 하더라도 기업의 제품계열과 판매량은 다르다. 기업의 제품계열과 판매량이 적으면 적을수록 그만큼 기업이 활용할 수 있는 유통경로는 직접유통경로보다는 간접유통경로를 선택할 수밖에 없다. 일반적으로 글로벌기업은 시장마다 동일한 유통경로를 활용하고자 노력하고 있다.

(2) 직접유통경로전략 또는 간접유통경로전략

글로벌 마케팅관리자는 자사제품을 해외에 있는 유통기구를 통해 직접 해외로 유통시킬 것인가, 아니면 국내의 유통기구를 통해 간접적으로 해외로 유통시킬 것인가 하는 직접유통경로전략 또는 간접유통경로전략을 선택해야 한다. 직접유통경로를 활용하는 경우는 간접유통경로를 활용하는 경우보다 항상 더 효과적이기 때문에, 기업들은 능력이 있는 한 직접유통경로를 더 많이 활용하고자 한다.

유통경로의 선택에 영향을 미치는 요소들은 국내시장에서나 해외시장에서나 동일하며, 그 주요한 결정요소는 획득 가능한 판매량이다. 판매량이 거대하고 집중되어 있을 때 기업은 시장에 대해 직접유통경로를 활용하는 것이 유리하며, 반면에 소득이 낮고 제품계열이 협소하고, 판매량이 적고, 판매량이 적고, 대규모 구매조직이 수적으로 열세한 경우는 대개 직접유통경로를 선택하는 데 많은 어려움이 따르므로 간접유통경로를 선택하는 경우가 많다.

물론 소매상이나 최종소비자들에게 직접 판매할 때가 유통경로에 대한 관리는 쉽다. 직접유통경로를 선택하는 경우는 추가적인 비용은 부담해야 하지만 시장환경의 변화에 유연한 대처와 시장피드백 뿐만 아니라 통제를 선택할 만한 여유가 없는 경우는 독립적인 유통중개상들과 거래하지 않을 수 없다. 이러한 간접유통경로를 활용하는 경우는 통제 및 관리가 어렵고, 항상 중개상들의 협조를 구해야 하는 등의 문제가 제기된다. 비록 이러한 문제는 글로벌시장에 특별히 한정되는 것만은 아니지만, 기업자체의 환경과 시장환경이 국가마다 상이하기 때문에 유통경로에 대한 관리는 각 시장에 따라 어느 정도 다르게 해야 하는 문제가 발생한다.

따라서 기업체가 직접유통경로를 활용할 것인가 또는 간접유통경로를 활용할 것인가의 선택은 어느 방법이 기업에 이익을 가져다주느냐에 따라 결정되어야 한다.

(3) 선별적 유통경로전략 또는 집약적 유통경로전략

집약적 유통은 그 제품을 취급하고자 원하는 소매상을 통해서 이루어지는 판매전략을 뜻한다. 반면에 선별적 유통은 특정시장지역에서 제한된 수의 판매업자들(도매상, 소매상 등)을 선택하여 제품을 판매전략을 말한다. 제조업체들은 대개 가능한 한 자사의 제품을 광범한 지역으로 판매하기 원하지만, 자사제품을 판촉할 수 있는 적절한 시간과 서비스의 제공, 필요한 재고의 비축을 위해 유통업자의 수를 선별적으로 제한할 필요가 있다. 소매상들은 고가품 또는 특수제품에 대해 경쟁을 제한함으로써 그들의 시장을 보호할 수 있는 선별적 유통을 요구하는 경우도 있다. 선별적 유통정책을 실시함으로써 제조업체는 산업재나 내구성 소비재에 대해 서비스를 제공하는 데 있어 중개상들의 협조를 얻을 수 있다. 제조업체들은 외국시장에 있어 환경이 다르기 때문에 국가수준에서 수입업자 또는 도매상들에게 독점판매권(franchise)을 대개 제공한다. 그러나 소매수준에서의 선별은 현지시장 환경에 의존한다. 소규모 소매상들이 많을 경우, 기업은 자사의 제품을 효과적으로 취급할 수 있는 소매상을 선별하는 데 어려움이 많기 때문에 집약적 유통경로보다는 선별적 유통경로를 더 선호한다. 기업은 소득분배가 균등하지 않은 국가의 경우, 특정 소득계층 이상의 소비자집단만을 표적시장으로 하여 자사제품을 판매하는 선별적 유통을 행하는 경우가 많다. 소규모 시장에서의 유통은 내구성 소비재와 산업재이 경우, 시장의 규모와 상대적 집중도의 협소성 때문에 대규모 시장에서의 유통보다 훨씬 더 선별적이다.

4 글로벌 물적유통관리

4.1 글로벌 물적유통관리의 성격

(1) 글로벌 물적유통의 개념

유형제품과 서비스의 제조업자들은 시장에 그들의 재화와 서비스를 저장하고 운반하는 최선의 방법을 결정해야 한다. 일반적으로 제조업자들은 그러한 일을 수행하기 위해서 창고기업 및 수출기업과 같은 물적유통기업의 서비스를 사용한다. 제조업자들은 그들의 물적유통의 효율성이 고객만족과 기업의 원가에 크게 영향을 미친다는 것을 알고 있다. 즉 빈약한 분배시스템은 물론 제품까지도 망치게 할 수 있다.

물적유통(physical distribution)은 적절한 이윤을 보장하면서 고객의 욕구를 충족시키기 위하여 원산지로부터 사용자에게까지 물자와 최종제품의 물리적 흐름을 계획하고, 설명하며, 통제하는 일들로 구성된다. 이러한 물적유통의 목적은 공급체인(supply chain : 공급업자 → 조달·획득, 제조, 물적유통 → 유통경로 → 소비자)을 관리하는 것이다.

글로벌 물적유통(global physical distriution)은 "공급지에서 수요지로 국경을 초월한 제품의 이동 또는 배급체계"를 말한다. 즉 이것은 적정한 제품을, 적정한 시간에, 적정한 장소에, 양호한 상태로 그리고 적절한 비용으로 적재하는 것과 관련된다. 글로벌 물적 유통활동의 궁극적인 목적은 해외시장의 소비자가 원하는 제품이나 서비스를 적절한 시간에 사용할 수 있도록 제공하는 것이다. 이러한 기능의 만족스러운 성취를 위해서는 물적유통의 다양한 구성요소들이 적절하게 통합되어야 한다.

(2) 글로벌 물적유통관리의 중요성

글로벌 물적유통관리는 더욱 중시되고 있는데 그 이유로서는 다음과 같은 것을 들 수 있다.

① 운송방법이 복잡하며, 운송방법을 달리할 경우 손상, 도난 및 지연 등의 위험이 크게 발생한다.

② 제품 수송거리 및 기간은 운송비와 운송제품에 투자된 비용을 증가시킨다.

③ 여러 가지 기후조건에 대한 노출은 상이한 포장 및 보관협정을 불가피하게 한다.
④ 보다 많은 문서가 국경을 넘어 이동할 경우에 필요로 한다.

한편 경영자는 물적유통의 총비용에 대해 지대한 관심을 갖게 되는데, 총비용은 어느 경우 생산비의 30 ~ 40%에까지 이른다. 그렇다면 판매액의 3%인 판매비를 고려해 볼 때, 마케팅관리자들이 그들의 물적유통비용을 절감할 수 있는 방법을 찾게 된다면, 많은 이익을 얻게 될 것임이 틀림없다. 즉 물적유통비용을 낮추게 되면, 가격이 하락하고, 또한 이폭은 커지게 되는 것이다.

총 물적유통비용의 주요한 요소는 운송비용(37%), 재고관리비용(22%), 창고비용(21%), 주문처리·고객 서비스·분배관리(20%) 비용 등이다. 전문가들은 물적유통분야에서 상당한 액수의 비용절감이 가능하다고 믿고 있는데, 이것은 “원가경제의 마지막 보루(last frontier for cost economics)” 또는 “경제의 암흑대륙(marketing’s economic dark continent)”이라고 표현되고 있다.

물적유통은 비용을 발생시키는 것만은 아니며, 경쟁적 마케팅의 유효한 잠재적인 도구가 되기도 한다. 기업들은 물적유통시스템을 개선함으로써 양질의 서비스와 저렴한 가격을 제공하여 소비자들을 추가적으로 유인할 수 있다. 즉 기업들은 적시에 제품을 공급하지 못하면 고객을 잃게 된다.

이처럼 물적유통이 중요함에도 불구하고 지금까지는 경영의 다른 기능적 영역과 같은 관심이 되지는 못해 왔다. 지리적으로 거리가 먼 해외시장에 대한 물적유통의 경우는 더욱 그렇다.

글로벌 물적유통에는 국내 물적유통과 같이 운송, 하역, 포장, 보관, 유통가공활동 등의 물자 유통활동과 통신설비를 매체로 한 문서 및 정보전달 등을 수행하는 정보유통활동이 포함된다. 그러나 글로벌 물적유통은 물류환경이 이질적인 국가 간에 이루어지기 때문에 국내 물류활동보다 훨씬 복잡하고 어렵다.

McGarrah에 따르면 글로벌 물적유통조직의 결정은 생산지와 위치와 수, 저장시설, 생산계획, 재고관리와 글로벌시장에 대한 기업의 개인수준도 영향을 미친다고 주장하고 있다. 기업은 각 해외시장에서 물적유통시스템을 최적화하도록 노력해야 한다. 비록 이러한 접근방법이 근본적으로 국내시장에서 활용하는 것과 동일한 방법이라 하더라도 그 차이점은 해외시장에서 물적유통기능에 영향을 미칠 수 있으므로 기업제품을 위한 각 시장의 규모와 유통조직, 각 시장에서의 공급상황, 도시화의 정도, 국가의 지형, 운송과 저장시설 등을 고려해야 한다.

4.2 글로벌 물적유통관리의 내용

글로벌 물적유통의 구성요소 중 가장 중요한 3가지 국면은 보관, 운송, 그리고 재고관리이다. 과거에는 물적유통의 3가지 면이 별도로 토의되어 왔다. 그러나 글로벌 물적유통에 대한 통합된 결정을 위해서 이러한 3가지 면들은 동시적으로 고려되어야 한다. 이것은 결국 3가지 구성요소-보관, 운송, 재고관리-와 더불어 하나의 시스템으로서 물적유통을 고려해야 한다는 것이다.

물적유통에 하나의 시스템접근법을 적용하는 논리는 단순하다. 왜냐하면 보관, 재고, 운송기능들을 집행하는 데 수반되는 비용들은 상호 연관적이며, 그 비용들은 효과적인 결정수행을 위해서 동시적으로 고려되어야만 한다. 예를 들면 만일 창고의 수가 증가된다면 운송비용들은 감소되지만, 재고비용은 증가하게 될 것이다. 재고는 많은 장소에서 중복적으로 이루어져야만 할 것이다. 동시에 만일 재고비용을 감소시키기 위해 재고수준의 삭감이 이루어진다면, 운송비용은 증가하게 될 것이다. 최적의 의사결정은 모든 관련비용들이 통합된 양상으로, 그리고 요구된 서비스수준에 관련하여 이루어진다.

5 글로벌 회색시장관리

5.1 글로벌 회색시장의 개념

세계시장에 표준화된 제품을 동시에 마케팅하고 있는 글로벌기업들은 해외시장국의 수가 증가함에 따라 이른바, 회색시장이라는 글로벌 유통경로상의 특수한 문제에 직면하게 된다. 이러한 글로벌 회색시장(global grey market)이란 해외시장국들 사이의 가격차이에 편승하여 특정기업의 제품을 해외 저가시장에서 구입한 다음, 이를 해외 고가시장에서 정상적인 유통경로 구성원들의 가격보다 저가로 동일제품을 판매함으로써 형성되는 시장을 말한다. 즉, 해외시장에서 공인되지 않은 조직이나 개인을 통해 제품이 유통되는 것을 의미한다.

암시장(black market)은 모조품, 불법 복제품, 밀수품 등과 같이 제품 자체의 불법성이 존재하는 경우인데 반해서, 회색시장은 제품 자체에는 아무런 하자가 없는 진정 상품이지만, 제조업체가 인정하지 않는 비공식 유통경로에 의해 유통되는 시장을 말한다.

글로벌기업이 글로벌 마케팅전략에 따라 표준화된 제품을 전 세계적으로 마케팅할 때, 만일 국가 간 가격차이가 심하면 회색시장이 탄생하게 된다. 이러한 회색시장은 국내와 국가 간에 모두 형성될 수 있는데, 후자의 경우를 병행수입(parallel import)이라 불리기도 한다. 글로벌기업이 현지중심적 가격전략을 채택하여 동일제품에 대해 국가별로 차별화된 가격을 책정할 때, 이러한 병행수입이 발생한다. 글로벌 회색시장은 제품의 공급이 부족할 때, 공급업자가 특정 해외시장에서 고가격정책을 사용할 때, 그리고 제품의 이윤폭이 상당히 클 때 번성한다.

5.2 글로벌 회색시장의 형성원인

글로벌 회색시장이 형성되는 원인은 다음과 같이 글로벌 제품의 증대, 환율변동, 가격차별과 초과 공급 등이다.

첫째, 글로벌 제품의 증대이다. 범세계적 표준화 제품의 수와 종류의 증가로 해외시장에 대한 차별화가 어려워질 때, 회색시장이 발생한다.

둘째, 환율변동이다. 환율변동이 국가 간에 급격히 제기되어 가격불균형이 일어날 때, 회색시장이 발생한다. 글로벌기업들은 한번 설정한 가격을 환율이 변동할 때마다 매번 변경하기가 어렵기 때문에, 회색시장업체들은 이러한 가격불균형을 활용한다.

셋째, 가격차별이다. 제품차별화 없이 가격차별화를 행하는 제조업체도 회색시장을 발생시킨다. 제조업체들은 산업재분야에서 대량구매를 유도하기 위해서 수량할인 등을 많이 하는데, 글로벌 유통업체들은 이러한 인센티브를 향유하기 위하여 합법적으로 각국 간의 가격차이를 충분히 활용한다. 시장 간의 가격차이 일부는 환율변동에 기인하지만, 제조업체의 차별적인 가격 및 유통 전략에서도 비롯되므로, 이러한 가격차이를 활용하는 것이다.

넷째, 초과공급의 문제이다. 수요와 공급은 시황에 다라 항상 변동하기 마련이다. 많은 제조업체들은 공급초과상태에 놓이게 되는데, 이를 처분하는 과정에서 회색시장을 발생시킨다.

5.3 글로벌 회색시장의 문제점

글로벌 회색시장은 글로벌마케팅에 있어서 다음과 같은 부정적인 측면을 초래한다.

첫째, 공식적 채널의 독점성이 침해된다. 회색시장으로 인해, 제품이 공식채널 이외에 복수의 비공식채널에 의해 유통되고, 그 결과 이익이 줄어든다.

둘째, 기업이 회색시장 문제를 해결하지 못하면, 공식채널의 유통업체들이 자사의 유통전략에 협조하지 않게 된다. 유통업체들은 공급업체의 가격인하 압력에 저항하고, 고객에 대한 서비스가 소홀하게 되고, 영업사원 교육이 부실해진다.

셋째, 유통업체와의 관계가 나빠진다. 회색시장의 비공식채널로부터의 경쟁 때문에, 공식 유통업체들은 비용을 줄이려고 하고, 공급업체에 항의하고, 법적 소송을 벌이는 등 유통채널 간의 갈등이 심해진다.

넷째, 글로벌기업의 현지중심적 가격전략의 효과를 훼손시킨다. 회색시장은 기본적으로 국가 간 제품의 가격차이 때문에 발생하기 때문에 글로벌기업의 현지중심적 가격전략 추진에 부정적인 영향을 미친다.

다섯째, 기업의 명성과 브랜드 가치를 손상시킨다. 회색시장에서 판매되는 제품들은 정식 유통제품과 동일한 상표를 가지고 있지만 품질, 소재 등에서 차이가 날 수 있다. 또한 공식 유통기한을 지나 판매한다든지, 사후 보증이 이루어지지 않는 경우가 많으므로, 기업의 명성과 브랜드 가치를 떨어뜨릴 수 있다.

5.4 글로벌 회색시장의 대응책

기업들이 주로 활용하는 글로벌 회색시장에 대한 대응방안으로는 수수방관, 법적 제소, 마케팅전략의 수정 등이 있는데, 그 중에서 마케팅전략의 수정이 가장 많이 사용되고 있다.

첫째, 수수방관이다. 이 전략은 기업이 회색시장에 대한 대응조치로 인해, 오히려 경쟁업체들에게 고객을 빼앗길 우려가 있으며, 소송에는 막대한 시간과 비용이 소요된다는 이유로 방관을 하는 경우이다.

둘째, 법적 제소이다. 소송에 따른 시간과 비용 상의 불이익에도 불구하고, 특정기업이나 그들의 정식인가를 받은 유통업체들이 회색시장업체들에 대해 고발조치하는 경우이다.

셋째, 마케팅전략의 수정이다. 기업들은 제품, 가격, 광고, 유통 등의 측면에서 마케팅전략을 적절히 수정하여 회색시장 문제를 해결하려 한다. 제품전략으로는 특정 현지국에 맞추어 제품을 현지화 하고, 가격전략은 시장 간의 가격차이를 최소화 하는 방향으로 가격을 조정하며, 광고전략은 광고예산의 축소와 같이 회색시장의 존재에 따른 손실을 비용절감을 통해 최소화하려는 것이다. 마지막으로 유통전략은 특히 소매상들로 하여금 회색시장 제품을 취급하지 않도록 강제와 유인책을 적절히 구사하는 방법을 활용하여 회색시장에 대처한다.

제12장 주요 학습 용어

유통	유통경로의 효용	글로벌 유통관리
글로벌 유통경로	글로벌 중간상	딜러
글로벌 대리상	팩터	직접유통경로전략
간접유통경로전략	선별적 유통경로전략	집약적 유통경로전략
글로벌 물적유통	회색시장	

참고문헌

김희철, 글로벌시대의 국제마케팅, 두남, 2007.

이장로 외, 국제마케팅, 무역경영사, 2018.

이철, 글로벌마케팅, 학현사, 2016.

정헌배·김희철, 지구촌마케팅, 2000.

Cateora, Philip R., *International Marketing*, 8th ed., Richard D. Irwin, Inc., 1993.

Cundiff, Edward W. and Marye Tharp Hilger, *Marketing in the International Environment,* 2nd ed., Prentice-Hall, Inc., 1988.

Distribution, "Know Your Distribution Costs," Distribution, Aprill 1987.

Gilligan, Colin and martin Hird, *International Marketing : Strategy and Management*, Croom Helm, Ltd., 1986.

Guelzo, Carl M., *Introduction to Logistics Management*, Prentice-Hall, 1986.

Kirpalani, V. H., *International Marketing Management*, Random House, Inc., NewYork, 1984.

Kotler, Philip, *Marketing Management : Analysis, Planning, Implementation and Control*, 11th ed., Prentice-Hall, 2003.

Stern, Louis W. and Adel I. El-Ansary, *Marketing Channels*, 4th ed., Prentice-Hall, 1992.

제13장 글로벌 촉진관리

- 촉진관리의 기초개념
- 글로벌 촉진관리
- 글로벌 촉진전략

1 촉진관리의 기초개념

촉진활동은 극히 다양한 방법으로 실현될 수 있는 마케팅관리의 주요 구성요소 중의 하나이다. 아울러 촉진활동은 실현가능한 다양한 방법들을 마케팅 계획단계에서 미리 효율적으로 배합해서 작용해야 할 뿐만 아니라, 실천 및 통제평가의 단계에서도 각 방법들의 정확한 상황파악이 필요하므로, 기획·운용·통제 의사결정에 있어 다른 어떤 마케팅믹스 요소보다도 세심한 주의를 요한다. 특히 시장환경의 구성요소가 다양하고, 변화가 심한 세계시장을 대상으로 한 글로벌 촉진활동의 경우에는 전략선택을 위해 더욱 세심한 주의를 필요로 한다.

1.1 촉진활동의 의의

촉진활동이란 "각종 다양한 커뮤니케이션방법을 동원하여 구매자를 설득하는 과정의 제반형태"이다. 촉진활동의 실천형태로는 광고 및 공중관계, 인적판매, 판매촉진 등으로 구분할 수 있는데, 그 구체적인 내용은 다음과 같다.

(1) 광고(advertising)

광고는 "특정 광고주(sponsor)가 대가를 지불하고 제품, 서비스, 아이디어 등을 TV, 라디오 등의 방송매체와 신문, 잡지 등의 인쇄매체 등 비인적 매체(non-personal media)를 활용하여 소비자들에게 널리 알리고 구매를 자극하여 자사의 제품선택을 유도하는 모든 형태의 커뮤니케이션"이다. 일반적으로 광고는 구매자에게 제품에 관한 정보를 제공하고, 제품구매를 설득하며, 구매자가 자사제품을 기억할 수 있도록 하기 위해 수행된다.

이러한 광고에는 다양한 형태와 용도가 있기 때문에, 그 특성에 관한 일반화가 어렵기는 하나, 일반적으로 ① 대중적 제안(public presentation) ② 높은 침투성(pervasiveness) ③ 높은 표현력(amplified expressiveness) ④ 비인적 판매(impersonality) 등의 특성으로 요약될 수 있다.

(2) 판매촉진(sales promotion)

판매촉진은 "소비자와 유통업자의 수요를 자극하기 위한 광고, 인적판매, 공중관계를 제외한 모든 촉진활동으로서, 특정장소나 특정시점에서 소비자의 의사결정이 회사제품의 선택을 유도하기 위하여 판매조건이나 판매내용을 일반적인 시장상황보다 유리하게 제공하는 형태"이다. 이러한 판매촉진에는 쿠폰, 컨테스트, 프리미엄 등 다양한 수단들이 포함되는데, ① 커뮤니케이션(communication) 수단 ② 인센티브(incentive) 제공 ③ 권유 및 유인성(invitation) 등의 특성을 가지고 있다.

(3) 인적판매(personal selling)

인적판매는 "판매자가 예상구매자와 직접 접촉하여 정보를 전달하고 자사제품에 유리한 커뮤니케이션을 전달하는 형태"로서, 특히 산업재마케팅에서 가장 많이 쓰이는 촉진형태이다. 또한 이러한 인적판매는 구매과정상 일정단계 이후 특히 구매자의 선호, 확신 및 구매행동을 유발시키는데 가장 효과적인 수단이다. 인적판매는 ① 인적대면(personal confrontation) ② 유대관계 구축(cultivation) ③ 즉각적인 반응(response) 등의 특성을 보유하고 있다.

(4) 공중관계(PR : public relation)

PR은 “기업이 소비자가 속해있는 지역사회나 단체 등과 긍정적인 관계를 구축하여 자사제품을 촉진하는 것”이다. PR활동 중 가장 전형적인 것으로 홍보(publicity)를 들 수 있다. 이러한 홍보는 광고와 같이 비인적 매체를 활용하여 메시지를 전달하는 것은 동일하나 비영리적인 성격을 갖는 형태이다.

공중관계는 ① 높은 신뢰성(high credibility) ② 경계심 제거(off guard) ③ 극화(dramatization)가능 등의 특성을 가지고 있다

마케팅관리자들은 공중관계를 적게 활용하거나, 또는 다른 수단의 지원용으로 활용하는 경향이 짙다. 그러나 이러한 공중관계는 다른 촉진수단과 잘 조화를 이루어 사용되는 경우 매우 효과도 높고 비용도 낮게 소요되는 촉진수단이다.

이상에서 설명한 각종 촉진수단들의 특징을 요약하면 [표 13-1]과 같다.

표 13-1 각종 촉진수단의 주요 특징

	범위	비용	장점	단점
광고	다중(고객)	보통	빠르고 메시지 통제가능	효과측정 곤란/ 전달정보량 제한
인적판매	개별(고객)	고가	정보의 양과 질 즉각적 피드백	비용, 촉진속도
판매촉진	다중(고객)	고가일 수 있음	주의를 끌며 즉각적 효과	모방이 쉬움
PR (홍보)	다중(고객 및 대중) 다중(고객 및 대중)	보통 (거의 무료)	다각적 효과 (신뢰도 높음)	장기/간접적 효과 (통제곤란)

1.2 촉진활동의 내용

(1) 촉진활동예산의 책정

이론적으로 볼 때 촉진활동예산은 단위비용투자가 촉진활동 외의 분야에 투자했을 때보다 증가하는 한계이익에 비례하게 된다. 그러나 실제에 있어 각 부문별 투자효과의 정확한 측정이 거의 불가능하기 때문에 전체 마케팅예산 중 촉진활동예산의 비중결정은 일반적으로 과거의 경험을 기초로 하거나, 경영자의 선호도 또는 촉진담당자의 상황평가에 의해 결정된다. 어쨌든 마케팅예산 중 촉진활동예산의 비중이 낮으면 낮을

수록 제품의 질적 수준에 따른 매출증대효과를 기대하게 되고, 반대로 높으면 높을수록 제품의 질적 약점을 다른 방법으로 보상하려는 의도를 가지게 된다.

(2) 촉진활동의 시간적, 공간적 배분

효율적 촉진활동을 위해서는 어떠한 전략적 목표를 위하여 시간적, 공간적으로 활동내용을 적정 배분해야 한다. 물론 촉진 캠페인의 실시 등과 같은 집중화된 촉진전략도 이에 포함된다. 촉진캠페인은 "특정 판매목표의 달성을 위해 일정시점에 동시에 실시하는 집중적 촉진활동"을 말한다. 촉진캠페인의 성공을 위해서는 대상지역과 실시시기의 선택이 중요한 관건이 되며, 전사적인 촉진활동의 성공여부는 이러한 개별 캠페인들이 어떻게 전사적인 촉진활동계획과 효과적으로 연계되어질 수 있느냐에 달려 있다.

2 글로벌 촉진관리

2.1 글로벌 촉진활동의 성격

글로벌 촉진활동이란 "세계의 현재 또는 잠재고객에게 각종 다양한 커뮤니케이션방법을 활용하여 기업이 제품의 편익과 가치를 알려주고, 나아가 고객들로 하여금 자사제품을 구매하도록 설득하는 과정의 제반 형태"를 말한다. 글로벌 촉진활동의 구체적인 실천형태는 글로벌 촉진믹스로서 글로벌 광고, 글로벌 판매촉진, 글로벌 인적판매, 글로벌 PR 등으로 구분되며, 글로벌 마케팅믹스와 조화를 이루어야 한다. 이러한 글로벌 촉진활동은 외국 현지시장을 대상으로 하여 전개하는 촉진활동으로서 주로 다음의 다섯 가지 전략적 목표달성을 추구하고 있다.

- 촉진믹스를 세계시장상황에 맞게 결정한다.
- 세계적인 촉진활동의 표준화수준을 결정한다.
- 가장 효과적인 촉진메시지를 개발한다.
- 효과적인 촉진매체를 선정한다.
- 세계적인 마케팅목표의 수행을 보조하기 위해 필요한 통제를 실시한다.

궁극적인 촉진활동의 목적은 구매자의 의사결정이 회사에 유리한 방향으로 이루어지도록 유도하는 것인 만큼 글로벌 촉진활동의 목표도 이와 관련하여 설명된다. 즉 단기적인 목표로는 회사가 생산하는 해당제품 또는 전체 제품매출의 극대화를 추진하고, 장기적인 목표로는 가능한 한 오랜 기간 해외소비자와 우호적인 관계유지를 통한 회사사업의 안정성 도모가 추진된다.

글로벌 촉진활동은 글로벌 제품, 글로벌 가격, 글로벌 유통 등과 함께 글로벌마케팅 믹스를 구성하는 요소이다. 특히 글로벌경쟁이 심화되고 있는 오늘날에 있어서 해외 잠재고객과 해외 유통업자에 대한 촉진활동의 중요성은 더욱 커지고 있다.

2.2 글로벌 촉진활동의 구조

앞서 언급한 바와 같이 촉진활동이란 커뮤니케이션 과정이다. 효과적인 촉진활동은 특히 광고의 경우, 잠재적 구매자에 대하여 전달되는 메시지가 얼마나 구매의사결정에 영향을 주는가에 따라 결정된다. 따라서 촉진활동은 모든 커뮤니케이션 과정에 동원할 수 있는 각종 커뮤니케이션방법들을 상황적으로 분석해서 복합적으로 운용해야 한다. 이론적으로 볼 때, 어떤 메시지가 구매자들에게 인식되어지고 활용되어지기 위해서는 구매자들이 해당 메시지를 받아들일 수 있는 문화적, 사회적 바탕이 되어 있어야 하고, 메시지내용이 전달과정에서 변화하거나 다른 메시지의 전달에 의해서 왜곡되지 않아야 한다. 어쨌든 이러한 커뮤니케이션의 전달과정을 도식화하면 [그림 13-1]과 같다.

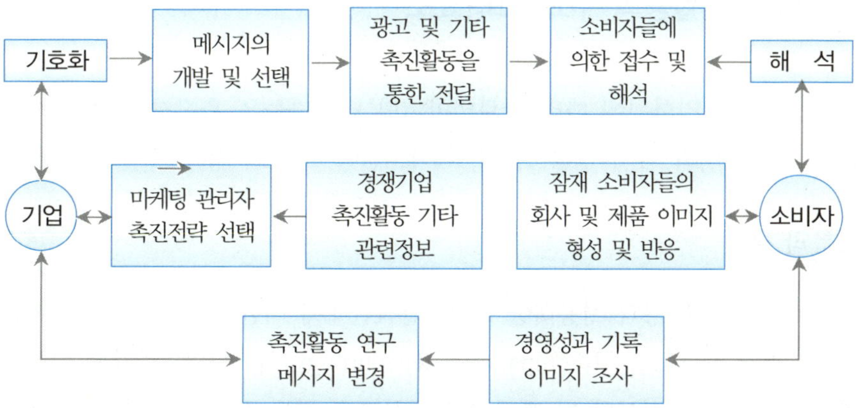

[그림 13-1] 글로벌 촉진활동의 커뮤니케이션 과정

그림에서 보는 바와 같이 촉진활동의 수준은 피드백시스템(feedback system)에 의하여 결정된다. 즉 커뮤니케이션에 사용되는 메시지는 경쟁기업의 촉진활동과 기타 관련 정보 및 기존 메시지에 대한 구매자들의 반응을 고려하여 주기적으로 개편되어야 한다는 것이다. 따라서 촉진활동의 표적으로는 제품상표 및 기업이미지가 우선적으로 고려되어야 하며, 나아가서는 회사제품 구매의 필요성을 소구하게 되는 것이다.

결론적으로 볼 때 촉진활동의 구조는 회사경영자가 정한 매출목표를 달성하기 위하여 다양한 방법으로 이미지와 제품사용의 필요성을 강조하면서 구매자들로 하여금 자사제품의 선택을 유도하는 것으로 이루어져 있고, 이를 도식화하면 [그림 13-2]와 같다.

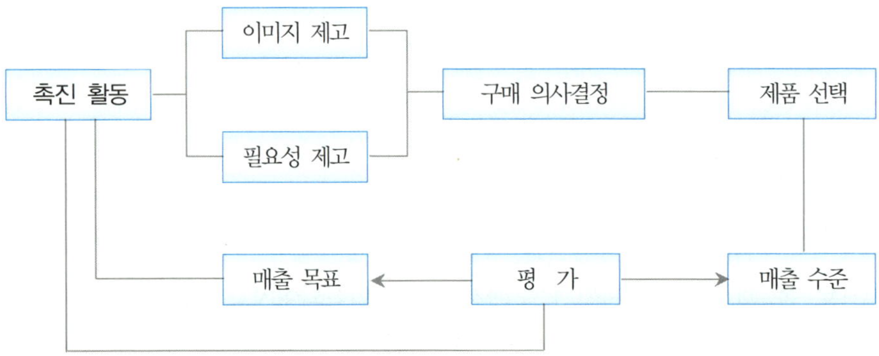

[그림 13-2] 글로벌 촉진활동의 구조도

2.3 글로벌 촉진활동의 주요 고려요소

글로벌 경쟁력이 강화됨에 따라 글로벌마케팅 담당자들은 촉진전략 수립 시 국내촉진활동과는 다른 여러 가지 법률, 문화, 매체, 언어 그리고 비용 등을 고려해야 한다.

(1) 법률과 세금

각 나라마다 광고의 양과 사용하는 매체, 인적판매에 대한 규제는 다르다. 예를 들어 독일에서는 광고 시 비교문구(comparative terminology)의 사용을 법률로 금하고 있어 특정 비누제품이 다른 것보다 더 깨끗이 세척한다고 하는 식의 비교광고방식을 사용할 수 없다. 이와 비슷한 제한조치는 유럽국가에서도 많이 시행되고 있는데, 일본이나 한

국도 금지하고 있는 반면, 미국과 같은 나라의 경우 경쟁제품과 비교광고를 허용하고 있다. 이탈리아에서는 방향제(deodorant)나 땀(perspiration)과 같은 일상용어까지도 TV광고에서 사용을 금하고 있다. 쿠웨이트의 관영 TV는 저녁시간에 단 32분의 광고만을 허락하며 표현 중에 최고라는 묘사, 저속한 단어와 의상, 충격적인 장면(shorking shot)은 철저히 통제하고 있다. 그리고 담배, 라이터, 의약품, 알콜, 항공사, 쵸코렛, 과자광고 또한 불법으로 되어 있다.

한편 국가에 따라 광고내용의 규제조항도 달라서 담배, 술에 대한 일체의 상업광고를 허용하지 않는 국가(예 : 독일)도 있다. 이러한 광고규제사항과 해당국을 표시하면 [표 13-2]와 같다.

어떤 나라에서는 광고에 특별세를 부과하여 매체선정에 있어 독창적 자유를 제한하고 있는 경우도 있다. 오스트리아의 세금구조를 보면 세금효과의 영향을 잘 볼 수 있다. 베르겐랜드(Bergenland) 주와 타이롤(Tyrol) 주를 제외한 주에서는 광고에 대한 과세율이 10%이고 포스터에는 10 ~ 30%의 세율이 각 지방마다 달리 적용되고, 라디오광고의 경우에는 타이롤 주의 20% 과세를 예외로 하고는 거의 모든 주가 10% 과세를 하고 있다.

표 13-2 광고규제사항과 해당국

- 어린이 대상 광고 …… 캐나다, 스칸디나비아제국, 미국
- 비교광고 …… 프랑스(완화), 필리핀(금지), 미국(장려)
- 시정광고 …… 미국, EC
- 여성위생용품(사전심의가 있어야 함) …… 캐나다(영국계)
- 식품, 의약품, 화장품 방송광고사전심의가 있어야 함) …… 캐나다, 멕시코
- 유아용 식품 …… WHO/UNICEF
- 광고내용을 입증할 책임이 광고주에게 돌아감 …… EC, 스칸디나비아제국, 미국
- 광고의 섹스 …… 캐나다, 네덜란드, 스칸디나비아제국, 영국, 미국
- 광고에 외국어 사용 …… 프랑스, 멕시코, 캐나다(퀘벡주)
- 외국광고물, 테마, 일러스트레이션 …… 한국, 회교국, 페루, 필리핀
- 식품 및 의약품 광고에 사용하는 어구 …… 벨기에, 미국
- 소비자협회의 집단행동 …… EC, 미국
- 사생활보호와 국가정보 …… 프랑스, 노르웨이, 스웨덴, 미국
- 성차별 광고 …… 캐나다, 스칸디나비아제국, 네덜란드, 영국, 미국

(2) 언어의 문제

언어는 글로벌 촉진활동을 수행하기 위한 의사소통의 중요한 매개체이다. 그러므로 각 나라마다 상이한 언어 때문에 갖는 어법상의 미묘한 뉘앙스와 방언으로 생기는 문제점이 도처에 있다. 예를 들면 크라이슬러사(Chrysler Corporation)가 "Dart is Power"란 문구를 가지고 스페인에 들어갔을 때 많은 사람들의 웃음을 샀다. 왜냐하면 스페인어로 이 말은 성욕(sexual vigor)을 추구한다는 의미였기 때문이다. 아메리칸모터사(American Motors Company)의 마타도르(Matador)란 자동차는 힘과 정열의 의미를 담고 있었는데, 그 차가 푸에리토리코에 들어왔을 때 이 단어의 뜻이 현지어로 살인자(killer)란 것을 뒤늦게 알고 크게 당황하였다.

여러 나라의 높은 문맹율 또한 의사소통에 많은 제약을 가한다. 터키의 경우 문자해독율이 25% 정도이기 때문에 이 나라의 경우는 라디오광고나 인적판매를 통한 의사소통이 효과적이다. 또한 한 나라 내에 여러 언어가 사용될 때에도 문제가 있다. 스위스와 같은 작은 나라에도 4개의 다른 언어를 사용하고 있다는 점도 고려되어야 한다.

(3) 문화의 다양성

각 나라의 문화마다 인식하는 면이 각기 다르기 때문에 의사소통이 더욱 어렵다. 따라서 글로벌마케팅 담당자들은 상이한 문화에 적응력을 높이는 것이 절실히 요구된다. 서로 다른 색상의 상징을 이해하는 것이 글로벌마케팅 담당자들의 기본적 요구사항이다. 유럽에서의 흰색은 순결(purity)을 의미하지만 동양에서는 죽음(death)과 관련된다. 색상은 의사소통의 작은 부분을 차지하고 있지만 상징체계를 각 나라마다 이해하면 여러 색상의 사용 여부를 현명하게 선택할 수 있다. 각국에서 혐오하는 색상이 [표 13-3]에 제시되고 있다.

전통과 관습에 기초한 기존의 사고는 극복되기 어렵다. 홍콩의 마케팅연구자들은 치즈를 외국인과 관련하여 조사한 결과, 중국인들에게는 상당한 거부반응이 나타나고 있음을 발견하였다. 또한 중국에서는 신체를 따뜻하게 하고 차게 하는 개념을 중요시하여 맥아유(malted milk)는 차게 하여 마시는 것으로 생각하고 있다. 과일주는 건강을 유지한다보고 곡주는 해롭다고 생각하고 있다.

표 13-3 각국의 혐오색 일람

국명	혐오색	금기 및 해설
대만	백·흑·청	• 극동제국에서는 전통적으로 백색 등이 상색(喪色)이다. 중국에서는 특히 백색을 싫어함. • 사례 : 외국계 석유회사의 개솔린 스탠드를 규정대로 백색으로 도장했는데 장의의 색채라는 이유로 손님이 얼씬도 하지 않았으며 석유마저 사지 않았음. • 개는 불길한 상징으로 터부시 함.
이라크		• 국가의 올리브 그린(olive green)은 토템(totem)의식의 상징이므로 상업목적의 사용은 금기함.
이집트		• 로다스(차스)나 악어는 토템으로 신성시하고 있으므로 금기임. 어떤 섬유회사에서 악어에 창이 꽂힌 모양의 포장 디자인을하여 수출하였다가 이집트의 노여움을 사 반품 되었다는 이야기가 있음.
홍콩	백·흑·청	• 중국의 색채 편견이 지배되며, 청은 비애를 연상시킴.
말레이지아	황	• 황색은 회교군주의 황제색이므로 결코 황색 복장을 착용하지 않음.
이스라엘	황	• 중세기 여러 나라에서 거주하고 있는 유대(Juda)민족은 황색의 천을 걸치도록 강제되어 있었다. 그런데 A. Hilter에 의해서 나치즘(nazism)의 시대에 들어와 그 실천이 부활되었다. 이러한 연유로 이스라엘에서는 불길한 색이라고 극도로 혐오함.
시리아	황	• 황색은 죽음을 상징하므로 회교도가 모두 싫어함.
스위스	흑	• 흑색은 상색(喪色)으로 좋아하지 않으나 자동차의 흑색은 일반적으로 좋아함.
브라질	자·황·농다색	• 자색은 비애를 뜻하며 황색은 절망에 빠지게 한다는 미신이 지배하고 있다. 또한 자색과 황색의 배색은 병의 전조라고 믿고 있으며 농다색은 불길을 초래한다고 대단히 싫어함.
모로코	적·황	• 서부지역에서 적물의 색으로서 싫어함.
페루	자	• 자색은 10월의 종교상의 의식에 사용되기 때문에 일반적으로 사용하지 않음.

2.4 글로벌 촉진믹스의 의사결정

글로벌 촉진믹스(global promotion mix)란 "글로벌기업이 마케팅목표를 달성하기 위해 사용해야 할 글로벌 광고, 글로벌 인적판매, 글로벌 공중관계 등 각종 다양한 촉진활동방법과 수단을 최적 배합하여 전체적인 촉진활동의 효율화를 도모하는 것"을 말한다. 동일산업에 속하는 글로벌기업 간에도 촉진예산의 배분에는 큰 차이가 있다. 이론적으로 볼 때 글로벌 촉진활동예산은 이러한 글로벌 촉진믹스에서 차지하는 각 유형별 활동의 비중에 따라 배분되어야 하나, 실제에 있어 각 글로벌 촉진활동의 효과를 개별적으로 평가한다는 것은 극히 어려운 작업이기 때문에 적용상에 어려움이 많다. 촉진믹스에 영향을 주는 요소로는 글로벌 촉진예산, 글로벌시장의 성격, 글로벌 제품의 성격 그리고 국제제품수명곡선 상에서의 위치 푸쉬(push)와 풀(pull)전략 등을 들 수 있다.

(1) 글로벌 촉진예산

글로벌 촉진방법은 글로벌 촉진활동에 소유되는 비용에 따라 달라진다. 예를 들어 글로벌 촉진예산이 많은 글로벌기업은 글로벌 광고, 글로벌 판촉, 글로벌 인적판매, 글로벌 포장 등의 다양한 방법을 활용할 수가 있으나, 글로벌 촉진예산이 적은 글로벌기업은 TV광고처럼 촉진비용이 많이 소요되는 촉진방법은 사용하지 못하고, 현지 라디오나 현지 지방신문을 이용한 광고 등을 많이 이용한다.

(2) 현지시장의 성격

현지시장의 성격에 따라서도 글로벌 촉진믹스의 형태는 달라질 수 있다. 현지시장의 크기나 시장집중도에 따라 촉진방법도 달라지는데, 일반적으로 구매자가 적은 시장이나 지역적 분포범위가 좁은 시장에서는 글로벌 인적판매가, 구매자가 많거나 지역적 분포가 넓은 시장에서는 글로벌광고가 상대적으로 더 효과적인 촉진수단이 될 수 있다.

(3) 글로벌제품의 성격

일반적으로 고가격제품과 기술적으로 복잡한 제품, 그리고 구매자가 소수이면서 대량구매를 하는 시장에서는 구매자들에게 더 많은 정보를 제공해야 하고, 상대적으로 구매자들이 위험부담을 크게 느낄 수 있기 때문에 인적판매를 많이 활용하고, 그렇지 않은 경우에는 광고를 많이 사용한다. 소비재의 경우는 촉진예산의 대부분을 광고에 투입하고, 다음으로 판매촉진, 인적판매, 공중관계의 순으로 자금을 투입한다. 반면에 산업재의 경우는 소비재보다 기술적으로 복잡하고 가격이 높기 때문에 인적판매와 특정 전문 인쇄매체를 많이 이용한다. 그러나 산업재의 경우도 광고는 인적판매에 의해 중요성이 떨어지기는 하나, 제품에 대한 인식과 이해를 높이고 구매심리를 자극하며 제품의 합법성 및 확신감을 제공하기 위해 중요한 역할을 수행한다.

(4) 국제제품수명곡선의 위치

글로벌 촉진전략을 수행할 경우, 국가별로 제품의 수명이 서로 다른 수명주기를 활용하는 방법도 유용하다. 제품수명주기 상의 단계에 따라 촉진수단별 효과성이 다르기 때문에, 제품수명주기의 각 단계와 촉진유형별로 적합한 관련성을 찾으면 글로벌 촉진 효과를 극대화시킬 수 있다. 도입기에 있어서 제품인식도를 높이는 데는 광고나 홍보가 효과적이고, 조기시용(早期試用)을 촉진시키는 데는 판매촉진이 적절하며, 인적판매는 거래가 이루어지도록 하는데 활용된다. 성장기에는 광고와 홍보의 효과가 지속되는 반면에, 구매유인책이 별로 필요하지 않기 때문에 판매촉진의 효과는 감소된다. 성숙기에는 광고에 비해 판매촉진의 효과가 다시 부각된다. 구매자들의 상표인지도가 높으므로 광고는 상기시키는 정도의 수준을 유지하며 홍보는 중지하며, 인적판매는 최소한으로 이용된다. 그러나 판매촉진의 중요성은 계속된다.

(5) 푸쉬전략과 풀전략

글로벌기업이 푸쉬(push : 밀기)전략을 채용하는가, 풀(pull : 끌기)전략을 채용하는가에 따라 촉진믹스의 구성은 영향을 받게 된다. 푸쉬전략(push strategy)은 유통경로 상에 있는 각각의 구성원들이 그 다음 단계의 구성원들을 촉진하는 활동을 말한다. 즉 제조업자는 인적판매와 거래점 촉진(중간상 촉진)의 마케팅활동을 경로구성원에게 주력하며, 경로구성원(중간상)으로 하여금 그 제품을 주문하고 취급하도록 하고, 또한 그 제품을 최종소비자에게 촉진하도록 하는 전략이다. 푸시전략의 경우 제조업자에 의한 전국광고보다 소매업자에 의한 지역광고가 많이 이용되며, 인적판매가 많이 사용된다.

풀전략(pull strategy)은 제조업자가 최종소비자에 대해 광고와 소비자촉진의 마케팅 활동에 주력하여 최종소비자로 하여금 그 제품을 구입하도록 하는 전략, 즉 제조업자가 소비자수요를 직접 자극하려 할 때 사용되는 방법으로 소비자가 그 제품을 중간상에게 찾으면 중간상은 제조업자에게 그 제품을 구매하는 방식이다. 소비자의 수요를 자극하기 위해서는 상당히 많은 양의 광고와 소비자촉진 노력이 요구된다. 풀전략은 채용하는 제조업자는 TV, 신문 등의 전국광고를 활용하여 실수요자의 구매를 자극하고자 한다.

일부 소규모 산업재 제조업체들은 푸쉬전략만 사용하고, 직접마케팅경로를 활용하는 기업체들은 풀전략만을 이용하는 경우도 있다. 대기업들은 푸쉬전략과 풀전략을 혼용한 풀·푸쉬전략(pull & push strategy)을 이용하는 것이 일반적이다. 최근에 들어 소비재 제조기업들은 그들의 촉진믹스에 있어서 풀전략이 차지하는 비중을 축소하고, 푸쉬전략을 강화하는 추세에 있다.

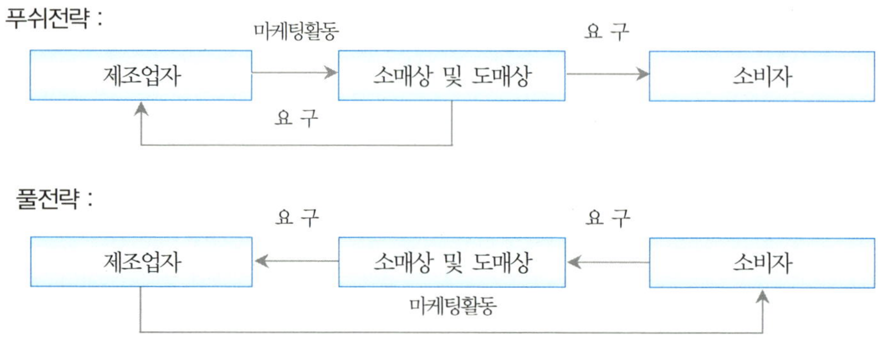

[그림 13-3] 푸쉬전략과 풀전략

이들 영향요소를 중심으로 촉진믹스의 유형을 예시하면 다음과 같다.

① **인적판매중심의 믹스** : 중소기업, 집중화된 시장, 판매자의 영향력이 큰 경우, 제품 단위가격이 높을 경우에는 인적판매 중심으로 촉진믹스가 이루어진다.

② **광고중심의 믹스** : 매출상승국면의 제품, 차별화가능제품, 질적 차이가 작은 제품, 감정적 구매제품, 자금능력이 큰 회사일수록 광고중심으로 촉진믹스가 이루어진다.

3 글로벌 촉진전략

3.1 글로벌 광고

(1) 글로벌 광고의 성격

글로벌 광고(global advertising)란 광고대상자들로 하여금 광고주에게 유리한 행동을 유발시키기 위한 유상의 대량 커뮤니케이션활동이다. 즉, 글로벌기업이 비용을 지불하고 비인적 매체를 활용하여 글로벌 고객에게 널리 알리고 구매를 자극하여 자사제품의 선택을 유도하는 모든 형태의 커뮤니케이션을 말한다. 여기서 주의하여야 할 사항은 광고는 특정 광고주에 의해서 유상으로 행해지므로 광고주에 의해서 제품이나 서비스 내용이 명시되는 데 반하여, 홍보(publicity)는 광고와 거의 유사한 커뮤니케이션방법과 내용을 채택하면서도 그 소구대상이 직접적으로 제시되지 않거나, 특히 무료홍보일 경우에는 홍보내용의 구성도 매체(media)들이 임의로 채택한다는 점이다.

"광고 없는 사업은 마치 어둠 속에서 윙크하는 것과 같다"라고 브리트(S.H. Britt)의 말처럼 촉진믹스에서 광고는 중요한 요소로서 커뮤니케이션이 잘 발달된 나라일수록 그 효용성이 크다. 현실적으로 볼 때 국제공익기관 등에 의한 글로벌 홍보활동(international publicity)이 차지하는 비중은 미미하나, 기업에 의하여 이루어지는 홍보활동은 광고활동과 통합된 형태로 나타난다.

(2) 글로벌 광고의 목적과 유형

글로벌 광고의 궁극적인 목적은 기업의 글로벌마케팅 목표 달성이다. 이를 위한 구체적인 글로벌 광고의 목적을 요약하면 다음의 4가지로 압축된다.

(가) 글로벌판매 효율성의 강화 : 경쟁제품들 간에 선택 선호도의 제고
(나) 글로벌 제품의 특성 및 존재 인식의 유도 : 대중에게 제품에 관한 정보전달
(다) 구매의사결정에 결정적인 요인 인식의 유도 : 특권인식, 안정, 경제성 등
(라) 매출 리듬의 강화 및 안정성의 유도 : 이윤과 매출의 유지 및 확대

이러한 일반적인 차원의 광고목적 이외에도 개별기업의 상황에 따라 또는 판촉캠페인의 실시 등에 따라 특수한 광고목적이 발생할 수 있는데, 이러한 특수 목적을 달성하기 위한 광고는 사전에 치밀한 계획을 필요로 한다. 특히 국경선을 넘어 이루어지는 글로벌 광고의 경우, 국내광고활동과는 달리 다양한 문화, 법적·제도적 제한, 언어 등의 커뮤니케이션문제, 광고의 신뢰도 등을 동시에 고려하여야 하므로 더욱 주의를 요한다.

글로벌 광고의 유형은 일반적으로 국내광고와 별로 차이가 없는데, 주로 공동광고의 역할이 두드러진다는데 특성이 있다. 일반적인 광고들의 유형을 살펴보면 다음과 같다.

① 제품광고(product advertising) : 제품이나 서비스의 품질, 성능, 효용, 용도, 내구성 따위에 대한 정보를 제공하거나, 소비자들에게 이를 설득적으로 호소하는 광고로서 특정제품이나 서비스를 직접 촉진하는 수단이다.

② 기업광고(corporate advertising) : 제품이나 브랜드 대신 기업의 이름이나 활동, 성실성에 대해 널리 인식시키려는 촉진노력으로서, 소비자는 물론 일반대중들이 자사에 대해 호의적인 태도와 좋은 이미지를 갖도록 함으로써 제품의 판매와 투자, 우수인재의 유치 등 기타의 기업활동 수행에 있어서 호의적 반응을 얻기 위한 간접적인 촉진수단이다. 예를 들면 무의촌 의류기관 설립이나 지역주민에 대한 각종 편의제공 사례를 보여주는 경우이다.

③ 유통업자광고(trade advertising) : 제조업자가 유통업자를 대상으로 하는 광고로서, 판매원의 직접 판매노력을 지원하는 역할을 하는 촉진수단이다. 본래 유통업자들의 수요를 자극하는 것은 주로 판매원(인적판매원)의 역할이나 유통업자를 대상으로 업계전문지나 우편물 등을 통한 광고를 함으로써 유통업자로 하여금 자사의 제품브랜드를 취급하도록 자극을 할 수 있게 된다.

④ 개척광고(pioneering advertising) : 이는 소비자들에게 신제품에 대한 구매욕구를 자극함으로써 그 제품에 대한 수용도를 높이기 위한 광고이다. 주로 특정제품이나 서비스 범주에 대한 수요인 일차적 수요(primary demand)의 자극을 통한 매출액 증대에 목적을 두고 있다.

⑤ 경쟁광고(comparative advertising) : 제품브랜드 간에 격심한 경쟁이 촉발될 때 자사제품의 우수성을 직접적으로 소구의 내용으로 제시함으로써 소비자들로 하여금 자사브랜드에 대한 선택을 직접적으로 자극하는 광고를 말한다. 예를 들면 타사제품과의 품질의 우수성을 특히 강조를 함으로써 자사에 대한 소비자들의 호의적 반응을 얻고자 하는 경우이다. 이의 한 유형으로 비교광고(comparative advertising)

가 있는데, 이는 자사브랜드와 경쟁회사 브랜드 간에 몇 가지 제품의 속성을 직접적으로 비교를 함으로써 소비자욕구의 자극이나 선두 브랜드의 시장점유율을 잠식하려는 형태의 광고이다. 예를 들면 펩시콜라의 경우 펩시만의 독특한 맛의 차별성이나 하이트 맥주의 지하 150m 천연암반수로 생산한 제품이라는 점을 강조하는 경우가 이에 해당한다.

⑥ **공동광고(협력광고 : cooperative advertising)** : 두 개 이상의 기업 또는 공동조합의 이름으로 하고, 공동으로 광고비용을 부담하는 광고이다. 이 광고는 원래 특정제품, 특히 신제품의 공동광고, 새로 개척할만한 판매지역 및 표적집단으로 간주되는 소비자그룹을 위해 시작되는 경우가 많다. 여기에는 소매업자들이 한 브랜드에 대한 매출증대를 목적으로 공동으로 광고하는 형태의 수평적 공동광고(horizontal advertising)과 소매업자의 어떤 브랜드에 대해 광고를 수행하고, 그 비용을 제조업자가 전액부담하거나 서로 분담하는 형태의 수직적 공동광고(vertical advertising)가 있다.

⑦ **상업광고(commercial advertising)과 공익광고(public advertising)** : 상업광고는 기업이 제품의 판매나 기업에 대한 호의적인 이미지형성 등 영리성을 가지고 전개하는 광고이고, 반면에 공익광고는 공공의 이해나 복지를 증진할 목적으로 광고의 형태를 빌려 정보를 제공하거나 행동의 유발을 유도하는 형태의 광고를 말한다. 상업광고는 주로 기업들이 주관하며, 공익광고는 기업, 정부, 사회단체 등 어떤 주체든 그 후원자가 될 수 있다. 거리질서캠페인, 금연캠페인, 자연보호캠페인 등이 공익광고에 속한다.

외형상 상업광고와 공익광고의 혼합 형태인 복합광고도 있는데, 예를 들면 "과자는 맛있게 먹고, 잡수신 후에 봉지는 휴지통에 넣어주세요" 등이다.

이상에서 살펴본 광고유형들은 편의상 분류한 것으로 서로 배타적인 것은 아니며, 여러 가지의 성격을 동시에 갖는 광고도 있을 수 있다.

▌표 13-4▐ 역할에 따른 광고의 유형과 특징

광고형태	특 징
제품광고	제품과 서비스에 대한 정보제공 및 설득
기업광고	호의적인 기업이미지 제고
유통업자광고	유통업자의 수요자극
개척광고	제품에 대한 일차적 수요자극
경쟁광고	선택적 수요자극을 위한 브랜드지향적 메시지
공동광고	광고비용분담
상업광고	영리성
공익광고	정보의 제공 및 행동유발 유도

(3) 글로벌 광고의 의사결정과정

글로벌광고 담당자들(international advertiser)은 각 시장에서의 적절한 광고캠페인 소재를 개발하여 이를 여러 국가들을 대상으로 하는 광고프로그램에 종합적으로 반영해야 한다. 글로벌 광고 의사결정과정에는 여섯 가지 의사결정내용이 존재하는데, ① 글로벌광고 목표의 설정 ② 글로벌광고 대행점의 선택 ③ 메시지의 선택 ④ 매체의 선택 ⑤ 예산책정 ⑥ 광고효과의 평가 등의 과정을 거쳐 이루어진다. 이를 피드백시스템으로 [그림 13-4]와 같다.

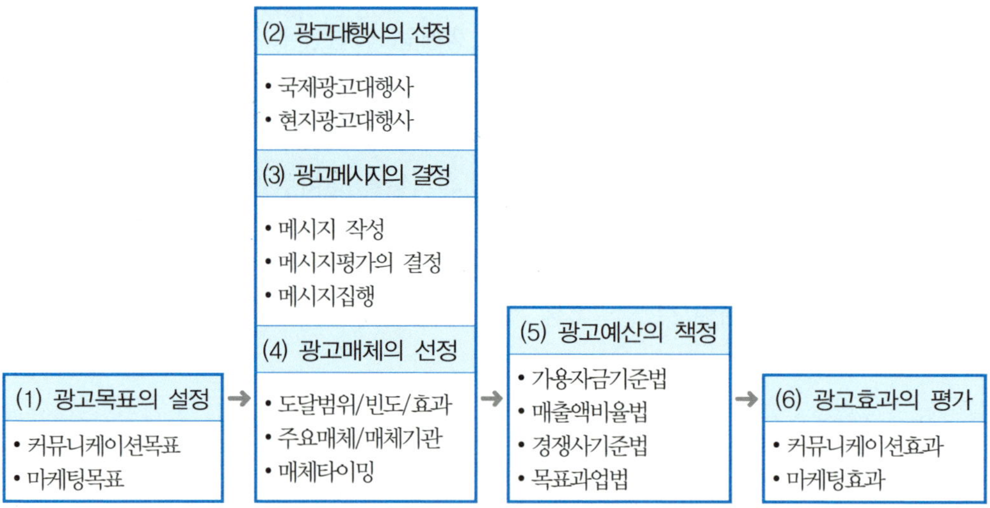

[그림 13-4] 글로벌 광고의 의사결정 과정

1) 광고목표의 설정

글로벌 광고 의사결정과정에서 광고프로그램 수립의 첫 단계는 광고목표의 설정단계이다. 광고목표는 표적시장, 포지셔닝, 마케팅믹스 등에 대해 이미 내려진 결정에 따라 결정된다. 마케팅포지셔닝과 마케팅믹스는 전체적인 마케팅프로그램에서 광고가 수행해야 할 직무를 규정하게 하는 것이다.

글로벌 광고의 목표와 글로벌 마케팅믹스전략이 일치된다고 판단될 경우 글로벌마케팅 담당자는 광고가 해야 할 역할이 무엇인가를 결정해야 하며, 촉진의 목표 내지 마케팅목표도 구체적으로 결정하여 이를 글로벌 기업광고에 반영해야 한다.

광고의 목표에는 일정한 기간 동안 특정한 표적시장으로부터 여러 가지의 커뮤니케이션 목표와 마케팅 목표가 있을 수 있는데, 크게 고지(inform), 설득(persuade), 상기(remind)로 분류된다. [표 13-5]에서는 이러한 광고의 목표의 구체적인 예가 제시되고 있다.

[표 13-5] 광고목표의 구체적인 예

고지	
• 신제품의 시장소개	• 제품의 새로운 용도 제시
• 가격변경을 시장에 알림	• 제품사용법 설명
• 부가적 서비스 설명	• 잘못된 인식 수정
• 기업이미지 제고	• 소비자의 회피를 감소시킴
설득	
• 상표선호도 제고	• 타상표로부터의 전환유도
• 소비자의 제품인식도 변경	• 즉각적 구매설득
• 판매원의 방문수락	
상기	
• 제품의 즉각적 필요성 상기	• 구매장소 상기
• 비수기에도 기억토록 상기시킴	• 최상의 인식상태 유지

광고목표를 기준으로 분류한 광고의 유형에는 3가지가 있는데, 먼저 정보고지광고(information advertising)는 신제품의 도입기에 주로 이용되는 것으로서 1차수요를 형성하는데 그 목적을 두고 있다. 설득광고(persuasive advertising)는 경쟁기업들이 출현하는 단계에서 중요성이 부각되며 선택적 수요를 자극하는데 그 목적이 있다. 이러한 설득광고에서 한 단계 나아가면 비교광고(comparative advertising)가 되는데, 이것은

특정상표를 다른 상표들과 직접 또는 간접적으로 비교하여 우월함을 입증시키려는 광고이다. 그리고 상기광고(reminder advertising)는 성숙기에 소비자들로 하여금 그 제품을 계속해서 생각 내지 회상하도록 하는 것을 주요 목적으로 하는 광고이다.

2) 광고대행사의 선정(selecting the agency)

마케팅기능 중 많은 기능이 회사 내에서 직원들에 의해 수행된다. 그러나 글로벌 광고는 전문성의 문제 때문에 대개 광고대행사의 형태로 외부전문가에 크게 의존하고 있어, 광고대행사의 선택이야말로 글로벌마케팅 담당자들이 수행하는 첫 번째 광고에 관련된 의사결정이다. 대행사는 크게 나누어 국내와 해외에 사무소를 갖춘 글로벌 대행사와 각 나라 현지사장에 있는 지역 대행사(local agency)으로 대별할 수 있으며, 대행사의 기능과 조직규모에 따라 총체적 서비스대행사(full service agency), 부분적 서비스 대행사(limited service agency), 사내 서비스대행사(in-house agency) 등으로 구분할 수 있다.

동일수준의 서비스를 제공하는 광고대행사는 다시 여러 가지 사항이 동시에 고려되어 선정되는데 그 주요 내용은 다음과 같다.

(가) 시장의 점유정도 : 특정 대행사가 모든 관련시장을 점유하고 있는가?
(나) 시장점유의 질적인 측면
(다) 시장조사, PR, 기타 마케팅서비스
(라) 기업의 광고부서와 대행사의 상호 보완역할 : 회사의 광고부서가 빈약하면 대행사에 의존하는 비율이 높아진다. 또는 그 반대의 경우도 생각할 수 있다.
(마) 대행사에 대한 의사소통과 통제 : 기업이 해외시장에서 행사와 원만한 의사소통을 하고자 한다면 해외지점을 갖고 있는 국내대행사와의 밀접한 관계를 유지해야 한다.
(바) 국제적인 상호 조정문제 : 대행사들 간에 차이가 나는 것 중의 하나는 광고주를 도와 국제적인 조정을 수행하는 능력이다.
(사) 대행사의 국제적 사업규모 정도
(아) 이미지 : 기업이 원하는 이미지가 국내인가, 국외인가?
(자) 대행사의 조직

3) 광고메시지의 선택

글로벌 광고 의사결정에 있어서 주요한 분야는 각 시장에 적절한 광고의 소구(appeal)내용을 결정하는 것이다. 각 시장은 특성을 갖고 있어 이에 맞는 특수한 소구 내용을 개발할 필요가 있는 것이다. 메시지가 시장과 조화를 잘 이루어야 성공적인 의사소통이 이루어질 수 있다. 비록 사람들의 기본적인 필요와 욕구는 세계적으로 동일하지만 그 욕구가 만족되는 방식은 나라마다 차이가 있어 광고의 소구는 지역적 현실에 부응해야 한다.

가. 광고메시지 개발과정

동일한 비용을 지출한다 하더라도 두 개의 다른 광고캠페인은 각 캠페인의 광고효과의 차이에 따라 다른 결과를 초래한다. 따라서 광고방법(매체, 메시지)의 선택은 광고의 효율화 및 광고예산의 절감을 위하여 중요한 의사결정이 된다. 물론 캠페인의 질이 광고예산보다 중요시되어야 한다.

<u>광고메시지의 개발</u>

광고메시지의 개발에서 가장 중요시되는 점은 광고메시지의 독창성에 있으며, 광고메시지의 내용은 소비자의 심리적인 측면과 사회적인 측면을 동시에 고려하여야 한다. Maloney는 구매자들이 어떤 제품으로부터 기대하는 네 가지의 보상과 세 가지의 경험유형을 축으로 하여 12가지 광고메시지의 유형을 [표 13-6]과 같이 제시하였다.

표 13-6 12가지 유형의 메시지의 소구

사용경험 유형	보상의 유형			
	합리적	감각적	사회적	자아만족
사용 후 경험	1. 의복을 청결하게 해준다.	2. 복통을 완전히 해소해 준다.	3. 최고품을 대접해야 할 때	4. 당신이 가지고 싶은 피부를 위해
사용 중 경험	5. 체질이 필요없는 밀가루	6. 도수 낮은 맥주 속의 진정한 향취	7. 사회적으로 인정받는 향수	8. 젊은 중역을 위한 점포
사용계기	9. 플라스틱 통은 담배를 선하게 유지시켜 준다.	10. 포터블 TV는 무게가 가볍고 운반도 편하다.	11. 현대인 가정에 개성을 주는 가구	12. 특별한 취향의 사람에게 맞는 스테레오

① **메시지의 심리적 측면** : 광고메시지는 구매동기를 유발시키거나 구매억제를 감소시킬 수 있어야 한다.

② **메시지의 사회적 측면** : 광고메시지는 캠페인을 통하여 구매자집단이 제품에 대한 우호적인 인식분위기를 조성하도록 하여야 한다.

광고메시지의 표현

광고메시지의 표현이란 경쟁회사의 메시지와 구별가능하게 하며, 광고대상자들이 인식할 수 있도록 전달하는 방법이다. 메시지의 전달구조는 단어, 표식, 소리 등의 여러 가지 방법으로 표현될 수 있는데, 구체적인 광고커뮤니케이션의 표현은 다음 사항을 고려하여야 한다.

① 광고메시지의 인식시간은 일반적으로 짧다. 따라서 광고의 효율성은 이러한 인식시간이 짧기 때문에 영향을 받는다. 예를 들어 100명의 구독자가 신문을 본다면, 그 중 40명 정도만 광고의 존재를 인식하며, 그 중에서도 10명 정도만 부분적으로 광고를 읽을 것이며, 그 중 5명 정도가 전체 광고문안을 읽는다고 생각해야 한다. 따라서 광고는 광고의 존재나마 인식하는 40명의 구독자의 관심을 끌고 유도해야 하는 것이다.

② 혼란스러운 분위기에서나마 광고내용이 전달될 수 있어야 하다. 방송광고메시지는 항상 조용한 분위기 속에서 전달되는 것이 아니고, 인쇄광고메시지도 신문, 잡지의 경우처럼 단독적으로 메시지를 제시하는 것이 아니다. 따라서 광고메시지의 전달상황에 혼란성이 있더라도 내용이 효과적으로 전달될 수 있도록 고려하여야 한다는 것이다.

③ 비언어적인 인식(non-verbal perception)의 중요성을 알아야 한다. 즉 그래프나 색상 등을 활용한 메시지의 표현이 필요하다.

④ 광고대상자의 주의와 흥미를 불러일으킬 수 있어야 한다.

결론적으로 광고메시지의 표현도구로는 시각 또는 청각적인 효과를 활용하여 메시지가 전하고자 하는 점과 메시지가 보여주는 점, 메시지가 전달하는 환경요소들을 동시에 고려하여야 한다.

나. 글로벌시장에서의 메시지 개발

만일 제품이 나라마다 같은 욕구를 만족시켜 준다면 유사한 소구내용이 사용될 것이다. 광고소구에 있어 표준화된 방식을 사용하고 있는 코카콜라의 경우처럼 소비자의 필요와 욕구에 부응하는 제품으로 성공한 사례도 많이 있다. 즉 우리는 구매자의 소비 형태로부터 기업의 제품이 수행하고 있는 역할을 알 수 있다. 그리고 또 다른 시장 고려사항은 나라마다 같은 구매동기의 유사성이다. 동일제품은 기능적인 측면, 편의성 그리고 그 제품의 지위(status)에 따라 구매가 되지만 각 나라마다 다른 동기부여의 조합을 통해 이루어진다. 구매동기가 유사하면 할수록 공통된 소구의 사용이 더욱 바람직하게 된다.

표 13-7 광고주제와 창조적 문안

광고 주제	창조적 문안
• 7-UP은 콜라가 아닙니다.	• 콜라가 아닌 음료(uncola)
• 당신의 차를 이용하지 말고 우리 버스를 이용하세요	• 버스를 타고, 우리다 드라이브를 즐기세요(Grey Round)
• 만일 당신이 맥주를 드신다면 SchAef가 마음에 드실 겁니다.	• 한잔 더 마시고 싶은 맥주
• 우리는 비록 많은 차를 빌려드리지는 못하지만 고객에게 잘 하려고 노력하고 있습니다.	• 우리도 No.2 이지만 그래서 더 열심히 합니다(Avis)
• Hanes양말은 비싼 양말보다 질깁니다.	• 싼 양말의 혜택을 철저히 누리세요

4) 광고매체의 설정

글로벌 광고관리의 세 번째 의사결정분야는 각 시장에 맞는 매체(media)를 설정하는 것으로, 그 원칙은 세계적인 매체이어야 하지만 그 적용은 나라마다 차이가 날 수 있다. 글로벌 광고자들은 매체를 사용할 때 나라마다 가진 국제적 차이로 인해 어려움을 갖게 된다. 이러한 사실은 TV, 신문, 라디오 등의 사용이 나라마다 큰 차이를 보이고 있음을 나타내 주고 있다.

매체결정을 어렵게 하는 것으로서 보급률과 시청자의 특징에 대한 믿을 만한 정보가 부족하다는 점이다. 이 경우 미국에서는 각 매체마다 갖는 시청자의 규모에 대한 자료를 가지고 보완하며, 직업, 교육수준, 소득별로 시청자의 중요 특성을 구분하기도 한다. 그런데 보급률과 시청자에 대한 숫자가 그 매체 스스로 계산한 것이기 때문에 그 이용에 유의를 하여야 할 것이다.

복잡한 매체를 평가할 때 그 숫자는 진정한 의미의 커버리지(coverage)를 나타내는 것은 아니라는 점이다. 예를 들어 어떤 나라는 TV 또는 라디오 보급대수로서 평가하기도 하며, 문맹률이 높은 나라에서는 TV 한 대당 시청자수 평균이 미국의 두 배가 되기도 하기 때문이다. 또한 프랑스에서는 잡지가 150만부 배포된 경우 독자는 약 830만으로 추정되기도 한다. 이와 같은 매체정보의 부족으로 말미암아 여러 나라에서 매체선정에 따른 불확실성이 존재하며, 이 문제를 해결하기 위해 장기적인 매체조사 확대가 요청된다.

가. 광고매체의 선정

광고매체기획의 목적은 광고메시지의 내용을 가장 경제적으로 광고대상자들에게 전달할 수 있는 수단을 선택하는 것이다. 일반적으로 매체의 선택은 각 매체가 가진 메시지의 전달범위나 전달능력을 선택기준으로 고려하게 된다.

① 메시지의 전달범위

- 지리적 전달범위, 해당지역 광고대상자의 수
- 광고대상자들에 대한 메시지전달의 수준
- 메시지의 전달기간

② 메시지의 전달능력

- 단위광고에 따른 효과
- 메시지전달의 질적 수준(시청효과, 화면의 질 등)
- 매체사용의 의미(신문 : 개인적 인식, 포스터 : 집단적 인식 등)
- 매체의 특수성(방송은 소리만, TV는 영상과 소리로, 신문은 활자로만 표현된다)

결론적으로 광고매체선택의 과정은 먼저 각 매체의 특수성을 개별적으로 평가하고, 각 매체의 대체적 최적조합방법을 다양하게 개발한 다음, 최종적으로 이를 모형검증(simulation)하는 과정으로 구성될 수 있다.

표 13-8 4대 매체의 기능 특성

<table>
<tr><th></th><th>매체종류</th><th colspan="2">정보의 노출인구</th><th colspan="2">정보의 지속시간</th></tr>
<tr><td rowspan="2">인쇄매체</td><td>신문</td><td rowspan="2">소</td><td>대</td><td rowspan="2">대</td><td>소</td></tr>
<tr><td>잡지</td><td>소</td><td>대</td></tr>
<tr><td rowspan="2">방송매체</td><td>TV</td><td rowspan="2">대</td><td>대</td><td rowspan="2">소</td><td>소</td></tr>
<tr><td>라디오</td><td>소</td><td>대</td></tr>
</table>

나. 글로벌 광고매체의 성격

광고매체란 광고소구에 있어서 어떤 영향을 받게 되리라 기대되는 개인 또는 광고물과 광고메시지를 전달하는 매개물 또는 수단을 말한다. 글로벌 마케팅관리자들은 여러 시장을 망라하는 매체의 대체안들을 갖고 있어야 한다. 예를 들면 인쇄매체와 방송매체로 미국의 종합적인 리더스 다이제스트나 타임, 뉴스위크 등은 전 세계에 광범위한 배포능력과 영향력을 보유하고 있다. 글로벌 광고매체로 많이 활용되는 잡지, 라디오, TV매체 등의 성격은 [표 13-9]와 같다.

표 13-9 주요 매체의 유형별 특성

매체	장 점	단 점
신문	신축성, 적시성, 지역 시장범위 넓은 수용도, 높은 신뢰성	단명 높은 재현 능력, 낮은 통독률
TV	시청감각과 동작의 결합, 감각적 소구, 높은 관심도, 도달범위	높은 비용, 과다경쟁광고, 노출시간이 짧음, 청중선별 불가
우편	청중 선별, 신축성 동일한 매체내 광고경쟁 없음, 개인화	상대적으로 높은 비용, 쓰레기 광고물로서 이미지
라디오	대량이용가능, 높은 지역적 및 인구통계적 선별가능, 낮은 비용	청각에만 의존, 낮은 관심도(TV에 비해서) 요금구조의 비표준화 순간적 노출
잡지	지역적 및 인구통계적 선별가능, 신뢰성과 권위, 높은 수준의 재현가능, 수명이 길다. 높은 통독률	광고게재 대기소요시간 길다, 일부 부수의 낭비, 위치보장이 없음
옥외광고	신축성, 반복 노출도가 높다. 저비용, 저경쟁	청중선별 불가, 창의적 메시지개발의 제한

5) 광고예산의 결정

광고예산의 규모는 외형적으로 볼 때 단순히 글로벌 촉진믹스의 한 요소로서 고려되는 것으로 생각되나, 실제에 있어서는 대다수의 경우 글로벌 광고예산의 확정이 여타의 글로벌 촉진믹스요소와는 별도로 고려된다.

6) 글로벌 광고효과의 평가

글로벌 광고비는 보통 국내광고비보다 적은데, 오늘날 해외광고에 대한 이해의 증대로 글로벌 광고비 지출도 늘어나고 있다. 따라서 글로벌 광고비의 투입요소에 대한 산출요소를 나타내는 효과성에 관심을 가져야 한다. 그런데 실질적으로 시장이 작고 예산도 적으며, 특히 글로벌 광고에 대한 경험이 없어 국내보다 글로벌시장에서 광고효과를 측정·평가하기란 상당히 어려운 편이다. 광고평가는 주로 커뮤니케이션 효과와 매출증대 효과를 평가하여 이루어지는데 그 내용은 다음과 같다.

가. 커뮤니케이션효과의 평가

커뮤니케이션의 통제는 커뮤니케이션의 효과와 광고진의 의도와 표현내용의 일치수준을 검증하고 평가하는 과정이다. 커뮤니케이션의 통제는 메시지의 내용과 표현방법의 검증을 대상으로 이루어지는데, 이를 위해서는 정신작용검증법이나 기억검증법 등이 활용될 수 있다.

정신작용검증법

정신적용검증법은 소비자들에 대한 집단토의, 반 직접적인 면담(semi-directive interview) 등을 통하여 광고메시지의 내용과 표현방법이 광고주의 의도대로 바로 전달되고 있는가 확인하는 방법이다. 즉 광고메시지의 인식, 기억, 이해가 다양한 상황 속에서 소비자들에게 어떻게 전달되어지는가를 파악하여 광고의 효과를 검증하는 것이다.

기억검증법

100 ~ 200명의 표본집단을 대상으로 특정광고에 대한 인식수준과 광고의 질적인 수준을 어떻게 기억하고 있는가를 조사함으로써 광고효과를 검증하는 방법이다.

나. 매출증대효과의 평가

일정 광고비를 투입하여 얼마만큼의 매출증대효과가 있었는가를 알 수 있다면 해당 광고방식 또는 메시지의 효과를 이보다 더 정확히 평가할 수 있는 방법은 없을 것이다. 그러나 현실적으로 이의 정확한 관계파악은 힘든 사항이므로 통계적인 방법에 의존하는 수밖에 없다.

(4) 글로벌 광고전략의 기본유형

글로벌 광고전략은 광고메시지의 현지적응화 정도에 따라 크게 표준화전략과 현지적응화, 즉 차별화전략으로 구분할 수 있다. 글로벌 마케팅관리자는 글로벌 광고전략을 실천함에 있어서 전 세계시장에 동일하게 적용할 수 있는 표준화전략과 목표대상시장에 적절하게 현지시장국마다 각기 이질적인 차별적인 광고를 전달하는 차별화전략 중에서 하나를 선택해야 한다.

1) 글로벌 광고의 표준화전략

글로벌 광고의 표준화전략은 전통적인 가정인 소비자집단의 이질성, 그리고 여기에 기반을 둔 차별화전략에 반기를 들고 현재는 통신 및 교통수단의 발달로 인해 각국 간에 예술, 문학, 언론매체의 보급, 소비자기호, 종교, 사고방식, 문화, 전통에 있어서 점점 더 동질성을 보이고 있으며, 따라서 광고도 여기에 맞추어 표준화되어야 한다는 것이다. 즉, 여기서 주장하는 것은 비록 소비자들이 지역에 따라 특성이 다르더라도, 기본적인 생리적 욕구와 심리적 동기는 동일하기 때문에 성공적인 광고전략은 지리적인 차이보다 소비자욕구의 동질성을 최대한 이용하는 표준화전략이라는 것이다.

이러한 표준화전략의 이점으로서는 다음과 같은 것을 들 수 있다.

① **비용의 절감** : 하나의 광고메시지가 개발되면 적은 비용으로 타국에 이전시킬 수 있다.

② **규모의 경제 실현** : 본사에 전 세계적인 광고권한을 집중시키므로 가능하다.

③ **본사의 광고전문지식의 활용** : 현지시장에서는 얻기 어려운 본사의 광고전문지식을 완전히 활용할 수 있다.

④ 전 세계적으로 일관된 이미지를 유지할 수 있다.

⑤ 국가를 초월한 특정 세분시장에 광고매체사용의 유사성을 정당화시킬 수 있다.

코카콜라나 펩시콜라 등 다국적 음료기업들은 미국시장을 위해 작성된 광고메시지를 거의 수정하지 않고 글자 그대로 번역하여 해외시장에서 사용하고 있으며, 엑슨사는 "Put a Tiger in Yout Tank"라는 메시지로 태국을 제외한 많은 국가에서 대단히 성공적으로 활용하고 있다. 태국에서는 호랑이가 공포와 밀림위험의 상징이기 때문이다. 또한 스카치 위스키의 스코틀랜드 제조업자들은 언어번역을 제외하고는 동일한 광고를 활용하고 있다.

그러나 표준화전략이 해외시장에서의 매출액을 증대시키는데 과연 효과적인 광고전략인가에 관해서는 글로벌 마케팅관리자들 사이에 많은 논란이 있다.

2) 글로벌 광고의 차별화전략

글로벌 광고의 차별화전략은 국가 간의 차이, 즉 문화, 소비자기호, 매체보급정도와 경제적 여건의 차이 등을 고려하여 현지시장에 적합한 광고를 차별적으로 개발하여 이용하는 것이 보다 효과적이라는 현지적응화전략을 의미한다. 즉, 여기서 주장하는 것은 모든 국가들이 특유한 문제가 있기 때문에 각 국가나 지역별로 광고메시지가 제작되어야 한다는 것이다.

제품관련 속성은 전 세계에 걸쳐 구매자의 행동에 상이하게 영향을 미친다. 예를 들면 GM사의 Nova자동차는 스페인어로 "가지 않음"을 의미하기 때문에 중남미에서는 판매가 부진하였으며, 세탁세척제의 '순백'에 관한 강조는 브라질에서는 통용되지 않는데 이는 그들이 흰옷을 입지 않기 때문이었다.

이러한 차별화전략은 특히 개도국에서는 라이프스타일, 부의 수준, 시장구조, 그밖에 여러 환경적 여건이 선진국과 다르기 때문에 선진국에 비해 별로 적합하지 않다.

3) 글로벌 광고의 세계 중심적 전략

보다 바람직한 글로벌 광고전략은 표준화의 단점을 지양하고 두 전략의 장점을 모두 살릴 수 있는 세계 중심적 전략(geocentric strategy)이다. 이 전략은 최근에 논의되는 개념으로서 자국시장을 대상으로 개발된 광고를 아무런 수정없이 해외시장에 내보내는 표준화전략과는 달리, 처음부터 전 세계적인 청중을 대상으로 공통된 소구점을 찾아 단일의 메시지를 개발하고, 광고디자인 및 카피 등 구체적인 일러스트레이션은 각 해외시장의 환경요인에 맞추어 수정할 수 있게 하는 전략이다.

보다 구체적으로 말하면, 전 세계적인 소비자에게 공통되는 소구점을 찾아 이것을 공통된 광고의 메시지로 하는 글로벌 광고의 원형(prototype)을 개발하고 광고의 구체적인 카피, 포맷, 일러스트레이션은 해외시장의 문화적 환경, 소비자기호, 경쟁상황, 법률적 규제에 적합한 형태로 개발하는 전략이다. 즉, 광고전략은 크게 두 가지 분야로 나누어 사용하나 그 주제를 표현하는 광고의 배경, 모델, 음악, 포맷 등은 현지시장의 환경적요인, 사회문화적 전통, 법률적 규제, 소비자특성 등을 고려하여 제작해야 한다는 것이다. 광고전략은 표준화의 장점인 비용절감효과와 차별화의 장점인 현지적응력 및 효과적인 설득력을 동시에 추구할 수 있다.

또한 최근에 점점 치열해지는 세계시장에서의 경쟁에 대응하고 적극적인 글로벌마케팅을 효과적으로 수행해 나갈 수 있는 광고전략이 될 수 있다. 글로벌전략에 입각한 글로벌 광고의 성공적인 사례로써 Levi Straus를 들 수 있다. 청바지 판매로 유명한 이 글로벌기업은 전 세계적으로 동일한 메시지를 전달하면서 일본에서는 광고모델로 마릴린 먼로와 제임스 딘을 사용하는 반면, 유럽에서는 비욘보르그와 같은 테니스선수를 모델로 사용한 상공한 예를 찾아 볼 수 있다.

3.2 글로벌 판매촉진

(1) 글로벌 판매촉진의 성격

판매촉진이란 광고, 인적판매 그리고 공중관계를 제외한 모든 마케팅활동을 포함하고 있으며, 소비자를 자극하고 중간상의 효과와 협력을 추진하는 것, 즉 소비자와 판매점의 자사제품에 대한 호감도를 높이기 위한 활동을 말한다. 이러한 판매촉진활동은 경품(contest), 쿠폰(conpon), 견본증여(sampling), 끼워팔기(premium) 등을 사용한다([표 13-11] 참조). 이러한 판매촉진활동은 광고, 공중관계 등의 효과를 인적판매활동에 반영시키는 조정기능을 가지고 있어 대부분의 경우 광고부서나 인적판매부서와 밀접한 관계를 맺고 있다.

글로벌 판매촉진(global sales promotion)이란 글로벌시장에 있어서 소비자들의 제품 구매의사를 강력하게 자극하고 호의적인 중간상의 협력을 유도하려는 단기적인 유인책이다. 국내광고가 시장 또는 시장점유율을 확보하기 위한 장기적 목적을 갖는 전략적 활동인 반면에, 글로벌 판매촉진은 단기적인 전술목적을 달성하기 위한 활동이라 할 수 있다. 글로벌시장에서는 판매촉진활동 역시 국내시장에서의 활동범위를 크게 벗어나지는 않으나, 다음의 사항들을 유의해야 한다.

① 경제적인 측면에서 후진국에서는 무료견본, 끼워팔기, 경품 등이 효과적이다. 그러나 미국과 같은 선진국에서도 적용되지 않는 것은 아니다.

② 법적인 측면에서 판촉활동은 미국이 다른 나라보다 제한을 많이 가한다. 미국은 무료로 주는 견본품목의 가치를 원제품가치의 1%로 제한하며, 프랑스에서는 5%로 제한을 하고 있는데, 이는 고객을 현혹시키거나 기만하는 것을 금지하기 위한 법적 조치이다.

③ 문화적 측면에서 보면 끼워팔기 등은 고객들이 그 나라의 문화적 배경에 따라 달리 해석되기도 하기 때문에 신중을 가하여야 한다.

④ 소매상과 다른 중간상의 능력도 고려하여 시행되어야 한다.

(2) 글로벌 판매촉진의 유형

국내 판매촉진의 경우와 마찬가지로 글로벌 판매촉진의 유형을 판매점을 통한 촉진활동과 소비자에게 직접 촉진활동을 하는 두 가지로 나눌 수 있다.

1) 글로벌 판매점 판매촉진(global dealer sales promotion)

판매점 판매촉진은 글로벌시장에서 판매점의 구매를 환기시키고 자극하기 위한 글로벌마케팅 커뮤니케이션의 한 가지 방법이다. 이는 매출액증대에 궁극적인 목적을 두고 판매점촉진과 판매점원조(dealer helps)를 통해 단기적인 효과뿐만 아니라 장기적인 측면을 고려한 접촉활동이다. 해외판매점에 대한 글로벌 접촉수단으로 가격할인(rebate), 수량할인, 기관지(house organ) 발행, 판매점콘테스트(dealer contest), 판매점 지원(dealer helps), 판촉물이나 협동광고 등이 있다.

<u>가격할인(rebate)</u>

리베이트는 제조업체와 판매점의 공존공영을 목적으로 기업이익의 분배를 통한 판매촉진방법으로 판매점이 일정 매출액을 넘어서면 판매점 인도가격에는 변함이 없지만 일정기간 후에 지불금액의 일부를 일정비율로 환불해주는 방법이다.

<u>기관지(house organ) 발행</u>

글로벌기업이 글로벌시장에 기업의 사명이나 특징, 기술의 발전과 고객에게 유용한 정보를 제공하기 위해 정기간행물(house publication)을 통한 매출액 증진과 함께 제조업체와 판매점, 그리고 소비자와의 커뮤니케이션이 원활하게 이루어지도록 하는 촉진 방법이다.

<u>판매점 콘테스트(dealer contest)</u>

이는 판매점끼리의 경쟁을 통한 판촉활동으로 자사제품의 우선적인 판매에 목적을 두고 소매점의 교육이나 의식의 향상, 아이디어의 수집 등을 얻을 수 있다. 이러한 콘테스트유형에는 판매량콘테스트, 진열콘테스트, 판매기술콘테스트, 아이디어콘테스트 등이 있다.

<u>판매점 지원(dealer helps)</u>

해외판매점에 대한 장기적인 측면의 판촉활동으로 해외판매점의 경영에 대한 지도, 육성과 해외판매점의 판매에 대한 지원 및 원조의 두 가지로 구분된다. 판매점 판촉은 글로벌 판매촉진활동의 보조적 수단이라 할 수 있으며 소비자 판매촉진의 중요한 비중을 차지하고 있다.

2) 글로벌 소비자 판매촉진(global consumer sales promotion)

글로벌 판매촉진에서 판매점을 통한 판촉활동 외에 최종 해외소비자에 직접 판촉활동을 행하는 것을 말한다. 따라서 위의 판매점 판매촉진은 글로벌 판매촉진의 보조적 수단이라 할 수 있다. 글로벌시장에서 소비자 접촉의 일환으로 사용되는 방법으로 다음의 몇 가지를 들 수 있다.

<u>직접우편광고</u>

직접우편광고(direct mail advertising)의 약자로 특정인을 지정하여 우편으로 직접 소구하는 방법이다. 미국의 경우 신문광고 다음으로 그 이용도가 높으며, 그 특징으로 광고가 불특정 다수인을 상대로 하는 것과는 달리 상대명을 기입하여 우편으로 소비자에 직접 소구하는 판촉방법 중의 하나이다. 이는 고객 중심적 매체로서 대상들을 연령, 지위, 특성에 따라 구체적인 소구를 하기 때문에 각 업종에서 많이 사용하고 있다. 이 방법의 장점으로는 1대 1 관계이므로 설득력이 강하고 소구대상을 적절히 판단, 선택할 수 있으며 비밀을 유지할 수 있고 그 효과의 측정에 유리한 반면, 어느 특정인에 국한된다는 점과 비용측면에서의 문제점이 있다.

<u>전단(bill)</u>

전단은 일정지역의 광범위한 대상을 위주로 대량 살포하는 방법으로 제작이 용이하고 단가의 비용이 낮으며, 그 효과가 즉시 나타난다는 점과 배포에 극적인 면을 도입할 수 있다는 점이다. 전단이 주로 사용되는 경우는 판매가격을 강조할 때, 각 행사 때의 즉각적인 효과, 서비스나 분위기의 앙양을 통한 이미지고취를 위해 많이 사용한다.

<u>견본증여(sampling)</u>

제품 또는 그 축소품을 소비자에게 제공하여 그 사용을 고취하는 방법으로 무료와 대여의 두 가지 방법이 사용된다. 화장품, 의약품, 음료수 등의 일상용품은 무료의 경우가 많고, 생산재 등 고가의 신제품인 경우에는 대여의 방법이 많이 사용된다.

<u>기타</u>

특정제품을 구매할 때 특정비율만큼 할인해주는 쿠폰을 지급하거나, 경품 추천을 통하여 상품이나 상금을 주기도 하고, 같은 제품 또는 다른 제품을 여러 개 묶어서 저렴하게 판매(보너스팩)하기도 한다.

(3) 글로벌 판매촉진의 특수형태

앞에서 살펴본 일반적인 판매촉진의 형태들은 국내에서의 판매촉진활동뿐만 아니라, 글로벌 판매촉진에서도 활용되고 있다. 일반적으로 해외에서 활용할 수 있는 또 다른 효과적인 글로벌 판매촉진의 형태에는 국제박람회, 종합전시회, 전문견본시 등이 있다.

이러한 유형의 글로벌 판매촉진은 일반 정규광고나 팜프렛 등의 역할이 충분하지 못할 때 특히 효과적이며, 제품의 품질수준이 직접적으로 조사에 의해 평가될 수 있는 제품의 경우에 매우 중요하다.

국제박람회, 종합전시회, 전문견본시 등은 [표 13-10]에서 보는 것처럼 구체적인 명칭에 따라 개최목적, 참가대상 및 규모, 관람대상, 행사기간 등이 약간씩 다르다. 대체적으로 세계 각처에서 매년 800회 이상의 행사가 개최되고 있는데, 모든 산업의 제품을 전시하는 경우도 있고, 단일산업의 제품만을 전시하는 경우도 있다. 또한 제품전시만 하는 경우도 있고, 단일산업의 제품만을 전시하는 경우도 있다. 또한 제품전시만 하는 경우도 있고, 전시와 더불어 즉석에서 제품을 판매하는 경우도 있다. 국제박람회 등에는 일반소비자들도 많이 방문하지만 아무래도 주요 방문객은 기업경영자, 구매담당자, 엔지니어, 마케팅담당자 등이므로, 이에 참가하면 여러 가지 측면에서 기업 및 제품을 국제적으로 널리 알리는 계기가 된다.

국제박람회, 종합전시회, 전문견본시 등에 기업들이 제품을 출품하고 적극적으로 참여하는 것은 제품의 수출과 마케팅활동을 촉진시키는데 주요한 목적이 있으며, 단기적인 효과보다는 이에 출품하고 참여함에 따른 홍보효과가 장기적인 측면에서 이익을 얻을 수도 있기 때문이다.

▌표 13-10▐ 글로벌 판매촉진의 특수형태

	국제박람회	종합전시회	전문견본시
1. 유사명칭	exposition consumer show 세계박람회 사업박람회 국제전람회	exhibition consumer show 종합견색시 산업박람회 국제전람회	trade fair trade show 상업견색시 상업전시회 국제견색시
2. 개최목적	개별기업의 출품. 참가에 의한 직접적 상거래 (즉석거래가 목적)	개별기업의 출품. 참가에 의한 간접적 상거래 (광고, 선전이 목적)	각국별 출품. 참가에 의한 인류 상호간의 이해와 복지향상
3. 입장자격	특정의 공통적 내지 관심을 갖는 입장자에게 한정	일반대중(내지 일반대중의 특정자)에게 개방	무제한 개방

4. 개최규모	전문견색시 < 종합견색시 < 만국전람회	〃	〃
5. 개최빈도	거의 매년 세계 각처에서 개최	거의 매년 세계 각처에서 개최	2 ~ 3년마다 1회 1개처에서 개최
6. 개최기간	보통 1 ~ 2주간	보통 2 ~ 3주간	보통 6개월 ~ 1년간
7. PR, 광고선전	정상적인 PR, 광고선전활동이 전개됨	대대적인 PR, 광고, 선전활동이 전개됨(그 외에도 실연, 컨테스트 캠페인 등이 동원됨)	일체의 광고. 선전이 금지됨. 다만 각 국가별의 PR만 허용됨
8. 판매촉진효과	단기적·즉석적 효과	중기적·즉석적 효과	장기적·종합적 효과
9. 판매촉진의 '이니셔티브'	개별기업	개별기업 및 기업의 제단체	정책적, 국가적

(4) 글로벌 판매촉진 결과의 평가

글로벌 제조업체는 판매촉진의 효율성을 측정하기 위하여 네 가지 방법을 이용할 수 있을 것이다.

첫째, 가장 보편적인 방법으로, 판매촉진활동 전, 실시기간 중, 실시 후의 매출액을 비교하는 것이다.

둘째, 소비자패널 자료를 이용하여 어떤 유형의 소비자들이 판매촉진에 반응하였으며, 판매촉진 후에 어떤 반응을 보였는가를 알 수 있다.

셋째, 더 많은 정보가 필요할 경우 소비자조사를 하게 되면, 판매촉진을 통해 얼마나 많은 소비자들이 상기하고 있는가, 그것을 어떻게 생각하는가, 그것을 얼마나 많이 이용하는가, 그 판매촉진활동이 어떻게 상표선택에 계속적인 영향을 미치는가를 알 수 있다.

넷째, 판매촉진은 실험을 통해서도 평가할 수 있는데, 유인의 가치와 지속기간, 그리고 배포매체 등과 같은 속성을 변화시켜 가면서 각 경우의 효과를 평가할 수 있다.

3.3 글로벌 인적판매

(1) 글로벌 인적판매의 성격

인적판매(personal selling)는 기업에 따라 촉진관리에서 주도적인 기능을 수행할 수도 있고 단지 보조적인 기능만을 수행할 수도 있다. 인적판매란 판매원이 표적고객과 직접 대면 접촉하여 자사의 제품이나 서비스를 구입하도록 설득하는 커뮤니케이션활동을 의미하는데, 이를 판매원 판매라고도 한다. 그러므로 인적판매는 고객과 직접 대면하여 고객들의 표정을 관찰하면서 제품이나 서비스의 효용을 설명하면서 궁극적으로는 제품이나 서비스를 구입하도록 하는 활동이므로, 어떤 다른 커뮤니케이션활동보다도 강력한 촉진수단이다. 대다수의 인적판매는 고객의 복잡한 문제를 해결하는데 도움을 줄 수 있는 잘 훈련된 판매원이 필요하다. 그러므로 인적판매원은 고객을 컨설팅하고 조언해 줄 수 있는 전문적이고 기술적인 지식이 요구되며, 최근에 이런 추세에 따라 SE(sales engineer : 세일즈엔지니어)가 각광을 받고 있다.

해외에서의 사업이 점차 경쟁화됨에 따라 글로벌시장에서 마케팅목적을 수행하기 위해 인적판매의 필요성이 증대되었다. 글로벌 인적판매(global personnel selling)는 글로벌시장에서 해외고객과의 직접 면접으로 그들의 욕구와 필요성을 환기시키거나 판매저항을 배제함으로써 구매행동을 유발하는 설득적 커뮤니케이션 수단이다. 이러한 글로벌 인적판매는 글로벌 광고를 비롯한 여타의 대중적 또는 비인적 커뮤니케이션과는 달리 인적커뮤니케이션을 통한 수단이며, 일반적으로 대량구매고객 또는 제품단가가 높거나 기술적으로 매우 복잡한 산업재 구매자를 표적고객으로 해서 행하는 판매원에 의한 촉진활동이다.

글로벌 인적판매는 글로벌 광고와 더불어 해외시장에 있어서 판매자와 표적구매자와의 매개적 역할을 하는 메시지의 한 주체인 글로벌 촉진수단으로서 쌍벽을 이루어 왔으며, 일찍부터 해외에서의 마케팅 수행상 필수불가결의 핵심적 추진체가 되어 왔다. 이는 아무리 매스커뮤니케이션 기술이 고도로 발달하고 또 글로벌 광고가 기업의 판매활동 가운데 효과적으로 활용되고 있다 하더라도 해외에서의 판매가 성립되기 위해서는 최종적인 단계에서 글로벌 인적판매가 절대적일 수밖에 없기 때문이다. 즉 최종적인 판매의 체결을 비로소 판매원에 의해 가능해지는 경우가 대부분이기 때문이다.

(2) 글로벌 인적판매과정

글로벌 인적판매과정은 크게 준비, 설득, 거래의 3단계로 구분된다. 고객예측(잠재고객의 확인단계), 사전접근(정보수집단계) 등의 활동이다. 두 번째의 설득단계는 판매원이 잠재고객의 욕구를 충족시켜 줄 수 있는 방법을 제시하는 접근, 제품소개(제시 및 설명), 고객의견에 대한 대응(반대의견처리), 구매권유 등을 행하는 단계이다. 마지막의 거래단계는 판매를 종결시키고 판매 후 서비스를 제공하는 단계이다. 이러한 단계는 연속적인 과정으로서 기업의 전체적인 마케팅전략에 맞추어서 실행되어야 한다.

이상의 각 단계의 주요 목표와 활동을 나타내면 [표 13-11]과 같다.

표 13-11 글로벌 인적판매과정

	단 계	목 표	활 동
준비	고객예측	적절한 고객을 예측한다.	고객정보를 수집해 예상고객들의 특징을 분석하고 발견한다.
	사전접근	판매제시를 보다 효과적으로 하기 위해 고객에 대한 추가적 정보를 얻는다.	고객·다른 판매사원·신문 개인적 관찰 등을 통해 정보를 얻는다.
설득	접근	예측한 고객의 주의를 끌고 판매설득을 시작하려 한다.	판매사원은 자신의 소개와 아울러 회사와 제품에 대해 소개를 시작한다.
	제품소개	소비자가 제품이나 서비스에 대한 호감을 갖고 구매 하고 싶도록 한다.	판매사원은 객관적 자료에 근거하거나 그때그때의 소비자에 맞춰서 제품을 소개한다. 제품소개를 하면서 소비자가 사용해 보도록 한다.
	소비자의견에 대한 반응	소비자가 제품을 구매하지 않으려는 이유를 알아내고 이를 제거하려고 노력한다.	소비자의 부정적 의견을 제거하여 구매설득에 필요한 정보를 제시한다.
	구매권유	소비자가 구매계약을 맺는다.	구매결정을 도와줄 수 있는 정보를 제공하고 구매행동에 불편함이 없도록 한다.
판매후 서비스	사후관리	소비자의 물음에 응답하고 소비자가 겪고 있는 문제들을 해결한다.	성의를 다하는 효과적인 사후관리는 소비자의 만족을 증대시켜 주고, 새로운 판매기회를 제공할 수 있다.

(3) 글로벌 인적판매의 특성

인적판매는 국내시장보다 글로벌시장에서 더 중요한 역할을 하는데, 그 이유로는 광고의 제약과 매체의 이용가능성 결여는 기업의 가능 광고량을 제한하게 되며, 기업이 많은 국가, 특히 개도국의 저임금 판매원을 많이 고용할 수 있게 하기 때문이다. 그리고 글로벌 소비재보다는 산업재가 많이 활용되며, 이러한 산업재는 구매결정시 대부분 판매원이 제공하는 정보에 크게 의존하는 경향이 있기 때문이다. 또한 인적판매는 일반적으로 고임금국가부터 저임금국가로 이동함에 따라 광고보다는 인적판매를 활용할 가능성이 높아진다.

글로벌 인적판매는 국내 인적판매에서와 같이 고객의 욕구와 구매동기에 맞추어 제품과 관련된 정보를 제공할 수 있을 뿐만 아니라 고객의 반응을 살펴가며 구매촉진을 할 수 있는 장점이 있다. 반면에 고객당 촉진비용이 과다할 뿐만 아니라, 해외표적시장의 고객을 대상으로 자사제품의 구매를 유도할 수 있는 지역전문가, 제품전문가 등 우수한 인적자원의 확보가 용이하지 않다는 것이 단점이다. 또한 글로벌 광고는 해외고객에게 글로벌 제품이나 서비스에 관한 정보를 제공하고 설득하게 되는 일방적 커뮤니케이션 용구인데 반하여, 글로벌 인적판매는 직접면접을 통해 구매결정을 자극하게 되는 쌍방적 커뮤니케이션 용구라는 점에서 큰 차이가 있다.

(4) 글로벌 판매인력의 유형

글로벌마케팅에 필요한 판매인력은 본사파견 판매인력, 현지채용 판매인력, 제3국 판매인력 등으로 분류될 수 있다. 글로벌기업은 기업의 내부환경과 해외환경을 분석한 후 특정 해외시장에 적합한 판매인력의 유형을 선택해야 한다.

1) 본사파견 판매인력

이는 본사에서 선발하여 해외시장에 파견하는 인력을 말한다. 이들은 주로 고가의 산업재 또는 내구재를 판매하며, 현지상황에 따라서 기술적인 조언 및 서비스 등과 관련된 업무를 처리할 수도 있다. 특히, 고가의 첨단기술 설비품의 판매를 위해서는 상당한 정보가 필요하므로 본사의 전문인력을 파견하는 것이 효과적이다. 기술에 관한 전문적 지식을 보유하고 있고, 기업, 제품, 서비스, 아이디어 등에 대한 상세한 정보를 확보하고 있으므로, 고객에게 높은 신뢰감을 얻을 수 있다. 그러나 본사에서 전문인력을 글로벌시장으로 장시간 파견하기 위해서는 파견 및 체제비용 등이 많이 들며, 현지시장에 대한 정보가 부족한 경우가 많다.

2) 현지채용 판매인력

이는 현지국에서 채용되어 인적판매를 담당하는 인력으로 글로벌기업들이 선호하는 유형이다. 현지채용 판매인력들은 설명이 요구되는 소비재 또는 표준품 등을 판매하는 일선 판매업무를 담당하는 경우가 많다. 현지인들은 문화적이나 법적 장벽을 느끼지 않으며, 판매비용이 저렴하고, 본사파견인력에 비하여 판매능력이 뒤지지 않으며, 현지국에서 기업이미지를 상승할 수 있게 하는 장점도 있다. 반면에, 제품에 대한 지식과 숙련도가 미흡하고, 기업문화에 익숙하지 않으며, 충성도와 책임감이 다소 부족할 수 있다.

3) 제3국 판매인력

이는 본국 또는 현지국 이외의 국가에서 채용하는 판매인력으로 글로벌 판매인력이라고도 한다. 특히, 특수 분야에 필요한 판매인력을 국적에 관계없이 채용하기도 한다. 예를 들면, 일본의 글로벌 판매원이 한국기업을 위해서 미국에서 판매활동을 수행하는 경우이다. 이러한 글로벌 판매인력은 판매관리층 등의 상위직급에서 많이 나타나고 있는 현상이지만, 최근에는 일선 판매인력으로 확대되고 있다. 증가하는 이유는 기업의 글로벌화에 따라, 판매인력의 능력이나 동기부여가 특정 국가의 인력에만 있는 전유물이 아니라는 인식이 확산되고 있기 때문이다. 이러한 판매인력은 인력풀(personnel pool)이 넓고, 전 세계적으로 다양한 판매경험을 축적하였기 때문에 추가적인 교육훈련이 필요없다는 장점이 있다. 그러나 충성심이 낮아 신뢰하기 어렵고, 조직 내의 문화적 이질성이 높아질 수 있으며, 판매인력 간의 갈등이 나타날 수 있다.

3.4 글로벌 공중관계

(1) 글로벌 공중관계의 성격

기업은 고객, 공급업자 및 유통업자들과 건설적인 관계를 맺고 있을 뿐만 아니라 상당수의 이해관계가 있는 공중(public)들과 관계를 맺고 있다. 공중관계(public relation : PR)은 기업이 다양한 공중과의 건전한 관계를 형성하기 위하여 호의적인 공중의 반응을 획득하거나, 우호적 기업이미지를 구축하거나 비우호적인 소문, 이야기거리, 사건 등을 방지하는 활동을 의미한다.

글로벌 공중관계(global PR)는 기업에 대한 호의적인 이미지를 형성하기 위하여 직접 소비자가 아닌 이해관계자, 기업 시민단체, 사회기관, 정부기관, 언론기관, 일반대중 등을 대상으로 커뮤니케이션하는 마케팅수단이다. 글로벌기업들이 현지 공중으로 하여금 '선량한 기업시민(good corporate citizen)'이라는 이미지를 심어줌으로써, 글로벌시장에서의 기반과 지위를 확립하거나 기존의 지위를 확고히 다지기 위한 필수적 마케팅 도구로 인식되고 있다.

이러한 공중관계는 과거에 마케팅의 서자(庶子)로 취급되어 왔으나, 최근에는 PR부서가 기업이나 제품촉진과 이미지 수립을 직접 지원하는 마케팅 PR집단(Marketing Public-Relation : MPR)이라고 하는 특별한 부문을 조성하고 있기도 하다. 예를 들면 재무PR, 지역사회PR과 같이 마케팅PR은 기업의 특별한 후원자인 마케팅부서를 지원한다.

마케팅PR의 옛 명칭은 홍보인데, 홍보는 제품, 장소 또는 사람을 촉진하거나 또는 자극하기 위하여 인쇄매체와 방송매체에 대금을 지불하지 않고, 판매촉진을 실현하는 데 도움이 되는 메시지가 인쇄매체나 시청각매체를 통해 보도되는 것을 말한다. 이러한 홍보는 포괄적인 개념으로 공중관계의 일부분으로 볼 수 있다. 그러나 마케팅PR은 상기의 단순한 선전의 차원을 넘는 것으로서, 다음과 같은 이점을 가지고 있다.

① 신제품 출시에 도움을 준다.
② 성숙제품의 재포지셔닝에 도움을 준다.
③ 제품범주에 관심을 고조시킨다.
④ 특이한 표적집단에 영향을 미친다.
⑤ 공중문제에 직면한 제품을 보호한다.
⑥ 우호적인 기업이미지 형성에 도움을 준다.

공중관계는 광고와 비교하여 극히 낮은 비용으로 대중의 인식도를 높일 수 있는 엄청난 영향력을 발휘할 수 있는 방법이다. 즉 기업은 그 매체의 시간과 공간에 대한 비용을 지불하지 않고, 단지 뉴스거리를 개발하고, 배포하며, 또한 어떤 사건을 관리하는 비용만 충당하면 된다. 만일 기업이 흥미있는 기사거리를 개발하면, 그것은 모든 뉴스매체들에 의해 보도될 것이고, 수백만 달러에 상당하는 광고를 한 것과 같은 효과를 얻을 수 있다. 일반적으로 마케팅PR은 광고보다 더 신뢰성이 높은 장점을 가지고 있다. 기업의 자유의사로 PR이 가능한 것이 아니라 대중매체의 판단에 따라 기사나 논설형태로 기재되므로 기사의 신뢰성이 매우 높고 소비자에 대한 설득력이 큰 반면에, 기업의 자유의사로 기사게재가 불가능하므로 통제가 곤란하다는 문제점이 있다.

(2) 글로벌 공중관계의 특성

글로벌 공중관계는 해외시장에서 시장기반을 확립하고 기존의 지위를 제고시키는데 유용한 하나의 수단이다. 그러나 여러 가지 촉진믹스 중 그 중요성에 비해 기업들의 관심과 이해가 가장 부족한 분야이기도 하다.

글로벌기업이 해외시장국의 일반대중에게 나쁜 기업이라는 인상을 심어주게 되면 제품판매에 커다란 타격을 입을 뿐만 아니라, 그 시장에서의 기업활동 자체가 불가능할 수도 있다. 따라서 글로벌기업은 장기적인 관점에서 해외시장국의 소비자 및 현지자회사와 원만한 관계 유지를 위해 공중관계에 적극적인 관심을 기울여야 한다. 특히 해외진출기업은 자사의 기업활동이 본국의 국가이미지에도 영향을 미치므로, 자기나라 민간외교관의 역할까지 수행하고 있음을 간과해서는 안된다.

과거에는 마케팅활동이 목표시장 소비자의 필요성과 욕구충족을 극대화하는 방향으로 전개되었으나, 최근에는 대부분의 해외 시장국에서 산업사회가 성숙되면서 정부나 노동조합, 기타 이익단체들의 행동이 기업의 마케팅활동을 보다 구체적이고 직접적으로 제한하는 경우가 있다. 이와 같이 시장침투가 어려운 상황 하에서는 기존의 4가지 대표적인 마케팅믹스, 즉 제품, 가격, 유통, 촉진과 더불어 정치적 교섭력 및 공중관계를 집중적으로 고려하는 마케팅전략의 구사가 요구된다.

정치적 교섭력이 푸쉬전략(push strategy)이라면 공중관계는 풀전략(pull strategy)에 가깝다. 일반대중의 의견이 하나로 형성되기까지는 상당한 시간이 소요되지만, 일단 특정기업에 대한 우호적인 공중의견이 형성되면 기업의 마케팅활동은 순조로울 것이다.

(3) 글로벌 공중관계의 주요 수단

마케팅PR의 수단으로서 많이 활용되고 있는 글로벌 PR의 수단들은 다음과 같다.

1) 간행물

기업들은 표적시장에 도달하여 소비자에게 영향을 주기 위하여 간행물를 광범위하게 이용한다. 이 책자류에는 연간기업보고서, 브로셔(소책자), 사설집, 시청각 자료 그리고 기업의 사보 및 잡지 등이 있다. 브로셔는 제품에 대해 그리고 그 제품의 용도, 사용법·조립방법 등에 대해서 표적고객들에게 알리는 데 중요한 역할을 할 수 있다. 기업의 사보와 잡지 등도 기업의 이미지를 조성하고 또한 표적시장에서 중요한 뉴스를 전달하는 데 도움을 준다. 필름, 슬라이드, 비디오카세트, 오디오카세트 등과 같은 시청각 자료가 촉진도구로서 사용이 점차 증가되고 있다. 시청각 자료는 인쇄자료보다 많은 비용이 소요되지만, 그만큼 영향력도 크다. 오늘날 일부 대학들은 지원자들에게 자기대학을 선택하도록 고무시키기 위해 보여주는 아주 매력적인 비디오를 준비하기도 한다.

2) 특별 행사

기업들은 특별한 행사를 마련하여 신제품이나 기타의 기업활동에 관심을 유도할 수가 있다. 이러한 특별행사(special event)에는 기자회견, 세미나, 전시회, 시연회와 시합, 기념회 그리고 운동경기의 표적고객에게 도달할 수 있는 문화적인 행사를 주관하는 것 등이 있다.

3) 뉴스거리

PR담당자들은 기업, 제품 그리고 종업원에 대한 흥미로운 뉴스거리를 찾아내거나 개발해야 한다. 뉴스거리를 개발하기 위해서는 이야기거리의 개념을 수립하고, 또한 이야기거리를 탐구하고 기사화될 수 있도록 집필능력이 있어야 한다. 그러나 PR담당자들은 신문에 발표될 수 있고 또한 기자회견에 참석할 수 있도록, 그 매체를 확보하기 위해서는 상호 인적교섭기술이 요구된다. 신문이 더 많이 보급되면 될 수록, PR은 기업에게 더 넓고 더 좋은 시장범위를 제공할 수가 있다.

4) 연설

연설은 제품과 기업홍보를 위한 또 하나의 수단이다. 점차 기업의 최고경영자들이 매체들로부터의 질문에 적절히 응수하거나 또는 협회나 판매원 회합에서 연설을 해야만 하는데, 이러한 것으로 기업의 이미지가 고취될 수도 있고, 훼손될 수도 있다. 몇몇 기업들은 신중하게 자사의 연사를 선정하고 또한 항상 연설문 작성자와 코치들을 활용하여 그들이 전달하고자 하는 사항에 대해 도움을 받는다.

5) 공공서비스활동

기업들은 좋은 사회적 이미지형성을 위해 시간과 자금을 지원하고 이에 기여함으로써 공중의 선호도를 높일 수가 있다. 미아 찾아주기운동, 심장병어린이 돕기, 자연보호운동, 탁아시설건립 등에 대한 적극적인 후원이나 참여가 그 예이다. 또한 어떤 대기업은 사무실과 공장이 위치한 지역공동체의 관심사에 지원하며, 소비자들이 구매한 후 특별한 사건이 발생하면 상당액을 거부하기도 한다. 소위 대의관련마케팅(cause-related marketing)이라고 하는 것으로서, 공중의 선호를 조성하기 위해 상당수 기업들이 점차 많이 사용하고 있다.

(4) 글로벌 공중관계의 주요 의사결정과정

PR의 실시가 결정되는 경우 PR의 목표를 수립하고, PR메시지와 수단을 선정하며, 계획을 실시하고 결과를 평가하여야 한다.

1) PR목표의 수립

① **기업과 제품에 대한 인식제고** : PR은 제품, 서비스, 구성원, 조직 또는 아이디어에 관심을 기울이도록 기사거리를 매체에 제공할 수 있다.

② **신뢰성 구축** : PR은 사설란 등에 그 메시지를 전달함으로써 소비자의 신뢰성을 제고할 수 있다.

③ **판매원과 판매상의 거래의욕 고취** : 신제품이 시장에 출시되기 이전의 신제품에 대한 뉴스거리는 판매원들이 신제품을 소매상에게 판매하는데 도움이 된다.

④ **촉진비용의 절감** : PR은 직접우편과 매체광고보다 비용이 덜 소요된다. 그러므로 기업의 촉진예산이 적으면 적을수록 PR을 사용하는 경우가 더 효과적이다.

2) PR메시지와 수단의 선정

PR담당자들은 당해 기업이나 제품에 관한 흥미있는 기사거리를 찾아내고 개발해야 한다. 예를 들어 알려지지 않은 대학의 공중 인식도를 높이고자 하는 경우 어느 교수가 뛰어난 경력이 있으며, 특별한 프로젝트에 참여하고 있는가, 새로운 강좌와 특별한 강좌가 개설되어 있는가, 캠퍼스행사 중 흥미거리가 있는 가 등 가능한 많은 기사거리를 찾아내야 한다. 그리고 그 중에서 이 대학이 원하는 이미지가 반영된 기사거리를 선정해야 한다.

기사거리가 부족한 경우 대학이 후원할 수 있는 뉴스거리가 될만한 특별행사를 생각해 볼 수 있다. 이 경우 뉴스를 찾는 것이 아니라 뉴스를 만들어내야 하는데, 이에는 주요 학술모임의 주관, 저명강사의 초빙, 기자회견 등이 포함될 수 있다. 이러한 각각의 특별행사는 여러 상이한 청중들을 대상으로 다양한 기사거리를 개발하고 제공할 수 있는 기회가 된다.

특별행사기획은 비영리조직의 기금운동을 공중화하는 데 있어 특히 중요시되는 수단이다. 모금단체들은 많은 특별행사, 즉, 기념제, 예술제, 감사의 밤, 서적판매, 시연, 무도회, 만찬회, 전람회, 패션쇼, 자선기부경매, 걷기대회 등을 개최한다.

3) PR계획의 실시

PR은 조심스럽게 실시되어야 한다. 놀랄만한 기사는 쉽게 게재된다. 그러나 대부분의 기사거리가 그렇지 못하며, 또한 바쁜 편집자의 관심을 끌기가 그리 쉽지 않다. 따라서 PR담당자가 주요매체의 편집자들과 유대관계를 맺는 것이 좋다. PR담당자 중에 언론사 출신이 많은 것은 바로 매체 편집자들을 폭넓게 알고 있으며, 그들이 원하는 것이 무엇이었는지를 너무나 잘 알고 있기 때문이다. PR담당자는 매체편집자들이 자사의 기사거리를 계속 협조하도록 만족을 시켜주어야 한다.

4) PR결과의 평가

좋은 PR의 잠재적 혜택 때문에, 기업이 PR캠페인 효과에 대하여 평가하는 것은 꼭 필요하다. 기업이 표적 대중에게 메시지나 이미지를 얼마나 효과적으로 커뮤니케이션 했는지를 알아보는 조사를 수행할 수 있다. 환경모니터링(environmental monitoring)은 기업에 영향을 미치는 대중의 여론을 알아보는 것이다. PR감사(public relation audit)는 대중들의 기업에 대한 이미지를 평가하거나, 특정 프로그램의 효과를 측정하기 위하여 실시된다. 커뮤니케이션 감사(communication audit)는 메시지의 내용 분석, 가독성 조사, 혹은 리더십 조사를 포함할 수 있다. 만일 기업이 사회적 책임에 대한 이해관계자의 시각을 측정해 보기를 원한다면 사회감사(social audit)를 실시할 수 있다.

PR수단으로서 홍보(publicity) 효과의 측정방법에는 ① 매체에 게재된 회수(노출횟수)의 측정 ② PR캠페인에 대한 제품인식도, 이해도, 그리고 태도 변화의 측정 ③ 매출액과 이익의 효과 측정 등이 있다.

(5) 글로벌 공중관계의 개선전략

글로벌 공중관계의 개선을 위해 글로벌기업은 기본 전략방향과 전략실행방법상의 문제에 대해 명확한 의사결정을 내려야 한다. 기본 전략방향 설정에 있어서는 소극적인 전략을 택할 것인가 아니면 적극적인 전략을 구사할 것인가를 결정해야 한다. 글로벌기업에 있어서 전략의 기본방향은 투자규모와 관계없이 적극적인 형태를 띨 필요가 있다.

전략실행방법은 크게 기업이 독자적으로 실행하는 방법, 현지국에 진출해 있는 다른 기업들과 협력하여 공동 전략으로 수행하는 방법, 그리고 현지의 대학연구기관·공공매체 등의 비영리조직 또는 단체들을 활용해서 실천하는 방법 등으로 구분한다. 어떠한 방법을 선택할 것인가는 상대적 비용, 협력대상자들과의 상호신뢰도 및 예상효과에 의해 좌우된다.

결론적으로 효과적인 공중관계의 개선을 위한 전략은 여러 가지 관점에서 평가될 수 있으나, 주로 공중의 압력으로부터 벗어나 보다 우호적인 환경으로 유도할 수 있는 능력, 공중관계의 개선을 위한 투자가 보다 효율적인 커뮤니케이션 효과를 달성할 수 있도록 비용을 최소화할 수 있는 능력, 이익집단과의 협상능력 등의 관점에서 평가되는 것이 보통이다. 또한 글로벌 공중관계는 제품 및 서비스의 판매에 직접 한정되지 않아야 한다. 공중관계프로그램은 사건, 제 동향 및 입법에 대한 각종 정보를 수집하고 분석하는 기업의 수신기로서의 역할과 여러 표적 고객과의 접촉점으로의 역할을 잘 수행해야 한다.

제13장 주요 학습 용어

촉진활동	글로벌 촉진관리	푸쉬(push)전략
풀(pull)전략	글로벌 촉진믹스	글로벌 광고
유통업자광고	공동광고	공익광고
글로벌 광고의 표준화전략	글로벌 광고의 차별화전략	글로벌 판매촉진
글로벌 판매점 판매촉진	글로벌 소비자 판매촉진	직접우편광고
글로벌 인적판매	SE(sales engineer)	글로벌 공중관계
마케팅PR	선량한 기업시민	
메가마케팅(mega marketing)전략		

참고문헌

김희철, 글로벌시대의 국제마케팅, 두남, 2007.

정헌배·김희철, 지구촌마케팅, 2000.

Buzzel, Robert D., "Can you standardije Multinational Marketing?", *Havard Business Review*, 46, Nov.-Dec. 1968.

Cateora, Philip R., *International Marketing*, 8th ed., Richard D. Irwin, Inc., 1993.

Catherwood, Dwigh W. and Richard L.Van Kirt, *The Complete Guide to Special Event Management,* John Wiley & Sons, 1992.

Cundiff, Edward W. and Marye Tharp Higer, *Marketing in the International Environment,* Prentice-Hall, 1984.

Jain, Subhash C., *International Marketing Management,* Kent Publishing Company, 3rd ed., 1990.

Keegan, Warren J., *Global Marketing Management,* 8th ed., New Jersey; Pearson, 2014.

Kotler, Philip, *Marketing Management : Analysis, Planning, Implementation and Control*, 11th ed., Prentice-Hall, 2003.

Pride, William M. & O. C. Ferrell, *Foundations, Marketing Foundations,* 4th ed., Cengage Learning, 2011.

제14장 글로벌마케팅의 조직과 통제

- 글로벌마케팅의 조직
- 글로벌마케팅의 통제

1 글로벌마케팅의 조직

1.1 글로벌마케팅조직의 성격

전통적 조직론을 주장하고 있는 브라운(A. Brown)은 조직이란 「인간의 노력을 보다 효과적으로 협동시키기 위한 수단으로서 관리에 봉사하며, 관리는 목적(계획)에 봉사하는 과정」이라고 정의를 함으로써, 조직을 보다 효율적인 기업의 경영활동을 위하여 조직구성원들이 수행해야 할 역할과 책임, 이들 구성원간의 제반 관계로 규정하고 있다. 그러므로 조직이란 일반적으로 수립된 경영계획을 효과적으로 전개하기 위한 하나의 관리체계라 할 수 있다.

한 기업의 조직은 변화하는 기업 내부요인과 외부요인에 따라 부단히 적응하고 발전해 나가야만 기업의 목표를 달성하고 계속기업으로서 존속·유지할 수 있다. 특히 환경변화가 급속한 상황 하에서는 이러한 환경적응을 위한 동태적 조직의 변형이 필수적이다. 글로벌기업들은 자신의 세계시장 개입수준과 급변하는 글로벌시장 환경여건에 맞게 그들의 조직구조를 개편하고 발전시켜 나가야만 한다.

글로벌마케팅의 조직이란 글로벌마케팅 프로그램을 효율적·합리적으로 집행하기 위한 관리수단으로서, 동시에 관련된 조직구성원들의 일관된 행동체계이다. 이러한 조직의 목적은 글로벌기업으로 하여금 다양한 세계시장환경에 보다 효율적으로 적응하게 함으로써 글로벌마케팅 목표를 달성하기 위한 것이다.

마케팅조직의 과정이나 일반적인 제반 원리들은 국내마케팅조직의 경우나 글로벌마케팅조직의 경우나 아무런 차이가 없다. 다만 다양한 환경 하에서 마케팅활동을 수행하게 됨으로써 조직간 커뮤니케이션의 장애와 업무의 중복으로 인한 경영자원의 중복사용문제가 발생하기 쉽고, 또한 조직화의 결과로 형성된 조직구조만이 차이가 있을 따름이다. 이러한 차이는 글로벌마케팅이 국내환경과는 상이한 글로벌 환경 속에서 형성되며, 국내시장만을 지향하는 조직전략과는 달리 글로벌시장을 지향하는 글로벌 조직전략을 추구하기 때문에 발생하는 것이다. 그러므로 글로벌마케팅의 조직에 있어서의 핵심내용은 그 글로벌기업에 적합한 조직구조를 어떻게 형성하는가에 있다.

글로벌마케팅의 조직구조는 기업의 역사, 최고경영자의 경영철학, 개성과 아이디어, 취급제품과 다각화정도, 글로화정도 등에 따라 각각 다르게 결정된다. 일반적으로 글로벌마케팅의 효율적인 수행을 위해서는 글로벌마케팅조직이 현지자회사와 계열회사, 그리고 합작기업을 포함하여 관련 기업들 간의 유기적인 결합과 글로벌기업의 전체적인 이익이 극대화되도록 형성해야 한다. 글로벌기업의 글로벌마케팅 성패는 마케팅전략의 성격과 적합성, 그리고 조직구조의 적절성에 크게 의존한다. 글로벌 마케팅전략과 조직과의 적합성이 높을수록 전략의 집행에 따라 얻어지는 실제성과와 기대성과가 일치하는 정도인 조직의 유효성은 높아진다. 이러한 조직의 유효성을 높이기 위해서는 조직의 구성요소인 조직구조, 시스템, 과업, 구성원, 조직문화간의 조화가 필요하며 각각의 구성요소들이 전략과의 일관성 유지, 구성요소간의 일관성이 유지되어야 한다. 또한 급변하는 환경요인에 따라 신속히 적응하는 동태성의 정도에 따라 결정적인 영향을 받는다는 점을 이해해야 한다.

1.2 글로벌마케팅조직의 형태

기업조직의 기본단위는 기능, 지역, 제품의 세 가지인데, 이 중에서 어느 하나를 조직의 주축으로 하느냐에 따라 조직의 형태가 달라진다. 그러나 그 중 어느 하나만을 조직의 기본단위로 채택한다 하더라도 나머지 형태가 조직 속에 복합적으로 연관되는 것이 일반적이다. 글로벌마케팅의 일반적인 조직형태인 국제사업부조직, 글로벌 조직, 글로벌 매트릭스조직에 대하여 살펴보면 다음과 같다.

(1) 국제사업부조직

기업은 새로운 전략으로서 해외생산전략을 내세우고 그것에 기초하여 해외제조자회사를 설립한다. 이렇게 하여 수출활동에 대신하여 해외생산활동을 개시하게 된다. 그 후 이러한 해외생산전략이 성공하면 세계의 다수지역에 제조자회사를 설립하여 해외생산을 잇달아 행하게 된다. 여기에서 기업은 다국적기업으로 성장하게 되고, 세계적 관점에서 사업활동을 전개한다. 결국 기업이 글로벌화하는 것이다.

기업이 세계의 다수지역에 제조자회사를 설립하여 세계적 관점에서 사업활동을 전개하게 되면, 해외자회사의 활동에 대한 통제가 중요한 과제가 된다. 해외자회사가 각각 아주 자유로이 활동을 행해 나가는 것은 기업그룹 전체에서 보면 경영효율이 극히 낮아지기 때문이다. 이 때문에 기업은 세계의 다수지역에 제조자회사를 설립하여 본격적으로 해외사업을 전개하게 되면, 그것을 일괄적으로 관리·통제하는 조직이 필요하게 된다. 이렇게 하여 기업은 변혁하게 되고, 본격적인 해외사업을 전개하기 위해 적절한 해외관리조직을 구축한다.

국제사업부는 기업의 해외사업에 관한 활동을 전반적으로 담당하는 조직이고, 기업 내에서는 국내사업부로부터 독립된 형태로 설립되는 조직이다([그림 14-1] 참조). 그것은 기업 내에서는 국내사업부와 동격이 되며, 해외사업에 관한 일체의 권한과 책임이 부여되고 있다. 이러한 국제사업부는 세계적 관점에 입각하여 본사의 스탭으로부터 해외사업에 관한 조언을 받음과 동시에, 국내사업부로부터 지원을 받는다.

그렇지만 국제사업부의 가장 중요한 과제는 해외자회사 활동의 조정에 있다. 그것은 기업그룹 전체로서 볼 때 그것에 의해 그 회사의 경영효율을 높이는 것이 가능하기 때문이다. 이 때문에 국제사업부에서는 본사 의사결정의 집권화에 대한 압력이 높아지고, 해외자회사의 활동에 대한 통제도 차츰 강화되어 가는 경향이 있다.

이러한 국제사업부조직의 이점은 다음과 같다.

첫째, 국내사업부와 분리됨으로써 세계적 시야에 입각하여 글로벌전략에 전념할 수 있다.

둘째, 글로벌 사업활동의 집중화, 집약화에 의해 지역별·국가별 관리, 조정, 커뮤니케이션이 용이하게 된다.

셋째, 특별한 지식이나 경험을 필요로 하는 글로벌 사업활동의 전문화, 관리자·경영자의 육성이 용이하게 되고, 또한 해외요원이 부족한 경우 이러한 인재의 효율적 활용이 가능하다.

기업의 글로벌화가 한층 진전되고, 또한 그의 제품계열도 다양하게 되면 국제사업부의 조직적인 한계가 나타나게 된다.

첫째, 기업이 세계의 다수지역에 제조자회사를 설립하여 사업활동을 전개하게 되면 당연히 다수지역의 다양한 정보를 수집·분석하지 않으면 안 되는 데, 그것을 모두 국제사업부에서 행하는 것은 쉽지 않다. 이 경우 국제사업부보다도 해외자회사에서 의사결정을 행하는 편이 훨씬 좋다.

둘째, 국제사업부는 제품의 다양화에 충분히 대응할 수 없다. 일반적으로 국제사업부는 본국의 모회사에서 개발된 제품을 해외에서 판매한다. 제품개발이나 제품기술에 관해서 자율성이 낮고, 국내사업부에의 의존도가 극히 높다. 이 때문에 국제사업부는 다양한 제품에 대한 기술이나 정보를 국내사업부로부터 입수하지 않으면 안 되지만, 국내사업부는 국내사업에 관심을 집중시키고 있기 때문에 그러한 기술이나 유익한 정보를 국제사업부에 신속히 유통시키지 않는 경우가 있다. 그 결과 국제사업부에서는 제품에 관해 정보부족에 빠지거나 해외자회사의 활동을 강력히 통제할 수 없게 된다.

이렇게 기업의 글로벌화가 진전되어 세계의 다수지역에 제조자회사가 설립되거나, 또한 그 제품계열이 다양화해 나가면 국제사업부는 충분히 기능하지 않게 된다. 기존의 국내사업 본연의 조직구조에 글로벌 사업활동을 전문적으로 담당하는 국제사업부를 추가하는 것만으로는 한계가 있다. 그러므로 기업은 점차 국제사업부를 폐지하는 방향으로 나아가게 된다.

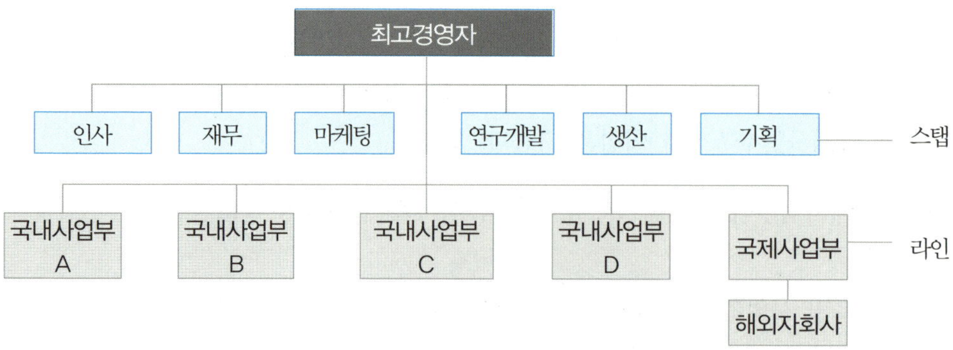

[그림 14-1] 국제사업부 조직

(2) 글로벌 조직

기업의 글로벌화가 진행되어 세계의 다수지역에서 제조자회사가 설립되고, 동시에 그 회사의 제품계열도 다양화하면, 기업은 국제사업부를 대신하는 새로운 글로벌 조직을 구축할 필요성이 제기된다. 미국 다국적기업의 경우 국제사업부를 대신하는 새로운 조직으로서 글로벌 조직구조(global structure)를 형성하기에 이르고 있다.

글로벌 조직이란 지금까지와는 달리, 국내시장과 해외시장의 구별을 없애고 전 세계를 하나의 시장으로 보고 사업활동을 전개하는 세계적 규모의 조직이다. 환언하면 그것은 최고 경영책임자가 세계적 시야에 입각하여 전략기획을 책정함과 동시에, 세계의 다수지역에 있는 자회사의 활동을 강력히 통제해 나가는 조직이다. 따라서 이 조직에서는 국제사업부에서 볼 수 있었던 국내사업과 해외사업의 구별은 없고, 그것들이 통합되어 전개되게 된다. 이러한 글로벌 조직구조에는 다음과 같은 유형의 조직들이 있다.

1) 글로벌 제품조직

글로벌 제품조직(global product structure)은 제품그룹별로 사업부를 형성하여, 그 사업부의 책임자에게 그의 제품그룹에 관한 업무전체에 걸친 세계적 책임을 할당하는 조직구조이다([그림 14-2] 참조). 전사적인 전략계획의 책정이나 통제는 본사의 최고경영자에 의해 행해지지만, 제품에 관한 계획이나 통제는 각 제품사업부의 책임자에 의해 수행된다. 각 제품사업부의 책임자는 그의 제품에 관한 업무전체의 세계적 책임을 수행하기 위해서는 글로벌 시야를 가진 본사의 스탭으로부터 마케팅, 제조, 재무 등에 관한 조언을 받는다. 이 조직은 제품계열이 다양하고 제품이 광범위하고 이질적인 최종소비시장에 진입하는 경우, 또한 고도의 기술을 필요로 하는 제품을 해외에서 생산하는 경우에 유리하다.

세계적 규모의 제품별 조직의 이점은 정보, 커뮤니케이션이 제품별로 일원적으로 흐르기 때문에 해외자회사에 대한 기술원조, 기술이전이 원활하게 진행되는 것이다. 또한 제품사업부가 해외부문을 내포하고 있음으로써 사업부의 부서장이 글로벌전략의 전개에 집중하기 용이한 점이다. 사업부가 보다 세계적 시야를 가지고 국내사업뿐만 아니라, 해외사업도 포함하여 효율적인 로지스틱스전략을 수행할 수가 있다.

글로벌 제품조직의 결점은 국가·지역 내에서의 제품사업부간 조정이나 커뮤니케이션이 곤란한 점이다. 또한 사업부가 소규모여서 해외사업의 전개를 위한 경영자원에 여유가 없는 경우, 사업부의 부서장은 보다 리스크가 높은 글로벌전략을 회피하여 국내 전략을 중시하게 되는 경향이 발생하는 점이다. 이 때문에 사업부간 글로벌전략의 불일치, 균열이 생겨나는 문제가 있다. 더구나 국가별, 지역별의 특유한 마케팅 등의 경영노하우가 많은 사업부에 분산되어 축적되기 때문에, 반드시 지역·국가에 관한 경영노하우나 경험이 유효하게 축적·활용되지 않는 경향이 있다.

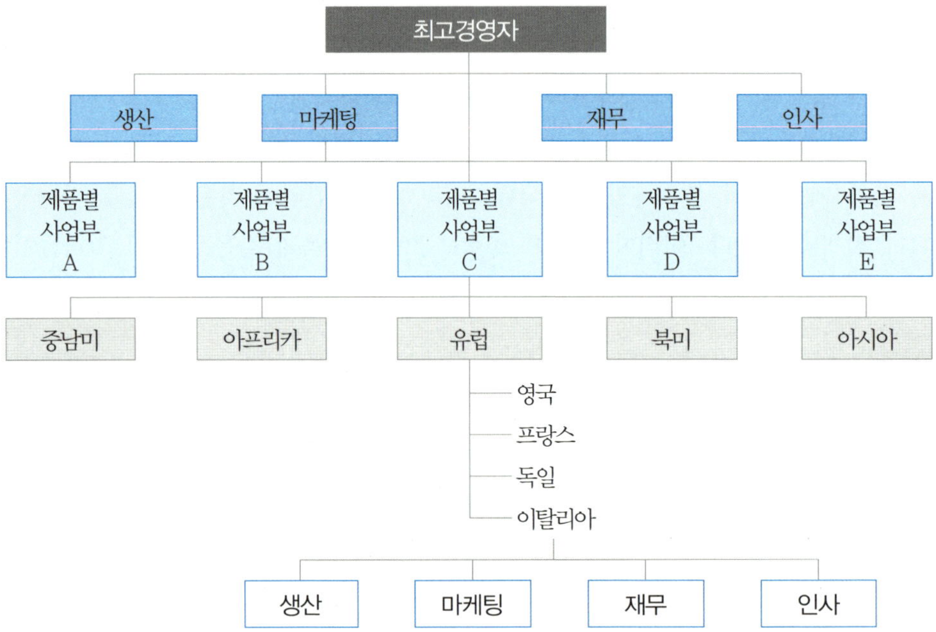

[그림 14-2] 글로벌 제품조직

2) 글로벌 지역조직

글로벌 지역조직(global area structure)은 세계를 지리적 지역으로 분할하여 각 지역에 그의 업무 전체에 걸친 책임을 가진 지역책임자를 배치하는 조직구조이다[그림 14-3] 참조). 이 조직의 경우도 전사적인 전략계획의 책정이나 통제는 본사의 최고 경영책임자에 의해 수행되고, 각 지역사업부의 책임자는 본사의 스탭으로부터 각 기능분야에 관한 조언을 받는다. 이 조직을 형성하면 본국시장도 수많은 글로벌시장 중의 하나에 불과하게 된다.

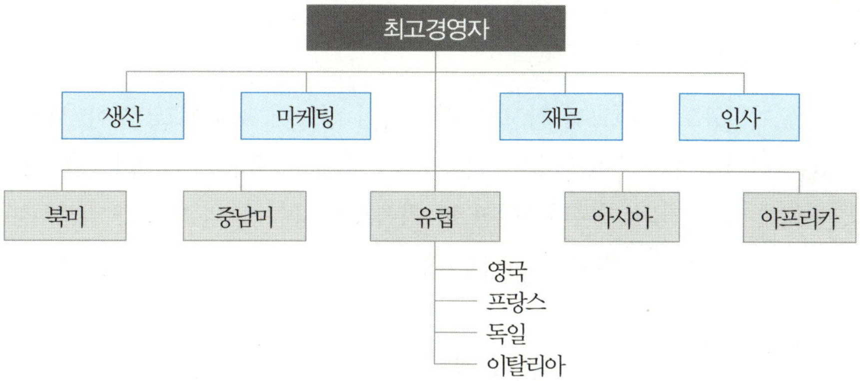

[그림 14-3] 글로벌 지역조직

글로벌 지역조직은 다음과 같은 특징을 가지고 있는 글로벌기업에서 많이 채용된다.

첫째, 제품다양성·다각화의 수준이 낮다. 즉 소수의 제품을 중심으로 한 전업형 기업이다.

둘째, 지역 간에 제품차이의 수준이 높은 기업이다.

셋째, 지역을 기본으로 하여 제품의 규모의 경제가 성립하는 기업이다.

넷째, 지역 간에 기업내 거래·무역의 수준이 낮은 기업이다. 식품, 석유, 약품 등의 다국적기업에서 이러한 조직형태가 채용되고 있다.

글로벌 지역조직은 지역별로 책임이 위양되고 있기 때문에 지역에 밀착한 경영전략을 수립할 수 있으며, 제품라인의 수가 적고 최종소비시장을 대상으로 하는 제품을 가지고 있는 경우, 또한 지역·국가별 시장특성이 중요한 의의를 가지고 있는 경우, 특히 지역·국가에 따라 마케팅전략이 다른 경우 유리하다. 그러나 이 조직은 각 사업부마다 다수의 글로벌경영의 경험을 가진 스탭과 경영자가 필요하며, 제품계열이 다양화하고 있는 경우에 그 지역 간의 조정이 곤란하고, 또한 새로운 제품아이디어와 생산기술의 지역 간 교류, 제품공급원으로부터 세계시장으로의 최적유통이라는 문제에 용이하게 대처할 수 없는 결점이 있다.

3) 글로벌 기능조직

글로벌 기능조직(global functional structure)은 각 부문을 마케팅, 제조, 재무, 연구개발 등 직능별로 분할하고 각 직능담당 책임자에게 세계적 책임을 할당하는 조직구조이다([그림 14-4] 참조). 각 직능담당 책임자는 본사의 지역별 및 제품별 스탭으로부터 조언을 받는다. 이 조직은 미국의 기업들보다는 오히려 일부 유럽의 기업들에 있어서 많이 채용되고 있다.

이 조직은 기업규모가 비교적 작고, 생산품목이 상당히 소수이고, 또한 시장의 불확실성이 낮은 다국적기업에 적합하다. 이 조직의 결점은 생산과 판매가 분리되고 있기 때문에, 이러한 부문 간의 커뮤니케이션 및 지역스탭 중복 등의 폐해가 발생하며, 또한 제품 노하우, 지역별, 국가별 전문지식을 충분히 활용할 수 없는 결점이 있다.

[그림 14-4] 글로벌 기능조직

(3) 글로벌 매트릭스조직

글로벌 매트릭스조직(global matrix structure)은 제품별, 지역별, 기능별이라는 단일의 축을 기준으로 하여 형성되는 것이 아니라, 복수의 축을 기준으로 하여 형성되는 조직구조이다([그림 14-5] 참조). 이 조직의 형태는 다양하지만 제품과 지역을 축으로 하여 형성되는 사례가 많다. 이 글로벌 매트릭스조직은 국내기업도 그렇지만 경영환경, 제품, 기술 및 경영기능이 다양화된 글로벌기업에 적합하다.

글로벌 매트릭스조직은 제품과 지역 등 복수의 축을 기준으로 하여 형성되는 것이므로, 환경의 불확실성과 그것에 따르는 고도의 정보처리를 원활히 수행하고, 상이한 환경요인에 동시에 대응할 수 있다는 점에서 한 시기에 대단히 많은 관심을 불러 일으켰다. 글로벌 매트릭스조직은 일반적으로 제품별 사업부조직에 의한 통제와 지역별 사업부조직에 의한 통제가 동시에 행해지기 때문에, 환경이 불확실한 경쟁적 시장에 직면하고 있는 글로벌기업에 있어 유익하다. 다우·코닝, 볼보, 필립스, 시티뱅크, 일본전기 등이 이러한 매트릭스조직을 채용한 회사로서 유명하다.

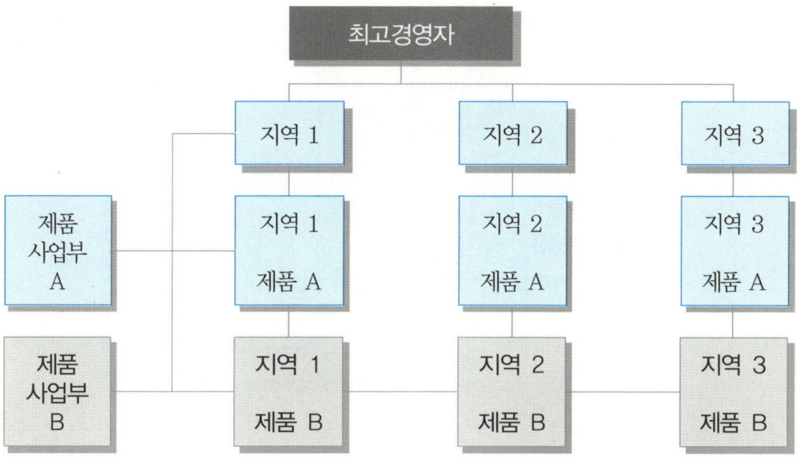

[그림 14-5] 글로벌 매트릭스조직

글로벌 매트릭스조직은 비교적 다각화가 진행되고, 기술수준이 높고, 다수의 국가에 진출하고 있는 거대한 글로벌기업에서 채용되고 있는 사례가 많으나, 오늘날에 있어서 반드시 일반화되고 있는 조직형태는 아니다. 이 글로벌 매트릭스조직은 환경이 불확실하고 경쟁적 시장에 직면하고 있는 기업에는 유익하지만, 이 조직에 본질적으로 내재하는 2원적 명령계통에 의한 갈등, 이해대립의 발생, 책임의 완만함, 보고의 번잡성이라는 결점을 가지고 있다.

1.3 글로벌화의 진전과 조직구조형태의 변화

[그림 14-6]은 글로벌기업의 조직구조 형태가 기업에서 차지하는 해외시장의 다변화와 취급제품의 다양성에 의해 변화하는 과정을 보여주고 있다. 이에 따르면 소수의 제품계열에 특화하고 글로벌시장의 다변화정도가 낮은 기업은 국제사업부조직을 채택하는 경향이 있는데 비해, 글로벌시장의 다변화 정도는 낮지만 다양한 제품계열을 취급하는 기업은 글로벌경영에서 일반적으로 제품별 조직을 선호한다.

한편 글로벌시장의 다변화 정도는 높지만 소수의 제품계열에만 특화하는 기업은 글로벌시장의 중요성 때문에 지역별 조직을 채택하려 하는데 비해, 글로벌시장의 다변화 정도도 높고 취급하는 제품계열도 다양한 기업은 효율적인 글로벌활동을 위하여 글로벌 매트릭스조직이 적합하다.

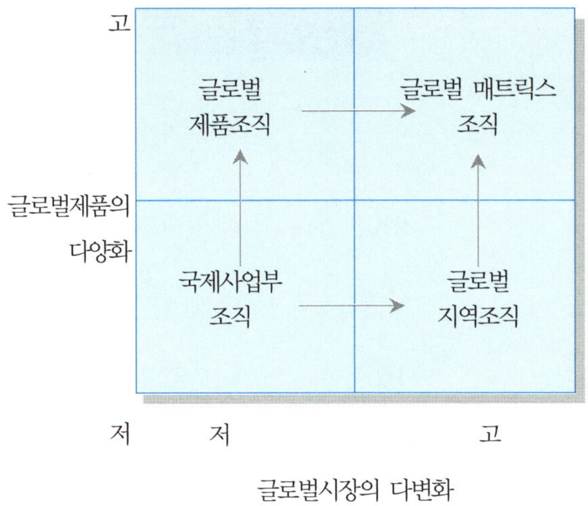

[그림 14-6] 조직구조형태의 변화

결국 처음에는 국제사업부조직을 채택하여 경영활동을 전개한 글로벌기업은 점차 취급제품이 다양해지면서 조직구조를 제품별 조직으로 바꾸고, 나아가서 해외시장의 매출액 규모가 커지면 글로벌 매트릭스조직을 채택하게 된다. 또 취급하는 제품계열이 다양하지 못한 기업은 지역조직을 채택하다가 새로운 제품계열이 추가되면서 조직구조 형태를 글로벌 매트릭스 조직구조로 바꾸게 된다.

그러나 글로벌기업이 궁극적으로 선택하게 되는 조직구조는 기업이 처해있는 독특한 경영요소에 바탕을 둔다. 따라서 아무리 동일업종에 속한 기업들이라도 그들을 둘러싼 경영환경은 다르기 때문에 똑같은 조직구조를 채택한다는 보장은 없다.

2 글로벌마케팅의 통제

2.1 글로벌 마케팅통제의 성격

(1) 글로벌 마케팅통제의 의의

오늘날 대부분의 글로벌기업들은 경영관리체제가 중앙집권적이든 분권적이든 간에 본사 및 해외자회사가 수행하는 마케팅 각 분야에 대해 조정·통제를 행하고 있다. 이는 제품별로 매출액, 시장침투, 시장점유율, 수익성 등 글로벌마케팅의 목표를 최대한 달성함으로써 궁극적으로는 글로벌기업의 전사적인 경영목표 달성에 공헌하도록 하는 데 있다. 따라서 글로벌기업이 글로벌시장 개발에 대해서 관심이 많고 또한 글로벌경영을 계속 확대해 나가겠다는 확고한 정책목표를 갖고 있는 한, 글로벌 마케팅전략에 입각한 글로벌마케팅의 통제시스템 수립은 필수적이다.

그러나 글로벌마케팅의 통제는 환경적 요소가 다르고 모든 마케팅활동분야에 걸쳐 특수한 상황에 따른 제약이 있기 때문에 글로벌 마케팅통제시스템의 설정을 위해서는 고려해야 할 사항들이 여러 가지가 있다.

우선 통제의 개념정의에 대해서 살펴보면 경영학에서는 통제란 "입안된 목표에 일치하는 행위의 결과를 보장하는 실천과정" 혹은 "경영자가 경영자원을 조직목표를 달성하는 데 유용하고 효과적으로 사용하며, 또한 획득을 확신하는 과정"으로 정의하고 있다 한편 마케팅교재에서도 이들에 대한 정의는 거의 비슷하다. 예를 들어 P. Kotler는 통제를 "요구되는 결과와 실제결과를 좀 더 가깝도록 하기 위한 조정과정"이라고 정의하였다. 결론적으로 이들 각각의 내용을 종합하여 보면 "글로벌마케팅의 통제란 글로벌 목표 달성의 가능성을 극대화할 수 있도록 조직 각 부문의 활동을 점검하는 과정"이라고 정의될 수 있다.

(2) 글로벌 마케팅통제의 필요성

오늘날 글로벌마케팅의 통제는 시간, 문화, 커뮤니케이션의 차이와 기업마다 추구하는 목표의 다양성 등으로 인하여 효과적인 통제가 매우 어렵다. 즉, 한 기업에서 적합한 통제제도가 다른 기업에서는 부적절한 통제가 되는 수도 있기 때문이다. 또한 한 기업 내에서도 여러 가지 통제제도가 필요할 수도 있는데, 이질적인 해외자회사를 운영하는 경우에 더욱 그러하다. 그리고 만일 해외자회사의 경영을 정확한 정보나 자료에 의존하지 않고 긴밀한 접촉도 없이 수행한다면 효과적인 통제를 행할 수 없다는 것은 당연하다.

글로벌 마케팅통제가 필요한 이유는 다음과 같다.

글로벌 마케팅통제의 가장 중요한 목적은 글로벌 차원의 전사적인 마케팅목표의 달성이다. 즉, 본사와 자회사 설정한 글로벌 마케팅목표를 달성하기 위하여 지속적이고 주기적인 통제가 필요하다.

둘째, 글로벌 마케팅통제를 통하여 글로벌 시너지를 창출하기 위해서 필요하다. 이러한 본사와 해외자회사에 대한 효과적인 글로벌 마케팅통제는 계획, 실행 및 결과 등과 같은 일련의 가치창출 과정에 걸쳐 문제점들을 제거하고 자사의 강점을 보완하여 글로벌 시너지효과를 창출하는 역할을 한다.

셋째, 글로벌 전략적 마케팅계획과 글로벌 운영적 마케팅계획과의 피드백을 위해서 필요하다. 글로벌 전략적 마케팅계획과 글로벌 운영적 마케팅계획의 실행을 통하여 글로벌기업이 설정한 다양한 형태의 결과가 도출된다. 그러나 이러한 결과가 목표한대로 달성되지 않았다면, 통제를 담당하는 의사결정자는 피드백을 거쳐서 글로벌 전략적 마케팅 계획과 글로벌 운영적 계획을 수정하거나 실행과정에서의 문제점들을 개선하여야 한다.

넷째, 글로벌마케팅 환경의 변화에 신속한 대응을 위하여 필요하다. 글로벌마케팅의 계획 및 실행과정에서 글로벌마케팅 환경은 끊임없이 변화하고 있다. 글로벌 마케팅활동에 긍정적 또는 부정적인 영향을 미칠 것으로 예상되는 환경변화에 신속하게 대처하기 위하여 글로벌기업은 글로벌마케팅에 대한 통제기능을 강화할 필요가 있다.

(3) 글로벌 마케팅통제의 특성

경영활동에 있어서 마케팅통제는 기업이 발전할수록 그 중요도가 점점 높아지며 복잡해진다. 왜냐하면 기업의 규모가 커짐에 따라 최고경영자와 마케팅담당자와 거리가 점점 멀어지기 때문이다. 따라서 최고경영자들은 경영활동의 성공여부를 측정할 수 있는 유용한 정보들을 자신들이 직접 전달받기 위하여 필요한 조치들을 취해야만 한다. 그러나 기업의 규모가 커짐에 따라 더 많은 도전에 직면하게 되는데, 기업은 이러한 상황에 대하여 적절한 경영활동분석을 행해야 된다. 다시 말해서 급변하는 기업환경 속에서 경영상의 여러 가지 문제점에 대해서 적절한 조치들 적시에 내릴 수 있도록 해주는 통제시스템의 구축이 필요한 것이다.

글로벌 마케팅통제는 국내마케팅 통제에서보다 더 많은 도전에 직면하게 된다. 글로벌기업에 환경의 변화 또는 그 기업이 활동하고 있는 각국 시장의 크기에 따라 달라진다. 그리고 환경의 다양성, 각 시장마다 다른 변화내용, 제각기 다른 특징 등은 이러한 시장의 변화를 더욱 복잡하게 만들고 있다. 따라서 이러한 환경의 다양성 및 동질성, 복잡성 요소의 증가가 마케팅통제를 실시함에 있어 국내마케팅 통제와는 다른 범세계적인 통제시스템의 구축을 필요로 하고 있다. 또한 글로벌마케팅은 국내 마케팅과정에서는 발생하지 않는 특별한 커뮤니케이션 문제를 유발시키는데, 이는 시장과 본사 그리고 경영자들 간의 언어, 관습, 관례 등의 차이에서 오는 거리감과 관련이 깊다고 하겠다.

2.2 글로벌 마케팅통제의 방법

(1) 공식적인 통제방법

1) 기획과 예산편성에 의한 통제

기업에서 사용되는 가장 기본적인 공식적 마케팅통제기법은 기획과 예산편성이다. 기업은 예산편성을 통해 경영활동을 확대할 것인가 또는 축소할 것인가를 결정함으로써 전사적인 마케팅전략의 수행과정을 효과적으로 통제할 수 있다. 이러한 관행은 국내마케팅에서 글로벌마케팅으로 그 영역이 확대되는 기업에서 사용되는 기본적 방법이며, 이것은 특별히 계획된 판매와 이익목표 그리고 단위당 마케팅계획에 대한 지출액과 예산편성에 있어서의 자금조건 등을 포함한다. 그리고 예산이란 기업목표와 이러한 목표를 달성하기 위해 필요한 소요자금을 말하며, 이에 다른 통제는 실질판매액과 지출비용의 두 가지 측면에서 행해진다. 만약 정도의 차이가 아니라면 일반적으로 어떠한 조치가 취해지지 않지만, 만약 이러한 차이가 크게 되면 그 기업의 지역 혹은 본사의 라인 및 스탭 관리자들은 그 차이에 대한 원인을 조사, 규명하여 기업의 마케팅성과를 증진시키기 위해 조치를 취하게 된다.

2) 마케팅성과에 의한 통제

기업이 마케팅성과를 평가한다는 것은 실질성과와 예산에서 편성된 성과를 비교, 분석하는 것을 말한다. 그러므로 문제는 "이렇게 예산안이 편성되는 가"이다. 이러한 예산편성에 대해서 대부분의 기업에서는 국내 및 글로벌 마케팅활동에 있어서 다음의 두 가지 기준, 즉 지난해의 실질성과와 산업평균 또는 역사적 개념에 크게 의존한다. 이론적으로 예산기간 내에 자회사의 마케팅환경이 변화하면 예산안은 그에 따른 중요한 문제들의 변화를 반영하기 위해서 곧 바로 조정되어야 마땅하다. 그러나 실제로는 기업에서 설정된 예산안은 그 집행기간 내에 마케팅환경의 변화가 있다 하더라도 쉽게 바뀌지 않고 있다. 이는 일반적으로 상당한 문제점들을 야기시킬 수도 있다는 것을 인식하고 있으면서도 대부분의 기업들은 그러한 문제점들을 감수하는 것이 예산액 수정에 다른 절차상이 불편함을 감수하는 것보다 쉽다고 생각하고 있기 때문이다. 따라서 이러한 예산안 수정이 잘 이루어지지 않음으로써, 역으로 예산의 편성단계에서 더욱 면밀한 기획과 목표설정의 필요성이 강조되고 있다.

3) 마케팅예산에 의한 통제

글로벌 마케팅통제란 실현하는 또 하나의 중요한 방법은 마케팅예산에 의한 통제이다. 마케팅예산에 의한 통제는 기업의 과다한 지출을 막을 수 있다는 장점이 있으나, 반면에 한정된 예산으로 인하여 마케팅활동이 제약을 받는다는 단점이 있다. 이러한 마케팅예산은 시장잠재성, 경쟁상황, 대체재의 영향, 정보전달과정 등에 의하여 설정된다.

(2) 비공식적인 통제

글로벌 마케팅통제에 있어서 비공식적 통제방법은 특히 글로벌기업에서 중요한 역할을 한다. 이러한 비공식적 통제 중의 하나는 한 시장에서 다른 시장으로 사람들을 이동시키는 방법인 인사교류가 있는데, 사람들이 이동이면 전에 있던 시장에서의 그들의 경험을 가지고 오게 되며, 이는 대개 마케팅성과에 대한 여러 가지 기준들을 포함하고 있다. 따라서 만약 이전의 시장보다 낮은 수준의 신시장을 조사할 때 이들은 개정된 기준을 설정하거나 혹은 그 시장의 차이점이 무엇인가를 발견하게 될 것이다. 또 다른 방법으로서는 해외자회사 스탭끼리의 면담이 있으며, 나아가서 본사 스탭과 자회사 스탭 사이의 직접적인 접촉도 매우 중요하다. 이러한 접촉은 기획과 통제과정에 중요한 투입변수가 될 수 있는 정보와 의견교환의 기회를 제공하기 때문이다.

2.3 글로벌 마케팅통제의 과정

글로벌 마케팅통제를 효과적으로 수행하려면 논리적인 몇 가지 단계를 거쳐야 한다. 이러한 단계는 국내마케팅 통제와는 원칙적으로 같으나 이를 실천하는 과정에서는 상당한 차이가 있다. 이는 환경여건의 차이와 글로벌마케팅이 지니는 특수한 문제 때문이라고 보인다. [그림 14-7]은 이러한 여러 가지 과정이 어떻게 관련되어 있는가를 보여주고 있다.

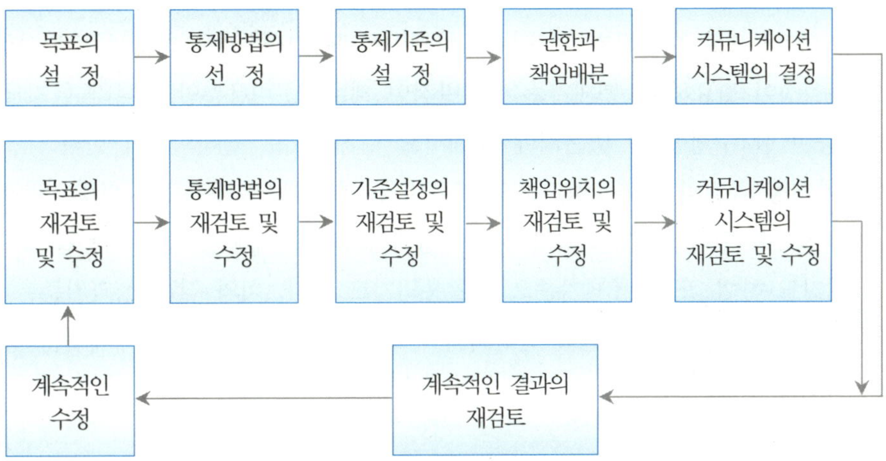

[그림 14-7] 글로벌마케팅통제의 과정

(1) 통제목표의 설정

글로벌 마케팅관리자들은 글로벌 마케팅활동이 수행되는 초기에 장단기적인 마케팅 목표를 명확하게 설정해야 한다. 명확한 목표가 설정되어야만 글로벌 마케팅관리자들은 구체적으로 목표를 달성하기 위해 어떠한 자원이 필요하고, 또 어떤 이익이 기대되는지를 예측할 수 있다. 기업의 통제목표는 시장점유율, 매출액, 이익 등과 같이 양적으로 표현될 수 있는 것뿐만 아니라 제품인지도의 제고, 유통구조의 개선, 기업이미지의 개선과 같은 질적인 것도 포함된다. 이러한 통제목표가 명확하지 않으면 글로벌 마케팅활동을 평가하는 기준의 설정도 무의미하며, 계획적인 통제나 조정도 어려워진다.

(2) 통제방법의 선정

글로벌 마케팅관리자들은 장단기적인 통제목표가 설정되면 이질적인 시장환경에 맞는 통제방법을 선정하여야 한다. 글로벌 마케팅활동에 대한 통제방법은 크게 직접적인 통제와 간접적인 통제로 구분할 수 있다. 직접적인 통제는 계약체결과 소유권비율 등과 같은 직접적이고 적극적인 통제를 말하며, 전접적인 통제는 현지국에서의 의사소통이나 경쟁에 의한 통제를 말한다. 글로벌시장 환경은 지속적으로 급격한 변화를 겪고 있을 뿐만 아니라 기업내부에서도 변화가 이루어지고 있기 때문에 통제방법은 기업의 특성과 시장환경에 맞춰 선정되어야 한다.

(3) 통제기준의 설정

통제를 효과적으로 수행하기 위해서는 마케팅성과를 명확하게 측정하고 평가할 수 있는 기준설정이 필요하다. 통제기준은 전반적인 재무 및 비용뿐만 아니라 현지국에서 마케팅활동이 잘 수행될 수 있는지에 대해서도 구체적으로 설정되어야 한다.

글로벌마케팅 과업의 성과측정기준으로는 이익, 매출액, 유통경로의 확립, 해외시장 진출 등을 들 수 있다. 이러한 성과기준은 실제성과와의 비교를 위해 이용할 수 있는 지표가 되기도 하며, 또한 통제기준으로 활용되기도 한다. 이와 같은 성과기준은 전사적인 글로벌 마케팅활동 수준별로 설정되어야 하며, 실시중인 기준에 대해서는 정기적으로 평가해야 한다.

(4) 권한과 책임배분

글로벌기업의 마케팅활동은 매우 복잡하기 때문에 글로벌마케팅 성과에 대한 궁극적인 책임소재를 판단하기란 매우 어렵다. 글로벌 마케팅활동에 대한 최종적인 책임이 어디에 있는가를 밝히는 것은 최고경영진에서 수행되는 조정의 단계에서 행해져야 하는데, 이 단계에서 각 부서의 기능과 권한의 한계를 명확하게 구분함으로써 부서간의 책임회피를 막을 수 있다. 효율적으로 글로벌 마케팅활동을 수행하기 위해서는 각 부서의 책임과 권한을 가진 관리자에게 최종책임을 지게 하는 통제체계가 바람직하다.

(5) 커뮤니케이션시스템의 결정

글로벌마케팅에서는 국가 간의 언어 등의 제반환경 차이로 인하여 커뮤니케이션이 곤란하기 때문에 글로벌기업에 있어서의 정보의 수집과 전달체계는 마케팅활동 중에서 매우 중요한 분야이다. 국내마케팅활동에서는 비공식적인 커뮤니케이션이 많이 이용될 수 있지만, 글로벌 마케팅활동에 있어서는 지속적으로 자료의 수집이 본사에 직결되어야 하므로 체계화된 커뮤니케이션 체제는 필수적이다. 기업의 규모에 비해 과중한 정보의 수집이나 전달체제는 오히려 낭비일 뿐만 아니라 통제의 실패를 초래할 수 있으므로, 글로벌기업은 자사의 능력에 적합한 커뮤니케이션 체제의 확립이 바람직하다.

(6) 통제결과의 평가 및 수정

글로벌 마케팅통제 과정의 최종단계는 마케팅목표의 성과에 대해 평가하고 잘못된 계획을 수정하는 과정이다. 이질적인 문화권에 진출한 글로벌기업은 정치, 법률, 국민성, 소비자의 기호수준 등의 차이를 완전히 극복하기 어렵지만, 시행착오를 거치게 되면 보다 개선된 통제체제를 이룰 수 있을 것이다. 따라서 글로벌기업은 실제 마케팅활동에서 얻어진 결과를 당초의 경영목표와 비교하여 기대치에 미치지 못했으면 그 원인에 대해 철저히 분석하고, 이에 대한 시정조치를 마련하여 실천해야 한다. 글로벌 마케팅관리자들은 예측하기 어려운 해외시장환경에 신축적으로 대응해 나가기 위해서는 마케팅계획을 수립할 때부터 탄력적인 통제체제를 구축하고, 주기적으로 개선하고 보완하는 노력이 필요하다.

2.4 글로벌 마케팅통제의 영향변수

(1) 환경적 변수

글로벌 마케팅통제에 영향을 미치는 환경변수로는 국내경영시스템, 커뮤니케이션 시스템, 지리적 거리, 환경의 유사성, 환경의 안정성 등이 있다.

1) 국내경영시스템

효율적이고 성공적인 경영수단은 어떤 조직체에 있어서나 중요한 자산 중의 하나이다. 만약 한 기업이 성공적으로 발전하였고 그 과정 속에서 국내 또는 지역운영에 어떤 통제시스템이 유용하게 사용되었다면 이는 곧 그 기업의 글로벌 마케팅활동에의 훌륭한 기준이 될 수 있기 때문이다. 왜냐하면 본사에서는 이 시스템이 잘 운용되고 있고, 이를 이해하고 있는 사람들이 많을 경우 이 사람들로 하여금 외국 자회사에 그들의 노하우를 이용하도록 할 수 있기 때문이다. 일반적으로 오늘날의 글로벌기업들은 국내와 국외 마케팅활동의 두 가지를 위해 표준적인 통제시스템을 이용하고 있다. 이러한 표준시스템은 자회사간의 비교를 국제적인 토대 위에서 행할 수 있도록 해주며, 사람이나 아이디어의 이전을 손쉽게 해주는 이점이 있다.

2) 커뮤니케이션시스템

글로벌마케팅에 있어서 커뮤니케이션 시스템이 통제에 영향을 미치는 중요한 변수 중의 하나이다. 백 년 전의 글로벌 마케팅관리자들은 범선이나 증기선과 같은 해상교통수단이나 말, 마차, 기차 등과 같은 육상교통수단 밖에 이용할 수 없었으며, 전자통신수단으로는 유일하게 전보라는 것 밖에 없었다. 따라서 글로벌 경영활동 전반을 통제하려는 기업가는 육로, 해로를 통해 직접 가거나 아니면 편지, 전보 등을 통하여 의사전달을 행하는 두 가지 방법뿐이었다. 이러한 시기에는 기업이 목표를 수행하기 위해서는 전반적인 경영활동에 정통한 사람을 선발하여 현지에 직접 파견하였으며, 이들에 의해 모든 경영활동이 수행되었다. 그러나 오늘날의 커뮤니케이션 시스템은 거대하게 확장되었으며, 육상과 해상교통은 물론 항공교통은 이제 장거리 여행의 중요한 형태가 되었다. 그리고 인터넷이나 전화 등과 같은 전자통신수단은 빠르고 직접적이며 초스피드로 목소리와 자료들을 세계 도처에 전달할 수 있게끔 되어 글로벌경영 수행을 가능하게 하고 있다. 그러나 오늘날 중소기업이 성공적인 글로벌경영에 제한을 받는 것은 기업소유주가 글로벌경영에 결정적인 역할을 담당하는 외국시장의 고객, 대리점, 도매상들과 친분을 갖기 위한 활동에 시간과 자금의 투자가 어렵기 때문이다. 그러나 대기업들은 이러한 사람들과 계속적인 거래관계를 유지하기 위하여 막대한 비용을 지불하고 있는 실정이다. 그리고 통신시스템도 발달되어 세계적인 토대 위에서 정보전달이 가능하게 되었다.

3) 지리적 거리

글로벌마케팅 중 다른 모든 것들이 같다고 한다면 본사와 자회사간의 거리가 멀면 멀수록 자회사의 자치권은 커지게 된다. 이러한 이유는 곧 먼 지역을 여행하는 것은 시간과 비용 면에서 부담이 커지기 때문이며 전화와 같은 통신수단도 거리가 멀수록 비싸지며 시간의 소비가 많아지기 때문이다. 따라서 본사와 자회사간의 거리가 멀어짐에 따라 자회사에 대한 보다 큰 자치권의 위임이 있기 마련이다. 그러나 오늘날 급속한 통신 및 교통수단의 발달은 거리에 의한 시간과 비용의 장벽을 점차 줄여주고 있다.

4) 환경차이

환경적 차이가 크면 클수록 책임에 대한 위임이 커지며 경영단위의 통제가 더욱 더 어렵다. 예를 들어 캐나다에 자회사를 두고 있는 대부분의 미국기업들은 캐나다의 자회사들에게 매우 포괄적인 마케팅통제를 행하고 있으며, 그들이 미국시장의 일부인 것처럼 행동한다. 이러한 이유는 캐나다가 미국시장과 거의 유사한 것으로 인식되기 때문이며, 미국시장에 적용할 수 있는 가치 및 기준들이 캐나다 시장에서도 똑같이 적용 가능하고 타당한 것으로 보여지기 때문이다.

5) 환경의 안정성

국내정세가 불안하면 할수록 경영성과측정이나 기준설정 등에 대한 외적인 타당성이 적어진다. 한 국가가 전면적인 정치적 변화를 겪고 있는 기간이라면 그 나라의 앞으로의 환경상태를 예측하는 것은 거의 불가능하다. 어떤 기업에서는 그 국가가 혁명적 변화나 혹은 혼란의 시기로 빠져들었을 때 언제라도 모든 경영활동을 취소하고 본국으로 철수할 수 있도록 지역담당자에게 모든 권한을 위임하는 정책을 채택하기도 한다. 이는 자회사 경영에 대해 대체로 본사보다 지역담당자가 더 정확히 판단할 수 있다고 보기 때문이다.

(2) 마케팅 규모와 성과

글로벌 마케팅통제의 유형 중 자회사의 마케팅 규모와 성과가 중요한 변수의 역할을 한다. 자회사의 경영규모가 크면 클수록 본사의 통제가 집중되는 것은 당연하며, 글로벌기업들은 규모가 큰 시장에 역점을 두기 위하여 본사에 그 지역담당 전문스탭을 두기도 한다. 그러나 상대적으로 규모가 작은 자회사에 대해서는 본사에 전문스탭을 둘 수가 없기 때문에 효율적인 통제를 할 수 없는 경우도 있다. 한편 경영성과에 의한 통제는 글로벌 마케팅통제의 기본 도구인 예산과 관련이 있다. 즉 예산과 실질성과의 차이가 큰 자회사들에 대해서는 본사가 문제의 원인을 찾아내고 경영활동에 보다 근접한 감독을 하기 원한다. 따라서 경영성과가 좋은 자회사는 그렇지 못한 자회사보다 통제의 강도가 덜하다고 할 수 있다. 그러나 일반적으로 글로벌기업의 본사는 성공적인 경영활동을 수행한 자회사를 포함하는 모든 자회사들의 경영활동상황에 대해 알고 싶어하는 경향이 있으며, 그들 자회사의 마케팅성과를 측정하는 데 이용되는 여러 가지 기준 및 자료들을 필요로 하고 있다.

(3) 제품의 성격

글로벌경영을 위해 개발된 마케팅통제시스템의 유형에 영향을 미치는 또 하나의 중요한 요소는 제품의 성격이다. 기술적으로 뛰어난 제품은 보다 포괄적으로 통제될 수 있는데, 이는 그 제품의 사용이 세계 어느 곳에서나 비슷하기 때문이다. 이러한 유사성은 또한 글로벌 표준규격과 가치를 적용할 수 있다. 예를 들어 컴퓨터는 오늘날 그들이 위치하고 있는 세계 어느 곳에서나 기술적인 측면에서 같은 방법이 적용되는 제품이다. 제품의 환경적 민감도(environmental sensitivity)란 국제적인 통제가 실행될 수 있는 정도를 말하는데, 컴퓨터와 같은 산업제품이 환경적 민감도가 낮은 제품들이며 이들은 결국 문화적으로나 환경적으로 크게 영향을 받지 않기 때문에 국제적인 규격 및 용도의 통일이 가능하다. 그러나 의약품이나 식료품 등은 환경적으로 매우 민감한 제품이므로 이들은 서로 다른 문화와 의료행위시스템의 선호도에 따라 거기에 일치되는 적용을 요구하는 제품들이다.

제14장 주요 학습 용어

글로벌마케팅조직	국제사업부조직	글로벌 제품조직
글로벌 지역조직	글로벌 기능조직	글로벌 매트릭스조직
글로벌마케팅통제	기획과 예산 수립 통제	경영성과 통제
마케팅예산 통제	비공식적인 통제	마케팅 통제목표
마케팅 통제기준	제품의 환경적 민감도	

참고문헌

김희철, 글로벌시대의 국제경영, 두남, 2016.

김희철, 글로벌시대의 국제마케팅, 두남, 2007.

이장로 외, 국제마케팅, 무역경영사, 2018.

이철, 글로벌마케팅, 학현사, 2016.

정헌배·김희철, 지구촌마케팅, 법문사, 2000.

Cateora, Philip R., *International Marketing*, 8th ed., Richard D. Irwin, Inc., 1993.

Gilligan, Colin and Martin Hird, *International Marketing : Strategy and Manage ment*, Croom Helm, Ltd., 1986.

Keegan, Warren J., *Global Marketing Management*, 8th ed., New Jersey; Pearson, 2014.

Kotler, Philip, *Marketing Management : Analysis, Planning, Implementation and Control,* 11th ed., Prentice-Hall, 2003.

저자 약력

■ 김 희 철

- 중앙대학교 무역학과 졸업 (경영학사)
- 중앙대학교 대학원 무역학과 졸업 (경영학석사·경영학박사)
- 한국능률협회 연구위원
- 유엔지역개발센터 연구원
- Shandong University(China) 방문교수
- 청운대학교 교무처장 역임
- (현) 청운대학교 인천캠퍼스 글로벌경영학과 교수

[주요 저서 및 연구논문]

- 글로벌시대의 국제경영(개정판), 도서출판 두남, 2016.6.
- 실전창업경영론, 도서출판 두남, 2016.3.
- 무역학원론(공저), 도서출판 두남, 2015.3.
- 무역학개론(공저), 도서출판 두남, 2013.2.
- 글로벌시대의 국제경영, 도서출판 두남, 2012.3.
- 창업경영론, 도서출판 두남, 2012.2.
- 글로벌시대의 국제마케팅, 도서출판 두남, 2007.3.
- 국제무역의 이해(공저), 도서출판 두남, 2001.2.
- 지구촌마케팅(공저), 법문사, 2000.3.
- 한국 인삼의 대중화권 수출경쟁력 분석에 관한 연구, 2018.10.
- 한국 인삼산업의 수출경쟁력 분석에 관한 연구, 2018.9.
- 사회적기업의 성과 영향요인과 상관관계에 관한 연구, 2017.7.
- 한국 자동차산업의 대중국 수출경쟁력분석, 2016.6.
- 한국 IT산업의 대중국 수출경쟁력분석에 관한 연구, 2015.12.
- 사회적기업의 성과분석에 관한 연구, 2015.7.
- 한국 수출산업의 대칠레 경쟁력 변화에 대한 연구, 2013.10.
- 한국 IT산업의 국제경쟁력분석에 관한 연구, 2011.3.
- 한국 서비스산업의 국제경쟁력분석에 관한 연구, 2011.1.
- 한국 김치의 대일 수출경쟁력 강화방안에 관한 연구, 2010.1.
- 고려인삼의 해외시장 특성분석과 수출마케팅전략에 관한 연구, 2008.6. 외 다수

글로벌 마케팅 – 개정판

초　판 1쇄 발행 —— 2015년　3월 15일
초　판 2쇄 발행 —— 2017년　2월 15일
개정판 1쇄 발행 —— 2019년　3월　5일
개정판 2쇄 발행 —— 2020년　1월 25일
지은이 —— 김 희 철
펴낸이 —— 전 두 표
펴낸곳 —— 도서출판 두남
서울시 강동구 성내로6길 34-16 두남빌딩
신 고 : 제25100-1988-9호
TEL : 02) 478-2065~7, 2311
FAX : 02) 478-2068
E-mail : dunam1@unitel.co.kr
http://www.dunam.co.kr

정가 29,000원

ISBN 978-89-6414-829-7　93320